中國政治思想史
（下）

蕭公權　著

目次

上冊

第一編　封建天下之政治思想
——創造時期

第二編　專制天下之政治思想 —因襲時期

下冊

第三編　專制天下之政治思想
——轉變時期（上）

第五編　近代國家之政治思想
——成熟時期

第二十五章　孫中山（本編缺文）

附錄

第三編

專制天下之政治思想
轉變時期（上）

第十六章

明代專制思想之反動與餘波

第一節　劉基（1311-1375）

　　自秦漢已來，專制天下之政治思想，一脈流傳。千餘年中，雖間受攻擊，而根本未能動搖。蓋輾轉於君主政體之下而無民治之經驗，則「專制」之思想不能打破。局促於小九州之中而無國際之往來，則「天下」之觀念不能放棄。積之既久，不獨現代民權、民族之新學說橫遭阻礙，不得萌芽，甚至先秦固有之貴民攘夷思想亦漸趨隱微，不復得為顯學。明代政論特點之一即為注意於民本、民族之觀念，上復先秦古學，下開近世風氣。明初之劉基、方孝孺，與明末清初之黃宗羲、王夫之分別代表此兩種趨勢，皆對專制天下之弊政加以嚴重之攻擊。然而此數人之學術既仍本之儒家，而明代一般之儒者更不能脫專制天下之結習。如張居正、呂坤諸人留連於尊君思想之中，視劉、方且有遜色，他無論矣。故就大體言，明代儒學僅為轉變時期之前夕思想，不足以預於轉變潮流之本身也。

　　抑吾人應注意，此前夕之思想實從長期痛苦之中鍛鍊以成，並非得之容易。中國受虐政之荼毒及異族之蹂躪，至元朝而達於極點，生民塗炭之苦，前乎此者殆無過於晚唐五代。然懿僖雖昏縱，猶中國人之自主，未嘗蹴庶民以下儕奴婢犬馬也。五胡之侵，北朝之僭，開外族入主之奇禍。然其君既多同化[1]於中國，且每能治政安民，不乏英主。加之政權不固，囿於偏安。衣冠文物猶得江左以為庇護之所，則其為害，亦未極遠。至蒙古吞滅宋、金、西夏，始以

1　梁啟超《中國文化史》（《飲冰室專集》，頁88、頁28-29）。

異族立一統之政權。蒙古既以征服者自居，對漢人遂大施陵虐。舉其尤甚者如漢人不得為庶官之長。[2]蒙古人居官犯法不由漢官斷罪，[3]而蒙古、色目均得侮傲漢人。[4]此諸政治及社會上之不平等，已足產生嚴重之結果。[5]加以經濟及文化上之壓迫則幾可絕滅人種，使無噍類。蓋蒙古帝國本不以中國為中心，諸帝既多不習漢文，漢人反甘心同化。[6]田地既多為蒙古、色目所占奪，租稅則仍為漢人所承擔。國家常課以外，復須供奉領主。民不聊生，至於自殺。[7]「州郡長吏生殺任情。孥人妻女，取貨財，兼土田。」[8]江南州縣官無俸給，惟剝百姓以自給。王公大臣復彊占民田以為「草場」。民既無地，淪為佃農。豪家搾取如奴隸，契賣如牛馬，格殺不論抵死。凡此不過舉其著者。若加細按，可盈卷冊。[9]苛政猛於虎，豈足以致天下於治平！故元世祖時江南盜賊已四百餘處。[10]元末則羣雄蜂起，大都迫於饑寒，出身微賤。切齒於異族之暴政，遂奮起而傾覆之。[11]劉、方之政論則此反抗異族專制政治運動思想上之反映也。

　　劉基字伯溫，生於元武宗至大四年，卒於明太祖洪武八年。元末以進士官高要縣丞，為政嚴而有仁惠。行省大臣辟為職官掾史，以與幕官議事不合，棄官歸隱。後復就徵，治寇有功，不為朝廷所錄，仍歸隱青田山中。著書二卷曰《郁離子》。[12]後應朱元璋聘為之劃謀定策，佐平天下，授弘文館學士，封誠

2　《元史》卷八五及柯劭忞《新元史》卷五五〈百官志一〉。

3　《元史》卷一〇二〈刑法志一・職制上〉。

4　宋濂《宋學士文集》卷三〈元故翰林待制（中略）雷府君墓志〉。

5　柯劭忞〈百官志序〉曰：「上自中書省，下逮郡縣親民之吏：必以蒙古人為之長，漢人貳之。終元之世，奸臣恣睢於上，貪吏掊克於下。」

6　趙翼《二十二史劄記》卷三〇「元諸帝多不習漢文」及「元漢人多作蒙古名」條。

7　《元史》卷一七二〈趙孟頫傳〉。

8　《元史》卷一四六〈耶律楚材傳〉。

9　吳晗〈元代之社會〉（清華大學《社會科學》一卷三期）。

10　《元史》卷一五〈世祖本紀十二〉。

11　按《新元史》卷二二五〈韓林兒張士誠傳〉，卷二二六〈徐壽輝陳友諒明玉珍傳〉，卷二二七〈方國珍傳〉，《明史》卷一二二至一二三郭子興諸人列傳，郭子興乃卜人之子，韓林兒父山童為童子師，李二以芝蔴賑人，稱芝蔴李（時皆號曰「紅軍」，以其首裹紅巾也）。陳友定乃福建佃農，陳友諒乃安慶漁戶，徐壽輝乃布販，方國珍及張士誠則鹽徒也。掃除羣雄之朱元璋以家貧入皇覺寺為僧，亦不出高門（《明史》卷一〈太祖本紀一〉）。

12　今有《說郛》、《百陵學山》、《學津討原》、《百子全書》諸本。亦收入《誠意伯文集》，有四部叢刊影明及光緒元年劉氏刻本，徐一夔〈郁離子序〉曰：「離為火，文明之

意伯。[13]劉氏生當元季，抱志有為，而坎坷不遇，目覩政荒民困之事實，故其立言，遠承孟子之墜緒，而深切憤激，直可與林慎思[14]先後呼應。然林氏祇論人事，劉氏兼明天人，似尤與孟子相近。[15]

　　劉氏以「天」為政權最後之根據。然其論天人之關係，則一掃陰陽家之說而徘徊於主宰與自然二觀念之間。儒家謂天生民而樹之君。劉氏因之而為之說曰：「天生民，不能自治，於是乎立之君，付之以生殺之權，使之禁暴誅亂，抑頑惡而扶弱善也。」[16]又曰：「維天生民，儶儶蚩蚩，有欲罔制，乃豹乃螭。爰立之君，載作之師。式養式教，毋汩秉彝。」[17]雖然，劉氏天論有與孟子不同者。孟子以天為授命之主宰而以民意達天心。劉氏則略採宋儒理氣二元之說，以天為有氣質之病，而信人力可以助天之未能。蓋天心本在獎善而警惡。然「天以氣為質，氣失其平則變。」[18]氣質之病既發，則天心不能貫徹，而天亦喪其主宰之能力。於斯時也，世有聖賢人出，乃因亂為治，就人事以矯天之失而醫之，俾復其本心之所具。若遭遇昏主暴君，則疾不可治而反以加重。徵之史載，歷歷有據。「朱均不肖，堯舜醫而瘳之。桀紂暴虐，湯武又醫而瘳之。周末孔子善醫而時不用，故著其方以傳於世。《易》《書》《詩》《春秋》是也。高、文、光武能於醫而未聖，故病少愈而氣不盡復。和、安以降，病作而無其醫。桓、靈以釣吻為參苓，而操、懿之徒又加酖焉。由是病入於膏肓而天道幾窮矣。」[19]

　　雖然，此就天氣質之變態言之耳。就其本心之常態言，則聖人非善醫而實「善盜」。蓋「天地善生，盜之者無禁。惟聖人為能知盜。執其權，用其力，攘其功而歸諸己，非徒發其藏，取其物而已也。」「故上古之善盜者莫伏義神

象。用之其文郁郁然為盛世文明之治，故曰《郁離子》。」

13　《明史》卷一二八本傳，《誠意伯文集》附錄〈行狀〉及〈神道碑〉。

14　本書第十二章第四節。

15　劉氏以術數見信，後世遂多傅會。然其學含有神秘之成分則為事實。如《文集》卷一附載朱元璋與基書謂其教以「六月七月間舉兵用事，不利先動，當候土木順行、金星出見則可。」足為一例。

16　《郁離子·蛇蝎篇》。

17　《文集》卷四〈官箴上〉。

18　《文集》卷四〈天說下〉。

19　《文集》卷四〈天說下〉。

農氏若也。惇其典、庸其禮、操天地之心以作之君，則既奪其權而執之矣。於是教民以盜其力以為吾用。春而種、秋而收，逐其時而利其生。高而宮、卑而池，水而舟，風而帆，曲取之無遺焉。而天地之生愈滋，庶民之用愈足。惟天之善生而後能容焉，非聖人之善盜而各以其所欲取之，則物盡而藏竭，天地亦無如之何矣。」[20]抑吾人當注意，所謂盜者乃潛取而非竊奪。天不言，聖人代行其事，迹近專擅，故名之盜。論其效用，則善盜之聖人，本天理物情以行之，贊成化育，功德顯明。雖加盜名，實不為罪。若虛耗天生，無益萬類，則真為盜賊，與聖人參天地以為四海之君者不可同日而語。故《郁離子》曰：「人能財成天地之道，輔相天地之宜，以育天地之物，則其奪諸物以自用也，亦弗過。不能財成天地之道，輔相天地之宜，蚩蚩焉與物同行，而曰天地之生物以養我也，則其獲罪於天地也大矣。」[21]

　　就天之心與理言，則聖人執用其權力，就天之氣質言，則聖人醫治其疾病。劉氏此說與傳統儒家思想以天為純然主動，人為純然受動者，固已顯有區別。而其否認天譴，尤與董仲舒以來之天人學說相歧。〈雷說上〉曰：「有夫耕於野，震以死。或曰：畏哉！是獲罪於天，天戮之矣。劉子曰：誣哉！何觀天之局也？一夫有罪，天將戮之乎？天生民而立之牧，付之以生殺之權，而又自震以討焉，惡用是司牧者為也。」[22]此天工人代說邏輯上之必然結論，亦天權說理論上之一進步也。

　　天人之關係既明，吾人可略述劉氏之民本思想。此則悉守孟子遺教而深致譏於元季之苛政。劉氏認定政治之惟一目的在立君以養民，而養民之要務在「聚欲去其惡。」[23]若病民以奉君，或泄沓以從事，則人心離散，君位動搖。《郁離子》屢設寓言以明此旨。姑舉例以見一斑。

　　「靈丘之大人善養蜂，歲收蜜數百斛，蠟稱之。於是其富比封君焉。大人卒，其子繼之。未朞月，蜂有舉族而去者弗恤也。歲餘，去且半。又歲餘，盡去。其家遂貧。陶朱公之齊，過而問焉曰：是何昔日之熇熇而今日之涼涼者

20　〈天地之盜篇〉。
21　〈天道篇〉。
22　《集》卷四。
23　《集》卷四〈悅茂堂詩〉。

也？其鄰之叟對曰：以蜂。請問其故。對曰：昔者丈人之養蜂也，園有廬，廬有守。刳木以為蜂之宮，不罅不庮。[24]其置也，疏密有行，新舊有次。坐有方，牖有鄉。五五為伍，一人司之。視其生息，調其暄寒。鞏其構架，時其墐發。[25]蕃則從之析之，寡則與之裒之，不使有二王也。去其蝥蟊蚍蜉，弭其土蜂蠅豹。夏不烈日，冬不凝澌。飄風吹而不搖，淋雨沃而不漬。其取蜜也，分其贏而已矣，不竭其力也。於是故者安，新者息。丈人不出戶而收其利。今其子則不然矣。園廬不葺，汙穢不治，燥溼不調。啟閉無節，居處齟齬，出入障礙，而蜂不樂其居矣。及其久也，蛅蟖同其房而不知，螻螘鑽其室而不禁。鵯鶋掠之於白日，狐狸竊之於昏夜。莫之察也，取蜜而已。又焉得不涼涼也哉。陶朱公曰：噫！二三子識之，為國有民者可以鑒矣。」[26]

此寓養民為政事之本，開國之君能養民以興，繼體之君廢怠以亡也。

「瓠里子自吳歸越。相國使人送之曰：使自擇官舟以渡。送者未至。於是舟泊於滸者以千數，瓠里子欲擇之而不能識。送者至，問曰：舟若是多，惡乎擇？對曰：甚易也。但視其敝篷折檣而破驪者即官舟也。從而得之。瓠里子仰天嘆曰：今之治政，其亦以民為官民歟！則愛之者鮮矣，宜其敝也。」[27]

此譏君長之怠於從公以至百度皆廢也。

「北郭氏之老卒，僮僕爭政。室壞，不修且壓，乃召工謀之。請粟，曰：未間，汝姑自食。役人告饑，蒞事者弗白而求賄。弗與，卒不白。於是眾工皆懲慝，執斧鑿而坐。會天大雨霖，步廊之柱折。兩廡既圮，次及於堂。乃用其人之言，出粟具饔餼以集工曰：惟所欲而與，弗靳。工人至，視其室不可支，則皆辭。其一曰：向也吾饑，請粟而弗得，今吾飽矣。其二曰：子之饔餼矣，弗可食矣。其三曰：子之室腐矣，吾無所用其力矣。則相率而逝，室遂不葺而

24　庮音由，朽木臭。
25　墐音觀，塗塞。
26　〈靈丘丈人篇〉。
27　同上。

坆。郁離子曰：北郭氏之先以信義得人力，致富甲天下。至其後世，一室不保，何其忽也！家政不修，權歸下隸，賄賂公行，以失人心，非不幸矣。」[28]

此諷腐敗政府目覩危亡迫切而不能有為以自救也。

「楚有養狙以為生者，楚人謂之狙公。旦日必部分眾狙於庭，使老狙率以之山中，求草木之實，什一以自奉。或不給，則加鞭箠焉。眾狙皆畏苦之，弗敢違也。一日有小狙謂眾狙曰，山之果，公所樹歟？曰：否也，天生也。曰：非公不得而取歟？曰：否也，皆得而取也。曰：然則吾何假於彼而為之役乎？言未既，眾狙皆悟。其夕，相與伺狙公之寢，破柵毀柙，取其積，相繼而入於林中，不復歸。狙公卒餒而死。郁離子曰：世有以術使民而無道揆者，其如狙公乎？惟其昏而未覺也。一旦有開之，其術窮矣。」[29]

此明苛政虐民，終起革命，民雖愚而不可欺也。

雖然，吾人當注意，劉氏所言皆據民本之旨以明革命大義，而始終未嘗一及種族夷夏之辨。劉氏雖深譏蒙古政府之腐敗，然其譏之者以其為無道之政府，非以其為異族之政府。嚮使蒙古用之，大行仁民之政，則「北郭氏」之堂不傾，皇覺寺之僧不帝，異族政府雖維持至於久遠可也。蓋劉氏之政治哲學以民本為其最高之原則。遠似隋末之王通，[30]近似元初之許衡。[31]而王許二人猶略存種類文化觀念，劉基則獨倡大同之說，誠一可異之事。基謂「海島之夷人好腥，得蝦蟹螺蛤皆生食之。以食客，不食則咻焉。裸壤之國不衣，見冠裳則駭，反而走以避。五谿之蠻羞蜜唧而珍桂蠹。貢以為方物，不受則疑以逃。」「故中國以夷狄為寇，而夷狄亦以中國之師為寇。必有能辨之者，是以天下貴大同也。」[32]《郁離子》此言不啻舉傳統思想中種族文化之觀念而直接否認之。其論據有合於莊生齊物之旨，殆未可以與儒家之大同理想並論也。

28　〈千里馬篇〉。按基嘗仕元，不見信任，此所言殆以工人自喻歟。
29　〈瞽瞶篇〉。
30　見本書第十二章第一節。
31　見下節。
32　〈神化篇〉。

第二節　方孝孺（1357-1402）

　　劉基論政舍民族而專闡民本，方孝孺則兼明二義，而其攘夷言論之激揚深切，殆為前此之所未有。孝孺字希直，一字希古，生於元順帝至正十七年。少承家學，「甫有知識，輒欲以伊尹、周公自望，以輔明主，樹勳業自期，視管、蕭以下蔑如也。」後遊京師，從宋濂學。洪武中除漢中教授。惠帝即位召為翰林侍講。每有疑問，不時宣召。君臣之間，同於師友。燕王篡位，命草詔，不屈，磔於市，時惠帝建文四年也。所著有《遜志齋集》二十四卷。[33]永樂中藏孝稿文者罪至死。門人王徐潛錄為《侯城集》，故後得行於世。[34]

　　黃宗羲《明儒學案》列方氏於《諸儒學案》之首，且謂諸儒之學「宋人規範猶在。」[35]此就哲學思想言之，殆為定論。然方氏於理學宗傳之中雖純居繼述之地位，其政治思想則不乏創新之特見，足為明初巨擘。綜其大者，約有四端。一曰政治原起，二曰君主職務，三曰宗法井田，四曰民族思想。吾人首應注意者厥為其政治起原之學說。

　　方氏認定人類生而有自然之不平等。政治之功用在補救不平等之困難，使人人得遂其生。此聖人所以能贊天地之化育也。〈體仁篇〉曰：「天之生人，豈不欲使之各得其所哉！然而有所不能，故托諸人以任之，俾有餘補不足。智愚之相懸，貧富之相殊，此出於氣運之相激而成者。天非欲其如此不齊也，而卒不能免焉。氣行乎天地之間而萬物資之以生，猶江河之流，渾涵裔淪，其所衝激不同，而所著之狀亦異。大或如蛟龍，小或如珠璣。或聲聞數千里，或泊然而止。水非有意為巨細於其間也，而萬變錯出而不可禦。人何以異於斯乎？智或可以綜覈海內，而闇者無以謀其躬，財或可以及百世，而餒者無一啜之粟。天非不欲人人皆智且富也。而不能者，勢不可也。勢之所在，天不能為，而人可以為之。故立君師以治，使得於天厚者不自專其用，薄者有所仰以容其身。然後天地之意得聖人之用以行，而政教之說起。」[36]

　　君師之立所以濟自然之不平，然其為用則又在乎設人為之不平，以節制情

33　《遜志齋集》卷十五〈茹荼齋記〉。

34　今有四部叢刊影明、《乾坤正氣集》、台州、成都刻諸本。

35　《明史》卷一四一本傳。參黃宗羲《明儒學案》卷四三。

36　《遜志齋集》卷二〈宗儀〉第九首。

欲，維持倫序。〈君職篇〉曰：「生民之初，固未嘗有君也。眾聚而欲滋，情
熾而爭起。不能自決，於是乎才智者出而君長之。世變愈下而事愈繁，以為天
下之廣，非一人所能獨治也。於是置為爵秩，使之執貴賤之柄，制為賞罰，使
之操榮辱修短之權於海內之人之上。其居處服御無以大異於人不可也，於是大
其居室，彰其輿服，極天地之嘉美珍奇以奉之，而使之盡心於民事。」[37]嚮也
無貴賤之不平，而有智力之不平，故角力校智，強者恣睢而弱者憔悴。今貴賤
既分，以貴制賤，則智力不爭，而強弱各安其分。此政治制度所以能用人為之
不平以救自然之不平也。抑又有進者，政制既立，君長又須立為教化，使人為
不平之制度，深入於人心之中。故有五倫三綱、揖讓周旋之禮儀以為政事之基
礎。非謂君臣既立，徒運雷霆之威，居九五之勢，即可致天下於太平也。

　　雖然，人為之不平等足以救自然不平等之失，其本身未嘗無自然之依據，
而盡出於聖人之矯揉造作。「人之初，無有貴賤也。才有所不若，德有所不
逮，而敬慢之心生。相慢之至，以爾汝為未足而呼其名，以相為未足而加之以
醜汙之號。尊敬之甚，以稱其字為僭，而稱其姓，以稱其姓為泛，而曲為之
解。長之則曰長者，師之則曰先生。或因其所居而為之號，或因其所有而美其
稱。而先生長者之號，夫豈強之使出於口哉？眾人之於君子，以為不如是不足
致其尊慕之心」也。[38]不寧惟是，「天之立君，所以為民，非使其民奉乎君
也。然而勢不免粟米布帛以給之者，以為將仰之平其曲直，除所患苦，濟所不
足而教所不能，不可不致乎尊榮恭順之禮，此民之情然」也。[39]聖人因敬慢之
心，藉致尊之情，而立為尊卑貴賤之制度以治民，故其治可以有成。若一意專
行，大背自然，則萬姓之眾豈肯俯首以聽亂命乎？

　　方氏政治起原之學說以不平等為依據。表面觀之，有似荀學之尊君。然而
此固非方氏思想之精神也。就政治之作用言，方氏雖以不平為要旨，而就政治
之目的言，則方氏立論一承孟子貴民之教，認定君位以君職而尊，非本身有可
貴之性。〈君職〉一篇，大明此義，其暢曉切實之處，雖孟子殆有未及。方氏

37　《集》卷三。〈民政篇〉亦曰：「當昔之未有君臣也，民頑然如豕鹿猿猱，餒則食，飽則奔
　　逸跳擲而不可制。欲囿之且不能，況使之乎？聖人者出，知其散漫放恣，無所統屬，非久安
　　之道也。於是制上下之分，定尊卑之禮，俾賤事貴，不肖聽於賢。」

38　《集》卷十六〈南齋記〉。

39　《集》卷三〈君職〉。

謂「天之立君，所以為民。」「人君之職，為天養民者也。」[40]故人君非徒享權利，而實負有職責。吾人欲君能盡其職責，遂不能不與以必需之權位與奉給。其事與工匠之必需器具糧資，官吏之必需符節俸祿，殊無以異。工匠盡技能以製作，乃其職分所當然。故盡能者不為功，而不盡者為失職。君臣之於政治，亦並與此同科。惜乎後世之君，不守厥職，遂至本末倒置，反困民以自奉也。方氏明之曰：「天之意以為位乎民上者當養民，德高眾人者當輔眾人之不至。固其職宜然耳，奚可以為功哉？後世人君知民之職在乎奉上而不知君之職在乎養民，是以求於民者致其詳而盡於己者卒怠而不修。賦稅之不時，力役之不共，則誅責必加焉。政教之不舉，禮樂之不修，強弱貧富之不得其所，則若罔聞知。嗚呼！其亦不思其職甚矣。夫天之立君者何也。亦以不能自安其生而明其性；故使君治之也。民之奉乎君者何也？亦以不能自治與自明而有資乎君也。如使立君而無益於民，則於君也何取哉？自公卿大夫至於百執事莫不有職。而不能修其職，小則削，大則誅。君之職重於公卿大夫百執事遠矣。怠而不自修，又從侵亂之。雖誅削之典莫之加，其曷不畏乎天邪？受命於天者君也。受命於君者臣也。臣不供其職，則君以為不臣。君不修其職，天其謂之何。」[41]昔孟子與齊宣王問對，謂士師不能治士則已之，暗示君主有職，與百官同科，失職者不容僭居其位。[42]方氏此論，意實重申孟子。

不僅此也。古有「撫我則后，虐我則讎」之語。孟子本之而有誅一夫之理論。[43]方氏亦祖述之，謂秦「任刑罰以劫黔首」，民不甘「以可生之身，蹈必死之禍。」[44]故揭竿稱變，二世而亡。然方氏立言似有較孟子尤為激烈之處。孟子認「天吏」始可以伐人。[45]故一夫雖可加誅，而行之者[46]乃受命之湯武，非謂吠畝市廛之氓犯上以革命也。若明王不興，則生民惟有輾轉塗炭之中以靜待我后來蘇而已。至方氏乃明白承認民眾叛變、反抗暴君之事實。故曰：「斯

40　《集》卷五〈甄深論〉。
41　《集》卷三〈君職〉。
42　《孟子‧梁惠王下》，見本書三章二節註37。
43　《尚書‧泰誓下》。
44　《孟子‧梁惠王下》。
45　《集》卷三〈民政〉。
46　《孟子‧公孫丑下》。

民至於秦而後興亂。後世亡人之國者大率皆民也。」[47]於是人民遂自政治上受動之地位一躍而至於主動。方氏雖未嘗鼓吹革命，或賦人民以革命之權利，而其重視人民之力量，則有前人之所未及。

　　君職在於養民，此方氏關於政治目的之基本理論也。然而君主當操何術以達此目的乎？綜括言之，其要有二。一曰「用天之所產以養天民。」蓋民智本不足以自養，「五材百物，不能自察其可用而用之。故人君者導之以取之之方，資之以用之之要，使生乎天地之間者不至於無用，用天下之物者不至於無節。」[48]則君職盡而民得所養矣。二曰使民安生復性，然後治之。方氏謂「民易治也，在乎治之有法。法可行也，在乎養之有道。」[49]故治術之本在仁義禮樂之中而在法制之外。「欲禁民之無相攘奪盜竊。必先思其攘奪盜竊之由，使之有土以耕，有業以為，有粟米布帛以為衣食，而後禁之，則攘奪盜竊可止也。欲禁民之無為暴戾詐偽不率倫紀也，必先為學以教之，行道以化之。使之浸漬乎禮讓，薰蒸乎忠厚，知暴戾詐偽不率倫紀之為非，然後可得而息也。欲其無相淫亂也，必先使之無鰥寡曠怨之思。欲其無貪黷也，必先使之知畏戮辱而重廉恥。」教養既施，而猶有犯法者，則少數凶悍之徒，誅之而萬民悅服。「不能使之安其生，復其性，而責其無為邪僻，禁其無為暴亂，法制愈詳而民心愈離。」[50]斯乃危亡之術，非明君所宜用。

　　雖然，「仁義禮樂之道，非虛言而已，必有其實。」[51]言仁者必有仁政，而義與禮樂亦各有其政。其條目雖繁，而要以宗法井田二者為主幹。此方氏政論之第三大端也。方氏嘗謂「井田廢而天下無善俗。宗法廢而天下無世家[52]」，蓋經界正則耕者有田而國無貧民。井田壞則兼并大行而貧富懸絕。「富者之威上足以持公府之柄，下足以鉗小民之財。公家有散於小民，小民未必得也。有取於富家，則小民已代輸之矣。富者益富，貧者益貧。二者皆亂之

47　《集》卷三〈民政〉。

48　《集》卷五〈甄深論〉。

49　《集》卷三〈民政〉。

50　《集》卷三〈深慮論二〉，參《集》卷一〈雜誡〉，《集》卷三〈深慮論五〉、〈治要〉，《集》卷六〈雜問〉，《集》卷十四〈送石君永常赴河南僉事序〉。

51　〈深慮論五〉。

52　《集》卷一〈宗儀〉第三首〈睦族〉。

本也。」考秦之覆亡，實由於貧民創亂。「使陳涉、韓信有一廛之宅，一區之田，不仰於人，則且終身為南畝之民，何暇反乎！」[53]宗法托根於人類社會天演之始端，其重要亦不亞於井田制度。方氏認定家族形成，時在政治組織之先。五倫之興，始於男女相結以為夫婦。由是父子、兄弟、友朋相繼以起。爵祿封邑之制，悉出既有朋友之後。[54]後世制度雖備，君臣之分雖明，仍不可不維持宗法，以為政治之基礎。蓋親親為人性之自然。聖人因立為宗族之制，使家族鄉黨之間相睦相助，相教相治。鄉黨無亂子，則天下無亂民矣。

　　井田、宗法雖為廢棄已久三代之古制，而方氏堅信其可以復行於明初人口稀少之時。[55]「江漢以北，平壤千里。畫而井之，甚易為力。」江南地險人稠，未可為井，則當意法先王，人各有田，田各有公，通力以趨事，亦無殊成周之用貢法。[56]然方氏亦知井田實難復行，乃別擬鄉族之法以救之。其法兼採互助自治之原則以解決人民教養之兩問題。茲分別簡述其制於下。

　　族立齒德尊者為「族長」，立有文者一人為「典禮」，立敦睦而才者一人為「典事」，立行而文者為「師」，擇一人以為「醫」。此族中常設之執事也。族中要務，約有四端。一曰田。祭田之外，復置振田，百餘畝以至數百畝。族長與族之廉者掌之，量族人之乏而助之。二曰學。族立學以教，其教以孝弟忠信敦睦為主。三曰祠。立祠以祠族人及師之有道者。自族長以下，主財而私，典事而惰，相禮而野，不能睦族者不祠。四曰會。歲為燕樂之會四。二月、五月、八月、十一月，會於祠，以睦其情，講說嘉言懿行，以為之勸。為禮儀之會二。冬至、歲首、夏至。除歲首外，每會典禮讀譜。族長明其盛衰絕續之故，以勸善去惡。設席曰：「旌善之位」，善之多者就位。長者命酒，少者咸拜之。設「思過之所」，惡之累書而不改者立其下。族人之悖倫紀、虐鄉

53　《集》卷十一與〈友人論井田書〉。

54　《集》卷十三〈族譜序〉。

55　方氏非主張復古者，《集》卷十二〈觀樂生詩集序〉曰：「由後以視先，則後者為今矣，由未至而視以往，則今有非今者存，而奚古與今之足間哉！（中略）人顧妄相詆贊於其間，以古為高，以今為卑，隨人為輕重，徇時為毀譽，不亦大惑矣乎！」《集》卷十六〈求古齋記〉曰：「君子之學取其善，不究其人。師其道，不計其時。（中略）天下之善一也。古與今之道均也。」

56　〈與友人論井田書〉。

里、鬥爭、相訟、酗酒、博奕、言偽而行違、累過而不改者，皆不得預會。[57]

　　數百家為鄉，推才智資產絕殊於眾者為「鄉表」。鄉之要務亦有四。一曰
廩。豐歲夏秋，自百畝之家以上，稱其家為多寡，皆入稻麥於廩。寡不下十
升，多勿過十斛。鄉表籍其數而眾閱守之。鄉值凶荒，或有扎瘥及死喪不能自
存者，則出廩以振之。廩之出入，以能力及需要為標準。「其入也先富而出也
先貧，出也視口而入也視產。」凡受振而產外者皆「庚」其所受，加息什一。
貧而無力者不庚。二曰祠。廩之左立祠。祠鄉人之惠博及眾者。左右序揭二
板。左曰「嘉善」，書其人之績。右曰「媿頑」，書吝而私者，為表而不均
者，漁利而不恤民者。歲再集眾謁祠讀之，以為勸戒。三曰學。立有德服眾者
一人以為「師」。師下設「司教」二人，「司過」二人，「司禮」三人。其教
法如族學。鄉人月吉盛衣冠謁學。暇日遊於學，問於師。有違過者，師治之。
悖教不良者，師罰之。[58]四曰會。鄉歲為燕樂之會一，其時以秋。其儀略如宗
族之會。誦嘉言，耆老之賢者舉以教。不預會者八，亦如宗族。[59]

　　方氏鄉族之制遠襲周禮之遺意，[60]近與明初之政事略相符合，[61]其非完全
出於心裁，殆屬毫無疑問。然就歷史背景言，似具有特殊之意義，未可遽以老
生常談目之。中國君主專制政體之弊，千餘年中，已暴露無餘。歷代論者或消
極加以抨擊諷刺，或積極建議補救之方。如清靜無為，天人相與，民本君職諸

57　《集》卷一〈宗儀〉第三〈睦族〉及〈宗儀〉第四〈廣睦〉。方氏所擬之會儀大體與《明
　　史》卷五六〈禮志〉十鄉飲酒禮相合。

58　《集》卷一〈宗儀〉第九〈體仁〉。

59　〈廣睦〉。

60　《周禮・地官・大司徒》六鄉中比、閭、族、黨、州、鄉，各有鄉官。地官遂人有六遂之
　　制。秦漢有三老、孝弟、力田、嗇夫等。元魏設鄰、里、黨長，謂之三長。隋唐有里長鄉正
　　等。宋大概因之。熙寧以後保甲、鄉約、社倉、社學諸制始出（《文獻通考》卷十二，近人
　　楊開道《中國鄉約制度》第一章）。元社制見《元史・食貨志》，然亦由官令。

61　柳詒徵《中國文化史》第二編二十六章，「明初甚重耆民，其糧長至京者得朝見。其老人得
　　聽斷鄉間獄訟。」顧炎武《日知錄》「明初以大戶為糧長，掌其鄉之賦稅，或多至十餘萬。
　　運糧至京，得朝見天子。洪武中或以人材授官。」「洪熙元年（仁宗，西元1425）巡按四川
　　監察御史何文淵言，太祖令天下州縣設立老人，必選年高有德，眾所信服者，使勸民為善。
　　鄉閭爭訟亦使斷理。」按《太祖實錄》洪武二十七年四月壬午「命有司擇民間年高老人公正
　　可任事者，理其鄉之詞訟。若戶婚、田宅鬥毆者，則會里胥決之。」《續通考》洪武八年
　　「正月詔天下立社學」。於是「鄉社皆置學，令民間子弟兼讀御製大誥及本朝律令。」

說，其用意皆隱然在限制君權以減少專制暴政之威脅。其專注意於制度而不僅提出原理者，當以南宋諸家之分權學說為最著。而《呂氏鄉約》[62]於君政官治之外別立鄉人自治之團體，尤為空前之創制。[63]《鄉約》以德業相勸，過失相規，禮俗相交，患難相恤四事為目的。約眾公推「約正」以行賞善罰惡之事。此種組織不僅秦漢以來所未有，即明初「糧長」「老人」制度之精神亦與之大異。蓋宋、明鄉官、地保之職務不過輔官以治民，其選任由於政府，其組織出於命令，與《鄉約》之自動自選自治者顯不同科也。所可惜者，按《鄉約》之明文，參加退出，悉本個人自願。[64]故入約者勢必為鄉民之一部而非鄉民之全體，《鄉約》乃私人之自由組織而非地方之自治政府。且所約四事，偏重道德。經濟教育諸要務，均在合作範圍之外。衡以近代之標準，實非完備之自治。方氏鄉族制度始欲憑全體鄉民自動之力量，以推進有關政教之重要事務。就此論之，其內容實較《呂氏鄉約》在原則上更近於近代之地方自治。考方氏所以得有此見解者，似由其對於專制政府之失望。方氏認定人民福利，乃政治之目的。三代法制最能與此相合。三代以後，「久矣其亡而莫之復。」故教養人民之要務亦墜失而不舉。後世君長既不能行三代之法，則惟有「試諸鄉閭，以為政本。」其與三代相異者，「三代之盛，是法行於朝廷，達於州里。」[65]君長倡之於上，然後人民率行於下。方氏則以鄉族為起點，欲人民先自教養，

---

62 今有隨庵《徐氏叢書續編》（南陵徐氏影宋嘉定本），陶宗儀《說郛》及《青照堂叢書》本。各本小異，徐本最善。《鄉約》由呂大忠具名。經朱熹考定乃其弟大鈞所作。大鈞有《誠德集》（今佚），卒於元豐五年（西元1082），年五十二。《鄉約》作於熙寧九年（西元1076），曾於藍田試行（《宋史》卷三四〇〈呂大防傳〉，《宋元學案》卷三一）。朱子於大鈞集中得讀《鄉約》乃為之補改，今載《朱子大全》（四部叢刊或四部備要），《朱子全書》，明章潢《圖書編》，清陳宏謀《五種遺規》，黃氏《宋元學案》等書中，亦互有異文（楊開道《中國鄉約制度》第三、四、五章）。呂氏尚有《鄉儀》一書，見徐本《鄉約》。後人因蘇炳序之，誤題蘇氏。

63 《鄉約》深受《周禮》《禮記》之影響。然《周禮》司徒掌教，《禮記》鄉飲酒均由政府主動，與呂氏純出人民自動者根本不同。程明道之保伍法亦官治也。朱子社倉事目見《文集》卷十五。

64 《鄉約》有啟事云：「苟以為可，願書其諾。」惟退出則有時以違約受除名之重罰，而非盡出自由。

65 《集》卷一〈宗儀〉第九〈體仁〉。

以代政府之所不能。孔子曰：「民可使由之，不可使知之。」[66]千餘年中之傳統儒家思想一致否認人民有自治之能力，一致希望君主能盡教養之責任。方氏始承認三代以後君主缺乏能力之事實，而欲使鄉族自行一部分教養之職務。表面上因襲周官，精神上另闢蹊徑。[67]就此論之，方氏鄉族自治之理想乃非常之創獲。以視《呂氏鄉約》，誠無遜色。

　　雖然，方氏究非真有契於近代民主自治之制度也。蓋鄉族之制，既非完全自治，亦非真正民主。鄉族廩學祠會之功用不過在運道德之力量以正風俗，藉互助之組織以救饑寒。範圍纂狹，遠不能與近代地方自治相擬。故曰：非完全之自治也。近代真正之自治，以民主政體為條件。君主專制政體之下，可有分權之地方政府，而難有人民主動之自治。《呂氏鄉約》已引起「非上所令而輒行之」[68]之責難。方氏鄉族制度純為虛擬，故未受人重視。然使人民自謀教養以為政本，實不啻侵削君相之大權。使得施行，豈免非議？鄉族功能所以限於廩學四端者，殆由方氏無意間亦覺自治於專制不能並行也。方氏生當君主政體極盛未衰之時，環境所限，勢不能否認君權以申民主。其全部思想既仍以君權為出發點，則其不能由鄉族自治以達於民權思想，誠無足怪。吾人所當驚歎者轉在其根據古代民本思想之精神而能建議此與地方自治相彷彿之鄉族制度也。

　　方氏學說之第四要點為其民族思想。此則《春秋》之古義，《夷夏論》[69]後千年中幾歸息絕，至明初復燃，而方氏始光大之者也。明代以前中國曾兩經大規模之外族侵略或征服。前有北朝，後有蒙古。魏晉佛教盛行，士大夫多受麻醉。除道士利用種族文化觀念以為衞教之工具外，儒家殆少有申明膺攘之義者。故王通目覩隋代漢族光復中土，致惜於南朝衣冠文物之淪亡，而猶不免本貴民之旨以帝元魏。[70]此後之儒，更不必論。理學家專精力於身心性命之學，三綱五常之教，而夷夏大防，反少致意。故蒙古入侵，而程朱學派之大儒許

66　《論語‧泰伯八》。
67　《周禮》之基本原則為官率民治，鄉族則與政府無關也。
68　〈呂大鈞答劉平叔書〉，楊書頁117引。又頁46〈答仲兄書〉，呂大防曾勸大鈞改《鄉約》為《家儀》或《學規》，以免干政之譏。
69　本書十一章六節末段。
70　本書十二章一節末段。

衡[71]竟為之劃謀定制。[72]其告元世祖之言曰：「自古立國，皆有規模，循而行之，則治功可期。」蓋區域不同則制度宜異。「幽燕食寒，蜀漢食熱。反之則必有變。以是論之，國家之當行漢法無疑也。」[73]推衡之意殆謂夷狄能行漢法，雖異族亦可為君。三綱五常須正，[74]而華夷可以不別。[75]然而類殊心異，不可同羣。用夏未能變夷，奉夷卒以陵夏。九十年中之史實，昭然可覩。及朱元璋起兵，始根據民眾仇元之心理，[76]明揭攘夷之口號。其〈諭中原檄〉曰：「自古帝王臨御天下，中國居內以制夷狄，夷狄居外以奉中國，未聞以夷狄治天下也。自宋祚傾移，元以北狄入主中國。四海之內外，罔不臣服。此豈人力，實乃天授。然達人志士尚知冠履倒置之歎。自是之後，元之臣子不遵祖訓，廢壞綱常。」「及其後嗣沉荒，失君臣之道。又加以宰相專權，憲臺報怨，有司毒虐。於是人心離叛，天下兵起。」「當此之時，天運循環，中原氣盛。億兆之中當降生聖人，驅逐胡虜，恢復中華。立綱陳紀，救濟斯民。」「予恭天承命，罔敢自安。方欲遣兵北逐羣虜，拯生民於塗炭，復漢官之威儀。慮人民未知，反為我讎。挈家北走，陷溺尤深。故先諭告，兵至民人勿

71　衡字平仲。宋寧宗嘉定二年生，元世祖至元八年卒（西元1209-1281）。世祖屢徵之，以集賢殿大學士，為國子祭酒。《元史》卷一五八及柯劭忞《新元史》卷一七〇有傳。學術大概見《宋元學案》卷九〇。所著收入《魯齋遺書》十一卷附錄傳記評論三卷（明萬曆刻本）及《魯齋全書》五卷（明郝縉編抄本）。

72　《元史》卷六七〈禮樂志一〉「世祖至元八年命劉秉宗許衡始制朝儀。」（《新元史》卷八一〈禮樂一〉）又世祖既定天下，許衡立選舉法未果行（《元史》卷八一〈選舉志一〉，《新元史》卷五五〈選舉志一〉）。世祖即位，「命劉秉忠許衡酌古今之宜，定內外之官。」（《元史》卷八五〈百官志一〉）。

73　《遺書》卷七〈語錄〉。《元史》及《新元史》傳語小異。

74　《遺書》卷一〈語錄〉曰：「自古及今，天下國家，惟有簡三綱五常。」「三者既正，則他事皆可為之。此或未正，則其變有不可測知者，又奚暇他為也。」

75　《遺書》卷十一〈病中雜言詩〉曰：「直須眼孔大如輪，照得前途遠更真。光景百年都是我，華夷千載亦皆人。癡陰冷墮雲間雪，和氣幽生地底春。此意若教賢會得，也甘顏巷樂吾貧。」然卷一〈語錄〉曰：「三代盛時分別中夏夷狄。」魯齋非不辨內外，特認定在不得已時寧泯夷夏之界以維綱常耳。

76　如方國珍仇視色目人（《明史》卷二八五〈文苑一·丁鶴年傳〉）。劉福通與其黨謂韓林兒之父韓山童為宋徽宗八世孫，冀以號召（《新元史》卷二二五〈韓傳〉）。按宋末元初始已有民族思想之伏流，鄭思肖之〈臣子盟檄〉及〈古今正統大論〉即其著例。見《鐵函心史》（民國三十年福建永安排印，與謝翱《晞髮集》合刊）。

避。予號令嚴肅，無秋毫之犯。歸我者永安於中華，背我者自竄於塞外。蓋我中國之民，天必命中國之人以安之，夷狄何得而治哉。爾民其體之。」[77]此檄詞旨激揚，實為二千年中創見之民族革命宣言，而亦中國最先表現之民族國家觀念。檄中雖仍襲古義，以文化區族類，然其中國之民必命中國人安之一語已與民族主權之意相近。而中國居內以制夷狄之一語更略似帝國主義者優秀民族之說。此皆由九十年異族凌辱之痛苦經驗中醞釀以出，代價雖高，結果則甚大也。

　　方氏承檄文之意而引申之，[78]而附其說於其歷史正統之討論。方氏以為中國歷史中朝代之相承有「正統」「附統」「變統」之分。[79]三代之君取位以正，人皆華族，而其守天下也克盡君職，毫無怠廢。故二千餘年之中足稱正統者惟此而已。漢唐宋之君，取位尚非篡奪，為人亦非夷狄，「雖不敢幾乎三代，然其主皆有恤民之心，則亦聖人之徒也。」稱為附統，則去正尚非遼遠，而與正統同足尊貴。至如晉、宋、齊、梁之君取之不以正，「使全有天下，亦不可為正矣。」秦、隋之君守之不以仁義，「使傳數百年，亦不可為正矣。」「夷狄而僭中國，女后而據天位，治如苻堅，才如武氏，亦不可繼統矣。」[80]凡此皆為變統，論史者所當賤視，不可與正、附二統齊觀者也。方氏釋之曰：「正統之君，非吾貴之也。變統之君，非吾賤之也。賢者得民心，民斯尊之矣。民尊之則天與之矣。安能不貴之乎？非其類，無其德，民必惡之。當時惡之，後以其位而尊之，則違乎天矣。故不得不賤之也。貴不特於其身，而又延及於子孫。雖甚愚不肖，苟未至於亡國，猶尊之以正統之禮。賤不特於其身，而其子孫雖有賢知之才，亦不能掩其惡。夫如是而後褒貶明，夫如是而後勸戒

---

77 檄文原題為「檄論齊、魯、河、洛、燕、薊、秦、晉之人」，於至元二十七年（吳元年，西元1367）十月丙寅發布。今載王世貞《弇山堂別集》卷八五〈詔令雜考一〉（廣雅書局本）。

78 相傳檄文作者為宋濂。方嘗學於宋，其民族思想或得自師授。然檄不見今本《宋文憲全集》，集中亦鮮含有民族觀念之文字。或均為四庫館臣刪去歟。

79 《集》卷一〈釋統〉上、中、下及〈後正統論〉。正統論始於晉習鑿齒。習氏著《晉漢春秋》（今佚）就取位之正邪以定統，黜魏尊蜀，以晉承漢。其大意見《晉書》卷八二本傳。習卒於太元中（約西元385年）。

80 〈釋統上〉。

著，夫如是而後正統尊，奸邪息，夷狄懼。」[81]

　　方氏以取位守位之正變，分君統之正變，而察其議論，實重取位而輕守位之標準。故正統繼世之暴君得尊，變統繼世之賢君並賤。取位之標準有二。一曰君臣之分，二曰華夷之別。方氏雖以篡臣、女后與夷狄並舉，而其排斥夷狄之言尤為詳細激切。〈後正統論〉設為問答以明之曰：「夷狄之不可為統，何所本也。曰：《書》曰：蠻夷猾夏，寇賊姦宄。以蠻夷與寇賊並言之。《詩》曰：戎狄是膺。孟子曰：禹遏洪水，驅龍蛇。周公膺夷狄。以戎狄與蛇蟲洪水並言之。《禮》之言戎狄詳矣。異服異言之人，惡其類夷狄則察而誅之，況夷狄乎？孔子大管仲之功曰：微管仲，吾其被髮左衽矣，如其仁。[82]管仲之得為仁者，聖人美其攘夷狄也。然則進夷狄而不攘，又從而助之者，其不仁亦甚矣。曾謂聖人而肯主之乎。學聖人之學，治先王之道而晦乎此，又何足論哉。」[83]雖然，古籍先聖之言，又非自出心裁，毫無依據。蓋中國固有可貴之道，攘夷乃天理之本然。士大夫蔽於聰明，反不能知之耳。「夫所貴乎中國者以其有人倫也，以其有禮文之美，衣冠之制，可以入先王之道也。彼篡臣賊后者乘其君之間，弒而奪其位，人倫亡矣，而可以主天下乎？苟從而主之，是率天下之民無父無君也。是猶可說也。彼夷狄者侄母蒸雜，父子相攘。無人倫上下之等也，無衣冠禮文之美也。故先王以禽獸畜之，不與中國之人齒。苟舉而加諸中國之民之上，是率天下為禽獸也。夫犬馬一旦據人之位，雖三尺之童皆能憤怒號呼，持梃而遂之。悍婢奸隸殺其主而奪其家，雖犬馬猶能為之不平而噬嚙之。是何者？為其亂常也。三者之亂常，無異此也。士大夫誦先王之道者乃不之怪，又或為之辭，其亦可悲矣乎！」[84]

　　方氏不特明揭分別夷夏之通則，於宋元之史事亦偶然論及。民族之情感雖基於天理，然久經抑壓，亦竟有時而近於泯滅。「在宋之時，見胡服，聞胡語者猶以為怪。主其帝而虜之，或羞稱其事。至於元百年之間，四海之內，起居飲食，聲音器用皆化而同之。斯民長子育孫於其土地，習熟已久，以為當

81　〈釋統中〉。

82　分見《尚書・舜典》，《孟子・滕文公下》。《詩》語亦孟子所引，《禮記・王制》「司寇正刑」一段末條，《論語・憲問十四》。

83　〈後正統論〉。

84　〈後正統論〉。

爾。」[85]亡國之俗，至明初而猶存，然則欲立治道，復漢儀，非盡革異類之惡俗不可矣。[86]

　　就頃間所述觀之，方氏民族思想之透闢，誠為前此所鮮見。然而細加分析，吾人不得不承認其尚因襲以文化區種族之古代學說而未克臻於兼重血統之近代民族思想。方氏謂：「荊舒以南之人雖《春秋》之所夷狄，而『自秦以來襲禮義而為中國』，歷二千年，久已非復夷狄。」[87]吾人當詰之曰：使蒙古盡用許衡之策，「襲禮義而為中國」，則方氏亦將認為中夏之正統乎？此思想中之疑難既未經方氏之解釋，亦未得他人之注意。必俟明社既屋，異族再侵之後，王夫之始重申華夷大義，而建立毫不妥協之民族思想。方氏揚其波，王氏極其流。正統論開創之功亦不容吾人輕視也。

第三節　張居正（1525-1582）

　　吾人若以劉、方代表專制思想之反動，則張居正之尊主定國殆為專制思想之餘波。居正字叔太，號太岳，生於嘉靖四年，卒於萬曆十年。嘉靖二十六年進士。穆宗隆慶元年拜大學士。神宗即位以先帝遺詔輔政，專國十年，「為政以專主權、課吏職、信賞罰、一號令為主。雖萬里外，朝下而夕奉行。」[88]小人怨恨，屢加譖毀。死不久，神宗削其封爵，籍其家，流其二子。[89]著有《奏對稿》十卷，《詩文集》四十七卷。[90]

85　〈後正統論〉。《集》卷三〈正俗〉曰：「宋亡，元主中國者八十餘年，中國之民，言語服食器用禮文不化而夷者鮮矣。」參趙翼《二十二史劄記》卷三〇，「元漢人多作蒙古名」條。〈正俗〉又曰：「今北方之民父子兄婦同室而寢。汙穢褻狎，殆無人理。盂飯設匕，咄爾而呼其翁，坐于地而食之。□□□□□頑不知教。其於大倫悖棄若此，甚非國家之便也。」。

86　明太祖即曾推行恢復民族文化之政策。如洪武元年二月壬子「詔衣冠如唐制」（《明史》卷二〈本紀二〉）。餘事見吳晗〈元帝國之崩潰與明之建國〉，《清華學報》十一卷二期（民國二十五年四月）頁411以下。

87　〈後正統論〉。

88　《明史》卷二一三本傳。

89　史傳。參張敬修〈文忠公行實〉（文集附錄）。

90　據《明史》卷九九〈藝文志四〉，今有江陵刻本《張文忠公全集》。

　　張氏乃實行者而非思想家。然其立論每有特見，非一般儒者或理學家所能範圍。茲就論學、論政二端述之。

　　張氏論學，揭致用之標的而寓尊君之宗旨。有似宋代之功利思想而不盡同。陳亮等視心性之學為無用，張氏則欲兼性命、經濟而用之。故常有言曰：「學不究乎性命，不可以言學。道不兼乎經濟，不可以利用。」[91]然而學術之弊也久矣。「自孔子沒，微言中絕。學者溺於見聞，支離糟粕，各信其說天下。於是修身正心、真切篤實之學廢而訓詁詞章之學興。有宋諸儒力詆其弊，然議論乃日以滋甚。雖號大儒宿學，至於白首，猶不建其業，而獨行之士往往反為世所姍笑。嗚呼！學不本諸心而假諸外以自益，祇見其愈勞愈弊也矣。」[92]雖然，孔子既已沒矣，微言既中絕矣。居今日而欲救學術之弊，極性命、經濟之用，將以何者為標準乎？張氏以為今王之政令，即學術之指歸。若於此外別立門戶，斯為離經叛道，乃君上所必誅。張氏釋之曰：「《記》曰：凡學，官先事，士先志。士未遇時則相與講明所以修己治人者，以需他日之用。及其服官其事，即以其事為學，兢兢然求以稱職免咎者，以共上之命。未有舍其本事而別開一門以為學者也。」[93]今人徒見孔子以私人講學，遂疑其自樹門墻，與時君之教相對抗。不知孔子周行不遇，不得所謂事與職者而行之，故與七十子之徒切磋講究。「然孔子因材施教，因人立說，未嘗入於空虛怪異之談。究觀其經綸大略，則惟憲章文、武，志服東周，以生今反古為戒，以為下不倍為準。老不行其道，猶取魯史以存周禮。故曰：吾志在《春秋》。其志，何志也？志在從周而已。《春秋》所載，皆周官之典也。夫孔子殷人也，豈不欲行殷禮哉，周官之法豈盡度越前代而不可易者哉！生周之世，為周之臣，不敢倍也。假令孔子生今之世，為國子司成，則必遵奉我聖祖學規以教冑而不敢失墜，為提學憲臣，則必遵奉皇上勅諭以造士而不敢失墜。必不舍其本業而別闢一門以自蹈於反古之罪也。」[94]

　　吾人既知本朝之政令乃學術之唯一標準，則適當之教育政策為何可以不待煩言而喻。舉其要端不外抑異學、禁私學，與不許生員干政三者而已。張氏

91　《文集》卷六〈翰林院讀書記〉。

92　《集》卷九〈宜都縣重修儒學記〉。

93　〈書牘九〉〈答南司成屠石平論為學書〉。

94　同上。

曰：「國家明經取士，說書者以宋儒傳註為宗，行文以典實純正為尚。今後務將頒降《四書》《五經》、《性理大全》、《資治通鑑綱目》、《大學衍義》、《歷代名臣奏議》、《文章正宗》及當代誥律典制等書，課令生員，誦習講解，俾其通曉古今，適於世用。其有剽竊異端邪說，炫奇立異者，文雖工弗錄。」[95]此其抑異學之政策也。又曰：「聖賢以經術垂訓，國家以經術作人。若能體認經書，便是講明學問，何必又別標門戶，聚黨空談。今後各提學官督率教官生儒，務將平日所習經書義理，著實講求，躬行實踐，以需他日之用。不許別剏書院，羣聚黨徒，及號召他方遊食無行之徒，空談廢業。因而啟奔競之門，開請託之路。違者提學御史聽吏部督察院考察奏黜，提學按察司官聽巡按御史劾奏，遊士人等許各撫衙門訪拏解發。」[96]此其禁私學之政策也。又曰：「我聖主設立臥碑，天下利病，諸人皆許直言，惟生員不許。今後生員務遵明禁，除本身切己事情許家人提告有司，從公審問，倘有冤抑，即為昭雪外，其事不干己，輒便出入衙門，陳說民情議論官員賢否者，許該管有司申呈提學官，以行止有虧革退。若糾眾扛幫，聚至十人以上，罵詈官長，肆行無禮，為首者照例問遣，其餘不分人數多少，盡行黜退為民。」[97]此其不許干政之政策也。

　　吾人當注意，張氏之教育政策雖以建立國學為目的，而其論據實假定國家政令具有絕對之價值，初不必問政令之內容是否合於最完善之標準。故周官之法未必「度越前代」，而孔子以身為周臣而用之。宋儒議論「日以滋甚」，而程、朱之書以為國家所採，遂為正學。於是學術之本身，不復具有絕對之價值。故張氏謂「願今之學者以足踏實地為功，以崇尚本質為行，以遵守成憲為準，以誠心順上為忠。」[98]除事君任職以外，更無學問德業之可言。[99]易詞言之，學者當養成鄉愿之品格，無條件服從政府，擁護君上而已。平心而論，此

95　〈奏疏四〉〈請申舊章飭學政以振興人才疏〉。按《四書五經大全》成於永樂中。顧炎武謂「經學之廢，實自此始。」（《日知錄》卷十八）。

96　同上。此二政策與明代所行者大致相合，見《明史》卷六九至七〇〈選舉志〉一至二。

97　〈振興人才疏〉。

98　〈論為學書〉。

99　〈書牘五〉〈與王繼津論君臣之義〉曰：「蓋聞君臣大義，分無所逃。（中略）孔子大聖以時仕止，然猶七十說，不遇而止。豈好為是栖栖歟？誠達於君臣之分也。」。

極端尊君之主張有其歷史上之必要，亦有其事實上之流弊。明代雖為專制政體進展達於極頂之時，然士氣頗為囂張，學說亦頗紛歧。雖以君長之威權，未必盡能約束。語其優點，則講學風盛，思想進步。[100]而其弊病則為生員跋扈，騷亂鄉里。[101]當軸者思有以矯正之，乃情理之常，亦職守所在。張氏生當君政之世，根據專制政體之精神以整飭學風，誠屬不容非議。[102]然而吾人一按實際之結果，則張氏既不能消除紛紜之學風，亦未嘗培成忠樸之士氣。徒使倔彊者愈趨於反抗。[103]猥黠者逢迎以取利祿。[104]士風更下，元氣大傷。此則專制政術本身內在之缺點，其咎不當由張氏獨任矣。

　　張氏論學之要義，略如上述。其論政之宗旨，殆可以「剛」之一字括之。張氏嘗自論其為政「以尊主威，定國是，振紀綱，剔瑕蠹為務。」[105]此言最足以表現其剛之精神及條目。考張氏所以有尊主威，定國是之政策者，實緣幼主新立，朝議不定。「紀綱倒植，名實混淆。」[106]「國威未振，人有侮心。若不稍加淬勵，舉祖宗故事以覺寤述蒙，針破沈痼，則庶事日隳，姦宄窺間。後欲

---

100 明初書院雖不如宋元之盛，而中葉以後，講學事興，或於書院（東林即其中之一），或於寺觀祠宇（陽明學派尤盛，見錢德洪《王文成年譜》嘉靖四年），甚至游行村落（《明儒學案》卷三二〈韓樂吾〉）。而講學之風下及於樵夫陶匠（《明儒學案》卷三二）。此皆前代所未有。

101 明代士風之弊可於顧炎武〈生員論〉中篇見其一斑（《亭林文集》卷一）。然囂張之風南宋已起（周密《癸辛雜識》「三學之橫」一則）。

102 世宗用吏部尚書許讚，詔毀書院（《續通考》嘉靖十七年）。然嘉靖三十一年以後徐階為相，又加提倡（沈德符《野獲編》，柳詒徵《中國文化史》二編二六章引）。居正執政又復禁毀。及死後又再興。明末最後之壓迫出於魏忠賢。

103 王陽明學派即富此精神。東林復社則幾成政治運動矣。

104 趙翼《二十二史箚記》卷三五「張居正久病百官齋禱之多」條曰：「明天啟中魏閹生祠徧天下，人皆知之，而萬曆中張居正臥病，京朝官建醮禱祀，延及外省，靡然從風，則已開其端。蓋明中葉以後士大夫趨權附勢，久已相習成風。黠者獻媚，次亦迫於避禍而不敢獨立崖岸。此亦可觀風會也。」思宗殉國而百官迎寇，此未嘗非士風經過度摧抑而生之結果也。

105 〈書牘十四〉〈答陳推節第十八書〉。

106 〈書牘八〉〈答奉常陸五臺論治體用剛〉，按《續資治通鑑》〈明紀三八〉，穆宗崩，張與高拱等受命，輔神宗。「拱於閣中大慟曰：十歲太子，如何治天下。」又汪文輝上疏論言官生事，可同參。及居正攬權既久，則言官順旨希意，不如隆慶中之議論滋多矣（趙《箚記》卷三五「明言路習氣先後不同」條）。

振之，不可得矣。」[107]至於振紀綱剔瑕蠹二事，則亦鍼對有明中葉以後之政治而發。張氏深斥敷衍因循，延宕虛偽之惡習，[108]欲以綜覈名實，信明賞罰矯之。[109]其意頗與東漢末年崔寔等相似，而所言尤為詳盡。張氏以為寬緩之政似仁而有害，嚴肅之政似苛而有利。儒生立論每尊三代而過秦，至以虎狼喻之。不知秦法嚴飭，自有其用，三代以後為治者鮮能與之相比。居正稱美之曰：「三代至秦，混沌之再闢者也。其創制立法，至今守之以為利。史稱得其聖人之威。使始皇有賢子，守其法而益振之，積至數十年，繼世宗族芟夷已盡，老師宿儒聞見悉去，民之復起者皆改心易慮以聽上之令。即有劉、項百輩，何能為哉！惜乎扶蘇仁懦，胡亥稚蒙，姦宄內發。六國餘孽尚存，因天下之怨而以秦為招。再傳而蹶，此始皇之不幸也。」[110]居正又以此眼光論明政曰：「高皇帝以神武定天下，其治主於威強。前代繁文苛禮，亂政弊習，剗削始盡。其所芟除夷滅，秦法不嚴於此矣。又混沌之再闢也。懿文仁柔，建文誤用齊、黃諸人，[111]蹈衰宋之陋習，日取高皇帝約束紛更之，亦秦之扶蘇也。建文不早自敗，亦必亡國。」[112]此種言論，翻儒家千古之大案，不可謂非獨到之壯舉。然以今日之眼光觀之，則張氏推尊秦始皇、明太祖之言論，不過專制思想之重申。韓非、李斯之徒，地下有知，當相視色喜，引為同調。所可惜者，張氏論史既非盡合事實，而其論政亦未洞悉安危之癥結。秦之亡，亡於過度之專制。[113]故高祖約法三章，足定天下。明太祖用法深刻，惟治貪吏一事為差可。

107〈書牘五〉〈與李太僕漸菴論治體〉。

108〈奏疏一〉〈陳六事疏〉。

109《明史》本傳曰：「黔國公沐朝弼數犯法，當逮。朝議難之。居正擢用其子，馳使縛之，不敢動。既至，請貸其死，錮之南京。」「又為考成法，以責吏治。初，部院覆奏，行撫按勘者嘗稽不報。居正令以大小緩急為限，誤者抵罪。自是一切不敢飾非，政體為肅。」是其例也。居正嘗論刑罰為必要。其大略曰：「夫人之可以縱情恣意有所欲而無不得者，莫踰於為盜。而秉耒執鋤，力田疾作，束縛以禮法，世之所至苦也。安於其所至苦，無所懼而自不為非者，惟夷、由、曾史為然。今不曰吾嚴刑明法之可以制欲禁姦也，而徒以不欲率之，使民皆釋其所樂而從其所至苦，是天下皆由、夷、曾、史而後可也。」〈書牘九〉〈答憲長周友山〉。

110《文集》卷十一〈雜著〉。

111齊泰、黃子澄建文時為尚書參政。謀削藩，皆死難。《明史》卷一四一有傳。

112〈雜著〉。

113見本書八章二節。

此外如戮功臣、行廷杖、起詔獄諸舉，[114]均屬亡國之苛政。而明代弊政源頭之宦官則始自外藩篡位之成祖。[115]故明之亡，亡於惡化之專制。建文亡明云云，似非持平之論。

　　雖然，張氏治體用剛之說固與鞅、斯有顯然之區別。張氏欲矯泄沓之失而未嘗有意於苛刻。《書》稱敷教在寬。張氏辨之，謂寬非姑息弛縱之謂。[116]治體用剛，非與寬教背馳，而欲以振作救弛縱。振作之與操切，亦不可混為一談。操切者「嚴刑峻法，虐使其民。」振作者「整齊嚴肅，懸法以示民而使之不敢犯。」[117]此已與「督責」之精神不同。而張氏雖以專制為必要之手段，其論政治之目的則仍守儒家民本之旨。故一則曰：「民為邦本」，[118]再則曰：「天之立君以為民也」。[119]其「剔瑕蠹」之政策即以抑豪強、除煩擾、安百姓為主幹。而其指摘中明之政則謂「自嘉靖以來，當國者政以賄成，吏朘民膏以媚權門，而繼秉國者又務一切姑息之政，為逋負淵藪，以成兼并之私。私家日富，公室日貧。國匱民窮，病實在此。」[120]補救之方惟在嚴懲貪墨，防止兼并。今議者率曰：「吹求太急，民且逃亡為亂。」此誠過慮之談。「夫民之亡且亂者成以貪吏剝下而上不加恤，豪強兼并而民貧失所故也。今為侵欺隱占者權豪也，非細民也。而吾法之所施者奸人也，非良民也。清隱占則小民免包賠之累而得守其本業，懲貪墨則閭閻無剝削之擾而得以安其田里。如是，民且將尸而祝之，何以逃亡為？」[121]且官民雖不喜均平之政，而究其實，則亦為其本身之大利。「夫富者怨之府，利者禍之胎。而人所以能守其富而眾莫之敢攘

---

114 趙《劄記》卷三二「胡、藍之獄」條。《明史》卷九五〈刑法志三〉。

115 《明史》卷三〇四〈宦官列傳序〉。趙《劄記》卷三五「明代宦官」條。

116 〈書牘三〉〈答南學院周乾明〉。

117 〈奏疏一・陳六事疏〉「振紀綱」一段。

118 同上，「固邦本」一段。

119 《文集》卷六〈人主保身以保民論〉。

120 〈書牘六〉〈答應天巡撫宋陽山論均糧足民〉。按嘉靖中當國貪賄最甚者為嚴嵩，嵩二十一年入相，四十一年敗。籍沒時黃金三萬餘兩，白金二百餘萬兩，珍寶無算（《明史》卷四〇八本傳）。御史王宗茂劾之謂「陛下帑藏不足支諸邊一年之費，而嵩所蓄積可瞻儲數年。」刑部主事張翀劾之謂歲發邊餉，「朝出度支之門，暮入奸臣之府。輸邊者四，餽嵩者六。」（《明史》卷二一〇本傳）宗室權臣宦官奪占民田之大概，見《明史》卷七七〈食貨志一・田制〉。

121 同上。參閱〈書牘十二〉〈答福建巡撫耿楚侗言致理安民〉。

者，恃有朝廷之法耳。彼不以法自檢，乃怙其富勢而放利以斂怨，則人亦將不畏公法而挾怨以逞忿。是人也，在治世則王法之所不宥，在亂世則大盜之所先窺，烏能長有其富乎？」[122]

　　張氏乃有明一代名相。其政論雖多缺點，然其儒體法用之治術則亦具有異乎流俗之特色。張氏嘗謂「創始之事似難而實易，振蠱之道似易而實難。室已圮而鼎新之，易也，鳩材庀工而已。惟夫將圮而未圮，其外巋然，丹青赭堊未易其舊，而中則蠹矣。匠石顧而欲振之，聞者必以為多事而弗之信。至勢不至於大壞極弊不已也。」[123]此誠不刊之論。而張氏未嘗以此自餒，尤為難能。其與友人書曰：「二十年前曾有一宏願，願以身為蓐薦，使人寢處其上，溲溺之，垢穢之，吾無間焉。」又曰：「有欲割取吾耳鼻，我亦歡喜施與。」[124]呂坤〈書太岳先生文集後〉謂其功績由一「任」字得來，洵非溢美矣。

第四節　呂坤（1526-1618）

　　劉、方鍼對亡元苛政而闡貴民之旨，張氏鍼對晚明弊政而為專制張目。呂坤則折衷二者之間，兼採尊君貴民而無取於剛嚴有為之治。就大體言之，其思想雖趨於樂觀，而亦隱含對君主專制失望之意，於諸人外別樹一幟。吾人不可不一述之。坤字叔簡，號心吾，生於嘉靖十五年，卒於萬曆四十六年。仕由襄

---

122 〈書牘九〉〈答應天巡撫胡雅齋言嚴治為善愛〉。書中下文引《韓非子・顯學篇》嬰兒不剔首一段。按張氏政策當時頗有同情而實行之者。海瑞（西元1514-1587）萬曆十三年為南京吏部右侍郎時上神宗疏認治貪吏之刑寬，故天下不治，因舉太祖剝皮囊草之制（《明史》卷二二六本傳）。隆慶三年巡撫應天時嚴治鄉官奪民產，並為書答難者（《海忠介公文集》卷一〈被論自陳不職疏〉）。《明史》傳謂「屬吏憚其威，墨者多自免去。（中略）素疾大戶兼并。力摧豪強，撫窮弱。民田入於富室者率奪還。（中略）豪有力者至竄他郡以避。（中略）撫吳甫半歲，小民聞當去，號泣載道。家繪像祀之。」海氏力主行井田，以為縱不能行之盡善，猶勝於不行（《集》卷六〈使畢戰問井地論〉）。居正《集》中有書致海，甚加推許。然萬曆初居正當國不樂瑞，令巡按御史廉察之。又憚其峭直，中外交薦，卒聽其退居不召，則居正未嘗真欲行其政策也。
123 《文集》卷九〈京師重建貢院記〉。
124 〈書牘五〉〈答吳堯山言宏願濟世〉。此書著於萬曆元年。

垣知縣，至刑部左侍郎。[125]所著有《呻吟語》六卷，《去偽齋集》十卷，及《閨範》、《圖說》等書，門人趙文炳集其從政要端為《呂公實政錄》，均傳於世。[126]

　　呂氏論學，一本致用之宗旨。一切性命、天人微窈之說，無補「國家之存亡、萬姓之生死、身心之邪正」者，皆認為非學者所當究，[127]蓋「天地人物原來祇是一個原體，一個心腸。」[128]自君子觀之，「滿腔子是惻隱之心，滿六合是運惻隱之心處。君子於六合飛潛動植纖細毫末之物，見其得所則油然而喜，與自家得所一般，見其失所則閔然而戚，與自家失所一般。」[129]故學者所當講求者乃如何用此一身，以濟萬物。[130]此義不明則學者相率入於為我之異端，[131]大悖聖人之道。世俗每稱許隱者，以為高尚。不知「巢父許由，世間要此等人作甚。」「世無巢許，不害其為唐虞。無堯舜皋夔，巢許也沒安頓處，誰成就你個高人。」[132]

　　致用為學者之天職，而倫常又為處世之綱紀。君父之尊尤當重視。嚴光舊與光武帝為朋友。及大卜既定，召之入京，光不肯屈。呂氏斥之曰：「天經地義，人綱物軌，莫大於倫常。而五倫之序，堯先父子，孔先君臣。朋友居昆弟後，豈得加於君父之上哉！」子陵以朋友之故，不肯臣光武而加足腹上以傲之。彼不知「率土之濱，莫非王臣。光武奄有九圍，子陵即不為臣，獨非民乎？能逃於天地之間乎？」[133]呂氏又假箕子之事以明忠臣不事二主之義曰：「《史記》以為箕子陳〈洪範〉之後，武王封於朝鮮而不臣。夫列於於五爵，分之三土，皆臣名也。即不述臣職，謂之非臣，可乎？貴戚之卿，與異姓殊。即不國亡與亡，豈至受人爵土，列之庶邦，食其祿而受之寵乎？」「異姓之夷

---

125 《明史》卷二二六。《宋元學案》卷五四。
126 今收入《呂子遺書》。《呻吟語》單行有四部叢刊，文選樓刻諸本。《實政錄》包括明職，
　　民務，鄉甲約，風憲約，獄政等。
127 《呻吟語》卷一之四。
128 同上。參《去偽齋集》卷八〈格物歌〉。
129 《語》卷一之四。
130 《集》卷四〈別爾瞻書〉。
131 《語》卷四之四「巢由披卷」一則。
132 《語》卷四之四。
133 《集》卷六〈嚴子陵〉。

齊寧為商山之餓夫而恥食周粟矣。箕子固甘朝鮮之封。臣道也，子孫之道也，胥失之矣。洪範九疇，天以錫禹者。又四百年而有箕子。箕子即不陳〈洪範〉，〈洪範〉亡乎？〈洪範〉寧亡，臣子之道不可亡也。」盡信書，不如無書。《史記》所載箕子之事，決非當時之真象。「今考方輿家朝鮮在三代時不列職方，其地不在周之版圖，周安得封國於此。今河南西華，唐名箕城。山西遼州，唐名箕州。意者武王所封或在兩地。箕子不受，逃之朝鮮。朝鮮化其德，推以為君，遂世其祀，而仍其周稱乎。至於出之图圉，待以賓客，訪以古今，為之陳疇，亦聖賢邂逅談學論道之常。若曰祀不系於宗祊，名不列於三恪，既不為社稷忠魂，又不為湖山遯叟，而儼然受朝鮮之封，夷、齊必能笑之矣！箕子何人，肯為之乎？後之宗臣，幸無以借口」也。[134]

　　呂氏維護君主政體之意，由上所述，顯然可覩。然呂氏尊君之論固未嘗離貴民而獨立。蓋自呂氏觀之，民以君尊而定，君以定民得尊。定民為目的，尊君為手段。君威與民命，非相反而實相關。君主盡職於上，[135]臣民盡職於下，[136]然後宇內又安。犯上暴下，皆足召亂。呂氏明之曰：「天下不可一日無君。故夷、齊非湯、武，明臣道也。此天下之大防也。不然則亂臣賊子接踵矣，而難為君。天下不可一日而無民。故孔孟是湯武，明君道也。此天下之大懼也。不然則暴君亂主接踵矣，而難為民。」[137]此說融治孟、荀，合張居正之尊主威於方孝孺之明君職，貌似新奇而非盡出心抐。

　　呂氏又以「勢利」解釋君民之關係，此則近乎葉水心勢治[138]之論，而條理較為完密。呂氏曰：「勢利者宇內之神物也。帝王者勢利之主也。天下之存亡，國之治亂，民之生死在勢利。顧所以操之者何如耳。」操之之術，大約有五。一曰以勢制利。「天下皆趨於利，而無勢以禁之則亂。」二曰勢利分享。「帝王之御世也，利在下，勢在上。利欲公之天下，勢欲攬之一人。」「利在上，勢在下，亡道也。」三曰攬勢必專。「天子以勢統百官，百官以夫子之勢布政令以行其德意。萬方黎獻懍懍奉法若訓而一毫不敢肆焉者，有操其勢者

134《集》卷六〈箕子〉。
135《語》卷五「天之生民非為君也」一條。
136《語》卷二之一「古之士民各安其業」一條。
137《語》卷一之三。
138本書十四章五節。

也。勢在臣則刼，勢在萬姓則亡。雖堯舜不敢以勢與天下。此統一四海平定六合之靈器也。」四曰分利必均。「天下之利，天下之所以相生相養者也。天不立君，君不建百官，則天下之利歸豪強，歸貪暴。而豪強貪暴者專利，則生勢以役羣眾而分天子之權。貧無賴者失利，則相聚以求所欲而啟天下之釁。是利不可以均也。」五曰君不專利。「得天下者因天下之利而匹夫為天子，守天下者專天下之利而天子為匹夫。是利者勢之藉也，利去則勢亡。」「故天子者衣租食稅而已，足以供軍國之需而已，不專天下之有。建官分職，以人自有之利而使各有其所有，而又使利於有天子以保其所有，雖萬世君可也。故曰利當公，利當在下。」[139]

「勢在上，利在下」，此古代君治民享，仁惠專制理想之另一表現而已。然而呂氏深知徒用高壓政策不足以為治，故反覆重申孟子順民之古義以為專制君主之棒喝。呂氏嘗謂「民情甚不可鬱也。防以鬱水，一決則漂屋推山。砲以鬱火，一發則碎石破木。桀紂鬱民情而湯武通之，此存亡之大機也，有天下者之所夙夜孜孜者也。」[140]蓋君之得尊，由於民服。人心一去，天卜土崩。故「勢有時而窮。始皇以天下全盛之勢力受制於匹夫，何者？匹夫者天子之所恃以成勢者也。自傾其勢，反為勢所傾」矣。[141]雖然，尚有疑焉。孔子謂民可使由，不可使知。「夫民心之難同久矣。欲多而見鄙，聖王識度，豈能同之？噫！治道以治民也。治民而不同之，其何能從？即從，其何能久？禹之戒舜曰：罔咈百姓以從己之欲。夫舜之欲豈適己自便哉？以為民也。而曰罔咈。盤庚之遷殷也，再四曉譬。武王之伐紂也，三令五申。必如此而後事克有濟。故曰：專欲難成，眾怒難犯。我之欲未必非，彼之怒未必是。聖王求以濟事，則知專之不勝眾也，而不動聲色以因之，明其是非以悟之，陳其利害以動之。待其心安而意順也，然後行之。是謂以天下人行天下事，事不勞而底績。雖然，亦有先發後聞者，亦有不謀而斷者，亦有擬議已成，料度已審，疾雷迅電而民不得不然者。此特十一耳，百一耳，不可為典則也。」[142]夫以君上之威，令嚴罰重，民豈敢違。然而「明王推自然之心，置同然之腹，不恃其順我者之迹，

---

139 《集》卷六〈勢利說〉。
140 《語》卷五。
141 《語》卷五。
142 《語》卷五。參《集》卷一「憂危疏論收人心」一段。

而欲得其無怨我者之心。」[143]則長久治安，庶幾可得矣。

　　呂氏生當張居正厲行「剛」治之時[144]而發為順民之論，其反對專制之意，極為顯明易覩。抑有又進者，呂氏論學，雖主致用而其最後之政治理想則為無為而治。此尤足表現其反對專制之態度。呂氏謂「伏羲以前是一截世道，其治任之而已，已無所與也。五帝是一截世道，其治安之而已，不擾民也。三王是一截世道，其治正之而已，不使縱也。秦以後是一截世道，其治劫之而已，不以德也。」[145]中國二千年中之君主政體奠基於秦，而呂氏以為劫民愚民政治之肇始，與張居正混沌再闢之言，恰相反背。呂氏又曰：「古昔盛時，民自飽暖之外無過求，自利用之外無異好。安自家之便而不恣耳目之欲。家無奇貨，人無玩物。餘珠玉於山澤而不知寶，贏繭絲於箱篋而不知繡。偶行於途而知貴賤之等，創見於席而知隆殺之理。農家於桑麻之外無異聞，士於禮義之外無羨談，公卿大夫於勸課訓迪之外無簿書。知官之貴而不知為民之難，知貧之可憂而不知人富之可嫉。夜行不以兵，遠行不以餱。施人者非欲其我德，施於人者不疑其欲我之德。訢訢渾渾，其時之春乎！其物之胚孽乎！吁！可想也已。」[146]此亦與張氏富強之說[147]背道而馳。

　　盛世可想，惜乎！其不可久維也。呂氏傾向於認歷史為退化之過程，而以天道氣運說明其必然性。劉基以理氣二元解釋天運之正變。呂氏略同其意，區天為二。「無極之先，理氣渾淪而不分。」此時之天乃「理道之天，先天也。」「氣化之後，善惡同源而異流。」此時之天乃「氣運之天，後天也。」先天惟一，後天有九。蓋後天既分善惡，則「以自然為盛衰，挾人事為得失，萬有不齊。」每變愈下。一曰「淳龐之天。」當洪荒之初，人物雍熙之時，二曰「泰寧之天。」當唐虞夏四海歡欣之時。三曰「平常之天。」當三代迭興，有隆有替之時。四曰「巧偽之天。」訛言讒說，排闔縱橫。朝無國士，野無公言，以亂天下。五曰「殺戮之天。」當春秋戰國逮於秦、項三百餘年爭亂之時。六曰「淫濁之天。」當武后僭竊淫亂之時。七曰「虐厲之天。」「癘疫時

---

143 《語》卷五。
144 史傳呂萬曆二年進士。時張居正為相，後八年乃卒。
145 《語》卷四之二。
146 《語》卷四之二。
147 《張居正文集》，〈書牘十一〉〈答福建巡撫耿楚侗談王霸之辨〉。

行，妖孽為祟，旱以七歲，水以九年。」八曰「混沌之天。」「君子小人禍則同禍，福則同福，玉石不分，薰蕕雜處。」九曰「倒置之天。」「小人得志，安富尊榮。君子潛身，危亡困辱。」[148]天運至此，真有閉塞窮終之歎矣。

呂氏九天之說有似邵雍之《皇極經世》，而實不相同。邵氏認天道循環盛衰有定。一陰既生，亂危日急。雖有聖人，亦無計以挽回拯救之。故邵氏之說為澈底悲觀之宿命論。呂氏雖亦傾向於悲觀，置盛世於已往，然猶信人力可以回天。專制天下昏君亂臣所散播之種種罪惡，種種痛苦，聖人可以洗蕩廓清之。故曰：「氣天惟危，道天惟危，惟爕惟贊，聖人是持。」[149]蓋呂氏雖對專制政治懷疑，尚未對君主政體之本身失望也。

呂氏為一實踐之政治家，其論治術頗多具體扼要之言。《實政錄》所載尤明，吾人不暇於茲一一詳述。其民務與〈鄉甲約〉按養、教、治三事規劃條目，其精神內容均與近人管教養衛之說相近。而〈鄉甲約〉合鄉約保甲為一，更為前此所未有。[150]然而呂氏始終不信人民有自治之能力，[151]故〈鄉甲約〉理論上之貢獻，不能越呂氏《鄉約》方氏鄉族之範圍。此亦歷史環境所限，吾人今日尚論，不宜加以苛責者也。[152]

---

148 《集》卷六〈說天〉。

149 《集》卷六〈說天〉。

150 楊開道《中國鄉約制度》第七章討論頗詳。

151 〈鄉甲約〉謂「良民分理於下，有司總理於上。」固暗合自治之原則。然呂氏又謂「得千良民不如得一賢守令。」（《實政錄》卷五）故州縣官監督干涉約務。

152 明初太祖提倡自治，故鄉官鄉紳得占相當之地位。及至中晚，弊端大見。如海瑞巡撫應天時裁抑豪強，謂「鄉官二十餘年為虎，小民二十餘年為肉。」（《集》卷一〈被論自陳不職疏〉）。海氏以政府之力肅清豪強，呂氏則欲改善地方組織，用民力以助官威。前者加深專制，後者較近自治。

第十七章

王守仁與李贄

第一節　王守仁（1472-1528）

　　中國專制政治，至明代愈趨深刻。太祖開國即樹慘覈之風，[1]成祖篡立更肆淫虐之毒。[2]繼體諸君，變本加厲。二百七十餘年中苛政弊政之多，殆為歷代所不及。加以科舉「八股」，敗壞人才。[3]理學末流，束縛思想。[4]詔獄廷杖，摧殘士氣。下則民不聊生，上則士鮮廉恥。流寇起於中，夷狄迫於外。一朝勢去，瓦解土崩。大好河山，又復淪於異族。事之可惜，孰逾於此。然而當

1　太祖雖出身民間，注重疾苦，然其用法苛嚴，殆不下秦代。如誅貪吏剝皮囊草，枉法八十貫論絞（《明史》卷二二六〈海瑞上神宗疏〉）。此猶意在保民。至於以文字疑誤殺人（趙翼《二十二史劄記》卷三二「明初文字之禍」條），任意殘殺功臣（同上「胡、藍之獄」條），則為無可寬解之野蠻行為。趙氏曰：「明祖藉諸功臣以取天下，及天下既定，即盡舉取天下之人而殺之，其殘忍實千古所未有。蓋雄猜好殺本其天性」也。

2　成祖既篡位，乃取太祖之法多所破壞。倚宦官為腹心，遂成明代弊政苛政之源頭（《二十二史劄記》卷三五〈明代宦官〉，《明史》卷三〇四〈宦官傳序〉）。廷杖、錦衣衛、東廠亦肇始或復用於永樂中。《明史》卷九五〈刑法志三〉謂「是數者殺人至慘而不麗於法，踵而行之，至末造而極。舉朝野命一聽之武夫宦豎之手，良可歎也！」至成祖屠殺建文諸臣之慘，尤甚於太祖之殺功臣。齊泰、黃子澄、鐵鉉等死後婦女均送教坊司。茅大芳妻在教坊司病故，奏奉聖旨「分付上元縣抬出門去，著狗喫了。欽此。」（俞正燮《癸巳類稿》卷十二〈除樂戶丐籍及女樂考〉，引王世貞《弇州史料》〈南京法司記〉）

3　《明史》卷七〇〈選舉志二〉。顧炎武《日知錄》卷十八〈四書五經大全〉，〈十六程文及試文格式〉。

4　《明史》卷二八二〈儒林傳〉「明初諸儒皆朱子門人之支流餘裔（中略），守先儒之正傳，無敢改錯。」又卷十七〈世宗紀一〉嘉靖二年四月癸未以宋朱熹裔孫墅等為五經博士。尊朱之意顯然。

明代專制毒焰方盛之時，反動思想已勃然興起。雖不敢直接攻擊專制政治之本身，而對於為專制政府所利用之正統學術則力加破壞。王守仁開其風，[5]李贄極其流。以儒攻儒，波瀾壯闊，幾乎欲取千餘年傳統思想之網羅，一舉而衝決摧毀之。此誠空前之大變，吾人不必以其在政治上未獲顯明之效果而輕視之也。

　　王守仁字伯安，學者稱陽明先生。生於成化八年，卒於嘉靖七年。少聰慧，性豪邁。年十五游居庸關，慨然有經略四方之志。年十八讀朱子書，以庭前竹，試為「格物」，沈思不得，遂被疾。二十一歲舉於鄉，後以進士入仕，正德初官禮部左侍郎。以抗章救戴銑等忤權閹劉瑾，廷杖四十，謫貴州龍場驛丞。途中劉瑾遣人加害，投江佯自盡始免。幾經辛苦，得至龍場，九死一生之餘乃大悟格物致知之理（三十七歲），知行合一之學（三十八歲）。閱五年，專以致良知訓學者，一時風行，遂有壓倒朱學之勢。劉瑾敗後，復得起用，正德十一年擢右僉都御史，巡撫南贛。討平諸寇，安撫居民。十四年，以右副都御史討宸王宸濠。亂平，為羣小所讒，幾遭不測。嘉靖六年，思田州土酋叛，世宗始用人言，以兼左都御史總督巡撫兩廣討賊。守仁撫平思田，出奇兵剿平斷藤峽猺賊。復遭忌者讒。病甚乞歸，不俟命竟行，道死南安，年五十七。桂萼劾之，帝大怒，下廷臣議。萼等議曰：「守仁事不師古，言不稱師。欲立異以為高，則非朱熹格物致知之論。知眾論之不予，則為朱熹晚年定論之書。號召門徒，互相倡和。才美者樂其任意，庸鄙者借其虛聲。傳習轉訛，背謬滋甚。但討捕劇賊，禽獲叛藩，功有足錄。宜免追奪伯爵，以章大信，禁邪說以正人心。」幸世宗未悉用其議。否則慶元「偽學」之禁又重見於嘉靖矣。穆宗既立，以羣臣言，詔贈新建侯，諡文成。神宗萬曆十二年，以大學士申時行言，詔與陳獻章、薛瑄、胡居仁從祀文廟。[6]著有《文集》數十卷。[7]

5　首與程朱立異者乃陳獻章，王氏更光大之。《明史》卷二八二〈儒林傳序〉。

6　《明史》卷一九五本傳，《明儒學案》卷十，薛侃等纂《王文成公年譜》，黃綰《陽明先生行狀》，余重耀《陽明先生傳纂》（中華書局），錢穆《王守仁》（商務印書館）。

7　明謝廷傑編《王文成公全書》三十八卷中《文集》三十一卷，附錄《年譜》及《世德紀》七卷（浙局刻，商務「國學基本叢書」、「萬有文庫」諸本）。施邦耀編《陽明先生集要》（「四部叢刊」影明本）。清，俞嶙編《王陽明先生全集》二十二卷，康熙十二年初刊本。王貽樂校刊《王陽明先生全集》十六卷，康熙十九年刻本。張問達編輯《全集》二十卷，康熙二十八年刊本。

　　昔孟子謂人皆有不忍人之心，而即以此心為仁政之動力。陽明之政治哲學亦以仁心為本，而參以大學之明德親民。其說似出心裁，實亦有所承襲。〈答顧東橋書〉曰：「夫聖人之心以天地萬物為一體。其視天下之人，無內外遠近，凡有血氣，皆其昆弟赤子之親，莫不欲安全而教養之，以遂其萬物一體之念。」[8]〈大學問〉亦曰：「大人者以天地萬物為一體者也。其視天下猶一家，中國猶一人焉。若夫間形骸而分爾我者，小人矣。大人之能以天地萬物為一體也，非意之也。其心之仁本若是，其與天地萬物而為一也。豈惟大人，雖小人之心亦莫不然，彼顧自小之耳。是故見孺子之入井而必有怵惕惻隱之仁焉，是其仁之與孺子為一體也。孺子猶同類者也。見鳥獸之哀鳴觳觫而必有不忍之心焉，是其仁之與鳥獸而為一體也。鳥獸猶有知覺者也。見草木之摧折而有憫恤之心焉，是其仁之與草木而為一體也。草木猶有生意者也。見瓦石毀壞而必有顧惜之心焉，是其仁之與瓦石而為一體也。」[9]

　　以此仁之本心，施於政事，則為明德親民。二者體用可分而實為一事。[10]「明明德者立其天地萬物一體之體也。親民者達其天地萬物一體之用也。故明明德必在於親民，而親民乃所以明其明德也。」[11]此體用兼全，教養合一之政治，惟唐虞三代盛世曾實行之。「其教之大端則堯舜禹之相授受，所謂道心惟微，惟精惟一，允執厥中，而其節目則舜之命契，所謂父子有親，君臣有義，夫婦有別，長幼有序，朋友有信，五者而已。唐虞三代之世，教者惟以此為教而學者惟以此為學。當此之時，人無異見，家無異俗。」「下至閭井田野，農工商賈之賤，莫不皆有是學，而惟以成其德行為務。」[12]全國之人既受同一之學，明同一之德，乃各按其才能之異，分工合作，以成一協和平安之大社會。

　　王氏述其理想曰：「學校之中惟以成德為事，而才能之異，或有長於禮樂，長於政教，長於水土播植者，則就其成德而因使益精其能於學校之中。迨其舉德而任，則使之終身居其職。用之者惟知同心一德以共安天下之民，視才之稱否，而不以崇卑為輕重，勞逸為美惡。效用者亦惟知同心一德以共安天下

8　《全書》卷二《傳習錄‧中》。
9　《全書》卷二六〈續編一〉。
10　《全書》卷七〈文錄四‧親民堂記〉（乙酉）。
11　《大學問》。
12　〈答顧東橋〉。

之民。苟當其能，則終身處於繁劇而不以為勞，安於卑瑣而不以為賤。當是之時，天下之人熙熙皞皞，皆相視如一家之親。其才質之下者則安其農工商賈之分。各勤其業以相生養而無有乎希高慕外之心。其才能之異，若皋夔稷契者則出而各效其能。若一家之務，或營其衣食，或通其有無，或備其器用。集謀並力，以求遂其仰事俯育之願。惟恐當其事者之或怠而重己之累也，故稷勤其稼而不恥其不知教，視契之善教即己之善教也。夔司其樂而不恥於不明禮，視夷之通禮即己之通禮也。蓋其心學純明而有全其萬物一體之仁，故其精神流貫，志氣通達，而無有乎人己之分，物我之間」也。[13]

　　王氏雖推崇唐虞三代之理想，以為非後世「霸術」所及，然其所重視者乃心術而非制度。故三代之治雖美，後君當法其道而不可拘守其制。蓋古之聖人無不「因時致治」。[14]堯、舜、文、武之設施不必相同，而不害其合道之根本。若心存功利，徒仿行迹，貌似儒學，而實已流於霸術矣。

　　陽明之論治術似少新意。其最可注意者，為近於近世地方自治制度之鄉約、社學、保甲諸法。[15]蓋遠襲前人遺意，近依洪武故事，[16]變通改進而成者。社學、保甲，可置不論。其〈南贛鄉約〉則為明代鄉約之肇始，內容詳密，為後人所稱道。[17]綜其大意，約有四端。一曰約中職員出於約眾之推選，二曰約眾赴會為不可規避之義務，三曰約長會同約眾得調解民事之爭訟，四曰約長於開會時詢約眾之公意以彰善糾過。然約事既由政府推動，約會亦無法律裁制之權，其性質固與真正之地方自治有別也。

13　〈答顧東橋書〉。

14　《全書》卷一《傳習錄‧上》〈答徐愛問文中子、韓退之〉。

15　見《全書》卷十六，〈別錄八十〉，〈家牌法告諭各府父老子弟〉，卷十七〈別錄九：南贛鄉約〉、〈興舉社學牌〉、〈申諭十家牌法〉、〈申諭十家牌法增立保長〉、〈頒行社學〉等文。

16　宋代鄉約見本書前章註62。明人行《呂氏鄉約》者有呂柟（正德三年進士）及劉觀（正統四年進士）均見《明史》卷二八二〈儒林傳〉。明太祖洪武二十八年二月，「己丑，諭戶部編民百戶為里，婚姻死喪疾病患難，里中富者助財，貧者助力。春秋耕穫，通力合作，以教民睦。」（《明史》卷三〈本紀〉）陽明正德五年治廬陵，嘗稽洪武舊制，慎選里正三老（〈年譜〉三十九歲）。鄉約乃引申其制。

17　劉宗周於崇禎七年立〈劉氏宗約〉，十五年奏請行〈鄉約保甲〉，條例略依《呂氏鄉約》（《劉子全書》卷十七），其大意見鄉書（同書，卷二四）。陸世儀崇禎十三年作〈治鄉三約〉。《志學錄》（十四年）曰：「五月十九閱陽明集中載鄉約法甚妙。」

陽明論政，大略以《孟子》〈禮運〉為藍本。雖足針砭專制，究非真出新創。至其論學，則一掃鄉愿之習，[18]直欲與西漢已來之儒家正統思想挑戰。觀桂萼等廷議，寬其擅離職守之罪，而斤斤於「禁邪說以正人心」。可知陽明學說在當時之地位矣。蓋儒學經武帝之推尊，遂為思想正統。中間雖受挫折，大體固占上風。至宋元之世，儒學化為理學，理學又專尚程朱。[19]意竊佛老而語宗孔孟，辯入毫芒而本實因襲。末學弊極，浸至是非以孔子為權衡，[20]綱常致個人於桎梏。遷延至明，殆已趨於殭化。於是陳白沙破朱學之藩籬，求至道於己心。[21]陽明繼起，[22]乃明揭思想解放之赤幟，發為學貴自得之論。王氏之言曰：「今世學者皆知宗孔孟，賤楊、墨，擯釋、老。聖人之道，若大明於世。然吾從而求之，聖人不得而見之矣。其能有若墨氏之兼愛者乎？其能有若楊氏之為我者乎？其能有若老氏之清靜自守，釋氏之究心性命者乎？吾何以楊、墨、老、釋之思哉。彼於聖人之道異，然猶有自得也。」[23]學有自得，雖為異端，猶勝於支離瑣碎之俗儒。若其本無自得，雖口稱孔子，何足以為實學。抑又有進者，俗儒奉孔子為準則，而不知吾心之權衡，尤在孔子之上。「夫學貴得之心。求之於心而非也，雖其言之出於孔子，不敢以為是也，而況其未及孔子者乎。求之於心而是也，雖其言之出於庸常，不敢以為非也，而況其出於孔子者乎。」雖然，所謂得心，固非憑一己之私見以壟斷天下之公理。俗儒尊孔守朱，不知所以裁之，遂不免混公理而逞私見。「夫道，天下之公道也。學，天下之公學也。非朱子可得而私也，非孔子可得而私也。天下之公也。公言之而已矣。故言之而是，雖異於己，乃益於己也。言之而非，雖同於己。適損於

18　《傳習錄‧下》答薛尚謙等論致謗之由曰：「我在南都已前尚有些子鄉愿的意思在。（中略）我今纔做得個狂者的胸次。」

19　《明史》卷二八二〈儒林傳序〉，本章註4引。當王守仁晚年，朝野猶隱尊朱為正學。

20　孔子在宋明理學中之地位，略如亞里斯多德在歐洲中世之經院哲學（Scholasticism），其尊嚴殆尤過之。

21　《白沙子全集》卷三〈復趙提學〉，陳氏自謂年二十七從吳與弼學，未知入處。後歸里，閉門自求之，「舍彼之繁，求吾之約」，乃發明心體，渙然自信。

22　白沙卒於弘治十三年，時陽明二十九歲。白沙門人湛若水時與陽明論學。王學雖由自創，殆曾受白沙之影響。

23　《全書》卷七〈文錄四‧別湛甘泉序〉。

已也。」[24]

　　吾心何以能得道學之公，以為是非之權衡乎？則以其能「致良知」故。[25]蓋人心之本體即是明德。私欲障礙則本體喪失。聖賢庸愚，同具此心。苟能致知，皆能明德。[26]就心之本體言，「眾人亦是生知」。就致知之功言，「聖人亦是學知」。[27]不寧惟是。良知所體認之道學乃人生日用之常，並非奇異幽怪，為眾人之所不逮。故陽明答或問異端，謂「與愚夫愚婦同的，是謂同德，與愚夫愚婦異的，是謂異端。」[28]又答門人言，「見滿街人都是聖人。」謂「此亦常事耳，何足為異。」[29]細繹陽明良知學說，實隱寓平等之義。人人可以明德，滿街盡是聖人，則人類於精神生活上完全平等，不容有高下尊卑之別。或謂人品高下易見，高者顯如泰山。陽明斥之曰：「泰山不如平地大，平地有何可見。」[30]其含意如何，可無俟解釋矣。

　　良知致人於平等，亦即使之得自由。蓋人求得心，則一切外在之標準悉喪失其威權，而言語行為皆純由個人自決。陽明論舜武之行事曰：「夫舜之不告而娶，豈舜之前已有不告而娶之準則，故舜得以考之何典，問諸何人而為此耶。抑亦求諸其心一念之良知，權輕重之宜，不得已而為此耶。武之不葬而興師，豈武之前已有不葬而興師者為之準則，故武得考之何典，問諸何人而為此耶，抑亦求諸其心一念之良知，權輕重之宜，不得已而為此耶。」[31]聖人知人事之節目時變，不可預知，人材之大小互殊，不能劃一，故但求合於良知，不敢強異為同。門人或問曰：「良知一而已。文王作彖，周公繫爻，孔子贊《易》，何以各自看理不同。」陽明答之曰：「聖人何能拘得死格。大要出於

24　《傳習錄・中》〈答羅整庵少宰書〉。

25　《傳習錄・下》〈各處及大學問〉。

26　《傳習錄・下》：「人胸中各有個聖人，祇自信不及，都自埋倒了。」然「良知在人隨你如何，不能泯滅，雖盜賊亦自知不當為盜。喚他做賊，他還忸怩。」

27　《傳習錄・下》。

28　同上。

29　《傳習錄・下》。

30　《傳習錄・下》。陽明承認聖人凡人均可致良知，於質皆同，於量則有大小之異。譬猶純金，堯舜萬鎰，文王孔子九千鎰，以次減少，凡人則一兩也（《傳習錄・上・答希淵問》）。

31　〈答顧東橋書〉。

良知同，便各自為說何害。且如一園竹，祇要同此枝節，便是大同。若拘定枝枝節節，都要高下一樣，便非造化妙手矣。」[32]故「聖人教人不是個束縛他通做一般，祇如狂者便從狂處成就他，狷者便從狷處成就他」，[33]決不強不同才氣之人以就同一之學也。

吾人上述者如尚非誤，則良知學說似遠承孟子，而含有打破偶像，搖動傳統思想權威之傾向。以故不徒朝廷官吏視為邪說，即為東林首領之顧憲成亦斥陽明不守孔教，一任心裁。「得則是，不得則非。其勢必自專自用。」[34]晚明諸儒，固已深感王學之威脅。至其門人王畿、王艮諸人，[35]變本加厲，遂成更進一步之解放思想。而王艮尤為左翼王學之宗師，王門出身平民者多受其教。[36]艮承陽明得心之旨，釋格物之義，謂「吾身是箇矩，天下國家是箇方。」治學者「知得身是天下國家之本，則以天地萬物依於己，不以己依於天地萬物。」[37]然而重己者非私己離物之謂。蓋物我本為一貫。「知保身者則必愛身，能愛身則不敢不愛人。能愛人則人必愛我。人愛我則吾身保矣。」反

32　《傳習錄・下》。

33　同上，與王汝中（畿）論曾點言志。上文謂曾點鼓瑟及狂言，「設在伊川或斥罵起來了。聖人乃復稱許他，何等氣象。」

34　《顧端文遺書》〈與李見羅書〉。

35　畿字汝中，別字龍溪，弘治十一年生，萬曆十一年卒（西元1498-1582）。陽明徒多，每使畿與錢德洪代授。錢較謹飭，畿則放縱。故「士之浮誕不逞者率自名龍溪弟子。」（《明史》卷二八三〈儒林傳二〉）艮字汝止，號心齋。生於成化十九年，卒於嘉靖十九年（西元1483-1540）。原名銀，竈丁之了。七歲入塾，貧不能竟學。出代父役而好學不輟。有聞其言者，詫為類陽明，乃至江西謁陽明。辯難久之，始大服，拜為弟子，陽明為易名曰艮。

36　王門傳授略如下表：

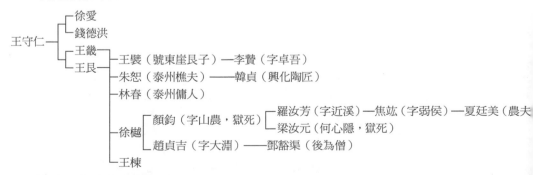

37　〈語錄〉《明儒學案》卷三十二。

之，若「知保身而不知愛人，必至於適己自便，利己害人，人將報我，則吾身不能保矣。吾身不能保，又何以保天下國家哉。」至於矯枉過正，則亦非所宜為。「知愛人而不知愛身，必至於烹身割股，舍生殺身，則吾身不能保矣。吾身不能保，又何以保君父哉。」[38]心齋之政治哲學，大體上守陽明師法，尚無過激之論。再傳之後，乃流於詭怪狷狂，[39]引起士大夫之嫉視。然而心齋及其弟子本孔子「有教無類」陽明良知平等之義，廣教下層社會人士，其精神不僅有合佛家之普渡眾生，實略近現代之民眾教育，其事之盛，乃秦漢以來所未覩。此亦王學打破傳統之一端也。蓋張居正等毀書院禁私學之動機既為鞏固專制政權，則王門之佈教平民，不啻無意中向專制作微妙之攻擊。[40]及李贄受王龍溪、羅近溪、何心隱、焦弱侯諸人之影響以立言，乃蔚為明代空前之解放思想。

第二節　李贄（1527-1602）

　　李贄字卓吾，又字篤吾。初名載贄。因生於泉州，為溫陵禪師福地，故號溫陵居士。晚居龍湖，號龍湖叟。生於嘉靖六年，卒於萬曆三十年。二十六歲中福建鄉試舉人，歷任縣教諭，官南京國子監，補禮部司務。時年已四十，始讀王守仁、王畿書，信陽明之學。年五十一，以南京邢部郎出為雲南姚安知府。其政事「一切簡易，任自然，務以德化人，不賈世俗能聲。」[41]「每至伽

38　〈明哲保身論〉（《心齋遺集》卷一，東臺袁氏鉛印本）。又有〈王道論〉，依《周禮》立制度。

39　《明儒學案》引時人論顏鈞語。

40　實行佈教最力者似為陶匠韓貞。貞字以中，粗識文子。既以茅屋三間償債，遂居窰中。以化俗為任，農工商賈從遊者千餘。秋成農隙則聚徒講學，一村既畢，又之一村（《學案》卷三二）。闡明平民學術之理論者，有心齋弟子王棟（一菴）。棟嘗謂「自古農工商賈業雖不同，然人人皆可共學。孔門弟子三千，而身通六藝者七十二，其餘則皆無知鄙夫耳。至秦滅學，漢興惟記誦古人遺經者起為經師，更相授受。於是指此學獨為經生文士之業，而千古聖人與人人共明共成之學遂泯沒不傳矣。天生我師，崛起海濱，慨然能悟，直宗孔孟，直指人心，然後愚夫俗子不識一字之人皆知自性自靈、自完自足、不假聞見，不煩口耳，而二千年不傳之消息，一朝復明矣。」（同上，引〈一菴語錄〉）

41　〈顧養謙贈姚安守溫陵李先生致仕去滇序〉，《焚書》卷二〈附錄〉。

藍，判了公事，坐堂皇上，或實名僧其間。簿書有隙，即與參論玄虛。人皆怪
之，公亦不顧。祿俸之外，了無長物。」[42]任太守既三年，乃致仕。行時「士
民遮道，車馬不能前進。」[43]五十六歲以後始勤於讀書著述。初依耿定向居黃
安，旋以與耿論學不合，辭去，隻身走麻城，依龍潭湖上芝佛院僧無念。「閉
門下鍵，日以讀書為事。性愛掃地，數人縛帚不給。襟裾浣洗，極其鮮潔。拭
面拂身，有同水淫。不喜俗客。客不獲辭而至，但一交手，即令之遠坐，嫌其
臭味。其忻賞者鎮日言笑。」[44]然六十二歲時與友人書謂「到麻城然後游戲三
昧，日入於花街柳市之間，始能與眾同塵。」[45]則亦不盡閉門讀書也。是年，
惡頭垢癢，且示家人絕意不歸，遂落髮。萬曆十八年，遊武昌，當局以「左道
惑眾」逐之。二十四年，應劉東星約赴山西，未行，聞有史巡道以其大壞風
化，欲加法治，遂留待逮問。然旋仍赴約，轉至北京。二十六年焦竑迎至南
京，嘗與利瑪竇三度相見。麻城人既藉口宣淫逐之，馬經綸乃迎之居北通州。
次年禮科給事中張問達劾其「惑亂人心」。朝旨令「廠衛五城，嚴挐治罪。其
書籍已刻未刻，盡收燒燬。」[46]贄既至京，有司問曰：「若何以妄著書。」答
曰：「罪人著書甚多，具在，於聖教有益無損。」[47]繫獄中約一月，「作詩讀
書自如。一日，呼侍者薙髮，侍者去，遂持刀割其喉。氣不絕者兩日，侍者問
和尚痛否。以指書其手曰：不痛。又問曰：和尚何自割？書曰：七十老翁何所
求？遂絕。」[48]

42　袁中道《李溫陵傳》，《珂雪齋近集》（襟霞閣排印本）。

43　光緒修《姚州志》卷五。

44　袁中道《李溫陵傳》。

45　〈答周二魯書〉，《李氏文集》卷三。

46　顧炎武《日知錄》卷十八引《神宗實錄》。疏文大略謂「李贄壯歲為官，晚年削髮。近又刻
　　《藏書》、《焚書》、《卓吾大德》等書，流行海內，惑亂人心。（中略）尤可恨者，寄居
　　麻城，肆行不簡。與無良輩遊庵院，挾妓女，白晝同浴。勾引士人妻女，入庵講法。至有攜
　　衾枕而宿者，一境如狂。（中略）後生小子喜其猖狂放肆，相率煽惑，至於明劫人財，強擄
　　人婦，同於禽獸而不之恤。」

47　袁中道《李溫陵傳》。

48　李氏事迹大體從容肇祖《李贄年譜》（《李卓吾評傳》，商務印書館，二十六年出版）。
　　《明史》無傳，附見卷二二一〈耿定向〉中，略而有誤。此外有袁中道《李溫陵傳》
　　（《珂雪齋近集》國學保存會本，《焚書》附載，誤為宏道作），劉侗《李卓吾墓誌》
　　（《麻城縣志》卷三四），吳虞《李溫陵別傳》（《吳虞文錄》卷下）。潘曾紘《李溫陵外

　　李氏思想之形成，兼受其個人天性及社會環境之影響。李氏嘗自謂六、七歲便能自立，生平不求庇於人。[49]又謂「其性褊急，其色矜高，其辭鄙俗，其心狂癡，其行率易。」[50]袁中道則稱其「本息機忘世，槁木死灰人也，而於古之忠臣義士，俠兒劍客，存亡雅誼，生死交情，讀其遺事為之咋指砍案，投袂而起，泣淚橫流，痛哭滂沱而若不自禁。」[51]就此描述及其行事觀之，足見李氏為一個性甚強，感情奔放之人。若使生於近代民主社會之環境中，言行比較自由，則雖未必果為鄉愿，其思想殆不過進步之前鋒，不至激烈怪變，至於對社會中一切禮俗名教作正面之衝突。不幸李氏生當晚明專制政府惡化之時，上則權臣逆閹專國，下則科舉道學壞才。憤世嫉俗，養成滿腔鬱勃不平之氣，激盪發洩，遂至無復分際範圍。而王學左翼之「禪狂」既有反抗束縛之傾向，復與李氏之個性相投。於是推波助瀾，其勢不可遏止矣。

　　卓吾多為激烈之言論。然其最起當時士大夫之反感者殆無過其反程朱理學之宇宙觀、人生觀與社會觀。南宋理學有數特點：（一）究天人性命之理（二）明天理人欲之別（三）嚴王霸義利之辨（四）謹君子小人之防（五）重三綱五常之教。凡此五端，悉受李氏大膽之攻擊。

　　李氏論學，以當前實際之經驗為依據，不喜一切抽象之玄談。例如理學家每言「太極」。李氏斥之，認為烏有。蓋「厥初生人惟是陰陽二氣，男女二命，無所謂一與理也，而何太極之有？以今觀之，所謂一者果何物，所謂理者果何在，所謂太極者果何所指也。」[52]吾人既知宇宙本體不外陰陽男女，則亦

紀》（附明刻《續焚書》）。自述有〈卓吾論略〉、〈感慨平生〉（《焚書》卷三、四）及〈書札〉。李氏著作較重要者有《藏書》六十八卷（明萬曆二十七年金陵原刻及明陳仁錫評本），《續藏書》二十七卷（萬曆三十七年金陵王刻及明汪修能刻本），《焚書》六卷（明刻，國學保存會、陝西教育圖書社、上海雜誌公司排印諸本），《續焚書》五卷（明汪本鈳輯，萬曆四十六年新安刻本），《初潭集》三十卷（明刻朱墨本），《枕中十書》六卷（明刻本）。餘目見容《傳》頁59-64。

49　《續焚書》卷一〈與耿克念書〉。又謂「若要我求庇於人，雖死不為也。歷觀從古大丈夫好漢盡是如此。不然我豈無力可以起家，無財可以畜僕，而乃孤子無依，一至此乎？可以知我之不畏死矣！可以知我之不怕人矣！可以知我之不靠勢矣！」

50　《焚書》卷三〈自贊〉。

51　《李溫陵傳》。

52　《夫婦論》（《焚書》卷三，亦見《溫陵集》卷八）。

當知人生大道不外生活之本身。理學家尊聖人為天理，抑凡夫之人欲。立論似高，去真甚遠。彼曹之誤，在不知「穿衣吃飯即是人倫物理」，「非衣飯之外更有所謂絕與百姓不同者也」。[53]至於理學家排斥私心之說，亦復似是而非。「夫私者人之心也。人必有私而後其心乃見，無私則無心矣。如服田者私有秋之穫而後治田必力，居家者私積倉之穫而後治家必力，為學者私進取之穫而後舉業之治也必力。故官人而不私以祿，則雖召之，必不來矣。苟無高爵，則雖勸之，必不至矣。雖有孔子之聖，苟無司寇之任，相事之攝，必不能安其身於魯也決矣。此自然之理，必至之符，非可以架空而臆說也。然則為無私之說者皆畫餅之談，觀場之見，但令隔壁好聽，不管腳跟虛實，無益於事，祇亂聰耳，不足采也。」[54]

天理人欲之區分不能成立，則君子小人之判別亦隨之而失其根據。理學家所謂君子者必不言功利，所謂小人者必不務道德。此種見解傳播既久，遂生二大惡果。一曰無用之儒臣，二曰偽善之君子。李氏略襲宋代功利之說，認為正義必須謀利。「若不謀利，不止可矣。」[55]持此以論史，則孟子以來尊王黜霸之定案，[56]悉當一一重翻，另加審決。蓋古來才略之君，富強之臣，既有勳業可觀，皆在聖賢之列。桓、文之功，固不待論。秦漢以後，亦多偉績。始皇千古一帝，項羽不世英雄。高祖神聖開基，武帝英雄繼創，[57]桑弘羊乃富國名臣，遠非王安石所能比擬。[58]下至商鞅、吳起、馮道諸人，祇圖功業，不顧名教，亦「皆有一定之學術，各周其用」，[59]優於守道之腐儒。「儒臣雖名為學而實不知學。往往學步失故，踐迹而不能造其域，卒為名臣所嗤笑。然其實不可以治天下國家，亦無怪其嗤笑也。」[60]至於道學家則不僅無能，又兼無恥。彼儕「平居無事祇解打恭作揖，終日匡坐，同於泥塑。」「一旦有警則面面相

---

53 〈答周西巖〉（《焚書》卷一）。

54 《藏書》卷二四〈德業儒臣傳〉、〈後論〉。

55 同前。

56 《藏書》卷二四〈孟軻傳〉，《焚書》卷二〈戰國論〉。

57 《藏書》目錄。參〈世紀總論〉。

58 《藏》卷九〈富國名臣總論〉。

59 《焚》卷五〈孔明為後主寫申韓管子六韜〉。

60 《藏》〈紀傳總目後論〉。

覿，絕無人色。」[61]然而此猶其中之較樸拙者也。其尤姦詐者則假道學以遂其私心。「彼講周、程、朱、張者皆口談道德而心存高官，志在巨富爾。既已得高官巨富矣，仍講道德說仁義自若也。又從而嘵嘵然語人曰，我欲厲俗而風世。」夷考其實，則「敗俗傷世者莫甚於講周、程、朱、張者也。」[62]

　　李氏重功業而輕名教，勢必反對理學末流所產生之種種社會束縛。其生平立言雖未對三綱五常直接加以攻擊，然其言行所示之態度，則頗有譚嗣同所謂衝決網羅之傾向。李氏棄官削髮，不啻廢君臣、父子、夫婦、兄弟之四倫也。稱馮道事十二君為得孟子之傳，[63]是否認不事二主之義也。認男女平等，[64]許婦人講學，[65]提倡婚姻自主，[66]是打破男女之防也。李氏嘗舉人論何心隱之語曰：「人倫有五，公舍其四，而獨置身於師友聖賢之間，則偏枯不可以為訓。」[67]移此以論李氏，殆亦無以自解。傳統之綱常已不足以束縛李氏，則社會中一般禮俗諱禁之形式更非其所顧忌。[68]李氏到麻城「游戲三昧」之行為，雖尚不及晉代士人之曠蕩，亦足以震駭世人之耳目而興其憤慨。屢遭逐侮，卒罹橫禍，有由來矣。

　　李氏反理學思想之根源有二，一為自由之天性，二為王學之影響。李氏嘗自謂「我生平不愛屬人管。」[69]又謂「無拘無礙，便是西方淨土，極樂世界。」[70]社會生活中既不免種種束縛，[71]李氏乃棄官削髮，飄流四方，以求遂

61　《焚》卷四〈因記往事〉。

62　《焚》卷一〈與焦弱侯書〉引鄭子玄語。參《初潭集》卷二〇〈師友十道學案〉語。

63　《藏》卷六〇〈吏隱外臣馮道傳〉。

64　《焚》卷二〈答以女子學道為見短書〉。

65　張問達〈劾疏〉中謂：「勾引士人妻女入庵講法。」馬經綸〈與當道書〉（《李溫陵外紀》卷四）謂：「麻城士女云者，蓋指梅衡湘守節之女言也。」

66　《藏書》卷二九〈司馬相如傳〉。張問達〈劾疏〉「以卓文君為善擇佳偶」指此。

67　《焚》卷三〈何心隱論〉。

68　李氏攻擊俗套（《焚》卷一〈破俗〉），譏斥避諱（《焚》卷一〈又答京友書〉）。

69　《焚》卷四〈預約〉、〈自慨平生〉（亦見《溫陵集》卷七）。

70　《焚》卷二〈與莊純夫〉。

71　〈自慨平生〉曰：「夫人生出世，此身便屬人管了。幼時不必言，從訓蒙師時又不必言。既長而入學，即屬師父與提學宗師管矣。入官即為官管矣。棄官回參，即屬本府本縣公祖父母管矣。來而迎，去而送，出分金，擺酒席，出軸金賀壽旦，一毫不謹，失其歡心，則禍患立至。其為管束，至入木埋下土未已也，管束得更苦矣。我是以寧飄流四外不歸家也。」

其逍遙之志。儒家所謂以天下為己任，陽明所謂以萬物為一體，就此眼光觀之，皆非最高之境界。故李氏認定古之聖人，無論中外，未有不「出家」者，釋迦、老子之出家固人所習知，即帝堯、孟子亦何嘗不出家。孔子「視富貴若浮雲，唯與七十子遊行四方，西至晉，南至楚，日夜皇皇，以求出世知己。是雖名在家實終身出家者矣。」[72]帝堯不得已而臨天下，讓其位於許由而不受。「堯之讓舜也，唯恐舜之復洗耳也。苟得攝位，即為幸事。蓋推而遠之，惟恐其不可行也。非以舜之治天下有過於堯，而故讓之以為生民計也。此其至著者也。孔子之蔬食，顏子之陋巷，非堯心歟？自顏氏沒，微言絕，聖學亡，則儒不傳矣。」[73]三教聖人，為學不同，「出家」之程度有異，而其「棄天下如敝屣」之心，「出世以免富貴之苦」，則完全如一也。

　　李氏思想如僅以其愛自由之天性為根據，則不過楊子「為我」一流消極之個人主義，未必遂能發為驚世駭俗之議論。然李氏自四十歲已後讀陽明學派之書，友陽明學派之人，而深受良知學說之影響，[74]其思想大起變化，乃別依平等之義，發為較陽明更加徹底之自由思想。

　　李氏認人人皆具良知，而見理則各不同。就其各得於己者言，則個人為真理之權威。就其所見互異者言，則是非無一定之標準。故為學貴於自得，外此悉為魔障。李氏明自得之意曰：「道之在人，猶水之在地也。人之求道，猶之掘地而求水也。然則水無不在地，人無不載道也審矣。」[75]蓋「天下無一人不

72　《焚書》卷三〈書黃安三上人手冊〉。

73　《初潭集》卷十一〈儒釋道教案語〉。

74　李氏與王門左派關係如下表：（——表師承，……表私淑，＝＝表同調）

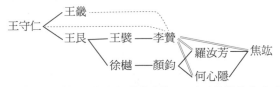

此據李氏《陽明先生年譜後語》，〈王龍谿先生告文〉，〈龍谿先生錄抄羅近溪先生告文〉，〈何心隱論〉（《焚》卷三），《續藏書》卷二一等。顧炎武謂「龍溪之學一傳而為何心隱，再傳而為李卓吾」（《日知錄》卷十八），固誤。馬經綸謂「卓吾先生乃陽明之嫡派兒孫」（〈與當道書〉），亦未盡碻。參《明儒學案》卷三二及《明史》卷二八三、二八八。

75　《藏》卷二四〈德業儒臣論〉。

生知」，[76]吾人祇須就本心以求之，則真理至道，當下即是。人之無知，無過童子。然童子於本心以外，未嘗有所矯飾渲染。故「童心者絕假純真。最初一念之本心也。若失卻童心，便失卻真心。」[77]試舉例明之。儒者言禮，每謂制自先聖以防人欲，一若禮之為用，純自外鑠也者。吾人若據人皆生知之理以觀之，則「由中而出者謂之禮，從外而入者謂之非禮。從天降者謂之禮，從人得者謂之非禮。由不學不慮不思不勉不識不知而至者謂之禮，由耳聞目見心思測度前言往行彷彿比擬而至者謂之非禮。」[78]禮猶如是，其他道德，如仁義智信者，更可知矣。

學貴自得之理顯明易見，何以世人多不及察乎？則由拘古迹、崇聖人、信經書、囿道統諸蔽有以障之也。李氏譏拘古之蔽曰：「夫人之所以終不成者，謂其效顰學步，徒慕前人之迹為也。」「此如嬰兒然。嬰兒之初生也，未能行立，須藉父母懷抱提攜，乃能有往。稍長便不用矣。況既長且大歟？今之踐迹者皆嬰兒之類，須賴有人在前為之指引者也。非大人事也。」[79]拘古之蔽，阻礙個人思想之發育，其病尚非嚴重至極。崇拜聖人之蔽，使自得之思想趨於消滅，其害更深於此。自孟子言願學孔子，後儒因推尊孟子以承道統，儒者立言遂不敢背洙泗之教，謹奉仲尼以為「至聖先師」而不復自求心得。於是千百餘年中獨無是非。「豈其人無是非哉。咸以孔子之是非為是非，故未嘗有是非耳。」[80]「蓋天生一人，自有一人之用，不待取給於孔子而後足也。若必待取足於孔子，或千古以前無孔子終不得為人乎？故為願學孔子之說者，乃孟子之所以止於孟子」也。[81]夫孔子之是非，就其自得於己言，未嘗非真正之是非也。然而後人剿襲雷同之，則不足以為是非矣。又況孔子乃聖之時者，其言多有為而發，不為萬世定論。[82]「夫是非之爭也，如歲時然，晝夜更迭，不相一也。昨日是而今日非矣。今日非而後日又是矣。雖使孔子復生於今日，又不知

---

76 《焚》卷一〈答周西巖〉。

77 《焚》卷三〈童心說〉。

78 《焚》卷三〈四勿說〉。

79 《藏》卷二四〈樂克論〉。

80 《藏書‧世紀列傳總目論》。參〈答耿中丞〉（《焚》卷一或《溫陵集》卷二）。

81 〈答耿中丞〉（《焚》卷一，《溫陵集》卷二）。

82 《焚》卷三〈童心說〉。

作如何是非也，而遽可以定本行賞罰哉？」[83]不寧惟是。吾人今日有作，正緣前人未道。「夫所謂作者，謂其興於有感而志不容已，或情有所激而詞不可緩之謂也。若必是非盡合於聖人，則聖人既已有是非矣，尚何待於吾也。」[84]

　　拘古崇聖已為學者嚴重之魔障。至於信經書，囿道統之二蔽，則害尤大而易見。今之學者無不奉六經《語》《孟》為金科玉律，無敢踰越其範圍。而不知古書之中多有語增失實之處，未可悉信無疑。蓋「六經《語》《孟》非其史官過為褒崇之詞，則其臣子極為讚美之語。又不然，則其迂闊門徒，懵懂弟子記憶師說，有頭無尾，得前遺後，隨其所見，筆之於書。後學不察，便謂出自聖人之口也，決定目之為經矣。孰知其大半非聖人之言乎。」[85]道統之說創自韓愈，盛於兩宋。及明儒奉程、朱為正學，其影響於學術者尤為重大。然而一加深察，即可知為無稽之談。蓋吾人既知「水無不在地，人無不載道」，則「彼謂軻之死不得其傳者[86]真大謬也。惟此言出而後宋人直以濂洛關閩接孟氏之傳，謂為知言云。吁！自秦而漢而唐，而後至於宋，中間歷晉以及五代，無慮千數百年。若謂地盡不泉，則人皆渴死久矣。若謂人盡不得道，則人道滅矣。何以能長世也。終遂泯沒不見，混沌無聞，直待有宋而始開闢而後可也。何宋室愈以不競，奄奄如垂絕之人，反而不如彼之失傳者哉。好自尊大標幟而不知其詬誣，亦太甚矣！」[87]

　　梁啟超嘗謂「我有耳目，我物我格。我有心思，我理我窮。高高山頂立，深深海底行。其於古人也，吾時而師之，時而友之，時而敵之。無容心焉，以公理為衡而已。自由何如也。」[88]持此以較李卓吾之排孔孟，疑六經，傾道統而專以心得為是非之準者，真後先呼應，若合符節。而李氏生當專制勢力方張，歐洲文化尚未大量輸入之時，為此石破天驚之議論，其事尤為難能，宜乎國人皆曰可殺，而卒以身殉也。

　　據上文所述觀之，個人自由為李氏思想之中心觀念，殆已毫無疑義。依此

83　同註80。

84　《藏》卷三〇〈司馬遷傳〉。

85　《焚》卷三〈童心說〉。

86　《昌黎文集》卷十一〈原道篇中語〉。

87　《藏》卷二四〈德業儒臣論〉。

88　《飲冰室文集・新民說》〈論自由〉。

觀念以論政治，則不干涉與不煩擾為最合理之治術。何以治國者不當干涉乎？蓋人心不同，各有所宜，非可按武斷之標準而強使一致。儒者論政曉曉然重德禮而輕刑政。一考其行實，則每固執己見，欲以一人之道，盡易天下之宜。此誠不知禮刑之別者也。李氏以為刑政之所以可賤，正緣其求不齊者之齊，強不同者為同，故用力多而成功少，威信損而民不化。禮之所以可貴者由其因人之情以為制，使萬物並育而不相害。「天下之民各遂其生，各獲其所。」不強異為同，故能於「至齊」而民化也。李氏釋之曰：「夫天下至大也，萬民至眾也，物之不齊又物之情也。中無定在，又孰能定其太過而損之，定其不及而益之也。若一一而約束之，整齊之，非但日亦不給，依舊是走在刑政上去矣。」[89]又曰：「若夫道路也，不止一途。性者心之所生也，亦非止一種已也。有仕於土者，乃以身之所經歷而欲人之同往，以己之所種藝者而欲人之同灌溉，是以有方之治而馭無方之民也。」「失人之與己，不相若也。有諸己矣，而望人之同有。無諸己矣，而望人之同無。此其心非不恕也。然此乃一身之有無也，而非通於天下之有無也。而欲為一切之法以整齊之，惑也。於是有條教之煩，有刑法之施，而民日以多事矣。」[90]抑干涉政策不僅不可施諸百姓之行動，即施諸言論思想亦有未當。李氏明揭言論自由之旨曰：「人之是非，初無定質。人之是非人也，亦無定論。無定質則是此非彼，並育而不相害。無定論則是此非彼，亦並行而不相悖。」[91]彼專制之君臣，欲別黑白而定一尊者，真不免一手掩眾目之誚也。

政府既採不干涉之政策，則亦必避免煩擾之治術而歸於無為。李氏曰：「夫天下之人得所也久矣。所以不得所者，貪暴者擾之而仁者害之也。仁者以天下之失所也而憂之，而汲汲焉欲貽之以得所之域。於是有德禮以格其心，有政刑以縶其四體，而人始大失所矣。」「是故聖人順之，順之則安之矣。」「各從所好，各聘所長，無一人之不中用。何其事之易也。」能行此術，則「坐致太平」，[92]又何必勞心形於萬幾乎？故曰：「善愛天下者不治天下」

---

89 《李溫陵集》卷十八論德禮刑政。
90 〈論政〉（《焚》卷三，《溫陵集》卷八）。
91 《藏書・世紀列傳總目論》。
92 〈答耿中丞〉。

也。[93]抑又有進者，君子之學為己。致太平尚非至道之根本。蓋士貴為己，務自適。如不自適而適人之適，雖伯夷叔齊，同為淫僻。不知為己，惟務為人，雖堯舜，同為塵垢秕穅。[94]故《大學》之本，在於修身。自天子以至庶人各修其身，則一切政事皆不勞自理。姑以理財用人兩大端明之。「不察雞豚，不畜牛羊，不事聚斂，惟知好仁好義以與民同其好惡，而府庫自充矣。名曰理財，實公財耳。名曰生財，實散財耳。如此理財，乃所以修身者，何曾添出事耶！斷斷兮無他技，休休然如有容。人有技，若己有。人彥聖，心誠好。名曰用人，實不敢自用耳。名曰取人，實好人之所好耳。如此用人，亦所以修身者，又何曾添出事耶！」[95]然則修身之道一旦達於天下，則為己自適，「天子與庶人等」。[96]「人不我用，我固不用人。人或用我，我亦不為用。」[97]君臣之名雖在而控馭之實已亡矣。雖然，尚有疑焉。人之生也，強每凌弱，眾輒暴寡。無君長刑政以制之，勢必至於亂亡。無為之說恐不切於實際。李氏解之曰：「夫栽培傾覆，天必因材，而況於人乎？強弱眾寡，其材定矣。強者弱之歸，不歸必併之。眾者寡之附，不附即吞之。此大道也。雖聖人其能違乎哉！」[98]李氏不恤犧牲弱寡以全無為之治，其篤愛自由之意，於茲可見。

雖然，李氏之政治哲學非愛自由一端所可盡括也。卓吾雖縱禪狂，雜虛無，而其思想之大體固與儒家之仁學一脈。具體言之，李氏蓋重申孟子貴民，陽明親民之說而透闢有加者也。卓吾嘗謂「天之立君，所以為民。」故「聖人無中，以民為中。」[99]本此原則以論古之君臣則優劣易見，得失蓁明。俗儒不知，誤以綱常名教混入政論，於是歷史之是非始趨淆亂。李氏《藏書》乃一一糾正之，屢翻千古之大案。其最著者如馮道事君如傳舍，為世人所鄙賤，李氏

---

93 〈老子解序〉（《溫陵集》卷十）。

94 〈答周二曾〉（《焚》卷三）。

95 《李溫陵集》卷十八〈道古錄上〉答人問大學平天下之義，參卷三及《焚》卷一〈答周若莊〉。

96 同上。

97 《焚》卷三（《溫陵集》卷十）〈墨子批選序〉。

98 《李溫陵集》卷十九〈道古錄下〉答人難無為。按《焚》卷二（《李溫陵集》卷六）附顧沖庵〈送行序〉謂「先生為姚安，一切持簡易，任自然，務以德化人，不賈世俗能聲。」是李氏嘗實行其主張。

99 《李溫陵集》卷十九〈道古錄下〉論舜好問。

乃尊之，列入〈吏隱外臣傳〉中而論其行事曰：「孟子曰：社稷為重，君為輕。信斯言也，道知之矣。夫社者所以安民也，稷者所以養民也。民得安養而從君臣之責始塞。君不能安養斯民而臣獨為之安養，而後馮道之責始盡。今觀五季相禪，潛移默奪，縱有兵革，不聞爭城。五十年間，雖歷四姓，事一十二君，並耶律、契丹等，而百姓卒免鋒鏑之苦者，道務安養之力也。」[100]又如齊王建不用即墨大夫言，不收三晉故楚之地，降秦而餓死松柏之間，論史者多為之致惜。李氏獨持異議，謂「餓死一無用癡漢而可以全活數十百人，猶且為之，況全齊百萬生靈乎？干戈不格且四十年，戰國之民，齊何獨幸歟！夫天之立君，本以為民爾，由此觀之，雖謂建有大功德於民亦可。」[101]李氏之後五、六十年，黃梨洲發為〈原君〉、〈原臣〉之說謂「天下之治亂，不在一姓之興亡，而在萬民之憂樂。」「為臣者輕視斯民之水火，即能輔君而興，從君而亡，其於臣道固未嘗不背也。」[102]此不啻李氏諸論之注腳。雖不必受《藏書》之影響，而宗旨與之無殊。

　　李氏不徒貴民，又略本孟子遺意，糾正專制天下尊君賤臣之惡習。孟子謂君視臣如手足，則臣視君如腹心，君視臣如土芥，則臣視君如寇讎。後世不知君臣之間有平等交互之關係，誤認臣下對君有絕對效忠效死之義務。於是賢良才知之士枉死於昏君暴主之手而無所逃。於己有損，於民無益。李氏乃屢言之，以破世惑。如卓吾稱以死諫暴君者為「癡臣」而論之曰：「夫暴虐之君淫刑以逞，諫又烏得入也。早知其不可諫即引身而退者，上也。不可諫而必諫，諫而不聽乃去者，次也。若夫不聽復諫，諫而以死者，癡也。何也？君臣以義交者也。士為知己者死。彼無道之主，何嘗以國士遇我也。」[103]不寧惟是。臣遇暴君固當引退以自全，若遇庸主則更當攬權以自固。世徒詆強臣攬權，而不知其有不獲已之苦衷在。蓋「臣之強，強於主之庸耳。苟不強則不免為舐痔之臣所讒而為弱人所食噉也，目又安得瞑矣。死即死而噉即噉也。是所以不得已於強也。顏魯公惟弗強也，卒以八十之年使死於讒。李懷光惟不得已於強也，

100　《藏》卷六〇。按〈馮道救民事略〉見《舊五代史》卷一二六本傳。
101　《藏》卷一。又《焚》卷三（《李溫陵集》卷十）〈忠義〉，〈水滸傳序〉許盜賊為忠義，其旨略相近。
102　《明夷待訪錄》。
103　《初潭集》卷二四，〈君臣四・癡臣〉。

卒以赴王室之難而遂反於讒。皆千載令人痛恨者。甚矣庸主之可畏也。」[104]昔喬玄論曹操，稱為治世之能臣，亂世之奸賊。李氏許為知言，謂操若生逢漢高，當與三傑並列。[105]此雖貌似不經，而按其大意，亦未嘗與孟氏相悖。

　　據吾人上文所述，李氏思想中顯然含有不易調融之二義。李氏既本自適之義而主修身，又依博愛之義而主貴民，修身必用無為，貴民必用有為。《藏書》論古之政治家，每於有定國安民之功者加以讚許，其言遂與前所述者互相矛盾。然吾人細加尋繹，則亦勉強可以代圓其說。其關鍵在有為無為二名詞之定義，與乎李氏之治亂史觀。李氏大體承黃老之旨，以應乎自然或必然之需要者為聖王所用之治術。如此之治術，就其應乎需要，不為庸人自擾言，則為「無為」，就其有行動，有功效言，則為「有為」。不僅此也。人類之社會生活時有變動，故治術之範圍亦隨之而易其廣狹。上世生活愈簡，範圍愈狹。持與後世相較，則上世亦可稱為「無為」而後世「有為」。上世固不可用後世範圍廣大「有為」之政，後世亦不可學上世範圍狹小「無為」之政。顛倒誤行，為害匪淺。李氏援古史以證之曰：「民之初生，若禽獸然。穴居而野處，拾草木之實以為食，且又無爪牙以供搏噬，無羽毛以資翰蔽，其不為禽獸啖食者鮮矣。故羲皇以前之君所為雖少，而百姓既有兵食之需，則不能寂然無為。」「蓋有生則必有以養此生者，食也。有此身則必有以衛此身者，兵也。食之急，故井田作。衛之急，故弓矢甲胄興。」[106]此雖上世之所不能免者也。及民生愈滋，則作為隨之以漸繁。「自舜以下，要皆有為之聖人也。太公之富強，周公之禮樂，舉措雖異，有為均也。孔子夢寐周公，故相魯三月而禮教大行。雖非黃老以前之無為，獨非大聖人之所作為歟？安在乎必於無為而後可

<hr>

104 《初潭集》卷二五，〈君臣五‧強臣〉。
105 同上。又李氏論君臣每指摘明代時事。如《枕中十書》卷一〈精騎錄〉引《禮記》「刑不上大夫」及《孟子》「君之視臣如土芥」等語以譏廷杖之失。又如《續藏書》卷十〈開國名臣傳〉論李善長謂「吾以為必如我太祖乃可稱寬仁大度也。李善長不知早請老，得自經死於牖下，千幸且萬幸，何足憐。」論藍玉事謂誅死者可二萬人。太祖在位三十一年中功臣故將誅殺殆盡，「吾以為最憐才者當無如我明太祖矣！」此皆顯然譏諷。
106 〈兵食論〉（《焚》卷三，《李溫陵集》卷八）。篇中又謂「軒轅氏之王也，七十戰而有天下，殺蚩尤於涿鹿之野，戰炎帝於阪泉之原，亦深苦衛生之難而既竭心思以惟之矣。以為民至愚也而可以和誘，至神也而不可以忠告，於是為之井而八分之，使民咸知上之養我也。」

耶。」[107]

　　然而吾人應注意，聖人之作為皆出於必要而合乎自然，故有為而亦無為。三代之兵農禮樂，皆本此義。井田則民自食，蒐苗獵狩則農自兵，周旋進退而自禮，歡忻燕享而自樂，相友相助而自孝友忠信。「文事武備一齊具舉，又何待庠序之設，孝弟之申，如孟氏畫蛇添足之云乎！」此三代之政，「太公望行之，管夷吾修之，柱下史明之。姬公而後，流而為儒。紛紜制作，務以明民。瑣屑煩碎，信誓周章。」[108]大背自然必須之理，宜乎天下之多亂矣。

　　李氏又以歷史上之治亂明有為無為之用曰：「一治一亂若循環。自戰國以來不知凡幾治亂矣。方其亂也得保首領已為幸矣。幸而治，則一飽而足，更不知其為粗糲也。一睡為定，更不知其是廣廈也。此其極質極野無文之時也。非好野也，其勢不得不野，雖至於質野之極而不自知也。迨子若孫，則異是矣。耳不聞金鼓之聲，足不履行陣之險，惟知安飽是適而已，則其勢不極文不止也。所謂其作始也簡，其將畢也必巨，雖神聖在上不能反之於質與野也。然文極而天下之亂復起矣。」試以秦漢之事證之。「當秦之時，其文極矣。故天下遂大亂而興漢。漢初天子不能具鈞馴，雖欲不質，可得耶？至於陳陳相因，貫朽粟腐，則自然啟武帝大有為之業矣。」[109]後世「學者不知如何為有為，又如何為無為。」顛倒迷惘，不知所歸。「是故往往以大有為之資而不肯自竭其力，反慮人之疑其為富強功利也。或真得無為之旨，又不能堅忍不用之術，輒為有為之業所忻豔焉。」此兩錯誤，雖賈誼、汲黯之賢，猶不能免。賈生文帝無為之聖世，而欲有為，汲生武帝有為聖世而欲無為，皆不合時務，不足以為治者也。[110]

第三節　西學之初來與失敗

　　吾人前謂明代劉、方、王、李諸家乃轉變時期之前夕思想。蓋此數人雖大

---

107 《藏》卷二四〈儒臣傳後論〉。

108 〈兵食論〉。

109 《藏》卷一〈世紀總論〉。

110 《藏》卷二四〈德業儒臣後論〉。

倡民本、民族之說，以與異族政權及專制政治相抗，然其基本之觀點與原則，仍有意無意間承襲傳統思想之舊。故雖知貴民而未臻民主之觀念，雖重民族而未具族國之觀念。易詞言之，明代最激烈最前進之政論，仍不能超越「專制天下」之範圍，以達於「近代國家」之境界。[111]

雖然，當李卓吾五十六歲之時，天主教士利瑪竇[112]由歐洲行至澳門，越十三年至南京。再踰三年至北京，西方之宗教學術始大量輸入中土，為一部分士大夫所接受。[113]於是東西文化首次為大規模之接觸，而中國政治思想，以受此外來之刺激，亦遂有澈底轉變之可能。明末清初教士遠來中土之主要目的為傳教。其手段為以西洋之學術歆動士大夫。彼儕殆恐人文科學不易動華人之聽，故頗致力於傳播自然科學之知識。諸家著書多集中算學、天文、地理、機械等科目，而曆法、水法、製礮尤為當時朝野所重視。[114]其關於哲學、政治、

---

111 本書緒論二。又柳詒徵《中國文化史》三篇一章謂「中國近世之歷史與上世中世之區別有三。（一）則東方之文化無特殊之進步，僅能維持繼續，為保守之事業，而西方之宗教學術物質思想逐漸輸入，別開一新局面也。（二）則從前之國家雖與四裔交往頻繁，而中國常屹立於諸國之上。其歷史雖兼及各國，純為一國家之歷史。自元明以來始與西方諸國有對等之交際，而中國歷史亦植身於世界各國之列也。（三）則因前二種之關係而大陸之歷史變而為海洋之歷史也。」可參觀。

112 Marteo Ricci（西元1552-1619），意大利人。1582年抵澳門，1595年至南京，1598年至北京。參（Pashal M. D'Elia, *The Catholic Nission in China*）。參德禮賢《中國天主教傳史》。《明史》卷三二六〈外國傳七‧意大里亞〉作萬曆九年（西元1581）抵香山澳，二十九年（西元1601）入京，未確。

113 《明史》〈意大里亞〉：「其國人東來者大都聰明特達之士，專意行教，不求利祿。其所著書多華人所未道。故一時好異者咸尚之。而士大夫如徐光啟、李之藻輩首好其說，且為潤色其文辭，故其教驟興。」黃伯祿《正教奉褒》（柳詒徵《中國文化史》三編二章引）：「統計明季奉教者有數千人。其中宗室百有十四人，內官四十，顯宦四，貢士十，舉子十一，秀才三百有奇。其文定公徐光啟，少京兆楊廷筠，太僕卿李之藻，大學士葉益藩，左參議瞿汝說，忠宣公瞿式耜，為奉教中尤著者。」按教士至華始於唐貞觀之景教。商人則殆始於西漢（張星烺《歐化東漸史》，德禮賢同書）。文化播入至利瑪竇以後乃盛耳。

114 教士所著宗教以外之書較著者有：利瑪竇《幾何原本》、《萬國輿圖》、《交友論》；龍華民（Nicolao Longobardi，意，1597年至華）《地震解》；王豐肅（高一志，Alfonso Vagnoni，意，1605年）《寰宇始末》、《童幼教育》、《西學治平斐錄彙答》；熊三拔（Sabatinus de Ursis，意，1606年）《泰西水法》、《簡平曆說》；艾儒略（Giulio Aleni，意，1613年）《職方外紀》、《坤輿圖說》；傅汎際（Francisco Furado，葡，1621年）、鄧玉函（Jean Terenz，德，1621年）《遠西奇器圖說》；湯若望（Johannes Adam Schall von Bell，德，1622年）《測天略說》、《火攻揭要》。此據稻葉君山《清朝全史》上卷，柳詒

社會者十不得一，然儻使一般人士能虛懷以究之，則中國之維新不必俟戊戌、辛亥而始肇端。蓋現代文化以科學精神為其骨幹。此積極而客觀之致知精神，發萌於古希臘，至中世紀暫為宗教信仰所蝕，迨文藝復興而日趨滋長，終生歐洲現代精神及物質文明之根本。利瑪竇、龍華民等雖為宗教家而非科學家，然其所輸入之科學知識則為哥倫布與哥白尼[115]發現新天地以後之知識。此在西洋亦為新學。昔玄奘不辭艱險，西行萬里，以求佛經，始能有得。今教士等不勞華人自求，東航萬里，齎送歐洲文藝復興之科學碩果以相遺。無論其用心何在，其所貺誠厚，而中國之機會亦至佳矣。

　　所可惜者，當時國人識見未真，於近代西洋文化之根本精神未有領會。除極少數人士外，其接受此文化者每不免「買櫝還珠」，或僅取其中古精神之宗教信仰，或徒好其科學枝節之曆法礮術。[116]反對之者尤不免故步自封，或據孔教以排天主，或尊釋迦以拒耶穌，甚至於墨守舊日曆法以攻測天新術。[117]於是遠歷重洋之新文化種子遂落於不毛之磽土，無由萌長。利瑪竇至北京後未及五十年而明社遽屋。從蒙古奪回之禹域九州又淪於滿洲異族政權之下。明代思想受外來刺激而轉變，以及本身自發轉變之兩大機會，亦隨之相共消失。魏晉儒道拒佛而佛教終盛，明清儒佛拒耶而耶教終行。處世界文化潮流衝激之中，而圖中流砥柱，獨保安瀾，其勢必不可能。然而明末清初西學之失敗，實使中國近代化之時期遲誤逾二百年。平心論之，未始非歷史上之一大不幸也。

　　明季反對西教之人不外擁孔、釋以拒耶穌。就哲學及宗教思想以論之，雙方爭辯集中於宇宙心性生死諸問題，誠各有所見，吾人未易為定軒輊。[118]然以

徵《中國文化史》三編四章各表，及梁啟超《中國近三百年學術史》。

115 Columbus, 1446?-1506年；Copernicus, 1473-1543年。按利瑪竇生於1552年，正與Bruno（1548-1600年），Bacon（1561-1626年），Galileo（1564-1642）年等同時。

116 「曆法」見《明史》卷三一〈曆志一〉，《東華錄》順治元年六月修正曆法條，阮元《疇人傳》（阮刻或文選樓叢書本）。「礮術」見《明史》卷九二〈兵志四‧火器〉，黃伯祿《正教奉褒》，張星烺《歐化東漸史》二章二節。

117 《明史》卷〈曆志一〉，崇禎七年布衣魏文魁上書攻徐光啟等。按西法所纂曆書百三十卷（今名《新法算書》一三○卷）。《疇人傳》載康熙四年安徽官生楊光先攻西洋曆法。

118 當時記載擁護及攻擊天主教言論之書有利瑪竇《辨學遺牘》。為天主教辯護者有艾儒略《三山論學記》，楊廷筠《代疑篇》等。《破邪集》、《闢邪集》則專錄攻擊之言論。參陳受頤〈十六世紀反天主教之言論〉（北京大學《國學》季刊五卷二期），張維華〈明清間中西思

歷史眼光觀之，則當時士大夫之排外者每成見太深，知識不足，遂如坐井談天，自陷於愚誣而不覺。如利瑪竇入京，因中官進方物，「禮部言，會典祇有西洋瑣里國，無大西洋。其真偽不可知。」「且其所貢天主及天主母圖既屬不經，而所攜又有神仙骨諸物。夫既稱神仙，自能飛昇，安得有骨，則害韓愈所謂凶穢之餘，不宜入宮禁者也。」[119]如此無知，寧非可笑。又如虞淳熙致書利瑪竇駁其輕詆佛教，謂「不佞生三歲許時便知有三聖人之教。聲和影隨，至今坐鼎足上不得下。側聞先生降神西域，渺小釋迦，將無類我魯人之詆仲尼東家丘，忽於近耶。」如佛果不足信，則「堂堂中國，聖賢總萃，謂二千餘年之人盡為五印諸戎所愚，有是事哉？」[120]先入為主，立論如此，豈足以服敵人之心。至於王啟元力斥天主教而欲定孔子為國教宗師，令「世世帝王之祀天，以其中奉上帝，左以奉孔子為師，右以奉祖宗為君。」則陰竊彼教「三位一體」之意，以成一不倫不類之多神宗教，其說尤為怪誕。[121]夫虞、王諸人學無發明，不過平常文士千萬中之一二，其愚妄誠不足責。乃深思好道如李卓吾者親見利瑪竇於南京，深許其為人治學「未有其比」，而猶疑其「欲以所學易周孔之學」為太愚，[122]則其餘可無論矣。

想之衝突與影響〉、〈明清間佛耶之爭辯〉（《學思》一卷一至二期）。

119 《明史》卷三二六〈外國七‧意大里亞〉。

120 見《辨學遺牘》（北京刻本）。

121 王萬曆乙酉（西元1585）進士（廣西《馬平縣志》卷七）。著《清署經談》十六卷，天啟三年（西元1623）刊（今中央研究院歷史語言研究所藏有一部）。王說大要見陳受頤〈三百年前的建立孔教論〉（《歷史語言研究所集刊》第六本第二分）。此文陳引見頁161。

122 按德禮賢《中國天主教傳史》七章，利瑪竇於萬曆二十三年（西元1595）至南京。容肇祖《李贄年譜》李氏於二十六年春至南京。二人相見當於此時。《續焚書》卷一有〈與友人書〉評利瑪竇，略謂其「住南海肇慶，幾二十載，凡我國書籍無不讀。請先輩與訂音釋，請明於四書性理者解其大意，又請明於六經疏義者通其解說。今盡能言我此間之言，作此間之文字，行此間之禮儀。是一極標致人也。中極玲瓏，外極樸實。數十人輩聚喧雜，譁對各得，不得以其間鬥之使亂。我所見人，未有其比。非過亢則過諂，非露聰明則太悶悶瞶瞶者，皆讓之矣。但不知到此何為。我已經三度相會，畢竟不知到此何幹也。意其欲以所學易吾周孔之學，則又太愚，恐非爾。」李氏至南京見利瑪竇年已七十二，殆不復能虛心以聽，故不悟教士所為，乃「其愚不可及」之處。

第十八章

明末清初之反專制思想

第一節　專制之覆轍

明代開基，揭民族革命之大義，成光復漢土之偉業，實為中國歷史上之空前創舉。所可惜者，太祖及其佐治之大臣雖能顛覆異類之政權，而不知徹底改造積弊已深之專制政體。以故亡元苛政之餘毒，始終未能肅清，中葉以後，患且增劇。晚明民生之痛苦，以視元代，殆有過之。蓋太祖懲蒙古之失，雖嘗致力於刷新政治，[1]而成祖篡位，其設施每與太祖之政策相背。繼體之君，又多昏庸淫虐。於是以暴易暴，重蹈蒙古專制苛政之覆轍。約計明代政治上之弊病，大者約有四端。一曰吏事之弊。有明諸帝，倚專制君主之淫威，薄待朝臣，摧抑士氣，為前代之所未見。太祖屠殺功臣，固極慘毒。永樂以後，詔獄廷杖，動輒施行。大臣殺身受辱者，前後相接，其殘狠殆尤有甚於太祖者。而自成祖首開宦官弄政之端，閹禍遂日趨嚴重。王振、劉瑾、魏忠賢輩相繼用事。戮辱忠良，剝削百姓，敗壞風俗，紊亂紀綱。忠臣既不得效力，小人乃乘機倖進。士大夫又或激於意氣，私於朋黨，誤於科舉。[2]其真有體國憂民之心者，殆十人不得一。二曰兵制之弊。太祖略襲唐代府兵之形式而不能革除募兵

1　太祖要政約有四端：（一）肅清貪污，嚴誅墨吏。如戶部侍郎郭桓得贓七百萬，繫獄死者數萬人。其餘官吏犯贓者每剝皮囊草，懸之示儆（趙翼《二十二史箚記》卷三三〈重懲貪吏〉）；（二）鞏固地方自治（本書十六章註61）；（三）整理賦稅，丈量土田（《明史》卷七七、七八〈食貨志〉一、二）；（四）裁抑豪強。吳元年及洪武中屢徙富民（《太祖實錄》卷二六，《明史》卷七七）。因事誅戮富民（如胡惟庸之獄，誣浙江富戶通黨，誅死者甚眾。見方孝孺《遜志齋集》卷二二〈采苓子鄭處士墓碣〉）。

2　《二十二史箚記》卷三五〈明言路習氣〉。朱之瑜《舜水遺書》〈陽九述略〉語尤痛切。

之根本困難。正德已後，軍職冒濫，餉費虛侵，兵非精練，士無鬥志。[3]宜乎流寇所至，州縣風靡。而嘉靖以還，復以用兵邊境，屢增賦銀，以充軍餉。以有限之財，養無用之兵。國境未安，民已深困，則其弊又不僅在於武政之不修矣。三曰開礦之弊。洪武中，太祖以開礦一事，利國少而害民多，法禁本甚嚴厲，成祖大採金銀諸礦，萬曆中遂至中使四出，無地不開。如遇礦脈細微，利無所得，則勒民償之。又其甚者，誣富家以盜礦，指田宅為礦脈。率役圍捕，辱及婦女。斷人手足，投之江中。忠言直諫，置若罔聞。[4]四曰田賦之弊。明代承元之遺風，侵占民田，為禍甚烈。王室大臣有皇莊、王莊、莊田，多者至萬頃。[5]豪強侵占，至七萬頃。[6]而租稅負擔則多由貧民荷之。[7]太祖令鄉官糧長監督稅收，用意在防止貪吏之侵漁。究其結果，侵漁既未稍止，而末流之弊乃至「鄉官為虎，小民為肉」。[8]加以兵餉政費之靡耗，賄賂中飽之虧損，本已沉重之負擔，至此遂不復為人民所能勝任。[9]政亂於上，民困於下。寇流於內，虜迫於外。迅速滅亡，誠勢所必至矣。

　　明政之弊雖有多端，然究其病源，實在於君主專制之一事。專制君主，天下為私。其取之治之之動機，純在圖一人一家之享受。其以康濟百姓為心者殆屬罕覯。惟其私天下，故戮功臣、除異己、信宦官以箝制正人，斂財賦以遂淫欲。故就有明一代政治思想之大勢觀之，明初劉、方所代表民本、民族思想之兩大潮流，後者以蒙古傾覆而暫失實際之意義，前者以專制存在而仍為空洞之理想。漢族自主之政權既隨朱氏專制政府以俱亡，則明初諸子之努力亦悉擲虛牝，毫無收穫，不僅西洋教士傳入之思想歸於夭折已也。抑又有進者，滿洲入主，以東胡異族，重建統制華夏之專制政權。中國之政治史不啻後退三百餘年而重返於元世祖滅宋時之局面。前代遺民懷種族之奇恥，究興亡之要因，於是排斥夷狄，批評專制。明初民本、民族之兩大思想潮流，又重現於清朝之初

3　《明史》卷六六〈兵志二〉。

4　《明史》卷八一〈食貨志五〉。

5　《明史》卷一八五、一九四、二四一、三〇〇、三〇四諸列傳。

6　《張文忠公文集》卷二六。

7　海瑞《海忠介公集》卷一〈便宜八事疏〉。

8　同上，〈被論自陳不職疏〉。

9　同上，〈治安疏〉謂「天下因陛下改元之號而億之曰：嘉靖者言家家皆淨而無財用也。」

葉。此非出於偶然之巧合，歷史背景實有以致之。本章略述清初反專制之民本
思想，而留民族思想以待下章。

第二節　黃宗羲（1610-1695）

　　清初民本思想之主要代表當推餘姚黃宗羲。黃氏字太沖，人稱梨洲先生。
生於萬曆三十八年，卒於康熙三十四年。年十四，補博士弟子員。父尊素東林
名士，為閹黨所陷，死於獄。莊烈帝即位，梨洲入京訟父冤，出長椎擊其仇。
既得昭雪，名聲大顯。年二十，從父遺命，學於劉宗周，並發憤讀史。北京既
失，與東林舊人募義兵圖恢復。人稱其所部曰「黃氏世忠營」。幾經艱險，事
卒無成。後以母老，隱居著書。清廷屢徵不出。死前為遺囑，令葬時不用棺
槨。蓋取死欲速朽之意，以寓亡國隱痛。[10]黃氏著書甚富。[11]其五十四歲時所
成之《明夷待訪錄》最為有關政治思想之名著。又有《留書》，專論政事。惜
今已無傳本。[12]

　　梨洲出於蕺山之門。然其治學兼通經史藝數，合心性事功而為一，非陽明
學派所能範圍。[13]《明夷待訪錄》中極言政事，而就黃氏學術全體觀之，尚非

10　黃氏事迹及學術大略見黃嗣艾《南雷學案》九卷（上海正中書局鉛印），黃炳垕《梨洲先生
　　年譜》二卷，萬斯大《梨洲先生世譜》（並附《黃梨洲遺書》後），全祖望《黃梨洲先生神
　　道碑》（《鮚埼亭集》卷十一），謝國楨《黃梨洲學譜》（商務印書館鉛印）。錢穆《中國
　　近三百年學術史》第二章。

11　最著者有《宋元學案》百卷（未完），《明儒學案》六十二卷，《南雷文案》十一卷，《南
　　雷文定》三十二卷，《南雷文約》四卷。其餘尚多，不勝枚舉。蔣廌振編《黃梨洲遺書》十
　　種（光緒乙巳杭州羣學社石印本），薛鳳昌編《梨洲遺著彙刊》（上海時中書局石印本），
　　頗便參考。

12　《明夷待訪錄》單行本有成都存古書局刊及成都官書局排印本（海山仙館叢書本）。此書於
　　永曆帝死後始作，時恢復之望已絕。故黃肖堂（全祖望《鮚埼亭集》卷二十二〈黃肖堂墓版
　　文〉）、章太炎（《文錄》卷一〈說林上〉第二條）均譏之。今書中絕無涉及夷夏之語，則
　　黃氏殆不重民族大義。否則雖有其言，以恐召禍，故不盡出歟（《全集》卷三十一跋）。

13　梨洲極推尊王學。如明亡後作《餘姚縣重修儒學記》（《文定》三集卷一）謂「三百年以
　　來，凡國家大節目必吾姚江學派之人出而撐定（下舉王門功烈氣節之士數人）。故姚江學派
　　之盛衰關係天下之盛衰也。」又康熙七年作〈惲仲升文集序〉（《文案》卷一）謂「余學於
　　子劉子，其時志在舉業，不能有得，聊備蕺山門人之一數耳。天移地轉，僵臥深山，盡發藏

其根本之所在。與友人論學書謂「吾心之知，規矩也。以之齊家治國平天下，猶規矩以為方圓也。必欲從家國天下以致知，是猶以方圓求規矩也。學者將從事於規矩乎？抑從事於方圓乎？可以不再計矣。」[14]世人不知心性與事功乃體用一貫之實學，妄加區劃分割，遂至兩敗俱傷。治心性者高談玄妙，息影山林，「無栖皇為世之心」。[15]重事功者舍本逐末，舍己從人，身之不守，遑恤其國。為學者急當矯正此失，以「讀書做人」[16]為第一義。昔「顏子當亂世，居於陋巷，一簞食，一瓢飲，人不堪其憂，顏子不改其樂。孔子賢之。」[17]「使舉一世之人，舍其時位，而皆汲汲皇皇以治平為事，又何異於中風狂走。即充其願力，亦是摩頂放踵，利天下為之之事也。孟子曰：中天下而立，定四海之民，君子樂之，所性不存焉。即德性之功，其不在家國天下亦明矣。」[18]雖然，吾人幸勿誤會梨洲否認致用為治學之最後目的，蓋梨洲所深惡者，空疏之心性與躁進之事功，而其所欲講求者，修身治世之實學。故其言曰：「儒者之學，經緯天地。而後世乃以語錄為究竟。僅附問答一二條於伊洛門下，便廁儒者之列，假其名以欺世。治財賦者則目為聚斂，開閫扞邊者則目為粗材，讀書作文者則目為玩物喪志，留心政事者則目為俗吏。徒以生民立極，天地立心，萬世開太平之闊論鈐束天下。一旦有大夫之憂，當報國之日，則蒙然張口，如坐雲霧。世道以是潦倒泥腐，遂使尚論者以為立功建業，別是法門，而非儒者之所與也。」[19]

　　梨洲不汲汲於致用，而其《待訪錄》所陳之政治理想則為其學術中最精彩之一部分，在亡明遺老中殆可首屈一指。顧炎武與梨洲書謂「讀之再三，於是

書而讀之，近二十年。胸中窒礙解剝，始知曩日之孤負為不可贖也。方欲求同門之友，呈露血脈。環顧宇下，存者無幾。突如而發一言，離經背訓之譏，蹄尾紛然。然吾心之所是，證之朱子而合也。證之數百年來之儒者而亦合也。嗟呼！但不合於此世之庸妄者耳。」

14　《南雷文案》卷三。

15　同上。

16　《南雷學案》卷一頁7引梨洲晚年語。

17　〈與友人論學書〉。

18　同上。又《破邪論‧從祀篇》中謂諸葛亮、陸贄、韓琦、范仲淹、李綱、文天祥、方孝孺皆應從祀孔廟。蓋以諸人使「世治則巷吏門兒莫不知仁義之為美，無一物不得其生，不遂其性。世亂則學士大夫風節凜然，必不肯以刀鋸鼎鑊損立身之清格。」

19　〈弁玉吳君墓誌銘〉（《南雷文定‧後集》卷三）。此文作於康熙二十五年，七十九歲時。

知天下之未嘗無人，百王之弊可以復起，而三代之盛可以徐還也。」其推崇可謂至極。清廷不能采用其說，施諸政事，至清末維新運動之時，梁啟超與「譚嗣同輩倡民權共和之說，則將其書節鈔，印數萬本，秘密散布，於晚清思想之驟變，極有力焉。」[20]其實際上之影響，殆亦空前所未有。

《待訪錄》之最高原理出於《孟子》之貴民與〈禮運〉之天下為公。其政治哲學之大要在闡明立君所以為民與君臣乃人民公僕之二義。〈原君〉曰：「有生之初，人各自私也，人各自利也。天下有公利而莫或興之，有公害而莫或除之。有人者出，不以一己之利為利而使天下受其利，不以一己之害為害而使天下釋其害。此其人之勤勞必千萬於天下之人。夫以千萬倍之勤勞而己又不享其利，必非天下之人情所欲居也。故古之人量而不欲入者[21]，許由、務光是也。入而又去之者，堯、舜是也。初不欲入而不得去者，禹是也。豈古之人有所異哉。好逸惡勞亦猶夫人之情也。」以今語解之，梨洲認為君乃勤勞之義務而非享樂之權利。上古之人深知此旨，故惡勞者不為，而為之者必盡其公天下之心，以致萬眾之福利。三代以後，此旨不明。始為利眾之義務者，轉而為自私之權利。為君者本末倒置，認識錯誤，「以為天下利害之權皆出於我，我以天下之利盡歸於己，以天下之害盡歸於人，亦無不可。使天下之人不敢自私，不敢自利。以我之大私，為天下之公。始而慚焉，久而安焉。視天下為莫大之產業，傳之子孫，受享無窮。漢高帝所謂某業所就孰與仲多者，其逐利之情不覺溢之於辭矣。」

古今為君者之觀點既不相同，則古以得君而利者今乃因以致禍。「古者以天下為主，君為客。凡君之所畢世而經營者，為天下也。今也以君為主，天下為客。凡天下之無地而得安寧者，為君也。是以其未得之也，屠毒天下之肝腦，離散天下之子女，以博我一人之產業，曾不慘然，曰：我固為子孫創業也。其既得之也，敲剝天下之骨髓，離散天下之子女，以奉我一人之淫樂，視為當然，曰：此我產業之花息也。然則為天下之大害者，君而已矣。向使無君，人各得自私也，人各得自利也。嗚呼！豈設君之道固如是乎？」[22]

20　《清代學術概論》，頁23。

21　此句原作「概古之人君量而不欲入者」，君字疑衍。

22　〈原君〉。

　　夫人君以利民為職分。能盡職者民從之，不能盡者民叛之。撫我則后，虐我則讎。古訓所指，實屬至當至確。「而小儒規規焉以君臣之義無所逃於天地之間，至桀紂之暴猶謂湯武不當誅之，而妄傳伯夷叔齊無稽之事。乃兆人萬姓崩潰之血肉，曾不異夫腐鼠。豈天地之大，於兆人萬姓之中獨私其一人一姓乎。」不寧惟是。後世之君私天下以利己，視之為產業而欲其長保。然而「既以產業視之，人之欲得產業，誰不如我。攝緘縢，固扃鐍，一人之智力不能勝天下欲得之者之眾。遠者數世，近者及身，其血肉之崩潰在其子孫矣。昔人願世世無生帝王家。而毅宗之語公主亦曰：若何為生我家？痛哉斯言！回思創業時，其欲得天下之心有不廢然摧阻者乎？」[23]由此觀之，人君不明乎為君之職分，不徒害及百姓，終亦自禍其家。兩敗俱傷，可哀彌甚。梨洲長於史學，深考秦漢迄明二千年中之事實，而對於君主專制政體，有此悲觀之結論，其意義重大遠過於鮑敬言无能子等之[24]「無君」，殆無可疑。

　　君民之關係既明，梨洲乃進論君臣之關係。其立言亦悉依孟子，一掃專制天下「君為臣綱」之傳統思想。〈原臣〉曰：「有人焉視於無形，聽於無聲，以事其君，可謂之臣乎？曰：否。殺其身以事其君，可謂之臣乎？曰：否。夫視於無形，聽於無聲，資於事父也。殺其身者無私之極則也。而猶不足以當之，則臣道如何而可。曰：緣夫天下之大，非一人之所能治而分治之以羣工。故我之出而仕也，為天下，非為君也。為萬民，非為一姓也。吾以天下萬民起見，非其道，即君以形聲強我，未之敢從也，況於無形無聲乎！非其道，即立身於其朝，未之敢許也，況於殺其身乎！不然而以君之一身一姓起見，君有無形無聲之嗜慾，吾從而視之聽之，此宦官宮妾之心也。君為己死而為己亡，吾從而死之亡之，此其私暱者之事也。[25]是乃臣不臣之辨也。」世俗之事君者誤認臣乃為君而設，不問君盡職與否，而惟從其所命，不問百姓之安危，而惟求君位之鞏固。揆之古義，允為不臣之尤。「蓋天下之治亂，不在一姓之興亡而在萬民之憂樂。是故桀紂之亡乃所以為治也，秦政蒙古之興乃所以為亂也。晉宋齊梁之興亡，無與於治亂者也。為臣者輕視斯民之水火，即能輔君而興，從

23　同上。

24　分見本書十一章三節及十三章三節。

25　此略引《左傳‧襄公二十五年》晏子語。

君而亡，其於臣道，固未嘗不背也。」昔李卓吾論史，謂齊王建之降秦餓死與
馮道之歷事多君皆有大利於民。[26]梨洲儻聞其說，殆可許為同調。抑又有進
者，自梨洲觀之，君尊臣卑，名位雖有差別，而職分均在利民。故「君之與
臣，名異而實同。」臣所以佐君為治，而非以奉君之身。「夫治天下猶曳大木
然。前者唱邪，後者唱許。君與臣，共曳木之人也。」若後者不致力於曳木，
惟承前者之喜怒，而曳木之職荒矣。

梨洲政治哲學之基本原理，略如上述。梨洲又本此貴民之原理，參照明政
之經驗，發為制度改造之計劃。以今日之眼光觀之，其言不脫君主政體之範
圍，實際上無多價值。然其抨擊專制之短，深切著明，亦自具有歷史上之重要
意義，吾人不可不扼要述之。

梨洲深察三代以下亂多治少之故，認定君職不明，天下為私，乃其最後之
癥結。秦漢以來制度之壞，其病源亦在於此。〈原法〉論古今立制精神之異
曰：「三代以上有法，三代以下無法。何以言之。二帝三王知天下之不可無養
也，為之授田以耕之。知天下之不可無衣也，為之授地以桑麻之。知天下之不
可無教也，為之學校以興之。為之婚姻之禮以防其淫，為之卒乘之賦以防其
亂。此三代以上之法也，固未嘗為一己而立也。後之人主，既得天下，惟恐其
祚命之不長也，子孫之不能保有也，思患於未然以為之法。然則其所謂法者一
家之法，而非天下之法也。是故秦變封建而為郡縣，以郡縣得私於我也。漢建
庶孽，以其可以屏藩於我也。宋解方鎮之兵，以方鎮之不利於我也。此其法何
曾有一毫為天下之心哉！而亦可謂之法乎？」然則三代以下無法者非無制度
也。其制度本於私天下之一念，大背貴民之旨，故不足以比三代之法耳。抑就
另一方面觀之，三代公天下而法因以疏，後世私天下而法因以密。疏者近於無
法，密者適成非法。梨洲明之曰：「三代之法，藏天下於天下者也。山澤之利
不必其盡取，刑賞之權不疑其旁落。貴不在朝廷也，賤不在草莽也。在後世方
議其法之疏，而天下之人不見上之可欲，不見下之可惡。法愈疏而亂愈不作，
所謂無法之法也。後世之法，藏天下於筐篋者也。利不欲其遺於下，福必欲其
斂於上。用一人焉，則疑其自私，而又用一人以制其私。行一事焉，則慮其可
欺，而又設一事以防其欺。天下之人共知其筐篋之所在，吾亦鰓鰓然日惟筐篋

26　本書十七章二節。

之是虞。故其法不得不密。法愈密而天下之亂即生於法之中，所謂非法之法也。」[27]

雖然，世俗有流行之謬說二事，與此義不符。梨洲特為揭出，而加以辨正。一曰法祖之謬說。「論者謂一代有一代之法，子孫以法祖為孝。夫非法之法，前王不勝其利欲之私以創之，後王或不勝其利欲之私以壞之。壞之者固足以害天下，其創之者亦未始非害天下者也。乃必欲周旋於此膠彼漆之中，以博憲章之餘名，此俗儒之勦說也。」[28]二曰治人之謬說。「論者謂天下之治亂不繫於法之存亡。」又謂「有治人，無治法。」梨洲斥之，謂「自非法之法桎梏天下人之手足，即有能治之人，終不勝其牽挽嫌疑之顧盼。有所設施，亦就其分之所得，安於苟簡而不能有度外之功名，使先王之法而在，莫不有法外之意，存乎其間。其人是也，則可以無不行之意。其人非也，亦不至深刻網羅。故曰有治法而後有治人」也。[29]然則居今之世而欲求治，非盡廢秦漢以後「非法之法」不可。易詞言之，撥亂之方，在盡廢專制天下之君本位制度，以恢復封建天下之民本位制度。否則「小小更革，生民之戚戚終無已時也。」[30]

梨洲變法之建議見於〈置相〉以下十八篇中。綜其所論，可分為國體、官制、學校、選舉、兵制、田制、財計諸端。梨洲既深惡秦以後之專制政治，故其論國體，勢必傾向於封建之分治。然封建既不可盡復，梨洲乃折衷於封建郡縣二者之間，主張行唐代方鎮之制。蓋封建郡縣，各有其弊。「封建之弊，強弱吞併，天子之政教有所不加，郡縣之弊，彊場之害苦無已時。欲去兩者之弊，使其並行不悖，則沿邊之方鎮最為可取。」說者每謂唐以方鎮亡國。原其本末，事有不然。「當太宗分制節度，皆在邊境，不過數府。其帶甲十萬，力足以控制寇亂。故安祿山、朱泚皆憑方鎮而起，乃制亂者亦藉方鎮。其後析為數十，勢弱兵單。方鎮之兵不足相制，黃巢、朱溫遂決裂而無忌。然則唐之所以亡，由方鎮之弱，非由方鎮之強也。」吾人既知方鎮之有助於唐，則當師其意而改進之，於邊境地方設立十數方鎮。「務令其錢糧兵馬內足自立，外足捍患。田賦商稅聽其徵收，以充戰守之用。一切政教張弛，不從中制。屬下官員

---

27 〈原法〉。
28 〈原法〉。
29 同上。
30 同上。

亦聽其自行辟召，然後名聞。每年一貢，三年一朝。終其世兵民輯睦，疆場寧
謐者許以嗣世。」梨洲認此變相之封建制度，凡有五利。其中如「一方之財自
供一方」，「一方之兵自供一方」，即「一方不寧，他方晏如」等項，[31]雖或
足矯明制之失，而揆之中國以往之經驗以及近代政治之原理，似其為害反多於
利。梨洲此論，實非吾人所敢苟同。然吾人若視為針對專政之一種反動思想，
則其意義至為深長可味也。

　　梨洲論官制，注意於宰相，胥吏，及閹宦之三事，而亦皆針對明代專制末
流之弊，梨洲認定古之卿相，佐天子為治，不僅君臣職務相同，兼可補救君主
政體之闕失。後世不明君臣共治之義，尊君抑臣。秦漢以降，愈成懸絕。至明
太祖廢除相職，而官制之壞遂臻極致。梨洲釋之曰：「原夫作君之意，所以治
天下也。天下不能一人而治，則設官以治之。是官者分身之君也。孟子曰：天
子一位，公一位，侯一位，伯一位，子男同一位，凡五等。君一位，卿一位，
大夫一位，上士一位，中士一位，下士一位，凡六等。蓋自外而言之，天子之
去公，猶公侯伯子男之遞相去。自內而言之，君之去卿，猶卿大夫士之遞相
去。非獨至於天子，遂截然無等級也。」[32]臣既為君之「分身」，故君有闕
失，宰相可以攝位。大臣入朝，君主必答其拜。三代之盛，得力於君臣共治者
殆不在小。後世君驕臣諂，其制漸壞。及明太祖洪武十三年因胡惟庸之反，罷
宰相之職，三代遺法，蕩滅無餘。此後為君者「遂謂百官之設，所以事我。能
事我者我賢之，不能事我者我否之。設官之意既訛，尚能得作君之意乎？」不
寧惟是，「古者不傳子而傳賢。其視天子之位，去留猶夫宰相也。其後天子傳
子，宰相不傳子。天子之子不皆賢，尚賴宰相傳賢，足相補救，則天子亦不失
傳賢之意。宰相既罷，天子之子一不肖，更無與為賢者矣。不亦並傳子之意而
失者乎！」故曰：「有明之無善治，自高皇帝罷丞相始也。」[33]

　　罷相之害，本身既不小，復與閹宦之害相推助而為禍益烈。「蓋大權不能
無所寄。彼宮奴者見宰相之政事墜地不收，從而設為科條，增其職掌。生殺予
奪，出自宰相者次第而盡歸焉。」[34]於是奄宦無宰相之名而有宰相之實。「本

31　《待訪錄‧方鎮》。
32　《待訪錄‧置相》。
33　同上。
34　《待訪錄‧奄宦上》。

章之批答，先有口傳，後有票擬。天下之財賦，先內庫而後太倉。天下之刑獄，先東廠而後法司。其他無不皆然。」[35]殿閣六部之大臣，本與天子分身共治者一變而為奄宦奉行之員。「漢唐宋有干預朝政之奄宦，無奉行奄宦之朝政。」明代縱奄宦以竊相權，其為禍至於使明君賢臣為之束手，則誠曠古之所未見。考奄宦所以能壓制羣臣而獨弄大柄者，其主要原因，仍在專制。專制君主多志在恣睢。宮奴乘機迎合其所好，而政事風俗遂全體歸於敗壞。蓋「奄人既以奴婢之道事主，亦其主之妄喜妄怒，外臣從而違之者，奄人曰：夫非盡人臣與，奈之何其不敬也！人主亦即以奴婢之道為人臣之道。以其喜怒加之於奄人而受，加之於士大夫而不受，則曰：夫非盡人之臣與？奈之何有敬有不敬也！」[36]不知不覺之間君主遂親信奄人，厭棄朝士，而奄人卒代宰相為「分身之君」矣。其尤可痛心者，士大夫歆於利祿，不能堅其操守，「亦遂舍其師友之道而相趨於奴顏婢膝之一途。習之既久，小儒不通大義，又從而附會之曰：君父天也。故有明之奏疏，吾見其是非甚明也，而不敢明言其是非。或舉其小過而遺其大惡，或勉以近事而闕於古則，以為事君之道當然。豈知一世之人心學術為奴婢之歸者，皆奄宦為之也。」[37]

吾人既知罷宰相與任奄宦之害，則當改制以救之。梨洲主張設宰相一人，參知政事無常員，與天子同議政事可否。宰相立政事堂，置吏、兵、戶、刑禮、機樞五房以主眾務。四方上書言利弊者與待詔者皆集於此。[38]如是則天下政事無不經宰相而得上達矣。欲除奄患，當先減奄數。前代奄人之多，由於後宮之廣。故梨洲主張「為人主者自三宮以外，一切當罷。如是則奄人之給使令者不過數十人而已足。」[39]自不能如前此之眾多以釀亂矣。

官制之壞，上由奄人而下則出於胥吏。梨洲認胥吏有四害，而其最大者殆為弄法與據位之兩端。明代以徒隸為胥吏，以求利之人而居可以為利之處。於是「創為文網以濟其私。凡今之所設施之科條皆出於吏。是以天下有吏之法，無朝廷之法。」此弄法之害也。「京師權要之吏，頂首皆數千金。父傳之子，

35　《待訪錄・奄宦上》。
36　同上。
37　同上。
38　〈置相〉。
39　〈奄宦下〉。

兄傳之弟。其人麗於法，後而繼一人焉，則其子若弟也。不然，則其傳衣鉢者
也。是以今天下無封建之國，有封建之吏。」[40]此據位之害也。梨洲以為補救
之法當復宋王安石所廢之差役，以鄉民值年供驅使。而中央及地方政府掌簿書
之胥吏皆分選進士、監生、弟子員任之。能者升其官，否則絕其仕。如此則以
往一切大弊，可以避免。

　　梨洲反對專制之意，於其論學校、選舉中尤為明顯。梨洲譏斥以往政治家
對於學校認識之錯誤。彼以為學校之用不僅在於「養士」，而亦在於培養健全
之輿論。學校除作育人材外，尤須監督批評政府，務使免有過失。故學校之目
的在「使朝廷之上，閭閻之細，漸摩濡染，莫不有《詩》《書》寬大之氣。天
子之所是未必是，天子之所非未必非。天子亦遂不敢自為是非，而公其是非於
學校。」欲達此目的，則學制宜加修改。「郡縣學官毋得出自選除。郡縣公
議，請名儒主之。」「其人稍有干於清議，則諸生得共起而易之。」「郡縣朔
望，大會一邑之縉紳士子。學官講學，郡縣官就弟子列，北面再拜。」「郡縣
官政事闕失，小則糾繩，大則伐鼓號於眾。」「太學祭酒推擇當世大儒。其重
與宰相等，或宰相退處為之。每朔日，天子臨幸太學，宰相六卿諫議皆從之。
祭酒南面講學，天子亦就弟子之列。政有缺失，祭酒直言無諱。」[41]

　　學校作育人材之目的可從教學及選舉兩方面達之。梨洲欲「使治天下具皆
出於學校」，故教育之內容當限於五經、兵法、歷算、醫、財等有用之科目。
「古文非有師法，語錄非有心得，奏議無裨實用，序事無補史學」諸書，均在
禁止流傳之列。學校既有真才，則科舉之積弊亦得因以大體革除。中央及地方
政府之屬吏可由郡縣及太學生徒試補升用。此外又可行薦舉、辟召、任子、上
書、絕學諸法，以羅致人才。科舉不過為取士八法中之一端。稍加改良，分科
試以經、史、諸子、時務，[42]則科舉亦不失為一取士之良法。

　　梨洲財計之論，[43]不切實際，似可不述。其論田制、兵制似帶有復古封建
之意味，而實亦針對明代事實而發。其改革兵制原則為「天下之兵當取之於
口，而天下為兵之費當取之於戶。」其辦法為「教練之時五十（口）而出二，

40　〈胥吏〉。
41　《待訪錄・學校》。
42　〈學校〉及〈取士〉上、下。
43　〈財計〉一、二、三。

調發之時五十而出一。」「調發之兵十戶而養一，教練之兵則無資於養。」每一兵士，二十歲而入伍，五十歲而出伍。四年一行役，凡歷七踐更。[44]其大意略近現代之徵兵制度。梨洲改革田制之原則為仿屯田以行井田，[45]依田額以定賦稅，[46]務使耕者有田，民生不瘁，力矯專制政府棄民不養之惡習。

　　梨洲貴民之政治哲學，就上述者觀之，誠首尾貫通，本末具備，為前此之所罕覯。[47]夫專制之威至明而極，故專制之害至明而顯。梨洲貴民之古義，不啻向專制天下之制度作正面之攻擊。使黃氏生當清季，其為一熱烈之民權主義者，殆屬可能。然而吾人細繹《待訪錄》之立言，覺梨洲雖反對專制而未能衝破君主政體之範圍。故其思想實仍蹈襲孟子之故轍，未足以語於真正之轉變。抑又有進者，黃氏躬與反清復明之運動，而於民族大義則未有堅確之認識。故《待訪錄》序文以箕子自命，頗遭後世之譏彈。[48]至其晚年之語，謂「素中國行乎中國，素夷狄行乎夷狄。古來相傳禮教二字，就是當路之準的。蒙古據有中國，許趙之功高於弓矢萬倍。自許趙出，蒙古亦中國矣。」[49]則非吾人所能輕易贊可。他姑不論，梨洲夙號潛心史學，豈不知蒙古未嘗一日同化於中國。何況夷夏大防，又非同化一事所能打破乎？

第三節　唐甄（1630-1704）

　　梨洲重民本而輕種族，唐甄推廣其風，仕於清廷而大倡養民之說。甄（原名大陶）字鑄萬，號圃亭。生於崇禎三年，卒於康熙四年。順治十四年舉人。仕為山西潞安府長子縣知縣。首先蠲務，導民樹桑，以身率之。三旬得八十萬本，民業利焉。其俗鬥狠爭訟，以唐氏判事明敏，教化寬厚，為之改變。甫十

44　〈兵制〉一、二、三。
45　〈田制〉一、二。
46　〈田制〉三。
47　此指其合於貴民原則而言。其建議是否可用為另一問題。章炳麟頗加駁斥，見《太炎文錄》卷一〈非黃〉。
48　見本章註12。
49　黃嗣艾《學案》卷一，頁7。

月，以逃人詿誤革職。乃隱居治學，著《衡書》九十七篇，徧論學術治道，[50] 後以連蹇不遇，更名《潛書》。[51]

　　唐氏之學直宗陽明，遠承孟子。[52]其論學以致用為歸，而其論治則以養民為主。漢儒有明道不計功之理想，宋儒以精研心性為學問，唐氏皆加駁斥，以為「儒之為貴者，能定亂除暴安百姓也。」[53]故「古人聖之，言即其行，行即其言，學即其政，政即其學。」理學家分「內盡」與「外治」為兩事。「程、朱講學而未及為政。故其言學可師也，其言政皆可疑也。」[54]然此亦從寬言之耳。嚴格言之，「修身治天下為一帶。取修身，割治天下，不成治天下，亦不成修身。」蓋天下大亂，性無由通，無救於世，則身亦難修矣。至於釋老出家，尤不足以為正學。「釋出天地外，老出人外。眾不能出天地外，不能出人外。一治一亂，非老釋所能理。是以乾坤管鑰專歸於儒也。」[55]

　　《潛書》論治，所涉頗廣。雖饒至理，以乏剏見，似勿庸於茲縷述。惟其養民之宗旨與黃梨洲相發明，足覘一時之思想趨勢，吾人不可以不加以注意。唐了論政治之目的曰：「古之賢君，舉賢以圖治，論功以舉賢，養民以論功，足食以養民。雖官有百職，職有百務，要歸於養民。」[56]然而秦漢以來之君臣，每昧於此義，非徒不能足食以養民，反為苛政以困之。民不聊生，天下遂亂。蓋緣「虐政亟行，厚斂日加，又遇凶歲，米麥不登，家室懸罄，民無所顧賴。始則一人為竊，既而十人為盜。繼則望風蠭起，千百為賊，剽掠鄉聚。久則數萬人為軍，稱帥稱王，攻城殺吏，而亂成矣。若使茅屋之中有數石粟，數匹布，婦子飽暖，相為娛樂，孰能誘之蹈不測之禍以為奸雄之資哉！」[57]然則

50　《潛書・下篇下・潛存》為全書後序。自謂「有見則言，有聞則言。歷三十年，累而存之。分為上下篇。言學者繫於上篇，凡五十篇。言治者繫於下篇，凡四十七篇。」

51　此據唐氏婿王聞遠〈西蜀唐圃亭先生行略〉（附《潛書》後）。《潛書》有王聞遠元刻本，中江李氏及成都鄧氏重刻諸本。唐氏尚著有《毛詩傳箋合義》、《春秋述傳》、《潛文》、《潛詩》等。

52　《潛書》有〈尊孟〉、〈宗孟〉、〈法王〉諸篇。

53　〈上篇上・辨儒〉。

54　〈上篇下・有為〉。

55　〈上篇上・性功〉。

56　〈下篇上・考功〉。

57　〈下篇下・厚本〉。

民之亂也，其責不在民之好亂而實由於上之失養。推其失養之因又在乎君臣之不職。「唐子曰：天地之道故平。平則萬物各得其所。及其不平也，此厚則彼薄，此樂則彼憂。」[58]然而不平之甚，無過於君奢臣貪，而小民遭其剝削。「穴牆而入者不能發人之密藏，羣汲而進者不能奪人之田宅，禦旅於途者不能破人之家室，寇至誅焚者不能窮山谷而徧四海。彼為吏者星列於天下，日夜獵人之財。所獲既多，則有陵己者負篋而去。既亡於上，復取於下。轉亡轉取，如填壑谷，不可滿也。夫盜不盡人，寇不盡世，而民之毒於貪吏者無所逃天地之間。」向使為人主者能以身作則，不縱淫欲。「人君能儉則百官化之，庶民化之。於是官不擾民，民不傷財。」[59]何至有四海窮困之禍。「是以舜禹之有天下也，惡衣菲食，不敢自恣。豈所嗜之異於人哉，懼其不平以傾天下也。」[60]

抑貪吏之害，人皆知之。其有身不必有擾民之行而心不免於忘民者，為數尤眾，而反為論政者所忽視。是又不可不加以糾控者也。唐子曰：「天下難治。人皆以為民難治也。不知難治者非民也，官也。凡茲庶民，苟非亂人，亦唯求其所樂，避其所苦，何嘗好犯上法，以與上為難哉。論政者不察所由，以為法令不利於行者皆梏於民之不良。釋官而罪民，此所以難與言治也。以詔令之尊威，上馳於下，下復於上，不待旬月而徧於海內矣。人見其徧於海內，吾見其未嘗出於門庭也。蓋徧於海內者其文也，未嘗出門庭者其實也。雖有仁政，百姓耳聞之而未嘗身受之，此非有司之故而奚故哉！谿谷阻車，蒺藜阻足。今之有司，皆谿谷蒺藜也。」[61]考官之所以為仁政障礙者，其大原在其無心於惠民。唐子描寫一般為官者之心理曰：「一官之所任，我代者前此幾何人，代我者後此幾何人。我在其間，一旅客之信宿耳。土地非我之產，府庫非我之藏，人民非我之族黨，於我何有焉？今之為官者不必貪邪，即廉能無過者其存心莫不如是。」「朝廷所寄以牧民之任者，大官小官，自內至外，皆如是之人。上以文責下，下以文蒙上。紛紛然移文積於公府，文示交於衢路。始焉羽逝，既而景滅。卒不知有紛紛者何為也。」「諺曰：官屋漏，官馬瘦。推而

58　〈上篇下・大命〉。
59　〈下篇上・富民〉。
60　〈上篇下・大命〉。
61　〈下篇上・梏政〉。

廣之，田園廬舍，一官屋也。父兄子弟，一官馬也。心不在民，雖田園荒蕪，廬舍傾倒，而不一顧也。雖父兄凍餓，子弟死亡而莫之恤也。凡為官者視為故然。雖無不肖攘民之事，而視民若忘，等於草茅。夫攘民之害小，忘民之害大。攘民者不多人，忘民者徧天下。是舉天下之民委棄之也。」[62]然則欲治天下，當先治官。所可惜者，自聖人不作，賞罰久失其平。今日雖欲治官而難得其術。狡黠之官知賞罰不信，乃反有術以竊帝王之大柄，「能使賞不出於朝廷而出於我。悅於上官，悅於大臣，悅於近臣，是其術也。悅於上官者一秩之賞至，悅於大臣者超遷之賞至，悅於近臣者不次之賞至。賞自我操，罰焉能及。由是言之，賞罰不可以治官也明矣。」[63]夫賞罰猶不可以治官，則官終不可治。「是蓋斯民之不幸，上天之不祐，非人之所能為也。則亦莫可如何也矣。」[64]

　　雖然，官不能治，又非官之罪也。探本窮源，其病根實在君主專制政體之本身。唐子曰：「治天下者惟君，亂天下者惟君，治亂非他人所能為也，君也。小人亂天下。用小人者誰也？女子寺人亂天下。寵女子寺人者誰也？奸雄盜賊亂天下。致奸雄盜賊之亂者誰也？」「匡君治國之才，何世蔑有。世無知者，其才安施。雖使皋夔稷契生於其時，窮而在下，亦不過為田市之匹夫。達而在位，亦不過為將承之庸吏。世無君矣，豈有臣乎？」[65]「世之腐儒拘於君臣之分，溺於忠孝之論，厚責其臣而薄責其君。彼烏知天下之治，非臣能治之也。天下之亂，非臣能亂之也。」[66]然而吾人當注意，所謂世無君者，其過不在一、二君主之個人，而在制度本身之不善。秦漢以來之世襲專制君主政體實不容有良君之出現。「天之生賢也實難。博徵都邑世族貴家，其子孫鮮有賢者。何況帝室富貴，生習驕恣，豈能成賢？是故一代之中十數世，有二三賢君，不為不多矣。其餘非暴即闇，非闇即辟，非辟即懦。此亦生人之常，不足為異。惟是懦君蓄亂，辟君生亂，闇君召亂，暴君激亂。君罔救矣，其如斯民

62　同上。

63　同上。

64　同上。下文唐子進忠告於天下之官，勸其「重己之力，以其半交人，以其半勤民。」「有益於己，無傷於人，斯可為也。」

65　〈上篇下・鮮君〉。

66　〈下篇上・遠諫〉。

何哉！」[67]且君政之病，又不止此。「為上易驕，為下易諛。君日益尊，臣日益卑。」尊卑懸絕，而君卒成為聾瞽愚妄之獨夫。「人君之尊如在天下與常同體。公卿大臣罕得進見。變色失容，不敢仰視。跪拜應對，不得比於嚴家之僕隸。於斯之時，雖有善鳴者不得聞於九天，雖有善燭者不得照於九淵。臣日益疏，智日益蔽。伊尹傅說不能誨，龍逢、比干不能諫，而國亡矣。」然而「豈人能蔽其耳目哉。勢尊自蔽也。」[68]

吾人如欲於制度本身之外，追究君主個人之責任，則三代以下開國之君決不能免殘賊之罪名。黃梨洲謂秦漢以後，天下為私，創業者不恤屠戮萬民以圖一姓之享受。[69]唐子雖未明言此旨，而觀其所言，意殆相合。唐子設為與妻問答之語曰：「大清有天下，仁矣。自秦以來，凡為帝王者皆賊也。妻笑曰：何以謂之賊也？曰：今也有負數匹布，或擔數斗粟而行於途者，或殺之而有其布粟，是賊乎？非賊乎？曰：是賊矣。唐子曰：殺一人而取其匹布斗粟猶謂之賊，殺天下之人而盡有其布粟之富而反不謂之賊乎？三代以後有天下之善者莫如漢。然高帝屠城陽，屠潁陽，光武帝屠城三百。使我而事高帝，當其屠城陽之時，必痛哭而去之矣。使我而事光武帝，當其屠一城之始，必痛哭而去之矣。吾不忍為之臣也。」[70]然而彼開國定亂之主固未嘗有愧惡惻隱之意也。「天下既定，非戰非攻，百姓死於兵與因兵而死者十五六。暴骨未收，哭聲未絕，目皆未乾。於是乃服袞冕，乘法駕，坐前殿，受朝賀。高宮室，廣苑囿，以貴其妻妾，以肥其子孫。彼誠何心，而忍受之。」以養人者而殺人，若論罪正刑，「雖百其身不足以抵其殺一人之罪」矣！[71]

所可歎者，帝王之賊，其罪綦明，而究不得致誅也。唐子曰：「嗚呼！君之多辟，非人之所能為也，天也。天無所為者也。非天之所為也，人也。人之無所不為也，不可以有為也。此古今所同歎，則亦莫可如何也已矣。」[72]雖然，豈終莫可如何哉？辛亥革命，奮手一擊而二千年之君主專制根株悉滅，此

67　〈鮮君〉。

68　〈上篇下・抑尊〉。

69　本章註22。

70　〈下篇下・室語〉。本篇似隱譏清兵入關之屠戮，如揚州、嘉定之事。

71　〈下篇下・室語〉。止殺意略同。

72　〈鮮君〉。

空前奇蹟，固非清初思想家所能夢見。吾人今日尚論古人，當知唐子據民本以抨專制，其識見已可推服，其不能由消極之批評以達於積極之民權思想者，乃歷史環境之限制，不足為《潛書》病也。

第四節　顧炎武（1613-1682）

顧炎武字寧人，初名繼紳，後更名絳。明亡後始名炎武。學者稱亭林先生。生於萬曆四十一年，卒於康熙二十一年。少耿介，遊於復社。國變後與遺民黃宗羲、王夫之、孫奇逢等通聲氣，謀恢復明室。聯絡徧南北，日本安南皆有行人轍跡。亭林則「徧遊黃河以北各省，舍諸華陰，以財力主南北各名都匯券交通，廣興耕牧，墾荒生聚。」[73]所著甚富。有關治道者為《日知錄》、[74]《區言》、[75]《天下郡國利病書》[76]及《亭林文集》。[77]清廷開明史館，大學士熊賜履以書相徵，戊午詔舉詞科，同邑葉方藹等欲薦之，均以死拒。年七十客死北方。[78]

江藩論黃、顧二家，謂「梨洲乃蕺山之學，矯良知之弊，以實踐為主。亭林乃文清之裔，辨陸王之非，以朱子為宗。」[79]江氏持漢宋門戶之見以論朱

73　黃嗣艾《南雷學案》卷五，頁278。

74　三十二卷。合以黃汝成《日知錄集釋》為便用。有原刻，廣州重刻，武昌局刻，商務印書館排印諸本。《文集》卷四〈與人書〉二十五云：「某自五十以後，篤志經史。」「別著《日知錄》，上篇經術，中篇治道，下篇博聞，共三十餘卷。有王者起，將以見諸行事，以躋斯世於治古之隆，而未敢為今人道也。」章炳麟《檢論》卷四〈哀焚書〉謂《亭林集》、《日知錄》以詆觸見燼。錢穆《中國近三百年學術史》頁143謂今本卷六有「素夷狄行乎夷狄」一條之目而無書，殆為人刪去。按黃侃有《日知錄校記》（南京中央大學排印本），曾以《日知錄》舊抄本校今本，是正頗多。「素夷狄行乎夷狄」一條，全文亦具在，殆即顧氏原本也。

75　凡五十卷，未刻。殆已佚。何義門《菰中隨筆‧序》謂亭林遺書多歸其甥徐氏，不知愛惜。

76　今本百二十卷，尚未完也。

77　六卷。今人潘來編《亭林先生遺書》二十七卷（共收十種，有蓬瀛閣校刊，文瑞樓石印本），又朱記榮編《遺書補遺》（共收十種，自刻）。

78　全祖望〈亭林先生神道表〉（《鮚埼亭集》卷十二），吳映奎《顧亭林年譜》（附潘來編《遺書》），張穆《年譜》。

79　〈漢學師承記〉。

王，其說殆未盡確。梨洲誠出蕺山，亭林豈宗朱子？二家皆主致用，而亭林反對理學之態度尤為徹底。故與施閏章論學曰：「理學之傳自是君家弓冶，然愚以為理學之名自宋人始有之。古之所謂理學，經學也。」[80]理學家以心性為要務。不知「命與仁，夫子之所罕言也。性與天道，子貢之所未得聞也。」今之學者乃「置四海之窮困不言，而終日講危微精一之說，是必其道之高於夫子而其門弟子之賢於子貢」[81]者也。至於陽明學派之心學。自亭林視之，其為害尤有過於程朱之理學。王伯安作俑於先，[82]李卓吾推波於後。[83]此皆惑亂天下，為正人之所當闢。夫理學心學均無足取，則為學之宗旨何在乎？亭林明之曰：「竊以為聖人之道，下學上達之方，其行在孝弟忠信，其職在灑掃應對進退，其文在《詩》《書》《三禮》《周易》《春秋》，其用之身在出處辭受取與，其施之天下在政令教化刑法，其所著書皆以為撥亂反正，移風易俗，以馴致乎治平之用，而無益者不談。」[84]「愚不揣，有見於此，故凡文不關於六經之旨，當世之務者，一切不為」也。[85]

　　就上所述觀之，黃、顧二家同主學以致用，而其思想之根本態度有異。梨洲受王學之影響，亭林並朱、陸亦隱加抨擊。[86]故二家同為道學之反動，而後者更為徹底。二家並生明清之際，處相同歷史環境之中，故其政論亦復大體相近。[87]然梨洲申民本之義以攻擊君主專制，亭林求矯正過度集權之流弊，而無取於貴民之說。此殆由梨洲緣陽明以上接孟子，亭林則注重實際政事之利病，而無意為原理上之探索發揮，故有此顯著之歧異歟？

　　亭林反對專制集權之主張，大旨略似梨洲之論方鎮。亭林認封建制度乃古

80　《亭林文集》卷三〈與施愚山書〉。

81　《集》卷三〈與友人論學書〉。

82　《日知錄》卷十八斥王陽明《朱子晚年定論》因謂「以一人而易天下，其流風至於百有餘年之久者，古有之矣。王夷甫之清談，王介甫之新說。其在於今則王伯安之良知是也。孟子曰：天下之生久矣，一治一亂。撥亂世，反之正，豈不在於後賢乎！」

83　《日知錄》卷十八「李贄」條云：「自古以來，小人之無忌憚而敢於叛聖人者，莫甚於李贄。」

84　《集》卷六〈答友人論學書〉。

85　《集》卷四〈與人書三〉。

86　對程朱作正面攻擊最著者當推顏元、李塨。可閱錢穆《中國近三百年學術史》第五章。

87　亭林嘗致書梨洲盛稱《明夷待訪錄》，謂《日知錄》「中所論同於先生者十之六七」。

代聖人公天下之大法。然時勢既殊，分國之制隨以消滅，至秦之時而天下遂不得不悉歸於郡縣。試以史事證之。「傳稱禹會諸侯，執玉帛者萬國。至周武王僅千八百國。春秋時見於經傳者百四十餘國。又併而為十二諸侯，又併而為七國。此固其勢之所必至。秦雖欲復古之制，一一而封之，亦有所不能」矣。[88]天下無萬世不弊之法。封建郡縣行之既久，亦各有其弊。「封建之失，其專在下。郡縣之失，其專在上。」[89]封建尾大不掉之弊，前人言之已詳。郡縣過度集權之弊，則至南宋始為葉水心等所指陳。[90]亭林申論之曰：「古之聖人以公心待天下之人，胙之土而分之國。今之君人者盡四海之內為我郡縣，猶不足也。人人而疑之，事事而制之。科條文簿日多一日，而又設之監司，設之督撫。以為如此，守令不得以殘害其民矣。不知有司之官凜凜焉救過之不給，以得代為幸，而無肯為其民興一日之利者。民烏得而不窮，國烏得而不弱。」[91]又曰：「所謂天子者執天下之大權者也。其執大權奈何。以天下之權寄之天下之人，而權乃歸之天子。自公卿大夫至於百里之宰，一命之官，莫不分天子之權以各治其事，而天子之權乃益尊。後世有其不善治者出焉，盡天下一切之權而收之在上。而萬幾之廣固非一人所能操也，而其權乃移於法。於是多為之法以禁防之。雖大姦有所不能踰，而賢智之臣亦無能效尺寸於法之外。相與兢兢奉法，以求無過而已。於是天子之權不寄之人臣而寄之吏胥。是故天下之尤急者守令親民之官，而今日之尤無權者莫過於守令。守令無權，而民之疾苦不聞於上，安望其致太平而延國命乎？」[92]

凡此郡縣末流之弊，皆生於封建既廢而中央集權。封建今不可復，「有聖人起，寓封建於郡縣之中，而天下治矣。」[93]亭林所擬辦法，約有三端，其用意皆在使地方官吏「分天子之權以各治其事」。一曰尊令長之秩而與以生財治人辟屬之權，二曰慎令長之選而獎以世官之任，三曰罷監司而設郡守與巡方御

88　《錄》卷二二〈郡縣〉。

89　《集》卷一〈郡縣論一〉。《錄》卷九〈藩鎮〉，言唐不亡於藩鎮，與梨洲略近。

90　本書十四章五節。又同章四節陳亮之論略同。

91　《集》卷一〈郡縣論一〉。

92　《錄》卷九〈守令〉。

93　〈郡縣論一〉。

吏。[94]亭林主張改七品之「知縣」為五品之「縣令」。用千里以內習其風土之人為之。縣內農田、學校、兵戎諸務皆得專斷。令下設丞，吏部選授。丞下薄、尉、博士、驛丞、司倉、游徼、嗇夫之屬悉聽令自辟，而報其名於吏部。縣間歲舉賢能之士一人，試於吏部。上者為郎，郎之高第者出而補令，次者為丞，又次者為簿尉之屬。令初任為「試令」。三年稱職為真除。又三年稱職封「父母」。又三年稱職，璽書勞問。又三年稱職，進階益祿，任之終身。[95]其老病乞休者舉子若弟代。舉他人者聽。所舉復為試令。令有得罪於民者有罰。不職者流，貪敗者殺。督撫司道之官悉罷。別遣巡方御史以按之，一年一代。[96]常三、四或五、六縣為郡，設太守，三年一代。

　　亭林論其分權制度之利曰：「夫養民者如人家之畜五牸然。司馬牛者一人，司芻豆者復一人，又使紀綱之僕兼之，升斗之計必聞於主人，而馬牛之瘠也日甚。吾則不然，擇一圉人之勤幹者，委之以馬牛，給之以牧地，使其所出常浮於所養。而視其肥息者賞之，否則撻之。」如是而五牸不蕃者未之有也。「故馬牛以一圉人而肥，民以一令而樂。」[97]不僅此也。庶政之中有宜分權者，如文書、馬政諸端，由縣令直接負責，可免轉手行文於上級政府之無益耗費，而礦務、軍餉尤宜於就地舉辦。同一開礦，操之中央則為亂端，歸之地方則為財源。同一籌餉，就地分任則不勞而足，四方轉給則耗困不濟。[98]分權之效如此，吾人又何必盡天下一切之權而收之在上乎？至於縣令世官之利，亦有可得而言者。封建諸侯各有其土地人民，說者或以為勝於郡縣守令之更迭。[99]梨洲有會於此意，故欲就郡縣之形式以行世及之精神。[100]蓋「天下之人各懷其家，各私其子，其常情也。為天子，為百姓之心，必不如其自為。此在三代以上已然矣。聖人者因而用之。用天下之私以成一人之公而天下治。夫使縣令得私其百里之地，則縣之人民皆其子姓，縣之土地皆其田疇，縣之城郭皆其藩

94　〈郡縣論〉二、三。
95　按《日知錄》卷九京官必用守令，則縣令除世任外尚有內升之一途。
96　《錄》卷九部刺史謂漢武帝刺史之制「為百代不易之良法」。御史制本此。
97　〈郡縣論二〉。
98　〈郡縣論六〉。
99　如陸機〈五等諸侯論〉，《晉書》卷五四本傳。
100　唐太宗欲令功臣世襲刺史亦欲寓封建於郡縣之中。閱《全唐文》卷六〈功臣世襲刺史詔〉。

垣，縣之倉廩皆其困窳。為子姓則必愛之而勿傷，為田疇則必治之而無棄，為藩垣困窳則必繕之而勿損。」此在太平之世必可致民安國富之功，一旦有不虞之變，「於是有效死勿去之守，於是有合縱締交之拒。」[101]雖有強敵來侵，必可疆場自安。抑吾人又不必生尾大不掉，「其專在下」之杞憂。蓋百里之縣，彈丸之小，固不足以稱兵抗命。而旁既有鄰縣之相持，上復受制於郡守。雖思蠢動，勢亦不能。又況縣令可以世官，本不利於叛亂乎。[102]

亭林以縣為地方政府之單位，然又恐縣令過度集權，而欲於一縣之內行分權之制以濟之。亭林認一縣雖小，如無鄉族等之地方制度以佐令丞，則亦有廢治之虞。故周秦古制，頗有足資今人取法者。漢承秦法，縣丞尉以下設少吏。「大率十里一亭，亭有長，十亭一鄉，鄉有三老，有秩，嗇夫，游徼。三老掌教化。嗇夫職聽訟，收賦稅。游徼徼循禁盜賊。」[103]《周禮》「五家為比，比有長。五比為閭，閭有胥。四閭為族，族有師。五族為黨，黨有正。黨為州，州有長，五州為鄉，鄉有大夫。」[104]古人所以致治者，其法制若此。「夫惟於一鄉之中官之備而法之詳，然後天下之治，若網之在綱，有條而不紊。」[105]「後世人才遠不如古。乃欲以縣令一人之身坐理數萬戶口賦稅。色目繁猥又倍於昔時。雖欲不叢脞，其可得乎？」補救之方，惟當以保甲易、里、亭、州、黨，「以縣治鄉，以鄉治保，以保治甲。」[106]庶幾斟酌古今，兼嚴密簡易之美。

亭林嘗謂：「小官多者其世盛，大官多者其世衰。」[107]又謂：「人聚於鄉而治，聚於城而亂。」[108]其對地方政治與農村生活之重視，殆為前人所未及。抑亭林反對集權之深意又可於其提倡宗法與封駁二制見之。當先秦封建盛時，宗族可以分國君之權。六朝之門閥，其勢亦上抗天子。亭林稱之，以為強宗大

---

101 〈郡縣論五〉。

102 〈郡縣論四〉。

103 《錄》卷八〈鄉亭之職〉。

104 《錄》卷八〈里甲〉。

105 〈鄉亭之職〉。

106 〈里甲〉。

107 〈鄉亭之職〉。

108 《錄》卷十二〈人聚〉。

族可以「扶人紀而張國勢」。五胡十六國之亂，中國大族每不肯臣事異姓，或
起義兵以與胡寇相抗拒。「是以唐之天子貴士族而厚門蔭。蓋知封建之不可復
而寓其意於士大夫，以自衞於一旦倉黃之際，固非後之人主所能知也。」[109]夫
士族之所以能衞天子於喪亂之中者，正以其不受天子之專制於承平之世。然則
專制之可危，於此又得一重要之佐證矣。至於封駁之事，自春秋迄明，皆有其
例。齊景公燕賞於國，令三出而職計莫之從。令免職計，令三出而士師莫之
從。漢哀帝封董賢，丞相王嘉封還詔書。至唐始定其制，凡詔勅皆經門下省。
事有不便，給事中得以封還。五代廢弛，宋太宗淳化四年詔復其制。明存六科
給事中，得以「科參」駁正旨書。至天啟六年其制猶行。亭林謂「人主之所患
莫大乎唯言而莫予違。」[110]封駁制度所以可貴者，正在其能對專制君主之積威
予以些微之違抗。據吾人所知，此些微之違抗，為力不大，收效甚難。而亭林
津津樂道之者，決非昧於史實，殆亦藉以表現其反對專制之深意而已。

　　專制之弊，又不僅生於過度之集權。黃梨洲謂「有治法而後有治人。」自
秦漢以來，天下為私。「非法之法桎梏天下人之手足。即有能治之人，終不勝
其牽挽嫌疑之顧盼。有所設施，亦就其分之所得，安於苟簡而不能有度外之功
名。」[111]故繁瑣之法，乃專制天下不能為治之一重要癥結。亭林所見與此略
同，而立論更為詳盡。《日知錄》謂：「法制禁令，王者之所不廢，而非所以
為治也。其本在正人心，厚風俗而已。」[112]徵之往史，其事顯然。蓋專制之君
欲密法網以自固，而反因之以召禍。「秦始皇之治，天下之事無大小皆決於
上。上至於衡石量書，日夜有呈。不中呈者不得休息，而秦遂以亡。」此後專
制之甚者當推宋、明。「宋葉適言國家因唐五代之極弊，收藩鎮之權盡歸於
上。一兵之籍，一財之源，一地之守，皆人主自為之也。欲專大利而無受其大
害，遂廢人而用法，廢官而用吏，禁防纖悉，特與古異。」[113]於是「內外上
下，一事之小，一罪之微，皆先有法以待之。」「人之才不獲盡，人之志不獲
伸，昏然俛首一聽於法度，而事功日墮，風俗日壞。」且君主以密法馭天下，

109《集》卷五〈裴村記〉。此似亦暗指明末土崩魚爛之形勢。
110《錄》卷九〈封駁〉。
111 見本章註29。
112 卷八〈法制〉。
113 引《水心文集》卷四〈始論二〉。

其一時之效，可使「萬里之遠，嚬呻動息，上皆知之。雖然，無所寄任，天上泛泛焉而已。百年之憂，一朝之患，皆上所獨當而羣臣不與也。夫萬里之遠，皆上所制命，則上誠利矣。百年之憂，一朝之患，皆上所獨當，而其害如何。此外寇所以憑陵而莫禦，讎恥所以最甚而莫報也。」[114]明法之弊亭林以為又有過於此者。「自萬曆以上，法令繁而輔之以教化，故其治猶為小康。萬曆以後，法令存而教化亡，於是機變日增而材能日減。」[115]說者或以遵循祖宗之法自詫，而不知其失正在於此。「前人立法之初，不能詳究事勢，豫為變通之地。後人承其已弊，拘於舊章，不能更革，而復立一法以救之。於是法愈繁而弊愈多，天下之事日至於叢脞。其究也眊而不行，上下相蒙，以為無失祖制而已。此莫甚於有明之世。」[116]試以吏治為證。「謝肇淛曰：從來仕宦法罔之密無如今者。上至宰輔，下至驛遞倉巡，莫不以虛文相酬應。而京官猶可，外吏則愈甚矣。大抵官不留意政事，一切付之胥曹。而胥曹之所奉行者不過已往之舊牘，歷年之成規，不敢分毫踰越。而上之人既以是責下，則下之人亦不得不以故事虛文應之。一有不應，則上之胥曹又乘隙而繩以法矣。」[117]法之束縛，如此其嚴，「使枚乘相如而習今日之經義，則必不能發其文章。使管仲、孫武而讀今日之科條，則必不能運其權略。故法令者敗壞人材之具。」[118]然而法令豈真不可用哉？專制過度而律文過密，故人臣不能為力而君主虛尊危處於上也。[119]

　　亭林盛稱《明夷待訪錄》，自謂其主張與相合者十之六七。觀其反對專制之論，實大體呼應梨洲，互相發明。[120]然梨洲申民本而重輿論，亭林則惡晚明士風之囂張而欲痛加抑制。此則似為兩家相異之一大端，不可不略述之，以殿本章。

---

114 引《水心文集》卷一〈上孝宗皇帝書〉。

115 《錄》卷九〈人材〉。

116 《錄》卷八〈法制〉。

117 《錄》卷八〈吏胥〉。

118 《錄》卷九〈人材〉。

119 按亭林所言，法治之弊乃秦始皇專制任法之自然趨勢。若近代所行之法治則非以專制為依據，雖亦不免自有其弊，而非亭林所指，宜辨。參閱本書八章二節。

120 此外如田制兵制諸端亦有相合者。見《錄》卷九〈論田賦〉諸條及《集》卷一〈錢糧論〉上、下，《集》卷六〈軍制論〉，〈田功論〉等。

亭林論政頗重正風俗，養人材之二事，而深斥明代科舉，以為敗壞人材，甚於始皇之焚書坑儒。[121]〈生員論上〉曰：「國家之所以設生員者何哉？蓋以收天下之才俊子弟，養之於庠序之中，使之成德達材，明先王之道，通當世之務，出為公卿，與天子分猷共治者也。今則不然。合天下之生員，縣以三百計，不下五十萬人，而所以教之者僅場屋之文。然求其成文者數十人不得一，通經知古今可為天子用者數千人不得一也。」[122]科舉所培養之生員，如僅止於無用，則其害雖大而未極。所可歎者，生員萬千不徒辜負國家，更多為禍鄉邑。綜其甚者，約有四端：一曰亂政。生員者出入公門，武斷鄉曲。與胥吏為緣，甚或身為胥吏。官府一拂其意，或加按治，則羣起而囂鬨，以殺士坑儒相誣謗。[123]二曰困民。天下之病民者鄉宦、生員、胥吏。是皆依法無雜泛之差，而差乃盡歸於小民。且生員一切考試科舉之費皆派取之民，故病民尤甚於宦吏。「故生員於其邑人，無秋毫之益而有丘山之累。」[124]三曰結門戶。生員之在天下本不相識。一登科第則為師友同年，互相援引。「書牘交於道路，請託徧於官府。其小者足以蠹政害民，而其大者至於立黨傾軌，取人主太阿之柄而顛倒之。」事之可危，孰逾於此。四曰壞人材。生員不治經史有用之學而專讀「時文」無益之書。「故敗壞天下之人材而至於士不成士，官不成官，兵不成兵，將不成將。夫然後寇賊姦宄得而乘之，敵國外患得乘而勝之」也。[125]亭林乃作斷然之論曰：「廢天下之生員而官府之政清，廢天下之生員而百姓之困蘇，廢天下之生員而門戶之習除，廢天下之生員而用世之材出。」[126]

雖然，生員非可盡廢也。惟當斟酌需要，別圖補救之方而已。亭林所建議者約有三端：行推薦之法以另闢出身之路，[127]則人材可興。於生員外，立「保

---

121 《錄》卷十八〈擬題〉曰：「八股之害等於焚書，而敗壞人材有甚於咸陽之郊，所坑者但四百六十餘人也。」

122 《集》卷一。

123 《集》卷一〈生員論中〉。參閱《錄》卷十七〈生員額數〉。

124 〈生員論中〉。

125 同上。

126 同上。

127 〈生員論下〉。

身家」之爵，聽民得買，則士流不雜。[128]改良科舉，限名額，重實學，[129]則生員不濫。凡此種種辦法固亦大致平妥，無甚高論。吾人所當注意者，梨洲重視士人，欲令天下政事之是非，決於京師郡縣學校之公論。今亭林痛斥生員而欲加以縮減廢除。其主張不啻與梨洲背道而馳。然而吾人略加辨剖，即知兩家立論之相異，實不如初覩之明顯。蓋梨洲所欲倚為天下正論之機關者非尋常場屋中之生員，而為曾經改革之學校。亭林所斥責者乃亂政敗俗之生員，而非士大夫之清言正議。一注目於理想中學校之功用，一致意於事實上生員之缺點。非兩家對於士大夫在政治上之地位，有根本不同之見解也。[130]梨洲曰：「世亂則學士大夫，風節凜然，必不肯以刀鋸鼎鑊損立身之清格。」[131]亭林曰：「士大夫之無恥，是謂國恥。」[132]觀此數語，亦足見黃、顧論士之相契莫逆矣。

---

128 〈生員論上〉。

129 〈生員論下〉。

130 《錄》卷十三〈清議〉曰：「古之哲王所以正百辟者，既已制官刑儆於有位矣。而又為之立閭師，設鄉校，存清議於州里，以佐刑罰之窮。」黃、顧二家之異，似在黃以清議糾政治之失誤，顧以清議輔政治之不及。

131 《破邪論·從祀》。

132 《錄》卷十三〈廉恥〉。

第十九章

王夫之

第一節　制度論

　　王夫之字而農，號薑齋。因隱居石船山，學者稱船山先生。生於萬曆四十七年，卒於康熙三十一年。崇禎十五年年二十四舉於鄉。次年張獻忠陷衡州，其父為偽吏所執，召之往。船山乃自刺其身作重創。舁至賊所。父子俱得釋。甲申，聞北京陷，絕食數日，作《悲憤詩》一百韻，吟已輒哭。丁亥，桂王稱帝。船山以大學士瞿式耜薦，起為行人司行人。及瞿殉難，知事無可為，乃漫游湘桂間，而卒歸隱於衡之石船山，晨夕著書，凡四十年。自署其堂曰：「六經責我開生面，七尺從天乞活埋。」自題其墓曰：「明遺臣王夫之之墓。」又銘之曰：「抱劉越石之孤忠而命無從致，希張橫渠之正學而力不能企。幸全歸於茲邱，固銜恤以永世。」[1]所著書甚富，已刊者三百餘卷，收入《船山遺書》中。[2]

　　船山思想上最大之貢獻，為其毫不妥協之民族觀。其論政治制度，純以歷史眼光為判斷，亦多精闢之處，不可不於茲略加敘述。船山所提出制度之原理有二。一曰法制隨時代以演變，二曰一代之法制自成一整個之體系。

　　傳統儒家每喜言法古。宋明理學亦動輒稱美三代之治，以封建井田諸制為

---

[1]　王敔（船山次子）〈薑齋公行述〉，潘宗洛〈船山先生傳〉，《清史稿・儒林傳》。述船山思想梗概者有嵇文甫《船山哲學》（開明書店）及錢穆《中國近三百年學術史》第三章。

[2]　今有兩本。一為同治四年曾國藩刻本，凡三百二十卷。一為民國二十二年上海排印本，凡三百五十八卷。其中最有關於政治思想者為《黃書》，《噩夢》，《讀通鑑論》，《宋論》等。後二種有單行本。

後世之楷模。船山深觀史實，一反其說，認定勢理相隨，變而益進，乃人類社會生活之必然趨勢。蓋當上古文化未興之時，「衣裳未正，五品未清，婚姻未別，喪祭未修，狉狉獉獉，人之異於禽獸無幾也。」[3]二帝三王加以開化，然後文物漸備，政教漸興。故漢唐以後之民實較三代以前為易治。俗儒不知此理。誤認自古及今為黃金時代之逐漸退化。吾人若信其言，「謂古人淳樸，漸至澆偽，則至於今日，當悉化為鬼魅矣。」[4]其舛謬誠無待深辨。

試就封建郡縣一事觀之，吾人當可灼見此政治進化之原理。船山認定當秦漢一統之前，封建之制雖聖王莫之能廢。值始皇混一之後，郡縣之制雖聖人莫之能改。世儒每以破壞三代古法之罪歸之秦政。不知封建之終究演變而為郡縣，乃勢理之必然，而亦政治之進步。始皇固不得貪天之功，亦豈當受人之過乎？船山明之曰：「天之使人必有君也，莫之為而為之。故其始也，各推其德之長人，功之及人者而奉之，因而尤有所推以為天子。人非不欲自貴，而必有奉以為尊，人之公也。安於其位者習於其道，因而有世及之禮。雖愚且暴，猶賢於草野之罔據者。如是者數千年而安之矣。強弱相噬而盡失其故。至於戰國僅存者無幾。豈能役九州而聽命於此數侯王哉！於是分國而為郡縣，擇人以尹之。郡縣之法已在秦先。秦之所滅者七國耳，非盡滅三代之所封也。則分之為郡，分之為縣，俾才可長民者皆居民上，以盡其才而治民之紀，亦何為而非天下之公乎？古者諸侯世國而後大夫世官。勢所必濫也。士之子恆為士，農之子恆為農。而天之生才也無擇，則士有頑而農有秀。秀不能終屈於頑而相乘以興，又勢所必激也。封建毀而選舉行。守令席諸侯之權，刺史牧督司方伯之任。雖有元德顯功而無所庇其不令之子孫。勢相激而理隨以易。意者其天乎？陰陽不能偏用而仁義相資以為亨利，雖聖人其能違哉？選舉之不慎而守令殘民，世德之不終而諸侯亂紀。兩俱有害，而民於守令之貪殘有所藉於黜陟以蘇其困。故秦漢以降，天子孤立無輔，祚不永於商周。而若東遷以後，交兵毒民，異政殊俗，橫斂繁刑，艾削其民，迄之數百年而不息者亦革焉。則生民之禍亦輕矣。郡縣者非天子之利也。國祚所以不長也。而為天下計利害，不如封

3　《讀通鑑論》卷二〇。《思問錄・外篇》曰：「中國之天下，軒轅以前其猶夷狄乎！太昊以上其猶禽獸乎！」

4　《讀通鑑論》卷二〇引魏徵〈折封德彝語〉。

建之滋也多矣。嗚呼！秦以私天下之心而罷侯置守，而天假其私以行其大公，守乎神者之不測，有如是乎？」[5]

船山此論明快透闢，得未曾有，不徒一掃秦漢以後「兩端爭勝」之說，即黃、顧所言亦當在攻排之列。梨洲欲復方鎮，亭林欲寓封建於郡縣之中。雖明知封建不能復行，而均主張修改郡縣之制，使與封建相近。船山獨認郡縣為中國政治演變之必然結果，不容後人為任意之取舍。三家生同世，年相及，而觀點不同，態度有異，其結論遂不免相與背馳。黃、顧深懲宋、明專制之弊，故欲以封建分權之遺意矯正集權。船山立論則不專對一時一代之得失而著眼於政治進化之客觀事實。前者乃改造家之主張，後者則近乎科學家或歷史家之案語。吾國往昔不乏改造之思想家而較少純粹之學者。準此而論，船山學術，似尤在黃、顧之上。[6]

抑吾人又當注意，船山雖反對一切守舊復古之政策，認制度宜適時應世，而大體傾向於重視歷史之演變，反對人為之因革。船山嘗謂「漢以後之天下，以漢以後之法治之。」[7]「為政之患，聞古人之效而悅之，不察其精意，不揆其時會，欲姑試之而不合，則又為之法以制之。於是法亂弊滋，而古道遂絕於天下。」[8]夫古之所以不可效者，乃由時世已殊，「勢相激而理隨以易」。蓋人類社會政治生活之中實有必然之趨勢。「凡言勢者皆順而不逆之謂也。從高趨卑，從大包小，不容違阻之謂也。」[9]勢之成於一時也，初若混蒙，缺乏意義。然而吾人試加深研，則知勢既出於必然而不可違，即謂勢為當然之理亦未嘗不可。故就一方面言之，「勢之順者即理之當然」；就另一方面言之，「理而當然則成乎勢」。[10]勢也理也皆出乎天，而非人類所能任意操縱。[11]準此二者以衡量古今之制度，其盛衰之故，得失之情，皆可為客觀之判斷。據此以論

5　《讀通鑑論》卷一。

6　船山亦反對過度之集權。故曰：「天下之治統於天子者也。以天子下統乎天下則天下亂。故封建之天下分其統於國，郡縣之天下分其統於州。」

7　同上，卷五。

8　同上，卷三。

9　《讀四書大全說》卷九。按此略近孟德斯鳩《法意》一卷一章「法」之定義。

10　《讀四書大全說》卷九。

11　《宋論》卷七，「順必然之勢者，理也。理之自然者，天也。」

古今之治術，則一切因循墨守，躁進紛更之政策，皆當同與摒棄。試仍以封建郡縣之事明之。春秋以前，勢理未變。故列國之弊雖極，而二帝三王，莫之能改。[12]戰國以後，勢理已變。故七國不能自存，而始皇得私天下。[13]秦漢之際，郡縣之理初具而未全，封建之勢已衰而未盡。故始皇「暴裂之」而國祚不長，景帝侵削七國而卒召叛亂。由此觀之，躁進之為患洵不亞於因循也。[14]船山為之說曰：「以古之制治古之天下而未可概之今日者，君子不以立事。以今之宜治今之天下而非可必之後日者，君子不以垂法。故封建、井田、朝會、征伐、建官、頒祿之制，《尚書》不言，孔子不言。豈德不如舜、禹、孔子者而敢以記誦所得者斷萬世之大經乎？」[15]又為之說曰：「夫天，有貞一之理焉，有相乘之幾焉。知天之理者善動以化物。知天之幾者居靜以不傷物亦不能傷之。以理司化者君子之德也。以幾遠害者黃老之道也。庸人不測，恃其一罅之知，物方未動，激之以動，而自詫為先覺。動不可止，毒遂中於天下。」[16]如此者何足以為治乎？

　　船山論制度之第二要義為一代之法自成系統，不容割取片段而能施行見效。其言曰：「一代之治各因其時，建一代之規模，以相扶而成治。」「禮樂刑政，均四海，齊萬民，通百為者也。以一成純，而互相制裁。舉其百，廢其一，而百者皆病。廢其百，舉其一，而一可行乎？浮慕前人之一得，夾糅於時政之中而自矜復古。」其結果必至於「王不成王，霸不成霸。」未有不招致償亂者。譬如「庸醫雜表裏，兼溫涼以飲人，彊者篤，弱者死，不亦傷乎？」[17]

　　本此原則以論歷代政制，船山每得迥不猶人之卓見。姑舉選舉、井田、兵農三事以概其餘。自魏晉立中正，後世因襲其意，天下之官均歸吏部詮除。論

12　《讀通鑑論》卷二〇：「古之天下，人自為君，君自為國。百里而外，若異域焉。治異政，教異尚，刑異法。賦斂惟其輕重，人民惟其刑殺，好則相昵，惡則相攻。萬其國者萬其心，而生民之困極矣。堯、舜、禹、湯弗能易也。至殷之末，殆窮則必變之時，而猶未可驟革於一朝。故周大封同姓而益展其疆域，割天下之半而歸之姬氏之子孫，而漸有合一之勢。而後世郡縣一王，亦緣此以漸統一於大同。然後風教日趨於畫一，而生民之困亦以少衰。」

13　註5所引。

14　《讀通鑑論》卷二。

15　同上，〈卷末・敘論四〉。

16　同上，卷二。

17　同上，卷二一。

者或以為不如三代、兩漢鄉舉里選之能得人。船山闢之，以為法無有不得，亦無有不失。選舉乃封建天下政治體系中不可分之一體，斷不能行於郡縣天下。蓋「郡縣之與封建殊，猶裘與葛之不相沿矣。古之鄉三年而賓興貢士，惟鄉大夫之所擇，封建之時會然也。成周之制，六卿之長，非諸侯入相，則周、召、畢、榮、毛、劉、尹，單也。所貢之士位止於下大夫，則雖賓興而側陋顯庸者無有。且王畿千里，侯國抑愈狹矣。地邇勢親，鄉黨之得失是非，旦夕而與朝右相聞。以易知易見之人材，供庶事庶官之冗職，臧否顯而功罪微。賓興者，聊以示王者之無棄材耳。非舉社稷生民之安危生死而責之賓興之士也。郡縣之天下，統中夏於一王。郡國之遠者去京師數千里。郡守之治郡，三載而遷。地遠則賄賂行而無所憚，數遷，則雖賢者亦僅採流俗之論，識晉謁之士，而孤幽卓越者不能遽進於其前。且國無世卿，廷無定位。士苟聞名於天下，日陟月遷，而股肱心膂之任屬焉。希一薦以徼非望之福，矯偽之士何憚不百欺百譁以迎郡守一日之知。其誠偽淆亂甚矣。」「故封建選舉之法不可行於郡縣」也。[18]

　　三代井田賦稅之制為後儒所稱頌，船山亦以為不可復行於封建既廢之郡縣天下。孟子謂仁政必自經界始。船山論之曰：「夫三代之制，見於典籍者，既已略矣。若其劃地域民，而俾任土作貢者，則有以也。古之人民去茹毛飲血者未遠也。聖人教之以耕而民皆擇地而治，惟力是營。其耕其蕪，任其去就。田無定主而國無恆賦。且九州之土析為萬國。迨周併省猶千有八百諸侯。自擅其土，以取其民，輕重法殊，民不堪命。故三代之王者不容不畫井分疆，定取民之則，使不得損益焉。民不自為經界而上代為之。非此則擇肥壤，棄瘠原，爭亂且日以興，蕪萊且日以廣。故屈天子之尊，下為編氓作主伯之政，誠有不得已也。」封建既改為郡縣，則經界亦無所用。「及漢以後，天下統於一王。上無分土踰額之征，下有世業相因之土。民自有其經界而無煩上之區分。」[19]然

18　《讀通鑑論》卷三。唐魏玄同上言高宗欲復周、漢長官辟屬之法。船山亦認為不可。註17所引即為此而發。又卷二一辨孟子「得乎邱民而為天子」之說，以為祇可行於三代。後世風俗既薄，頌德勸進，徒為篡奪者藉口。庶人議政，每為亂階。

19　《宋論》卷二。《讀通鑑論》卷十九論隋開皇十年詔公卿以下給職田之不可行曰：「三代之國，幅員之狹，直今一縣耳。仕者不出於百里之中，而卿大夫之子恒為士。故有世祿者有世田，即其所營之世業也。名為卿大夫，實則今鄉里之豪族而已。世居其土，世勤其疇，世修

則欲行封建井田於秦漢之後者，皆不明三代法度之精意者也。至於均田、限田之不可行，其理亦與此同。「封建之天下，天子僅有其千里之畿，且縣內之卿大夫分以為祿田也。諸侯僅有其國也，且大夫分以為祿田也。大夫僅有其采邑，且家臣遞食其中也。士僅有代耕之祿也，則農民亦有其百畝也。皆相若也。天子不獨富，農民不獨貧。相仿相差而各守其疇。」先秦之制如此，故田不待限而自均。「上以各足之道導天下而天下安之。降及於秦，封建廢而富貴擅於一人。其擅之也，以智力屈天下也。智力屈天下而擅天下，智力屈一郡而擅一郡，智力屈一鄉而擅一鄉。莫之教而心自生，習自成。乃欲芟夷天下之智力，均之於柔愚，而獨自擅於九州之上。雖日殺戮而祇以益怨豪強。」[20]蓋世之欲行限田者徒知民間貧富懸殊，或地無立錐，或田連阡陌，為不公之大患，而不知郡縣天下法度之根本精神為自私，為不平等。限田以均公為目的，斷然不能與之相合。勉強行之，且為民害。「天子無大公之德以立於人上，獨滅裂小民而使之公，是仁義中正為帝王桎梏天下之具」也。[21]船山認定自謀其生為人類之本能。三代之後，井田既廢，為政者莫如任人各遂其私，而民之生理自得。《讀通鑑論》曰：「人則未有不自謀其生者也。上之謀之，不如其自謀。上為謀之，且弛其自謀之心而後生計愈蹙。」[22]均田儻行，不免奪人以與人，甚至為聚斂之藉口，公道未必能行，而天下已紛擾亂亡矣。抑又有進者，儒家素認三代以前田土悉為公有，百畝出於君授。故詩人有「普天之下，莫非王土」之言。王莽王田之制即據此理想以成立。船山獨否認之。以為天下之田，本屬天下之民。其所有權不在帝王之手。蓋「天無可分，地無可割。王者雖天之子，天地豈得而私之，而敢貪天地固然之博厚以割裂為己土乎？」[23]王者受

其陂池，世治其助耕之氓。故官不侵民，民不欺官，而田亦不至於汙萊。郡縣之天下，合四海九州之人以相錯為吏，官無定分，職無常守。升降調除，中外南北，月異而歲不同。給以田而使營農，將人給之乎？貴賤無差，予奪無恒，而且不勝給矣。將因職而給之乎？有此耕而彼獲者矣。而且官不習於田，一授其田於胥隸，胥隸橫於阡陌，務漁獵而不恤其荒瘠。閱數十年而農非其農，田非其田。徒取沃土而滅裂之，不足以養士而徒重困乎民也。故職田者，三代以下必不可行之法也。」可與此同看。

20　《讀通鑑論》卷五。

21　同上。

22　同上，卷十九。

23　《讀通鑑論》卷十四。

命，治天下而非有天下。故「王者能臣天下之人，不能擅天下之土。人者以時生者也。生當王者之世，而生之厚、用之利、德之正，待王者之治而乃遂，則率其力以事王者，而王者受之以不疑。若夫土則天地之固有矣。王者代興代廢，而山川原隰不改其舊。其生百穀卉木金石以養人，王者亦待養焉。無所待於王者也，而王者固不得而擅之。故井田之法，私八家而公一。君與卿大夫士共食之而君不敢私。惟役民以助耕，而民所治之地君弗得而侵焉。民之力上所得而用，民之田非上所得而有也。」[24]準此以論，則「孟子言井田之略，皆取民之制，非授民也。」有田之制，原於力耕。「天地之間，有土而人生其上，因資以養焉。有其力者治其地，故改姓受命，而民之有其恆疇，不待王者之授之」也。[25]

　　制度不可糅雜之理，又可於兵農一事見之。三代寓兵於農，文武合一，大為後儒所稱許。船山論之曰：「古之用兵與後之用兵，勢殊而道異。則以三代之軍制驅束後世以摹仿者，祇以病國，而毒民必矣。言三代之軍制者，其大端曰寓兵於農。考其實際，戰術未精，殺伐未烈，所謂兵者，固猶農也。」「蓋古之用兵者以中國戰中國，以友邦戰友邦，以士大夫戰士大夫，即以農人戰農人，壤相接，人相往來，特從其國君之令以戰，而實其友朋姻婭也。故其戰也，亦農人之爭町畦而相訴，競雞犬而揮拳已耳。無一與一相當，生死不兩立之情也。馳驟控弦以決軍事之利鈍者，車中之甲士耳。步卒之屬每乘七十二人勇怯無擇，備什伍以防衝突，護車牛以供餱粟，治井竈以安壁壘而已矣。固農民服役之勞，非壯士折項陷胸之選也。」三代迄春秋之戰事如此，故兵農可以

---

24 同上。

25 《噩夢》。船山以同一眼光論封建什一之稅不能行於郡縣天下曰：「什一之賦，三代之制也。（中略）有疆場之守，有甲兵之役，有幣帛饗殤牢饎之禮，有宗廟社稷牲幣之典，有百官有司府史胥徒祿食之眾，其制不可勝舉。（中略）故二十取一而不足。（中略）自秦而降，罷侯置守矣。漢初封建，其提封之廣蓋有倍蓰於古王畿者。而其官屬典禮又極簡略。率天下以守邊而中邦無盟會侵伐之事。若郡有守，縣有令，非其伯叔甥舅之交而饋問各以其私。社稷初立而祀典不繁。一郡之地廣於公侯之國，而掾吏郵徼曾不足以當一鄉一遂之長。合天下以瞻九卿羣司之內臣而不逮周禮六官之半。是古取之一坏而用豐，今取之九州而用儉。其他國家之經費，百不得一也。什一而征，將以厚藏而導人主之宣欲乎？不然，亦奚用此厚斂為也。（中略）封建不可復行於後世，民力不堪而勢在必革也。」（《讀通鑑論》卷二）

不分。「乃流及戰國，原邱甸以起甲兵，既無不兵之農。吳起、暴鳶、白起、
尉繚之屬以兵為教，以戰為學，以級為賞，以俘為功。一戰之捷，駢死者數十
萬。蓋寓兵之制未改而淫殺之習已成。自列國交爭以迄秦漢之際，千載以下遙
聞而心悸，況自漢以降，以除大盜，以禦強虜者乎？」[26]戰術已精，殺伐漸
烈，為兵者須具有專門之訓練與特殊之性格，斷非一般農民所能勝任。於是兵
農兩分，不可復合。「自後世言之，兵固不可為農，農固不可為兵也。兵而使
為農，則愛惜情深，而兵之氣餒。故屯田而兵如無兵。農而使為兵，則坐食習
成而農之氣狂，故汰兵而必起為盜。」[27]「農之不可兵也，驅農而祇以弱其國
也。兵之不可農也，弱兵而祇以蕪其土也。」[28]「宰天下者因其可兵而兵之，
因其可農而農之，民不困，兵不枵。」[29]如此則勢順理得，又何必浮慕三代之
美名乎。[30]

　　船山論制度之言，散見其著作中者極為繁備。僅就上述諸端觀之，已足見
其卓絕精闢，不蹈襲，不鑿空，就事實以立原理，通古今而權得失。雖其所據
不必果為信史，所斷不必盡屬確論，而其態度之謹嚴，眼光之敏銳，二千年
中，殆鮮有其匹。即使船山立言，僅止於此。已足自成一家而絲毫無愧矣。

26　《尚書引義‧費誓》。參《春秋世論》卷三。
27　《尚書引論‧費誓》。
28　《讀通鑑論》卷十七。
29　同上，卷二十二。
30　船山又論與此有關之文武合一制曰：「三代寓兵於農，兵不悍而治民之吏即可以治兵。其折
　　衝而敵愾者，一彼一此，疆場之事，甲未釋而幣玉通。非有獷夷大盜爭存亡於鋒刃之下者
　　也。而秦漢以下不然。則欲以三公制封疆原野之生死，孰勝其任而國不為之弊哉。則漢初之
　　分丞相將軍為兩途，事隨勢遷而法必變。」故三代以後文與武不可合，「猶田之不可復井，
　　刑之不可復肉矣。」（《讀通鑑論》卷五）又論保甲曰：「言治術者有美名而實不然，則鄉
　　約保甲是已。其說摹倣周禮，而所師者，管仲軌甲連鄉制爾。自周以前，列國各自立軍。大
　　國三軍，次國二軍，小國一軍。一國之隘，無從別得勇武之士而用之，則就農民而盡用其壯
　　丁，亦如今土司之派其猓以為兵。蓋以防鄰國之兼併而或因以兼并鄰國。其事本不道，而毒
　　民深矣。封建既廢，天下安堵。農工商賈各從其業，而可免於荷戈致死之苦。此天地窮則變
　　而可久者也。奈何更欲爭鬥其民哉。」（《噩夢》）若就今日施行之利害論，則「民疲而
　　瘠，則五家之累歸於一家，民悍而頑，則是五家而置一豺虎以臨之也。」（《讀通鑑論》卷
　　十六）

第二節 民族思想

船山論制度已不乏獨到之見，其論種族，尤為透闢精警，直可前無古人。船山認定種族之自存自固，乃自然界之普徧規律。下至於微蟲，上達於人類，無不受此規律之支配。政治組織之基本作用，即在於保類而衛羣。「今夫玄駒之有君也，長其穴壤，而赤虯飛蠸之窺其門者必部其族以噬殺之，終遠其垝，無相干雜，則役眾蠢者必有以護之也。」[31]蟻類如此，人類亦然。「民之初生，自紀其羣。遠其沴害，擯其夷狄，建統惟君。故仁以自愛其類，義以自制其倫。強幹自輔，所以凝黃中之絪縕也。」[32]吾人既知紀羣為人類之天性，立君所以衛羣，則當堅持一族之政權，必由本族之君自掌，而斷不容異族之侵僭。易詞言之，一切國家，皆當為民族國家，一切異族之政權皆大背紀羣之義。船山明之曰：「智小一身，力舉天下，保其類者為之長，衛其羣者為之君。故聖人先號萬姓而示之以獨貴。保其所貴，匡其終亂，施於孫子，須於後聖，可禪可繼可革，而不可使異類間之。」[33]民族之大義既立，「然後植其弱，掖其強，揚其潔，傾其滓，冠昏飲射以文之。哭踊虞祔以哀之，堂廉級次以序之，刑殺征伐以整之」，[34]以樹立民族之政治與道德。此義不立，則一切作為皆失其根本之價值。皮之不存，毛將焉附。「族類之不能自固，而何他仁義之云云也哉！」[35]

持此大義以論往史，得失昭然，是非可覩。自黃帝建國迄於兩漢，皆為民族自主之政權，合乎衛羣保類之宗旨。凡此古代之帝王，皆以「神明之胄，駢武以登大位。」是豈有私神器以貽曾玄之心哉！而天眷不舍，靈光夾集者，蓋建美意以垂家法，傳留雲昆，不喪初旨，必以得此而後足於憑依。故屢濱播棄而卒不能舍去以外求宗主。迹其所以燾冒天下者，樹屏中區，閑擯殊類而止。若乃天命去留，即彼舍此之，無庸置心。要以衣冠烏帶之倫，自相統役，奠維措命，長遠醜孽者寶以為符，得人而授之。」[36]故兩漢以前之君主，雖或

---

31 《黃書・原極》。玄駒，黑蟻也。
32 《黃書・後序》。沴音戾，害也。絪縕，元氣也。
33 〈原極〉。
34 〈原極〉。虞、祔皆祭名。
35 〈後序〉。
36 《黃書・古儀》。

家天下而私一姓，而就民族大義之標準以衡之，則實天下為公也。然而中夏衰微之因，實已肇端於秦。嬴氏大肆私心，盡忘保衛種類之責任，「詹詹鑿陋，未嘗迴軫神區而援立靈族。」[37]二世早亡，劉氏代興，沉淪之禍，始得暫免。遷延至宋而自私忘種之弊政，遂收其最後之惡果。「宋以藩臣，暴興鼎祚。」「改易武藩，建置文弱。收總禁軍，衰老填籍，孤立於強虜之側，亭亭然無十世之謀。」「卒使中區趨靡，形勢解散。一折而入於女真，再折而入於韃靼。以三五漢唐之區宇，盡辮髮負笠，漸喪殘剸，以潰無窮之防。生民以來未有之禍，秦開之而宋成之也。」[38]考秦宋之所以致禍，純由其缺乏遠大之民族眼光，而祇圖一家一人之享受。為君者「無百祀之憂，愬九垓之辨，尊以其身於天下，憤盈儔侶，畛畔同氣，猜割牽役，弱靡中區。乃霍霍然保尊貴，偷豫尸功。患至而無以禦，物偪而無以固。子孫之所不能私，種族之所不能覆。蓋王道泯絕而《春秋》之所大懲也。」[39]

　　船山民族本位之政治觀與歷史觀已多獨到之論。至其拋棄傳統思想中以文化為標準之民族觀[40]而注重種族之界限，尤為前人所罕發，足與近代民族主義相印證。《春秋》公羊家有「夷狄進至於爵」[41]及「中國亦新夷狄」[42]諸說。蓋以夷夏之區分，繫於行動之文野。推之至極，則民族既依文化之高低以劃界，種姓亦隨文化之混同而相融。種界失其謹嚴，許衡之流遂得援用夏變夷之旨以屈膝於蒙古。[43]船山乃就地理環境以解釋種類之差別，而認文化上之差別生於種類上之差別。既非出武斷之區分，則亦不容任意混合。其言有曰：「夷狄之與華夏所生異地。其地異，其氣異矣。氣異而習異，習異而所知所行蔑不異焉。」[44]「是故山禽趾疏，澤禽趾冪。乘禽力橫，耕禽力縱。水耕宜南，霜耕宜北。是非忍於其泮散而使析其大宗也。亦勢之不能相抹而絕其禍也。是故

37　〈古儀〉。軫，懷念也。

38　《黃書・古儀》。

39　〈原極〉。懲音印，傷也。

40　本書二章六節末段。

41　《春秋公羊傳》何休《解詁》昭公十三年。

42　同上。昭公二十三年。

43　本書十六章二節註71至75。

44　《讀通鑑論》卷十四。

聖人審物之皆然而自畛其類，尸天下而為之君長，區其靈冥，淆其疑似。乘其蠱壞，峻其墉廓，所以絕其禍而使之相捄。」[45]否則大防自裂，禍亂隨生矣。

中國不容夷狄之侵犯。約而言之，其義有二：一曰中國疆土之不可侵犯。船山本地理區分民族之旨以明之曰：「天以洪鈞一氣生長萬類而地限之以其域。天氣亦隨之而變，天命亦隨之而殊。中國之形如箕，坤維其膺也。山兩分而兩迤，北自賀蘭，東垂於碣石，南自岷山，東垂於五嶺，而中為奧區，為神皋焉。故裔夷者如衣之裔垂於邊幅，而因山阻漠以自立。地形之異即天氣之分，為其性情之所便即其生理之所存。濫而進宅乎神皋焉，非不歆其美利也。地之所不宜，天之所不祐，性之所不順，命之所不安。是故拓拔氏遷雒而敗，完顏氏遷蔡而亡。游麟於沙渚，嘯狐於平原，將安歸哉！」[46]船山解釋夷狄遷地不良之故曰：「夫夷狄所恃以勝中國者，朔漠荒遠之鄉，耐饑寒，勤牧畜，習射獵，以與禽獸爭生死。故麤獷悍厲，足以奪中國膏粱豢養之氣。而既入中國，沉迷於膏粱豢養以棄其故，則乘其虛以居其地者，又且麤獷悍厲以奪之。」[47]所謂胡虜無百年之運者，此誠一甚確之解釋。[48]二曰中國文化之不容侵犯。石勒起明堂，建辟雍。拓拔弘立明堂，修禮樂。慕容寶定士族舊籍，罷軍營封蔭。此皆以異族而仿行中國制度。船山深加斥責，以為自取滅亡之道。其斥慕容寶曰：「夷狄而效先王之法，未有不亡者也。以德仁興者以德仁繼其業，以威力興者以威力延其命。沐猴而冠，為時大妖。先王之道不可竊，亦嚴矣哉！以威力起者始終乎威力，猶一致也。紲其威力，則威力既替矣。竊其德

45　〈原極〉。

46　《讀通鑑論》卷十三。

47　《讀通鑑論》卷十二。

48　船山此論又不啻滿洲衰微之預言。清初滿人尚守塞外悍厲之風，以騎射為事。乾隆以後歷染漢族文弱之習，至清末則八旗多無用之人而生計蹙矣。皇太極崇德元年（1636）以金世宗事諭諸王貝勒大臣，略謂世宗戒子孫，勿效漢俗。後君不尊，遂至滅亡。又謂其發此言「實為子孫萬世計。」「我國士卒，初有幾何。因嫻於騎射，所以野戰則克，攻城則取。（中略）此番征燕京出邊，我軍威竟為爾大臣所累矣。」（蕭一山《清代通史》卷上，頁220）雍正二年吉林官吏請建太廟、立學校、教滿漢子弟讀書應考。世宗諭曰：「我滿洲人等自居漢地，不得已而與本國之習俗日相遠。惟烏喇（吉林）寧古塔等處兵丁不改易滿洲本習。（中略）本朝龍興，混一宇宙，惟恃實行與武備。并未嘗博虛文，事粉飾。然則我滿洲之實行不優於漢人之文藝，蒙古之經典哉！」（稻葉君山《清朝全史》上四，中譯本冊二，頁48引）已可窺見消息。

仁，固未足以為德仁也。父驢母馬，其生為贏，贏則生絕矣。相雜而類不延，天之道物之理也。」[49]其論石勒與拓拔弘曰：「天下所極重而不可竊者二：天子之位也，是謂治統。聖人之教也，是謂道統。」「道統之竊，沐猴而冠，教猱而升木，尸名以徼利。為夷狄盜賊之羽翼，以文致之為聖賢而恣為妖妄。方且施施然謂守先王之道以化成天下，而受罰於天，不旋踵而亡。嗚呼！至於竊聖人之教以寵夷狄而禍亂極矣。」「故勒之子姓，駢戮於冉閔？元氏之苗裔，至高齊而無噍類。天之不可欺也，如是其赫赫哉。」[50]船山此言嚴正深刻，直可斷絕文化漢奸之門路。使范文程、金之俊、徐乾學、李光地輩聞之，得無汗顏而動心否。

　　船山雖不以文化區分種姓之界限，然其論華夷畛域則隨處明示貴華賤夷之態度。此不僅本諸羣類自保之義，而亦緣船山認定中國之文化高尚優美，遠非外族之所能及。華族既為天縱「神明之冑」，則當為控御四裔之主人。欲求達此目的，雖力爭詐取，亦船山之所許可。故漢武帝討胡開邊，世儒譏其黷武。船山獨加寬恕而為之說曰：「遐荒之地有可收為冠帶之倫，則以廣天地之德而立人極也。非道之所可廢，且抑以抒邊民之寇攘而使之安。雖然，此天也，非人之所可強也。天欲開之，聖人成之。聖人不作，則假手於時君及智力之士以啟其漸。以一時之利害言之，則病天下，通古今而計之，則利大而聖道以弘。」[51]此雖原則上與古人用夏變夷之言相合，而透闢過之。至於船山論漢傅介子誘斬樓蘭王之事，謂：「夷狄者殲之不為不仁，奪之不為不義，誘之不為不信。」又謂「信義者人與人相於之道，非以施之非人者也。」[52]則尤為偏激痛快，真不顧腐儒之口張而不翕矣。

　　雖然，船山更有一石破天驚之論焉，則其謂文化有興亡起伏之迹是也。船山以為今日中國之文化雖美，然推原邃古之時，逆想摧殘之後，亦有淪澌隱滅可能。吾人殊不可過度自信或樂觀。《思問錄》曰：「中國之天下，軒轅以前其猶夷狄乎？太昊以前猶禽獸乎？禽獸不能全其質，夷狄不能備其文。文之不備，漸至於無文，則前無與識，後無與傳，是非無恒，取金無據。所謂饑則呴

49　《讀通鑑論》卷十四。
50　同上，卷十三。
51　同上，卷三。
52　同上，卷四。

呴，飽則棄餘者，亦植立之獸而已。魏晉以降，劉石之濫觴，中國之文乍明乍滅。他日者必且凌蔑之以至於無文，而人之返乎軒轅以前，蔑不夷矣。文去而質不足以留，且將食非其食，衣非其衣。食異而血氣殊，[53]衣異而形儀殊，又返乎太昊以前而蔑不獸矣。至是而文字不行，聞見不徵。雖有億萬年之耳目，亦無與徵之矣！此為混沌而已矣。」[54]惟吾人宜注意，混沌之重來，乃中華民族一族之惡運，而非全世界人類之文化同歸於澌滅。蓋「天地之氣衰旺，彼此迭相易也。太昊以前，中國之人若麕聚鳥集。非必日照月臨之下而皆然也。必有一方焉，如唐、虞、三代之中國也。既人力所不通，而方彼之盛，此之衰而不能徵之。迨此之盛，彼之衰而弗能述以授人，故亦蔑從知之也。以其近且小者推之，吳、楚、浙、閩，漢以前夷也，而今為文教之藪。齊、晉、燕、趙，隋唐以前之中夏也，而今之椎鈍駤戾者十九而抱禽心矣。宋之去今，五百年耳。邵子謂南人作相，亂自此始，則南人猶劣於北也。洪永以來，[55]學術節義事功文章皆出荊、揚之產，而貪忍無良，弒君賣國，結宮禁，附宦寺，事仇讎者，北人為尤酷焉。則邵子之言驗於宋而移於今矣。今且兩粵、滇、黔漸向文明，而徐、豫以北風俗人心，益不忍問。地氣南徙，在近小間有如此者。推之荒遠，此混沌而彼文明，又何怪乎！」[56]夫文明不必永存於一地，中國亦有退為夷狄禽獸之可能，則為神明之冑者當取何種態度乎？船山於此雖無明文之解答，然就其思想之大體觀之，船山迨不欲作消極之悲觀，而希望君臣上下共本保類衛羣之宗旨，兢兢業業，以維持神區之家法於勿墜。吾人之所見如尚不誤，則船山所揭櫫者不僅為二千年中最徹底之民族思想，亦為空前未有最積極之民族思想也。

53　船山認飲食影響人類文化。《詩廣傳》卷五曰：「食也者氣之充也。氣也者神之緒也。神也者性之函也。（中略）天育之，聖人粒之，凡民樂利之。不粒不火之禽心，其免矣乎！天運替，人紀亂，射生飲血之習且有開之先者，吾不忍知其終也。」

54　《外篇》。參閱本章註3。

55　洪永當指洪武（西元1368-1398）及永樂（西元1403-1424）或永曆（西元1646-1661）。

56　《思問錄‧外篇》。

第三節　呂留良與曾靜

　　黃梨洲、顧亭林、王船山等所參加之覆清運動及所鼓吹之民族思想雖暫時歸於失敗，然其潛伏之影響則頗為深遠。其及於平民者發為各地之秘密結社，[57]醞釀推移，至太平天國而產生大規模之實際行動。其寄於士大夫者則大體上仍為文字宣傳，呂留良、曾靜等其尤著者也。

　　呂留良字用晦，號晚村。生於崇禎二年，卒於康熙二十二年。[58]順治間為諸生，聲名籍甚。三十五歲時嘗與黃梨洲等作詩唱和。〈晚村詩〉曰：「誰教失足下漁磯，心迹年年處處違。雅集圖中衣帽改，黨人碑裏姓名非。苟全始識譚何易，餓死今知事最微。醒便行吟埋亦可，無慚尺布裹頭歸。」[59]蓋與梨洲等交遊已久，已服膺華夷大防之義。故康熙五年避不應試，復作詩有「甌要不全行莫顧，簀如當易死何妨」之句。又曰：「自此老子擔頭更重矣。」[60]「於是歸臥南陽村，向時詩文友皆散去。乃摒擋一切，與桐鄉張考夫，鹽官何商隱，吳江張佩蔥，諸先生發明洛閩之學，編輯朱子書，以嘉惠學者，其議論無所發洩，以寄之於時文評語。大聲疾呼，不顧世所諱忌。窮鄉晚進有志之士，聞而興起者甚眾。」[61]此所謂大聲疾呼者即以民族思想鼓動人心也。康熙十九年，嘉興郡守欲以晚村應清廷山林隱逸之徵，乃翦髮，襲僧服。晚村與友人書自述其意曰：「有人行於途，賣餳者隨其後，唱曰：破帽換糖。其人急除匿。已而唱曰：破網子換糖。復匿之。又唱曰：亂頭髮換糖。乃皇遽無措，回顧其人曰：何太相逼生。弟之薙髮，亦正怕換糖者相逼耳。」[62]年五十五，以咯血痔瘻死。前三日猶憑几改訂書稿。[63]遺囑入殮以皁帛裹頭，殆取尺布裹頭歸之意。所著述評選之書已成者幾五十種，大半列入清代禁書總目，[64]今所存者不

57　可閱平山周《中國秘密社會史》（商務印書館「史地小叢書」），蕭一山《清代通史》卷上一百十六節。

58　當西曆1629-1683。

59　包賚《呂留良年譜》，頁47引呂葆中《行略》。

60　《年譜》，頁51引《行略》。

61　《年譜》，頁53引《行略》。

62　《呂晚村先生文集》卷四〈答徐方虎書〉。按順治二年清廷屬行薙髮令於江南。

63　《年譜》，頁155引〈行略〉。

64　目錄見《年譜》，頁118-123。

過數種而已。[65]

　　晚村鼓吹民族思想之議論著作，聞而興起者甚眾。至雍正時遂有曾靜及其門徒欲利用岳鍾琪之兵力乘清室之內爭以傾覆滿洲之政權。曾靜號蒲潭，湖南人。應試州城，見晚村評時文內有論夷夏之防及井田封建等語，大好之。因遣其徒張熙赴浙江呂氏求遺書，得盡觀晚村所著。又往訪晚村弟子嚴鴻逵，再傳弟子沈在寬等，深相投契。雍正六年，曾靜遣張熙投書說川陝總督岳鍾琪。鍾琪舉發之。世宗命搜查呂、嚴等所著書，研訊曾、嚴等人。其結果為晚村及其子葆中戮屍，毅中斬立決，孫輩發寧古塔為奴。嚴鴻逵、沈在寬等或戮屍，或凌遲，均誅及九族，曾靜、張熙雖蒙特赦，而高宗甫即位即加殺害。一切書籍悉與燬禁。[66]震動一時之民族運動遂全歸於失敗。

　　呂、曾諸人之書多已焚絕，不可復見。晚村思想僅於《文集》、《四書講義》，《東華錄》所載世宗諭旨及曾靜供詞，《大義覺迷錄》[67]中存其片段。世宗諭內閣九卿等謂呂氏「敢於聖祖仁皇帝任意指斥」，「其悖逆狂噬之詞，凡為臣子者所不忍寓之於目，不忍出之於口，不忍述之於紙筆者也。」又謂呂氏「日記所載，稱我朝或曰清，或曰北，或曰燕，或曰彼中。至致逆藩吳三桂書亦曰清，曰往講。若本朝與逆藩為隣敵者然。何其悖亂之甚乎？且吳三桂、耿精忠乃叛逆之賊奴，人人得而誅之。呂留良於其稱兵犯順則欣然有喜，惟恐其不成。於本朝疆宇之恢復則悵然若失，轉形於嗟歎。於忠臣之殉難則汙以過失，且聞其死而快意。不顧綱常之倒置，惟以助虐迎寇為心。不顧生民之塗炭，惟以兵連禍結為幸。何呂留良處心積慮殘忍凶暴至此極也。」[68]世宗於茲所痛斥「悖亂」諸說，以今語括之，即不承認滿洲之政權而望其顛覆而已。

　　抑晚村之議論非僅含有排滿之情感，而實基於一貫之民族觀念。《大義覺迷錄》謂呂氏「借明代為言，肆其分別華夷之邪說，冀遂其叛逆之志。」實能

65　有《呂晚村文集》八卷，《呂晚村續集》四卷，《四書講義》四十三卷（門人陳鏦編），均北平國立清華大學圖書館藏。

66　《東華錄》雍正七至十三年各處。但燾譯稻葉君山《清朝全史》上四，頁35-45。蕭一山《清代通史》卷上第一一八節。《年譜》四〈文字獄中「呂案」的始末〉。

67　雍正七年原刻本，北平國立清華大學圖書館藏。此書包括世宗駁斥民族思想之諭旨，曾靜等供詞，及曾之〈歸仁說〉。

68　《東華錄》，雍正七年五月。

道破晚村思想之主旨。昔孔子許管仲不死子糾之難而稱之，謂「微管仲吾其被髮左衽矣。」晚村釋之曰：「君臣之義，域中第一事，人倫之至大。若此節一失，雖有勳業作為，無足以贖其罪者。」然而又有更大者焉。「看微管仲句，一部《春秋》大義，尤有大於君臣之倫，為域中第一事者。故管仲可以不死耳。原是論節義之大小，不是重功名也。」[69]春秋之義如此，何以後世多不能明乎？晚村以為制之弊政與陋儒之曲學皆足以害之。蓋「三代以上聖人制產明倫以及封建兵刑許多佈置」，「都祇為天下後世區處」，「不曾有一事一法從自己富貴及子孫世業上起一點永遠占定，怕人奪取之心」。「自秦漢以後許多制度」，其「本心却絕是一個自私自利，惟恐失却此家當」。[70]故「封建井田之廢，勢也，非理也。[71]亂也，非治也。後世君相因循苟且以養成其私利之心，故不能復三代。孔、孟、程、朱之所以憂而必爭者正為此耳。雖終古必不能行，儒者不可不存此理以望聖王之復作。」[72]所可深惜者，後世之儒不但不能堅守三代公天下之大義，反為專制政治所薰染而淪於干祿之小人儒。三代之世，君臣以義合。列國並存，為臣者得有擇君之自由。志同道合，則就君以輔成其養民之公，志不同道不合，則去之以自全其獨善之志。「祇為後世封建廢為郡縣，天下統一於君，遂但有進退而無去就。嬴秦無道，創為尊君卑臣之禮，上下相隔懸絕，並進退亦制於君而無所逃。而千古君臣之義為之一變。」[73]儒者沉溺於功利自私之專制政治中，遂亦一變孔孟家法而惟利是圖。「後世事君，其初應舉時原為門戶溫飽起見。一片美田宅，長子孫無窮嗜欲之私先據其中，而後講如何事君。便講到敬事，也祇成一種固寵患失學問。」[74]或迎合揣擬時君自私不仁之心事[75]而為之飾非遂過。人君「祇多與十萬緡塞破

69　《四書講義》卷十七。

70　同上，卷二九。又同書卷六曰：「天生民而立之君臣，君臣皆為生民也。」卷三七曰：「天生民而立之君，必足以濟斯民而後享斯民之養。故自天子以至於一命之奉，皆謂之天祿。」此與黃梨洲「原君」「原法」之說相似。見本書十八章。

71　此似駁王船山「勢之順者即理之當然」之說。見本章註10。

72　《講義》卷三四。

73　同上，卷三七。此與黃梨洲「原臣」之說相近。

74　同上，卷一八。

75　同上，卷二九。

屋子，[76]便稱身荷國恩矣。諫行言聽，膏澤下民，與彼却無干涉。」[77]叔孫通、馮道、趙普[78]之流何嘗有惻隱羞惡之心乎？

專制政治敗壞君臣之義，其禍害及於生民者固已甚大。而其流惡之極更至於泯滅夷夏之防，使中國之儒者自陷於被髮左衽而不覺。蓋孔子言君臣之義不可廢。後儒不明《春秋》，不述《孟子》，尊君好利過甚，竟至並異族之君而奴顏婢膝以事之。彼絕不自羞，而假借程、朱之道統以為掩飾，遂資陸、王攻擊之口實。雖然，魚目豈終可以混珠哉！亦在學者之善辨而已。晚村論之曰：「從來尊信朱子者徒以其名而未得其真。」「所謂朱子之徒，如仲平、幼清，[79]辱身枉己，而猶哆然以道自任，天下不以為非。此道不明，使德祐以迄洪武，[80]其間諸儒失足不少」。夷夏之防既潰，仁義之本不立。此非朱子之本來面目，乃元代儒家之厚誣前人。「故紫陽之學，自吳許以下已失其傳，不足為法。」然則居滿洲專制政府之下而泛尊朱子，恐不免播揚吳、許之濁塵以貽誤後來矣。「今示學者似當從出處去就，辭受交接處畫定界限，扎定腳跟，而後講致知主敬工夫，乃足破良知之黠術，窮陸派之狐禪。蓋緣德祐以後天地一變，亙古所未經，先儒不曾講究到此。時中之義，別須嚴辨，方好下手入德耳。」[81]晚村此論，義正詞嚴，足與船山道統不可僭竊之說一時媲美。[82]雖然，猶有疑焉。明末清初之政論家，如黃梨洲源出王陽明，王船山私淑張橫渠，顧亭林不守理學藩籬，而晚村獨欲保全朱子，斤斤為之申辯何也？吾人推想其原因，似可有二。一曰由於門戶之見，二曰以塞假借之門。晚村弟子陳鏦謂其「於朱子之書信之最篤，好之最深。」[83]其子呂葆中則傳其歸隱後與清初程朱派儒者張履祥等編朱子書以惠後學。[84]凡此均足見晚村尊朱殆由於師友之傳授陶鎔，而發自衷心之至誠。然而此似非其惟一之原因也。清聖祖於海內定

76　此宋太祖與趙普語。

77　《講義》卷三七。

78　同上，卷三四。

79　許衡、吳澄皆宋末程朱派理學家屈事蒙古者。

80　宋亡於恭帝德祐二年（西曆1276）。

81　《呂晚村先生文集》卷一〈復高彙旃書〉。

82　見本章註49至50。

83　錢穆《中國近三百年學術史》，頁78引。

84　《行略》。

後，提創學術，表章程、朱。朱注奉為正宗，紫陽配祀十哲。[85]《朱子全書》[86]《性理精義》[87]等之編纂刊行，顯欲藉以收學術一尊之效。聖祖是否心誠好學，或意在利用朱學以愚弄士大夫，今日固無法斷定。[88]然陸隴其、李光地輩竊中國之道統以粉飾滿洲，揆以《春秋》之義，其可恥實不下於許仲平、吳幼清。晚村與之並世，豈無聞見。於是嚴朱學真偽之辨以隱斥之，使竊道統者無所施其技倆，此則情理中可能而應有之事也。

　　晚村思想可考見者大較如此。曾靜、嚴鴻逵、沈在寬等所言就今存文獻觀之，殆不能越出其範圍。曾靜謂「人與夷狄無君臣之分。」「封建是聖人治天下之大道，亦即是禦戎狄之大法。」[89]嚴鴻逵列舉康熙五十五年至雍正六年間之災異，又謂當以死拒修史之薦。[90]沈在寬詩謂「陸沉不必由洪水，誰為神州理舊疆。」[91]凡此皆與民族思想之精神一貫。雖激越有加，而宗旨無改者也。

　　清世宗似深悟以思想戰勝思想為有效之策略，故特赦曾靜、張熙之罪而刊行《大義覺迷錄》以駁斥呂留良等之議論，令曾靜撰〈歸仁說〉[92]以自表其民族思想之錯誤，又命大學士朱軾刊行駁《四書講義》、《語錄》等書，頒發學宮[93]以影響學子之觀聽。雍正七年九月上諭，[94]最可為清廷反民族論之代表。析其要旨，共有四端。一曰立君在德，不應有地域之歧視。「蓋生民之道，惟有德者可以為天下之君。」「《書》曰：皇天無親，惟德是輔。德足以君天下者天錫佑之。未聞有天下之君不以德感孚，惟擇何地之人輔之之理。《書》又曰：撫我則后，虐我則讎。此民心向背之至情。未聞億兆不歸心而但擇地之理。」就世宗觀之，清之開國，正合有德受命之標準，則凡蒙其撫育者「何得以華夷殊視」。且流寇亡明，生民塗炭。清人定亂安民，「有造於中國大且至矣」。「若撫之仍不為后，殆非順天合理之人情」也。二曰文化有高下之分，

85　康熙五十一年（西曆1712）。

86　康熙五十二年。

87　康熙五十六年。

88　蕭一山《清代通史》卷上，頁634，疑其非出誠意。

89　《大義覺迷錄》引。

90　《東華錄》雍正七年五月丙戌諭內閣。

91　同上五月戊子。

92　附《大義覺迷錄》後。

93　《東華錄》雍正九年十二月乙巳諭內閣。

94　《大義覺迷錄》弁首。茲從稻葉君山《清朝全史》上四，頁38-43引。

道德無種族之別。「本朝之為滿洲，猶中國之有籍貫。舜為東夷之人，文王為西夷之人，曾何損聖德。[95]《詩》云：戎狄是膺，荊舒是懲。以其僭王滑夏，不知君臣之大義，故聲其罪而懲艾之，非為其戎狄而外之。」若蠻荒之人，能為禮義，則向之斥為戎狄者亦儼然中國矣。「三代以上之有苗、荊、楚獫狁，即今湖南、湖北、山西之地。在今日可目為夷狄否？」韓愈有言：「中國而夷狄則夷狄之，夷狄而中國則中國之。」然則欲為華夷中外之區分，非可襲刻舟膠柱之故智明矣。三曰君臣之義不可悖亂。「從來君上之道當視民如赤子，臣下之道當奉君如父母。若為子之人，其父母雖待之以不慈，尚不可疾怨忤逆，況我朝之君實盡父母斯民之道乎。」「孔子曰：君子居是邦不非其大夫，況其君乎？」又曰：「夷狄之有君不如諸夏之亡。夫春秋之時以百里之國猶不非其大夫，況我朝為奉天承運大一統太平盛世，而君上尚可謗議乎？且聖人之在諸夏猶稱夷狄有君，況在我朝之人親被教澤，食德服疇，而為無父無君之論，可乎？」「夫人之所以異於禽獸，以有此倫常之理。故五倫之所謂人倫者，非因華夷以區別人禽也。」然則徒辨華夷而悖亂君臣，恐不免自陷於禽獸矣。四曰覆滿復明之運動缺乏根據。蓋「明之太祖即元之子民。以綱常倫紀言之，豈能逃篡逆之名？至於我朝之於明，則僅隣國耳。且明之天下喪於流寇之手。」「我朝統一萬方，削平羣寇。」其得天下之情形，與明代以子民而取位者迥不相同。「呂留良輩借明代為言，肆其分別華夷之新說，冀遂其叛逆之志，此不但本朝之賊，實明代之仇讎也。」世宗駁斥呂、曾等民族思想之言，大約如此。稽其主要論據，不過牽附中國古代以文野分華夷之舊說與乎宋明理學家君臣綱常之牙慧。[96]不特對《春秋》內外之義避而不談，不足以折船山、晚村之

95　曾靜〈歸仁說〉曰：「聖人之出也非常，故其生也無常地。」「孟子曰：舜生於諸馮，東夷之人也。文王生於歧周，西夷之人也。是唐虞三代之聖人，已有不盡生于中土者矣。」與此相近。

96　此外世宗於黃、顧、呂、曾等所同情或提倡之封建亦加攻擊。雍正七年上諭曰：「大凡叛逆之人呂留良、曾靜、陸生枏輩皆以宜復封建為言。蓋此種悖亂之人自知奸惡傾邪，不見容於鄉國，欲效策士游說之風，意謂不見容於此國，則去而之他國。」此語顯然曲解呂氏等之用意，閱本章註89。（同年秋，承順郡王錫保告發廣西人陸生枏書《通鑑論》十七篇，論封建之利，非議朝政。上諭為此而發。）世宗又為駁封建論極言一統之利，分割之害，殆鍼對諸王而發（見稻葉君山《全史》上四，頁22）。

所號召揭櫫，即其所論諸端，亦多牴牾含混，不能自圓其說。[97]高宗甫立，未及改元，即殺害曾靜、張熙，禁止《大義覺迷錄》之流播。[98]推其用意，殆亦知世宗理屈詞窮，不欲其久布世間，授人口實。由其論之，彼固未嘗無所見也。

---

97 稻葉君山《全史》上四，頁43-44，及包賚《年譜》頁166-178均有批評，可參閱。

98 《東華錄》雍正十三年十月至十二月。

第二十章

太平天國

第一節　政治思想之消沉

　　顧亭林卒於康熙二十一年。次年呂晚村卒。三十一年王船山卒。三十四年黃梨洲卒。四十三年唐甄卒。明末遺民，至康熙末年，已先後殂亡，無復存者。黃、顧諸人所抱之政治思想雖未即歸湮淪，其流風餘韻尚有少數士人維持之以免於驟絕。然久經清廷壓制以後，不特民本、民族之觀念失其光芒，即一般政論之興趣亦漸趨冷淡。學者士大夫或致力於不觸忌諱之考證古書，或醉心於獵取富貴之科舉帖括，其中間有留心世務者實為少數之例外。而文網綦密，忌諱甚多，建言立說者動受奇禍。自清開國至嘉道之二百年，為滿洲專制政府極盛初衰之時，亦即中國政治思想由暫時勃發而趨於極度微弱之時。直至太平天國崛起，以滅清復漢，博愛平等之旨相號召，然後沉悶之局，為之一變。

　　清廷壓制漢族之政策前後雖有緩急寬猛之不同，[1]而究其根本目的，始終在於消除反抗，摧抑士氣。彼深知徒事迫脅不足以收大效，乃兼用積極籠絡與消極壓制之二重手段。籠絡手段泛用於一般人民者，以減免租稅及解放賤民[2]二者為最要。其專施於士大夫者以徵山林隱逸，舉博學鴻詞，興科舉，開史

1　梁啟超《中國近三百年學術史》分清初對士大夫之政策為三期。第一期順治元年至十年採利用政策。第二期順治十一年至康熙十年採高壓政策。第三期康熙十一年以後採懷柔政策。蕭一山《清代通史》上卷六篇三十章，頁739-741為（一）順治之放任或感化政策，（二）康熙之恩禮或懷柔政策，（三）雍正之調和政策，（四）乾隆之壓制政策。

2　《清朝文獻通考》卷十九〈戶口考一〉，康熙五十年以後滋生人丁永不加賦。雍正元年除各省「樂戶」、「惰民」、「伴儅」，「世僕」等籍，俱為良民。

館，求遺書，表章程、朱，編纂書籍[3]諸端為最要。積時既久，天下之士不為其所奴用驅使，即潛耗心力於無用之八股與無恥之理學。雖文運昌明，「樸學」大興，未始非受清廷「右文」政策之賜，而就政治思想史以論，則籠絡手段之流毒，[4]殆不亞於始皇愚民也。

　　籠絡之手段備極巧妙，壓制之手段則頗為毒辣。清廷於軍事甫定即下令薙髮，以圖淪亡漢族之衣冠。違令者以軍法從事，[5]雖衍聖公亦須尊行。[6]為求徹底摧抑中國士氣起見，順治、乾隆間又藉故屢興大獄，極盡殘殺威嚇之能事。最著者有科場、文字諸獄。屠戮牽連，動逾千百。[7]此外復多立忌諱，嚴束文

3　蔣良騏《東華錄》順治三年四月詔革明代科名，開科取士。康熙十八年三月試博學鴻詞。朱彝尊、湯斌等入選。開明史館，以所錄諸人參預纂修。康熙二十五年四月諭禮部翰林院令廣訪天下遺書。閏四月又諭曰：「自古經史書籍所重發明心性，裨益政治。必精覽詳求，始成內聖外王之學。朕披閱載籍，研究義理，凡厥指歸，務期於正。諸子百家，泛濫奇詭，有乖經術。今搜訪藏書善本，惟以經學史乘實有關係修齊治平，助成德化者，方為有用。其他異端稗說，概不准錄。」康熙六十一年十二月癸亥諭續編《圖書集成》。按順治康熙雍正乾隆四朝所纂書籍，除此書一萬卷及《四庫全書》七萬九千七十卷之鉅製外，尚有其他「欽定」「勅撰」之書不下萬卷。（柳詒徵《中國文化史》第三編八章及蕭一山《清代通史》上卷，頁637-640，中卷，頁32-38。）王先謙《東華全錄》卷八四，乾隆四十一年論《明史》立〈貳臣傳〉「為萬世臣子植綱常」。此提倡名教之手段首發自聖祖之提倡程朱。康熙五十一年諭以朱子配享十哲，五十二命李光地等纂《朱子全書》。李光地、湯斌、陸隴其、朱軾等均以朱學位至卿相。
4　諸事中科舉承明季之弊，為害尤為深長。順康間科場多舞弊。李孟符《春冰室野乘》（蕭《通史》上卷，頁659引）載某近臣對聖祖問謂「國初以高官厚祿羈縻漢兒，猶拒而不受。今一舉人之微乃至輸金錢，通關節以求之。可見漢兒輩已歸心朝廷，天下從此太平矣。」其見甚卓。
5　蔣《東華錄》順治元年五月庚寅攝政王諭，戊戌再諭。辛亥弛薙髮令。二年六月丙寅諭，丙辰再諭，詞意愈嚴矣。又《呂晚村文集》卷四〈答徐方虎書〉言破帽換糖事，足見士人對薙髮之態度。
6　蔣《東華錄》順治二年八月，孔聞謤奏請准衍聖公蓄髮。報曰：「薙髮嚴旨，違者無赦。孔聞謤姑念聖裔免死，著革職永不敘用。」
7　科場獄以順治十四年為最慘。孟森《心史叢刊》「丁酉之獄主司房考及中式之士子誅戮及遣戍者無數。其時發難者漢人，受禍者亦漢人。陷溺於科舉至深且酷。不惜假滿人屠戮同胞，以洩多數僥倖未遂之人年年被擯之憤。此所謂天下英雄入我彀中者也。」（柳《文化史》三編三章引）文字獄較著者有康熙二年莊廷鑨明史案，五十一年戴名世《南山集》案，雍正三年汪景祺《西征隨筆》案，四年查嗣庭江西試題案，七年陸生柟《通鑑論》案，乾隆二十年胡中藻詩獄，三十二年齊周華刻書案，四十二年王錫侯改康熙字典案等。（蔣《錄》各處，

人。刊文結社，悉加禁止。[8]上書言事，每獲罪誅。[9]而前代書籍，有不利於清廷者輒加燬禁刪削。[10]清代文字之禍，就其用心之深刻，影響之長遠論，殆迥非始皇焚書坑儒之所能企及。

籠絡與壓制兼施，收效至為可驚。「雍乾以來，志節之士蕩然無存。有思想才力者無所發洩，惟寄之於考古，庶不干當時之禁忌。其時所傳之詩亦惟頌諛獻媚，或徜徉山水，消遣時序，及尋常應酬之作。」[11]下焉者則惟鶩心科名，耗精力於時文楷法之中，以冀博富貴於萬一。士風頹靡，政論消沉。民族之元氣大傷，清廷之目的已達。龔自珍於嘉慶二十年述當時之風氣曰：「衰世者文類治世，名類治世，聲音笑貌類治世。」「人心混混而無口過也，似治世之不議。左無才相，右無才史，閫無才將，庠序無才士，隴無才民，廛無才工，衢無才商。抑巷無才偷，市無才駔，藪澤無才盜，則非但鉏君子，抑小人甚鉏。當彼之世也而才士與才民出，則百不才督之縛之，以至僇之。僇之非刀非鋸，非水火。文亦僇之，名亦僇之，聲音笑貌亦僇之。」「徒僇其心。僇其能憂心，能憤心，能思慮心，能作為心，能有廉恥心，能無渣滓心。才者自度將見僇，則蚤夜號以求治。求治而不得，誖悍者則蚤夜號以求亂。」[12]此雖不免略有過甚之處，其大體固足為當時思想消沉之實錄也。管同〈擬言風俗疏〉

柳《史》三編九章，蕭《史》上卷九九節、百十二節、百十七節、中卷三至一四節。）

8　蔣《東華錄》順治十七年正月，因給事中楊雍建言，諭學臣嚴禁立社結盟。《清會典》明倫堂之左刊立世祖欽定臥碑列教條凡八，大旨在敦品行。其六禁學者與師辨難。其七曰：「軍民一切利病不許上書陳言。」違者革退治其罪。八禁結社刊書。此雖倣明洪武十五年「臥碑十二條」（《明史》〈選舉志〉）。然明未生效，清則厲行也。康熙四十一年訓飭士子文略同。

9　清初言事獲罪者甚多。如吳縣諸生金人瑞等以揭發知縣貪暴之事，不分首從，一律凌遲處斬（蕭《史》上卷，頁390），最為慘酷。

10　乾隆三十九年八月諭，明季野史「必有詆觸本朝之語，正當及此一番查辦，盡行銷毀。」四十一年兵部報天下焚書二十四次，萬三千八百六十二部（蔣《錄》）。章炳麟《檢論‧哀焚書》，言宋明人書涉及遼金元者亦加焚毀或刪改。

11　柳詒徵《文化史》三篇八章結論。又蔣方震序梁啟超之《清代學術概論》亦謂「清以異族入主中夏，致用之學必遭時忌，故藉樸學以自保。」

12　《定盦文集》上卷〈乙丙之際著議第九〉。按乙亥即嘉慶二十年。〈乙丙之際著議第六〉斥學與治分途，謂後世之儒「故書雅記十窺三四，昭代功德瞠目未覩。上不與君處，下不與民處。」似譏文士與考證家。

謂：「大抵明之為俗，官橫而士驕，國家知其弊而一切矯之。」其結果遂至「近年大臣無權而率以畏愞，臺諫不爭而習為緘默，門戶之禍不作於時而天下遂不言學問，清議之持無聞於下而務科第、營財貨，節義經綸之事漠然無與於其身。」[13]語氣不及龔氏之激揚，而所見實大致相合。

雖然，雍、乾、嘉、道之間，政論消沉而未嘗完全斷絕。士大夫中尚有一小部分胸有所見，不甘緘默，冒不測之禍而發為議論者。其中較著者有查嗣庭、[14]陸生柟、[15]方苞、[16]杭世駿、[17]汪縉、[18]余廷燦、[19]洪亮吉、[20]包世臣、[21]管同、[22]龔自珍諸人。[23]綜其所說，約可分為抨擊專制本身與譏議時務之兩類。反對專制者或積極申民之貴，或消極抑君主之尊。汪縉謂「君之立，民立之。」[24]故「憂民憂，樂民樂，王道始終之大端也。」[25]余廷燦謂「民質也，有因民之質而文之者則曰聖賢。民萌也，有因民之萌而達之者則曰君相。二者非有異於民也。以民明民也，以民衞民也。非用民而為民用者也。此天地之心也。然治民者且曰民賤。何異足日荐地，而不思去地則足懸無所附，雖有飛廉跨空之足，僵仆頓踣而已矣。何異魚日在水，而不知水涸則魚相處於陸，雖有

---

13 《因寄軒文集》（凡十六卷）〈擬言風俗書〉。賀長齡《皇朝經世文編》卷七選載。

14 蔣《東華錄》雍正四年九月及徐珂《清稗類鈔》均載查氏江西科場題案。查死獄中。子坐死。家屬流放。按查為隆科多黨。隆誅後發為誹議乃情理中事，未必為客觀之公論。

15 蔣《東華錄》雍正七年五月，順承郡王錫保告發陸作《通鑑論》十七篇，中多誹謗，陸遂誅死。

16 生康熙七年，卒乾隆十四年（西元1668-1749）。康熙四十五年進士。官至禮部侍郎。有《望溪文集》。戴名世之獄，曾以藏《南山集》板牽連。《集外文》卷六有〈獄中雜記〉。

17 生康熙三十五年，卒乾隆三十八年（西元1696-1773）。有《道古堂文集》四十八卷。

18 生雍正三年，卒乾隆五十七年（西元1725-1792）。有《汪子文錄》。

19 生雍正十三年，卒嘉慶三年（西元1735-1798）。乾隆二十六年進士，官編修。有存吾文稿。

20 生乾隆十一年，卒嘉慶十四年（西元1746-1809）。有《卷施閣文集》。嘉慶三年以館試上〈平邪教疏〉。次年上書成親王陳時事，以「指斥乘輿」戍伊犁。

21 生乾隆四十年，卒咸豐五年（西元1775-1855）。嘉慶舉人，官知縣。嘉慶六年作《說儲》二篇，主變法。

22 生乾隆四十五年，卒道光十一年（西元1780-1831）。道光舉人。《因寄軒文集》中有〈永命篇〉及〈擬言風俗書〉。

23 生乾隆五十七年，卒道光二十一年（西元1792-1841）。道光進士，官禮部主事。

24 《汪子文錄·繩荀上》。

25 〈準孟中〉（與上條均自賀長齡《皇朝經世文編》卷一引）。

橫海之長鯨，螻蟻治其命而已矣。揚雄氏曰：周之士也貴。然文王、武王、周公之貴民也亦明矣。愛其子者隆其師。貴士正所以貴民也。」[26]此皆遠承孟子而近與《明夷待訪錄》、唐子《潛書》之大旨相契合者也。陸生桴力詆始皇統一之失，謂「封建制度為萬世無弊之良規。廢之為害，不循其制亦為害。至於今日，害深禍烈，不可勝言，皆郡縣之故。」考郡縣之所以為害，始由天子獨尊，無羣后以資衡制。人主徒喜獨尊之便於恣睢，而不知此正為人己兩傾之危道。陸氏又直接對專制君主加以攻擊曰：「人愈尊，權愈重，則身愈危，禍愈烈。蓋可以生人殺人，賞人罰人，則我志必疏，而人之畏之者必愈甚。人雖怒之而不敢洩，欲報之而不敢輕。故其蓄必深，其發必毒也。」[27]方苞與陸生桴同生康熙之世，其〈漢文帝論〉殆亦鍼對同一之政治背景而發。苞謂「三王以降，論君德者必首漢文。非其治功有不可及也。自魏晉至五季，雖亂臣盜賊闖姦天位，皆泰然自任而不疑。故用天下以恣睢而無所畏忌。文帝則幽隱之中常若不足以當此而懼於不終。此即大禹一夫勝予，成湯慄慄危懼之心也。世徒見其奉身之儉，接下之恭，臨民之簡，以為黃老之學則然。不知正自視缺然之心所發耳。」[28]蓋唐宋以後之君往往妄自尊大，自命聖神。方氏此論不僅暗諷康、雍，實亦深中一般專制君主之通病。至龔自珍則更就君臣尊卑互為消長之理而婉陳專制之失。〈古史鉤沉論一〉曰：「昔者霸天下之氏，稱祖之廟，其力彊，其志武，其聰明上，其才多，未嘗不仇天下之士。去人之廉以快號令，去人之恥以嵩高其身。一人為剛，萬夫為柔，以大便其有力彊武。」彼方快意自得，而不知積之既久，「震盪摧鋤天下之廉恥」以至於盡。後世雖欲求禮義氣節之士而不可獲，則彼霸主仇士政策為之厲階也。王者知君至剛，則臣柔靡，乃自抑以伸人。故「溫而文，王者之言也。愒而讓，王者之行也。言文而行讓，王者之所以養人氣也。」[29]然而此豈唐宋以後專制君主所能為哉？龔氏又徵之載籍，撰四等十儀，以證兩漢以前王者愒讓之制度。其大旨在說明古者

26　《存吾文稿・民貴》（賀長齡《皇朝經世文編》卷一）。

27　世宗引《通鑑論》。此引自蕭《史》上卷頁726。世宗對陸所論封建、人主、相臣、無為、兵制、建儲諸端一一駁斥。陸殆同情於諸王，故尤觸世宗之忌。

28　《望溪文集》卷三。亦見賀《編》卷九。《集外文》卷二有〈請矯除積習興起人材箚子〉，亦論時務。

29　《定盦續集》卷二。

常朝、大朝、禮食之儀，主坐臣亦坐，主立臣亦立。朝儀雖有主坐臣立之例，[30]而非如唐宋以後，君必坐而臣或跪或立，尊卑懸絕，無復相互敬重之意。凡此旨譏評專制，其語氣溫婉激切有殊，而宗旨則相合也。

議論時政者人數較多，所注目者亦不止一事。陸生枏之《通鑑論》徧及人主、相位、建儲、兵制、無為而治諸端。雖書已不存，就其條目觀之，亦可見其大體鍼砭康、雍之政治。查嗣庭有日記二本。據雍正四年九月上諭，其內容「悖亂荒唐，怨誹捏造之說甚多。又於聖祖之用人行政大肆訕謗。以翰林改授科道為可恥，以裁汰冗員為厄運，以欽賜進士為濫舉，以多選庶常為蔓草。」[31]此則立言無關大體，殆多出於失意後之憤懣。至杭世駿〈保和殿對策〉，論及滿、漢畛域不可太分，則切中清代開國以來之一大弊，[32]非復一人之私言矣。洪亮吉於嘉慶三年以編修應館試，上〈平邪教疏〉，[33]痛論白蓮、八卦等教之興。以為民亂之主因在吏治之隳壞，而和珅當政所養成貪黷蒙蔽之風氣則為蔽政之深淵。洪旋上書成親王永瑆等，有「羣小熒惑」之語，亦頗中時弊，非偏私或空泛之談。然杭、洪等所言雖觸犯忌諱因以獲譴，而其內容實遠不如包世臣、龔自珍顯然主張變法者之徹底。龔氏明揭變法之義曰：「天下有萬億年不夷之道。然而十年而夷，五十年而夷，則以拘一祖之法，憚千夫之議，聽其自陊以俟踵興者之改圖爾。一祖之法無不敝，千夫之議無不靡。與其贈來者以勍改革，孰若自改革，抑思我祖所以興，豈非革前代之敗耶？前代所以興，又非革前代之敗耶？何蟬然其不一姓也。天何必不樂一姓耶？鬼何必不享一姓邪？奮之奮之，將敗則豫師來姓，又將敗則豫師來姓。《易》曰：窮則變，變則通，通則久。非為黃帝以來六七姓括言之也，為一姓勸豫也。」[34]龔氏倡革新之原理，而前此十餘年，包世臣已著《說儲》二篇，提出變法之條

30 同上。

31 蔣《東華錄》雍正四年九月。

32 《定盦文集補編》卷四〈杭大宗逸事狀〉謂旨交刑部，議擬死。以侍郎觀保言得免，革職歸里。乾隆三十八年高宗南巡，杭迎駕。上顧左右曰：「杭世駿尚未死麼？」是夕返舍遂卒。按言滿漢者實不乏人。如順康時馬世駿及儲方慶殿試策，均未獲罪（策見周壽昌《思益堂・日札》卷五，蕭《史》中卷，頁23引）。

33 《卷施閣文甲集》卷一。章學誠亦有相近之言論，《章實齊先生文集》〈上執政論時務書〉。

34 《定盦文集》上卷〈乙丙之際著議第七〉。

目。包氏建議之要者為（一）革新科舉，廢八股時文，改以經術及時務策士。[35]（二）限制君權，設給事中，封駁朝廷詔勅。[36]（三）發揚士氣，通達民情，令國學生議大政、大獄諸端。[37]當時殆以恐觸時忌，未嘗刊布。[38]其言亦遂歸於湮沒，毫無影響。

　　上列諸人之政論大約發於雍正初年至嘉慶末葉之百年間。今日觀之，其內容雖少驚人之點，而在當時士氣頹靡，思想消沉之環境中已屬難能可貴，賢於頌譽獻媚或緘默保身之流遠矣。吾人若取乾嘉名學者凌廷堪[39]之言論以與陸、查相較，尤足見後者之尚有人心。凌氏論史，重治亂而輕種族。其立場恰與方孝孺、王夫之、呂留良、戴名世等相反。凌氏嘗謂「尼父之作《春秋》，亦書荊楚。左氏之撰《國語》，不遺吳越。」[40]聖人古史不排夷狄，則後儒以種族定正統者，皆當駁斥。凌氏以詩述其主張曰：「史以載治亂，學者資考究。胡為攀麟經，師心失所守。拘拘論正統，脫口即紕繆。拓拔起北方，征誅翕羍寇。干戈定中夏，豈曰無授受。蕞爾江介人，弒篡等禽獸。荒淫一無可，反居魏之右。金源有天下，四海盡稽首。世宗三十年，德共漢文懋。南渡小朝廷，北面表臣構。奈何紀宋元，坐令大綱覆。兔園迂老生，永被見聞囿。安得如椽筆，一洗賤儒陋。」[41]本此見解以論史，凌氏於異族政權每加擁護，異族功臣每加讚許，而六朝以後之漢族政權一致加以蔑視詆毀。如五胡十六國之「漢奸」張賓、王猛均受稱許，[42]南宋主和之秦檜、史浩悉為翻案。[43]惜金不滅

35　龔氏亦不滿意科舉。《續集》卷三〈干祿旅書自敘〉言宰輔大臣多出翰林，而殿試所重者在楷法而已。

36　此與顧亭林所見略同。本書十八章，註20。

37　此與黃梨洲所見略同。本書十八章，註41。

38　作者齋中藏有近年影印抄本上篇，七七事變後失去。茲不能詳述其內容矣。

39　生乾隆二十年，卒嘉慶十四年（西元1755-1809）。乾隆進士，官教授。少時曾在揚州詞曲館參預檢校詞曲中違礙字句。專精五禮，為江藩所稱。

40　《校禮堂文集》卷十一〈十六國名臣序贊〉。以下均錢穆《中國近三百年學術史》頁509-510引。

41　《校禮堂詩集》卷五〈學古詩〉。

42　同註40。同卷又有〈十六國名臣補贊〉。

43　《集》卷三十一〈書宋史史浩傳後〉。又《集》卷五〈讀宋史〉曰：「靖康之時不幸而用李伯紀，紹興之際幸而不用胡邦衡。」李綱胡銓皆主戰圖恢復者也。

宋，[44]歎元亡於明。[45]凡此驚人之賤華貴夷論，清世宗《大義覺迷錄》對之當
猶有遜色。昔戴名世與人論修史之例，謂清當以康熙元年為定鼎之治。世祖雖
入關十八年而明祀未絕。循蜀漢之例，順治不得為正統。今凌氏乃至欲摒南朝
南宋於正統之外，以為魏金驅除。縱非有心取媚滿洲，而「認賊作父」，究為
其學識之一玷。夫以一時名家如凌氏者猶不能脫清廷奴化政策摧抑士氣之影
響，則專制政府之壓力誠深遠可畏。然而專制壓力能排除異己於一時，不能避
免自身之崩潰。士大夫雖多受清廷之恫嚇麻醉，而民間尚有未死之人心。滿洲
政府之發展至乾隆已盛極而衰。政汙俗弊，國耗民窮。教亂四起，此仆彼興，
至道、咸間遂有洪楊之亂。揭覆清復漢之旗幟，以天主教義為號召。苟非漢人
憤其侮滅孔教，出而相抗，則清社之屋或不俟宣統辛亥。故乾、嘉之思想消
沉，不啻為二千年專制政治最後之回光反照也。

第二節　太平天國政治思想之背景

太平天國自洪秀全定都南京至城破自殺，雖僅有十餘年之存在，而其在政
治思想史上之意義，及其對近代政治史之實際影響，均頗為重大。蓋太平天國
以基督教義相號召，為中土第一次受外來文化激動而引起之思想革命。稽之往
古，實無先例。無論其思想內容是否可觀，其歷史上之意義則未容忽視也。
洪、楊以失意之平民，起事一隅，不逾三年而建都稱王，蔓廷及於十省。苟非
曾國藩等之力征及外人之協助，滿洲政權顛覆，殆屬可能之事。清廷經此嚴重
打擊，元氣因以大傷。本已就衰之國勢，此後更趨於微弱。辛亥革命之成功，
未始間接非受太平天國之賜。故曰其實際上之影響頗為重大也。

雖然，吾人應注意，太平天國之貢獻多半在於消極之破壞。其在政治思想
上積極之貢獻，究竟甚微。此蓋由受其歷史背景之限制，故其所揭櫫包含之思
想亦遂不免有支離荒謬之處，不足為建立近代富強國家之基礎。廣義言之，太
平天國乃中國歷史上習見「教匪」叛變之一例。溯其先驅，遠則東漢末年之
「黃巾」，近則元以後之「白蓮教」。後者之本宗及支流，於清乾隆晚年至嘉

44　《集》卷三十一〈書金史太宗紀後〉。

45　《集》卷三十一〈書元史陳祖仁傳後〉。

慶中曾數度起事，謀奪取清祚。[46]太平天國以基督教之宗教信仰維繫人心，雖其內容頗異「白蓮」「聞香」「天理」「清水」諸教之迷信，就其「神道設教」一端言，未始非小異而大同也。抑又有進者，洪、楊「上帝會」之宗教信仰幼稚奇詭，與新、舊教之教旨相去頗遠，而不免略帶迷信之彩色。洪秀全以貧家士子，[47]屢試不第，失望疾病之餘，受宣教士之暗示，感生異夢，[48]又曲解《聖經》語意，逐漸引申積累，遂創成其「天父天兄」之教義。[49]此自西洋人視之，誠不過「對神聖之最大褻瀆」而已。[50]

　　太天平國之第二背景為三合會。道光三十年秋洪秀全起兵金田村後聲勢漸大，股匪及會黨多加入上帝會以求保護。三合會亦其中之一。此為清代之重要秘密結社，為清初明末遺民所組織，以反清復明為目的。順治、康熙間之民變，如順治五年天津張氏婦稱「天啟皇后」，康熙十二年北京楊起隆稱「朱三太子」，四十六年雲南李天極稱明桂王孫，[51]皆顯與三合會有關係。太平軍以顛覆「妖胡」號召，未始非受三合會之暗示。然洪氏不欲墨守前規，乃明揭三

46　可閱蕭《史》中卷一篇三四至四○節。魏源《聖武記》卷九、十，及江上蹇叟（夏燮）《中西紀事》卷二亦有白蓮天理等教之記載。白蓮教始於元末之韓山童。明天啟五年王森自稱聞香教主，即其遺黨。清乾隆三十九年至嘉慶九年間王倫劉松等復起。嘉慶十八年李文成、林清起事，改名天理教。

47　廣東花縣人，生嘉慶十八年，同治三年自殺（西元1813-1865）。

48　可閱簡又文《太平天國雜記》第一輯（民國二十四年）〈太平天國起義記〉，頁13-20（此譯 Theodore Hamburg, *The Visions of Hung Siu-Tshuen and Origin of fhe Kwang-Si Insurrection*, Hongkong, 1854）。頁14謂1836年洪赴試廣州遇一西教士穿明朝服裝，謂洪曰：「汝將得最高的功名……」稻葉君山《全史》下二，頁74引戈登所記亦可參閱。

49　洪氏初得之書為梁發之《勸世良言》，中插有《新舊約》之章句。「雖其譯文甚為忠實，然因多譯自外國方言，又無序言及註解，而秀全與其友等均須自行研究揣摩，因此不免錯解其中文義。」（簡《記》，頁27）洪等「每見書中有全字，則輒以為是指其本名秀全。」如《舊約‧詩篇》十九篇四節云：「聲聞全世」，彼則解為「秀全的世界」（頁28）。中國文學單數複數往往不易辨，洪氏每「將本來意指普通各人或全體基督徒的字眼，施用於自己個人身上。」（頁29）綜觀天王之言行，殆近乎心理學家所謂妄自尊大之病態心理（Megalomania）。

50　簡《記》〈天京遊記〉頁143。此譯 T. W. Blakiston, *Five Months on the Yang-Tze* (1861) Ch. III, Forest原著。按天京中惟洪仁玕為較真之基督徒，西教士或以馬丁路得期之，欲其改正秀全等（簡《記》，頁223）。

51　蕭《史》上卷六篇一一六節。

合會之誤，以為「復明」之主張適用於康熙時代，而不適用於二百年以後。至道光時代則當恢復漢土，開創新朝。可以仍主反清，不可更主復明矣。[52]

　　太平軍背景可注意之第三點為其首領多出身中下層社會之事實。天王洪秀全及干王洪仁玕均生貧家，曾讀書而屢試不第。今觀天王所作文字頗近鄙俗，實不足預於「士大夫」之列。東王楊秀清「在家種山燒炭為業」。西王蕭朝貴亦為耕種之農人。北王韋昌輝監生出身，曾出入衙門。忠王李秀成曾幫工就食。天官丞相秦日昌曾與人做工。惟翼王石達開「家富讀書，文武備足」，[53]為其中最特出之人才。西人遊「天京」者稱之為「苦力王爺的城」，[54]雖諧而近虐，亦足為天國人物出身卑下之一證。苦力王爺固自有其特殊之美德。然學識欠缺，殆為無可隱諱之事實。

　　綜上所述，吾人可知太平軍乃一糅雜中西觀念之反清運動。其多數首領以學識淺薄，故對於外來之基督教義與固有之中國文化均無深切之了解。於是學西洋而未得其富強立國之真諦，攻舊習而反醉心於君主政治之惡套。就今存文獻所載觀之，太平天國政治思想之要點有三：一曰反清復漢，二曰奉天博愛，三曰平等尚賢。反清合於民族主義，博愛合於民生主義，尚賢亦立國經邦之要道。凡此三者，就大旨論，均屬無可非議。徒以洪氏等多不學無術，施行之際遂不免似是而非。始博大眾之同情，終招中外之反感。說者或謂湘軍之起，非清室勤王之師。[55]其真正目的實在乎保衛中國之傳統文化。故咸豐四年三月曾國藩於出發時頒布〈討粵匪檄〉，除歷舉其殺掠行為外，痛斥其破滅「名教」之罪惡。檄文有曰：「自唐、虞、三代以來，歷世聖人扶持名教，敦敘人倫。君臣父子，上下尊卑，秩然如冠履之不可倒置。粵匪竊外夷之緒，崇天主之教。自其偽君偽相，下逮兵卒賤役，皆以兄弟稱之，謂惟天可稱父。此外凡民之父皆兄弟也，凡民之母皆姊妹也。農不能自耕以納賦，謂田皆天主之田也。商不能自賈以取息，謂貨皆天主之貨也。士不能誦孔子之經而別有所謂耶穌之

52　簡《記》，頁64引。據此則《太平天國軼史》所載洪氏〈討滿清詔〉自稱弘光帝七世孫為可疑。下文洪斥三合會拜邪神之惡習。此亦太平軍異於尋常教匪之一例。又太平軍喜用隱語，亦秘密社會之通習。

53　羅邕、沈祖基輯《太平天國詩文鈔》（民國二十年），〈李秀成供狀〉頁61-62。

54　簡《記》，頁156。

55　稻葉君山《全史》下二，第六十六章。

說，《新約》之書。舉中國禮義人倫，《詩》《書》典則，一旦掃地蕩盡。此豈獨我大清之變，乃開闢以來名教之奇變，我孔子、孟子之所痛哭於九泉。凡讀書識字者又焉能袖手坐觀，不思一為之所也。」[56]抑又有進者，太平軍之錯誤政策，不僅引起中國士大夫之仇視，西人知其內容者亦無好感。或目天王為瘋癲，[57]或預言天國之必敗。[58]於是在初時為外人所屬意之革命，[59]「竟因外人之協助而蕩平」。[60]此亦太平軍首領之無識有以自取之也。

　　太平軍之無識，尤可於其不能放棄君主政治一事見之。洪秀全駁三合會反清復明之主張，而以「開創新朝」號召。其起事之初即不免有彼可取代之心理。及建都南京，則稱王拜爵，玉食錦衣。不特腐化，且起內爭。迅速覆亡，其何能免？[61]天國建於法蘭西革命六十二年之後，而猶未聞民族大義。此洪、楊知識受其歷史背景限制之又一例。今日尚論，誠不勝其慨嘆矣。

第三節　太平天國之政治理想

　　太平軍之政治理想，以今日之眼光觀之，雖多缺點，然以較乾、嘉時代，則真有石破天驚，震耳駭目之概。頃謂其所含要旨，共有三端。一曰反清復漢，二曰奉天博愛，三曰平等尚賢。茲據現有殘闕之記載，分述大意於下。

　　太平天國含有民族革命之意義，實無可否認。洪秀全於咸豐元年閏八月建「太平天國」於永安州（今廣西蒙山縣）。次年東王、西王會銜頒布〈奉天討胡檄〉，[62]其略曰：「予惟天下者上帝之天下，非胡虜之天下；衣食為上帝之

56　《曾文正公文集》卷二，此下復數太平軍毀孔子、關、岳及一切佛道廟宇之罪。全文指摘破壞名教習俗之言約占一半。

57　廣州美國教士羅孝全牧師（Rev. J. J. Roberts），曾至天京，致函友人中有此語，並謂其領袖殆不知政府為何物。陳恭祿《中國近代史》，頁191引。

58　簡《記》，頁154引Forest語。

59　外人知清廷腐敗，咸豐七年至十年又有英法聯軍之役，故西人初對太平軍表好感，希望此新興之基督教中國政府能一反清廷之舊習。惟天主教徒及法國政府自始即不同情。可閱陳恭祿《史》卷一，頁66。

60　簡《記》，頁103引雅芝牧師《太平軍紀事》（Rev. M. T. Yates, *The Tai-Ping Rebellion.*）。

61　〈民權主義〉第一講（宣傳部，袖珍本，頁144-145）。

62　癸好三年（即咸豐三年癸丑）奏准頒行詔書中有此檄（蕭一山《太平天國叢書》第一輯）。

衣食，非胡虜之衣食，子女人民為上帝之子女人民，非胡虜之子女人民。[63]慨自滿洲肆毒，混亂中國。以六合之大，九州之眾，一任其胡行，恬不為怪，中國尚有人乎？妖胡虐焰燔蒼穹，淫毒穢宸極，腥風播四海，妖氛慘五湖，而中國反低首下心，甘為婢僕，甚矣中國之無人也。夫中國，首也。胡虜，足也。中國神州也。胡虜，妖人也。名中國為神州者何？天父皇上帝，真人也。天地山海是所造成，故從前以神州名中國。目胡虜為妖人者何？蛇魔，邪鬼也。惟韃靼妖胡實敬拜之，故當今以妖人目胡虜也。奈何反足加首，妖人反盜神州，驅我中國悉變妖魔也。」「今幸天道好還，中國有永興之兆。人心思治，胡虜有必滅之徵。三七之妖運告終，九五之貴人已出。胡罪貫盈，皇天震怒。命我天王，肅示天威，創建義旗，掃除妖孽。（中略）興創久淪之境土，振起上帝之綱常。」檄文之主旨如此。以較朱元璋之諭中原，詞氣激揚，殆無遜色。吾人如謂朱檄為中華民族革命之第一聲，此足為其鏗鉉歸之嗣響。然二者之間，固有一重要之區別。前者純取民族觀點，後者雜以宗教情緒，一襲固有之夷夏區分，一採外來之耶教信仰。惟其根本立場如此相異，故明太祖於定鼎後即圖復唐宋以前之舊制，而太平天國則破壞中國社會習慣，不稍寬假。[64]致引起曾氏之憤慨，起兵相抗。天國所主張之激烈社會改造，固未必無可取之點。然以當日之形勢論，殆不能認為收取人心適當之政策。況清政府為異族之政權，基督教亦異邦之宗教。以此攻彼，實不易自圓其說。

　　西人之記載如非出於誤會，則洪氏之民族思想包含民族自主與國際平等之二義。非吾國舊日尊華賤夷觀念所能範圍，亦與王船山《黃書》之論略有分別，洪秀全於本鄉傳教時嘗告洪仁玕曰：「上帝劃分世上各國，以海洋為界，猶如父親分家產於兒輩。各人當尊重父親之遺囑而各自保管其所得之產業。奈何滿洲人以暴力侵入中國而強奪其兄弟之產耶？」又曰：「如果上帝助吾恢復祖國，我當教各國各自保管其自有之產業而不侵害別人所有。我們將要彼此有

63　辛酉十一年重刊時「上帝」均改為「中國」。羅、沈合編《詩文鈔》所載即據此本。

64　檄文中段列數滿洲變亂中國形像、人倫、配偶、制度、語言諸罪。然天王立國後並未一一恢復宋明制度，而頗致力於社會風俗之改革。《太平詔書》（壬子二年刊）中有〈原道救世詔略〉仿耶教十誡舉淫邪、不孝、殺害、盜賊、巫覡、賭博、煙酒等六不正，勸人革除。其見於行事者如改曆法、設女館、禁纏足、毀寺院偶像等。以今日眼光視之，得失相雜，恐亦未必真能推行也。

友誼，互通真理及知識，而各以禮相接。我們將共拜同一之天父，而共崇敬同一天兄世界救主之真道。」[65]洪氏既自稱乃其「靈魂被接上天後之心中大願」，則顯係得諸西洋宗教之暗示，實本於基督教界之觀念，[66]未可以附會儒家《春秋》〈禮運〉諸義，[67]明矣。

　　太平天國理想之第二點為奉天博愛。天國以宗教立國，就理論言，乃一神權政體。[68]雖其所揭之基督教義有殊正教，其信仰熱忱逐漸衰減，而其宗教色彩則始終維持。簡言之，天國政治思想之根本觀念為天治神權。故洪、楊諸首領皆稱天以命人，而洪氏自稱上帝之次子，基督之幼弟，受天父之命以稱天王，遂獨為全國之元首。文告中表明此意者不祇一次。如辛開三月十四天王傳上帝之命謂：「天父曰：我差爾主下凡作天王。他出一言是天命，爾等要遵。爾等要真心扶主顧王，不得大膽放肆，不得怠慢也。若不扶主顧王，一個個都難逃命。」[69]此言所含大意，無殊中國古代之天治與歐洲中世之神權，無待加以解釋。洪、楊既假天命以號召羣眾，其所畫定之制度亦隨處表現宗教色彩。[70]即天王之名號亦依據教義而擇定。洪氏曾謂太平軍之目的在傾覆清廷，別創漢族新朝。然以「天父上主皇上帝無所不知，無所不能，無所不在，樣樣上，又無一人非其所生所養，纔是上，纔是帝。天父上主皇上帝而外，皆不得僭稱上，僭稱帝。」[71]故放棄歷代先例，不稱皇帝而自號天王。洪仁玕復為說曰：「孔丘作《春秋》，首正名分。大書直書曰天王，蓋謂繫王於天，所以大

65　簡《記》，頁35-36。

66　Christendom。太平軍指清為「妖」，殆即Heathen之意。按所謂互通交誼，亦近世國際思想之要旨。惟天國之國際知識極淺陋。如西人游天王宮見〈太平天國萬歲全圖〉一幅「極奇異可笑」（簡《記》，頁141-142）。

67　人類同為上帝之子孫，故嚴格言之，人類無貴賤可言，拜天父者即可為友邦。此與王船山認定夷狄在先天上劣於中國者不同。

68　Theocracy。

69　《詩文鈔》，頁1。

70　《天朝田畝制度》（《叢書》第一輯）規定「凡二十五家中設國庫一，禮拜堂一。」「凡內外諸官及民每禮拜日聽講聖書，虔誠奠祭，禮拜頌讚天父上主皇上帝焉。」然西人所著《天京觀察記》謂此制未行（簡《記》，頁117-118）。

71　《詩文鈔》，頁6〈辛開十二月二十五日時在永安詔〉。下文又謂天父天兄方可稱聖，「自今眾兵將呼朕為主則止，不宜稱聖。」

一統也。此天王尊號前代無人敢僭者，實天父留以與吾真聖主也。[72]殊無知秦政妄自尊大，僭稱上主皇上帝大號，無怪其作事顛倒，年祚不長也。」[73]

　　天國之宗教思想中有二事似值吾人注意。其一為洪、楊等承認人民與君長在宗教上平等。中國傳統思想認皇帝為「天子」。故依禮制惟天子得祭天地，臣民皆不得預。太平軍雖不廢君臣之等級，然既明白承認一切人類皆為上帝之子女，在宗教生活中根本平等，則事奉天主乃君臣民共有之權利。《天條書》曰：「今有被魔鬼迷蒙心腸者動說君長方拜得皇上帝。皇上帝，天下凡間大共之父也。君長是其能子，善正是其肖子，庶民是其愚子，強暴是其頑子。如謂君長方拜得皇上帝，且問家中父母，難道單是長子方孝順得父母乎？」[74]此宗教平等之說也。其二為洪、楊等承認上帝之權不但及於臣民，即天王本人實際上亦受其督制，天國首領每託言天父下降，[75]以取得羣眾之信從。《天父下凡詔書》即其紀錄之一種。如辛開元年十月二十九日楊秀清等託言天父下凡，命逮捕謀叛之周錫能。[76]足為假天命以震懾臣民之著例。又如癸好三年新刊之《天父下凡詔書》記楊秀清託天父降命以譴責天王之事，則足為天王受制之明證。其略謂「東王乘金輿至天王宮，天父忽再下凡，女官啟奏，天王步出迎接。天父怒曰：秀全，爾有過錯，爾知麼？天王跪下，同北王及朝官一齊對曰：小子知錯，求天父開恩赦宥。天父大聲曰：爾知有錯，即杖四十。眾官哭求代受。天父不許，乃令杖責天王。天王乃俯伏受杖。天父以其遵旨免其杖責。」[77]夫以天王之尊，猶不得不服罪受杖，則神權政體之精神誠已獲最充分

72　按註71所引，聖主之稱似不合。

73　《英傑歸真》（《叢書》一輯）。太平軍以洪楊諸人方可稱王，古代一切帝王皆加貶退，而通常於王字加犬旁（狂）代替原有之王號。

74　《叢書》第一輯。《太平詔書・原道救世歌》亦謂「開闢真神惟上帝，無分貴賤拜宜虔。天父上帝人人共，天下一家自古傳。盤古以下至三代，君民一體敬皇天。其時狂（即王字）者稱上帝，諸侯士庶亦皆然。試看人間子事父，賢否俱循內則篇。天人一氣理無二，何得君狂私自專。」

75　此襲古代教徒之故智，如《舊約・出埃及記》所載。

76　《詩文鈔》，頁145-155，張元濟校錄本。同書，頁114引天命詔旨書十餘項，皆起兵至元年間所發。

77　《叢書》第一輯。亦見陳《史》，頁174-175。

之表現。以視歐洲中世君主以違教而受破門之處分，[78]及中國漢代帝王因天變而為罪召之表示者，其實際上意義殆猶有過之者矣。

　　雖然，就政治思想言，天國自基督教所竊取最重要之精義，非神權而為博愛。《新約》書中屢申人類同宗相愛之旨。如耶穌謂凡遵行天父旨意者均為兄弟姊妹。[79]保羅謂凡人當互相服事，一切法律皆包含於愛人如己一語之中。[80]太平軍首領對此頗能加以發揮引伸，其言遂若與〈禮運‧大同〉，墨子兼愛相契合。《太平詔書》[81]中之〈原道醒世詔〉即為今存文獻中專闡博愛之著作。《詔書》謂：「世道乖離，人心澆薄，所愛所憎，一出於私。故以此國而憎彼國，以彼國而憎此國者有之。甚至同國以此省、此府、此縣而憎彼省、彼府、彼縣，以彼省、彼府、彼縣而憎此省、此府、此縣者有之。更甚至同省府縣以此鄉、此里、此姓而憎彼鄉、彼里、彼姓，以彼鄉、彼里、彼姓而憎此鄉、此里、此姓者有之。世道人心至此，安得不相陵相奪，相鬥相殺，而淪胥以亡乎？無他，其見小故其量小也。其以此國而憎彼國，以彼國而憎此國者，其見在國，國以外則不知。故同國則愛之，異國則憎之。其以此省、此府、此縣而憎彼省、彼府、彼縣，以彼省、彼府、彼縣而憎此省、此府、此縣者，其見在省府縣，省府縣以外則不知。故同省、同府、同縣則愛之，異省、異府、異縣則憎之。其以此鄉、此里、此姓而憎彼鄉、彼里、彼姓，以彼鄉、彼里、彼姓而憎此鄉、此里、此姓者，其見在鄉里姓，鄉里姓以外則不知。故同鄉、同里、同姓愛之，異鄉、異里、異姓則憎之。天下愛憎如此，何其見之未大而量之不廣也。」[82]雖然，此乃世衰俗弊一時之惡耳。當中國上古盛世，天下為公。禹、稷動饑溺之懷，孔丘發大同之論。揆之真道，誠無間然。蓋「天下凡間，分言之則有萬國，統言之則實一家。皇上帝，天下凡間之大共父也。近而中國是皇上帝主宰化理，遠而番國亦然。遠而番國是皇上帝生養保佑，近而中

78　可閱 *Encyclopaedia of the Social Sciences,* Vol. V. "Excommunication," pp. 678-9。關於神聖羅馬帝國皇帝亨利四世之述論。

79　《馬太福音》十二章五十節及《馬可福音》三章三十五節。

80　《加拉太書》五章十三─十四節。參閱《羅馬書》十三章八節，《希伯來書》十三章一至三節，《彼得前書》三章八至九節，《約翰一書》四章七至十二節。

81　《叢書》一輯。亦見《詩文鈔》（惟據張元濟本，「醒世詔」作「醒世訓」）。

82　此段文詞樸拙，頗似《墨子‧兼愛篇》。

國亦然。天下多男人，盡是兄弟之輩。天下多女子，盡是姊妹之羣。何得存此
疆彼界之私，何可起爾吞我併之念」乎？[83]

　　天下一家，共享太平，此殆天國最後之政治理想，而以平均分配為原則之
田畝制度則其具體之表現也。〈湘軍檄文〉謂：「農不能自耕以納賦，謂田皆
天主之田也。商不能自賈以取息，謂貨皆天主之貨也。」[84]語雖簡短，頗能揭
明天國之均平理想。蓋歐洲初期基督教徒本實行一種近乎共產之團體生活。[85]
洪、楊諸首領勢必受其暗示。而在乾嘉以來豪強兼併，貧富懸殊之社會環境
中，均平原則誠不失為一有力之號召。故起兵之始秀全即屢申令兵將不得私有
財物。[86]及定都南京，乃劃定制度，以求均平原則之實現。雖內政失修，立國
不永，所建之制未克施行，[87]而僅就其理想之內容觀之，未始非社會革命之先
聲也。[88]

　　按《天朝田畝制度》，[89]天下之田分為「尚尚」至「下下」九等，不論男

83　此下引〈禮運〉「大道之行也」至「是謂大同」一段。

84　〈湘軍檄文〉謂在太平軍中「惟天可稱父，此外凡民之父皆兄弟也，凡民之母皆姊妹也。」
　　以為其滅棄人倫之一例。按此或鍼對耶穌「誰是我的母親，誰是我的弟兄」之語（註79），
　　然以斥洪楊則未盡允當。蓋天國頗重孝道。如〈原道救世歌〉曰：「第二不正忤父母，大犯
　　天條急自更。」又曰：「孝親即是孝天地，培植本根適自榮。逆親即是逆天帝，戕伐本根適
　　自傾。」是其明證。

85　《新約‧使徒行傳》二章四四至四五節，「信的人都在一處，凡物公用。並且賣了田產家
　　業，照各人所需的分給各人。」四章三二節「那許多信的人都是一心一意的沒有一人說他的
　　東西有一樣是自己的。都是大家公用。（中略）內中也沒有一個是缺乏的。因為人人將田產
　　房屋都賣掉了，把所賣的價錢拿來放在使徒腳前，照各人所需用的分給各人。」

86　《詩文鈔》，頁5，〈辛開九月初七日天王在永安詔〉曰：「各軍各營眾兵將各宜為公，莫
　　為私，總要一條草（心）對緊天父天兄及朕也。繼自今其令眾兵將凡一切殺妖取城所得金寶
　　綢帛寶物等項，不得私藏，盡繳歸天朝聖庫。逆者議罪。」頁7，〈壬子八月初十在長沙
　　詔〉略同。

87　清張德堅等奉命編《賊情彙纂》（今名《太平天國實錄》）收集天國文件頗多，未得其行田
　　制之證據，而徵稅如舊。《詩文鈔》，頁79-80，忠王李秀成供詞中有謂「蘇屬百姓應納稅糧
　　並未收足。田畝亦是聽其造納，並未深究。」又謂天京被圍缺糧，諸王大臣集會時言眾王兄
　　王弟凡有金銀概行買米。洪姓者出令非洪姓之票不能買，票須用銀買。買糧回者加以重稅。
　　由此亦可知均平制之未通行。

88　朱希祖序，程演生《太平天國史料》一輯《天朝田畝制度》。

89　癸好三年刻，見程演生《太平天國史料》第一集（據巴黎東方語言學校藏本印）及蕭一山
　　《叢書》第一輯（影倫敦不列顛博物院藏本）。

女，按口分授人民。十六歲以上受田多於十五歲以下一半。一家之中，「人多則分多，人寡則分寡，雜以九等。如一家六人，分三人好田，分三人醜田，好醜各一半。」此於田地分配上求平均也。年歲之凶荒不同，不可無以調濟之。故《田畝制度》又立規定曰：「凡天下之田，天下人同耕。此處不足則遷彼處，彼處不足則遷此處。凡天下田豐荒相通，此處荒則移彼豐處以賑此荒處，彼處荒則移此豐處以賑彼荒處。務使天下共享天父上主皇上帝大福。」欲實行豐荒相通之原則，則耕田之收穫不可不由公家管理。「凡當收成時，兩司馬督伍長，除足其二十五家每人所食，可接新穀外，餘則歸國庫。凡麥、豆、苧麻、布帛、鷄、犬各物及銀錢亦然。蓋天下皆是天父上主皇上帝一家。天下人人不受私，物物歸上主，則主有所運用。」國庫之用於民生者有二。一為鰥、寡、孤、獨、廢、疾，不能勤耕服役者，皆頒國庫以養之。二為婚娶嘉禮，立有定式，皆用國庫以行之。此從享用上求平均也。分配與享用俱能平均，則天下之人「有田同耕，有衣同穿，有錢同用，無處不均勻，無人不飽煖」矣。

　　天國田制大要如此。其立意雖美而其法難行，可不待深察而自見。九等雜分，不啻重復井田經界之困難。即此一端已足阻礙均平理想之實現。又況洪、楊諸人心未至公，才非建設，其不能推行此驚人之社會改革，洵意中事。

　　天國政治理想中尚含有尚賢之一義，不可不加以敘述。太平軍起事首領中如洪秀全、洪仁玕等均為落第士子，於社會不平等之痛苦，當有切身之體認。故天京初定，即開科取士，[90]以一洩其往日憤懣之懷。《田畝制度》中之規定尤能掃除門閥階級，表現「選賢與能」之平等精神。天國之人，在宗教生活中則因各人才能高下相殊而有不同之地位。天王乃上帝之「能子」，故其位獨居萬眾之上。其餘首領，能遜天王，故以次位居其下。首領以外之人，則或能或不能。能者為官，不能者為民。為民者或農或兵，為官者由「伍長」以至於「監軍」等職。[91]官民升降，均有選舉考績及功罪賞罰之二途。「凡天下每歲一舉，以補諸官之缺。舉得其人，保舉者受賞。舉非其人，保舉者受罰。其伍

90　凌善清《太平天國野史》卷八〈科舉〉。
91　按《田畝制度》，每五家設一「伍長」（每伍四卒），二十五家設「兩司馬」，四兩司馬上設「卒長」，五卒長上設「旅帥」，五旅帥上設「師帥」，五師帥上設「軍帥」。每軍凡萬三千一百五十六家。軍帥之上有「監軍」、「總制」、「將軍」、「特儁」、「指揮」、「檢點」，及「丞相」。

卒民有能遵守條命及力農者，兩司馬則列其行蹟，註其姓名，并自己保舉姓名於卒長。卒長細核其人於本百家中。果實，則詳其並保舉姓名於旅帥。」旅帥以上依次保核，以達於監軍。監軍上詳，歷總制諸官以達於丞相。丞相稟軍帥。軍帥啟天王，然後降旨，分別授官。凡天下諸官，三歲一陞貶，以示天朝之公。監事以下官俱由上級者保陞或奏貶下屬，其手續略如保舉。總制以上官得上下互相保陞奏貶。諸官有大功殊勳或大奸不法之事，得上下在陞貶年限外隨時保奏。此選舉考績之法也，「凡天下官民總遵守十款天條及遵命令，盡忠報國者則為忠。由卑陞至高，世其官。官或違犯十款天條及逆命令，受賄弄弊者則為奸。由高貶至卑，黜為農。民能遵條命及力農者，則為賢為良，或舉或賞。民或違條命及惰農者，則為惡為頑，或誅或罰。」此功罪賞罰之法也。天國登庸黜陟之制度，雖意本大公，合於尚賢之義，然其法煩瑣難行。一命之微，須歷十餘級之保核，始得天王旨授。其制果行，恐民遺有用之才，官無可負之責。洪、楊首領缺乏政治建設之知識，此又一明證也。

第四編

近代國家之政治思想
轉變時期（下）

第二十一章

戊戌維新

第一節　戊戌維新之歷史背景

　　自明季以迄晚清，歐洲教士與商人不斷東來，力求在華之發展。中國數千年閉關之局，遂不復能繼續保持。以今日之眼光觀之，傳教、通商等事，乃國際往來之常，殊無拒絕之必要。然而當時君臣既無外交經驗，又乏國際知識。秦漢以後一統天下之觀念，深入心中。以天朝自居，鄙外國為蠻夷。實際上彼邦之富強遠過於我，而猶蒙昧無聞，妄自尊大。故方西人有所請求，當可許之時而堅不之許。及其挾武力以相陵迫，則倍蓰其原所請者而與之。向也自尊，終以受辱。積痛苦之經驗，幾近百年。然後舉國上下，凜然有悟。知舊章之不足用，思變法以圖存。戊戌維新者，清季變法運動最驚人之一幕也。

　　清代風氣閉塞，幾達不可思議之程度。姑舉數事以為例。乾隆五十八年英國使臣馬戛爾尼伯爵[1]至華交涉改善通商事務，准許傳教，及派員駐京諸事。高宗敕諭英王曰：「咨爾國王，遠在重洋，傾心向化，特遣使恭齎表章，航海來庭，叩祝萬壽，並備進方物，用將忱悃。朕披閱表文，詞意肫懇。具見爾國恭順之誠，深為嘉許。」「至爾國王表內懇請派一爾國之人，住居天朝，照管爾買賣一節，此則與天朝體制不合，斷不可行。」「設天朝欲差人常住爾國，亦豈爾國所能遵行。況西洋諸國甚多，非止爾一國。若俱以爾國王懇請派人留京，豈能一一聽許。是此事斷斷難行。豈能因爾國王一人之請，以致更張天朝百餘年法度。」又敕諭曰：「至於爾國所奉之天主教，原係西洋各國向奉之

1　Earl of Macartney.

教。天朝自開闢以來，聖帝明王，垂教創法。四方億兆，率由有素，不敢惑於
異說。即在京當差之西洋人等居住在堂，亦不准與中國人民交結，妄行傳教。
華夷之辨甚嚴。今爾國使臣之意欲任聽夷人傳教，尤屬不可。」[2]高宗此諭當
西曆1793年，距西洋教士初至北京已近二百年。朝廷君臣祇須稍事留意，則當
時歐洲政教文物之大概不難了然於胸。而觀敕諭所言，於十八世紀末年英國之
國策國勢，一無所知，徒譊譊然以天朝自詡。古人所謂井蛙禪蟲者，其所見勿
乃類似。

　　此愚昧之自尊態度，不僅朝廷有之，即學者亦不能免。俞正燮謂：「洋人
巧器，亦呼為鬼工，而羅剎安之。其自言知識在腦不在心。蓋為人窮工極巧，
而心竅不開。在彼國為常，在中國則為怪也。」[3]魏源〈論天主教〉曰：「受
教者先令吞丸一枚，歸則毀祖先神主，一心奉教，至死不移。有泄其術者，服
下藥，見廁中有物蠕動。洗視之，則女形寸許，眉目如生。詰之本師，曰：此
乃天主聖母也。入教久則手抱人心，終身信向不改教矣。凡入教人病將死，必
報其師。師至則妻子皆跽室外，不許入。良久氣絕，則教師以白布囊死人之
首，不許解視。蓋目睛已被取去矣。有偽入教者，欲試其術。乃佯病數日不
食，報其師至，果持小刀進前，將取睛。其人奮起擊之，乃踉蹌遁。聞夷市中
國鉛百斤，可煎文銀八斤。其餘九十二斤仍可賣歸原價。惟其銀必以華人睛點
之乃可用，而西洋人之睛不濟事也。」[4]俞理初、魏默深乃乾嘉有名學者，而
其所見荒謬如此，則其餘更不足論。夫西人製器傳學之事迹，彰然可按。徒以
自尊之見，橫梗胸中，遂不願虛懷探究，而自陷愚誣於不覺。事之可惜，孰逾
於此。

　　抑吾人勿疑製器傳教皆中國向所未有，故士大夫易生錯誤之觀察。實則自

2　《清朝續文獻通考》卷三三四〈四裔考四‧英吉利〉，稻葉君山《清朝全史》下卷，頁82-
　　88，及蕭一山《清代通史》中卷，頁766-768均引此論文。第二敕諭末段曰：「若經此次詳諭
　　後爾國王或誤聽爾下人之言，任從夷商將貨船駛至浙江天津地方，欲求上岸交易，天朝法制
　　森嚴，各處守土文武恪遵功令。爾國船隻到彼，該處文武必不肯令其停留，定留立時驅逐出
　　洋。未免爾國夷商徒勞往返，勿謂言之不豫也。其懍遵勿忽，特此再諭。」

3　《癸巳類稿》卷十五〈天主教論〉。俞生於乾隆四十年，卒於道光二十年（1775-1840）。癸
　　巳乃道光十三年。

4　江上蹇叟（夏燮）《中西紀事》卷二〈猾夏之漸〉引《海國圖志‧天主教考下》。魏生於乾
　　隆五十九年，卒於咸豐六年（1794-1856）。

尊自塞之風氣，久已深入人心，徧於全國，隨時隨地皆有露骨之表現。天象曆法，中國數千年所固有也。測算推步，又可由事實證明者也。乃於順、康間試行湯若望、南懷仁西洋曆法之時，疇人楊光先初攻排其曆法，既不得逞，乃轉而攻排其天主教法。其言有曰：「光先之愚見，寧可使中國無好曆法，不可使中國有西洋人。無好曆法，不過如漢家不知合朔之法，日食多在晦日，而猶享四百年之國祚。有西洋人，吾懼其揮金以收拾我天下之人心，如抱火於積薪，而禍至之無日也。」[5] 以世習疇人之專家，目觀精確之西法，不能同聲相應，降心以求，乃公然謂寧可使中國無好曆法。何其言之不近於理也！所幸清聖祖聰明特達，不為所惑。否則終清之世，好曆法固不能有，而西洋人則未必無。光先之「闢邪」，不過自塞自閉而已。

　　根深柢固之閉塞風氣，非自身力量所能打破。必俟外患頻來，痛懲深創，然後天朝之迷夢，始憬然以覺。首以鴉片戰爭，繼之以英法聯軍，與甲午之役。加以臺灣、琉球、安南、緬甸、膠州等地之喪失，江寧、天津、馬關諸辱國條約之簽訂，天朝尊嚴，損失無遺。外夷富強，有證可覩。於是「天朝百餘年之法度」在環境迫脅之下，不得不稍有更張。咸豐十年設總理各國事務衙門。同治六年設同文館。招集士子，學習天算、化學、格致、醫學及泰西語言文字。延西人為教習。七年遣派使臣出國辦理交涉事務。光緒元年派郭嵩燾為駐英使臣。同治十年、十二年、光緒三年，先後送學生留學歐美各國。同治四年設江南製造局。光緒六年設電報局。七年建開平煤礦鐵路。十一年設海軍衙門。凡此及其他新政，就其實際之效果言，雖未必皆有可觀，而就其歷史意義言，則顯然具有空前之重要性。蓋同、光以前國人墨守《禹貢》九州之地理範圍，認中國為惟一文明聲教之區。四海之表，縱有生民，然不過夷狄之屬，當為中國所撫有，而不能與我相抗衡。故秦漢以來之政論皆以「天下」為其討論之對象。二千年中，未嘗改移。及至道、咸以後，中國向所賤視之夷人，忽起而陵犯天朝。彼強我弱之事實，昭然可覩，而無可隱諱。於是昔日自尊自滿之態度，始為之一變。使節往還，是承認列國之並存也。設館留學，是承認西法之優長也。二千年之「天下」觀念，根本動搖，而現代國家之思想，遂有產生

5　《中西紀事》卷二〈猾夏之漸〉引楊光先《不得已書・日食天象驗篇》。書中又有《闢邪》上、下篇專駁天主教義。

之可能。然則帝國主義侵略之罪雖無可逭，其間接掃除之功，亦未可沒也。

　　雖然，猶有疑焉。同治及光緒初年之新政，觀其條目，固不失為富強之要圖。何以行之三十年而未能免甲午之敗，定富強之基乎？今日求其主要原因，易覩者似有二事。一曰頑固黨之阻撓太甚，二曰維新者之認識不足。同治新政僅為少數朝士所支持。絕對多數之士大夫仍堅守華夷門戶，深以被髮左袵為憂。此種不合時宜之頑固態度，雖賢者亦不能免。曾國藩中興名臣，竟不能納戈登整頓武備之言，而深怪沈葆楨翰林學習洋務之論。彭玉麟中興名將，至謂洋槍呆笨，輪船薄小，洋務有不必講者。[6]大學士倭仁痛惡西學，朝廷命其在總理衙門行走，屢辭不獲，乃墮馬傷足以求免。同文館既設，上奏力請罷之。略謂「立國之道尚禮義不尚權謀。根本之圖在人心不在技藝。今求諸一藝之末，又奉夷人為師，無論所學未必果精，即使教者誠教，學者誠學，其所成就不過術數之士。未聞有恃術數而能起衰振靡者也。」[7]名公巨卿之識見如此，則頑固黨壁壘之堅強，可以不言而喻。故當時言新政談時務之人，如郭嵩燾、曾紀澤、李鴻章等皆大為「清議」所不容，而新政之應舉辦者或以遭反抗阻撓而廢止。李氏致郭書嘗謂：「自同治十三年海防議起，鴻章即瀝陳煤、鐵礦必須開挖，電線、鐵路必應仿設，各海口必應添設洋學格致書館，以造就人才。其時文相[8]目笑存之，廷臣會議皆不置可否。是年冬晤恭邸，極陳鐵路利益，請先試造清江至京，以便南北轉輸。邸意亦以為然，謂無人敢主持。復請其乘間為兩宮言之。渠謂兩宮亦不能定此大計。從此遂絕口不談矣。」[9]郭氏致李書則謂「中國人心有萬不可解者。西洋為害之烈，莫甚於鴉片烟。英國士紳亦自恥其以害人者為構釁中國之具也，力謀所以禁絕之。中國士大夫甘心陷溺，恬不為悔。數十年國家之恥，耗竭財力，毒害生民，無一人引為疚心。鐘表玩具，家皆有之。呢絨洋布之屬，徧及窮鄉僻壤。江浙風俗，至於舍國家錢幣而專行使洋錢，且昂其價，漠然無知其非者。一聞修造鐵路電報，痛心疾首，羣起阻難，至有以見洋人機器為公憤者。曾劼剛以家諱乘坐南京小輪船至長沙，官紳大譁，數年不息。是甘心承人之害以使朘吾之脂膏，而挾其全力自塞其

6　陳恭祿《中國近代史》，頁54-55。

7　匡輔之〈倭文端公別傳〉。

8　按即文祥，同治朝官至武英殿大學士。同文館之設即由其動議。

9　《李文忠朋僚函稿》卷十七，光緒三年〈復郭筠僊星使書〉。

利。蒙不知其何心也！辦理洋務三十年，疆吏全不知曉，而以挾持朝廷曰公論。朝廷亦因而獎飾之曰公論。嗚呼！天下之民氣鬱塞壅遏無能上達久矣。而用其鴟張無識之氣鼓動游民，以求一逞，官吏又從而導引之。」[10]在如此環境之下，推行新政，宜乎其難於有成也。

同、光間士大夫對於新政認識之不足，亦為其困難之一。當時同情於維新者多承認西洋之物質文明乃其富強之由，而不知其政教制度又為物質文明之基礎。徒規摹船堅礮利之形跡，終不免畫虎類犬之譏。故嚴復嘗謂：「中國知西法之當師，不自甲午敗衂之後始也。海禁大開以還，所興發者亦不少矣。譯署一也，同文館二也，船政三也，出洋肄業四也，輪船招商五也，製造六也，海軍七也，海署八也，洋操九也，學堂十也，出使十一也，礦務十二也，郵電十三也，鐵路十四也。拉雜數之，蓋不止一二十事。此中大半皆西洋以富以強之基，而自吾人行之，則淮橘為枳，若存若亡，不能收其效。」[11]郭嵩燾駐英較久，於西洋政教規模有親切之了解，知製器、練兵並非其富強之全部內容。故其言亦曰：「西洋立國自有本末。[12]不明此義，則萬事皆無其本。即傾國考求西法，亦無裨益。」[13]觀嚴、郭之言，當時新政之精神與效果不難推想，而甲午戰敗之遠因，亦不難探索矣。[14]

戊戌維新勃起於甲午戰敗之後，實由同、光變法運動孕育發展而成。然青出於藍，後來居上。同、光變法僅知西器可用，西技當師。至戊戌則兼欲師用西洋之政教。蓋西學傳播，得譯書、留學、報館、學校之助[15]而漸深入普及。

10 陳《史》，頁256-257引。

11 《文鈔・原強》。

12 《使西紀程》。

13 見註9。

14 當時尚有一種言論取西法而附會古書，以為乃吾中國之所固有，足為變法之障礙。其最荒謬者為陳熾之《庸書》。其中有曰：「摩西者墨翟之轉音也。出埃及者避秦之事也。是知愛人如己即尚同兼愛之心也。七日拜天即『天志』『法儀』之論也。衣衾簡略即『節用』『節葬』之規也。壁壘精堅即『備突』『備梯』之指也。經說上下為光學重學之宗。句讀旁行乃西語西文之祖。其天堂地獄一說本於〈非命〉〈明鬼〉諸篇。乃竊釋氏餘緒以震驚流俗，而充其無父之量，不憚自棄其宗親。蓋墨氏見距於聖門，轉徙遷流而入西域。其抱器長往者，遂挾中國之典章文物以俱行也。」昔顧歡謂印度佛教乃老子化身所立（本書十一章註136），與此如出一轍。

15 可閱容閎《西學東漸記》，張星烺《歐化東漸史》，柳詒徵《中國文化史》第三編第十三至

當時士大夫之世界知識既較豐於同治諸公，其政治思想亦更合乎近代之標準。
所可歎者朝廷之愚昧依然，舊黨之頑固如昔。「百日維新」之直接結果則先有
庚子拳匪之反動，後有光、宣虛偽之新政。滿人猜忌閉塞，根本不足與有為。
維新諸公雖苦口大聲，不能喚醒清廷之醉夢。所謂不可與言而與之言，其事亦
大可哀已。

　　戊戌維新之領袖以康有為、梁啟超二人為最重要。本章述康氏思想，次章
述梁氏思想。「六君子」遺著無多。惟譚嗣同《仁學》似有一述之必要。爰附
論於康氏之後。

第二節　康有為之政治哲學

　　康有為原名祖詒，字廣廈，號長素，廣東南海人。生於清咸豐八年，卒於
民國十六年。[16]幼承家學，宗程、朱，有志為聖人。年十九學於同縣朱次琦。
朱氏人稱九江先生，主融通漢宋，不守一家門戶。朱氏旋卒，康乃退隱，演
〈禮運・大同〉之旨，合《春秋》三世之義，兼採西洋學說，著《大同
書》，[17]時年二十七矣。光緒十四年，以布衣伏闕上書，極陳外國相逼，中國
危險之狀，請朝廷取法泰西，實行改革。時人目為病狂，大臣不為上達。於是
南歸，設會講學，開通風氣。乙未中日和議既成，康氏在京集各省舉人上書，
請拒和、遷都、變法三事。又獨上萬言書，力陳變法不可復緩。二十三年，膠
州灣事起，康氏適在京任工部主事，上書請皇帝酌行採法、俄、日以定國是，
大集羣才而謀變政，及聽任疆臣各自變法之三策。工部堂官惡其伉直，不為代
奏。給事中高燮曾抗書薦之。次年戊戌正月，命王大臣傳見康於總理衙門。大
學士翁同龢言於德宗，謂「有為之才過臣百倍。」德宗既召見有為，乃於四月

　　十四章。

16　當西曆1858-1927。

17　此書創始於光緒十年，康氏二十七歲時。至光緒二十八年全書完成。現以錢定安校本為最完
　　全。《康南海文鈔》中所附者僅其甲乙二部。此外所著與政治思想有關者為《禮運注》（光
　　緒十年）、《孟子微》（光緒二十七年）、《孔子改制考》（光緒二十二年）。以上均收入
　　《文鈔》（民國三年上海石印本）、《春秋筆削大義微言考》（光緒二十七年）、《中庸
　　注》（同上）。

二十四日下詔定國是。於是有為與侍讀楊銳、中書林旭、主事劉光第、知府譚嗣同等同預新政。自此至八月初六日太后下詔垂簾聽政，約百日之中，廢八股，開學堂，改兵制，汰冗員，廣言路，立礦務、鐵路、工商、農局諸端，先後下詔舉辦。惟以舊黨阻撓，為時又暫，殆尠實際上之成效。太后既囚德宗於瀛臺，旋捕殺新黨，罷免同情變法之內外官吏。康氏以外人之助，亡命海外。曾遊歷歐美十三國，閱十六年始歸。辛亥革命以前，組保皇黨，圖與革命黨相抗。入民國後刊《不忍雜誌》，仍申虛君共和之說。民國六年與張勳共謀復辟，卒無所成。著《共和平議》以見其意。[18]同情者殊寥寥也。惟其所提倡之孔教會則歷久尚存。

康氏為戊戌維新之中堅人物。其政論雖鍼對一時一地之實際問題，而亦有理論上之基礎。蓋康氏自幼深受孔學薰陶，先入為主。朱九江漢宋兼融之家法，遂成為其全部思想之主榦。其後旁覽西書，雖多掇採，不過資以補充印證其所建造之孔學系統。非果舍己從人，欲逃儒以歸於西學。故吾人欲明康氏維新改制諸說之根本意義，非先一述其孔學淵源之社會埋想不可。

康氏認孔子為中國萬世不祧之教主與素王，孔子雖自謂述而不作，然究其實際，孔子立言皆託古以改制。[19]泛言之，六經皆教主所作以寄其改制立教之主張。專言之，《春秋》乃素王所修以著其天下萬世之憲法，而〈禮運大同〉、《春秋》三世尤孔子教法之中心也。三世之說，傳自何休。孔子「於所傳聞之世，見治起於衰亂之中。」於「所聞之世，見治升平。」「至所見之世，著治太平。」[20]故三世者，一曰據亂，二曰升平，三曰太平。大同之義，見於〈禮運〉。孔子答言偃之問，以「天下為公」當大同，以「天下為家」當小康。[21]有為合二傳之旨，以太平世當大同，以升平世當小康，附以西洋新說，推演引申，其進化之社會理想，遂大體成立。

---

18 可閱張伯楨《康南海先生傳》，梁啟超《戊戌政變記》，《清代學術概論》（單行本，頁126-137），錢穆《中國近三百年學術史》（第十四章）。（榮祖按：作者近年於康之思想有更進一步之研究，請參閱Kung-Chuan Hsiao. *A Modern China and a New World Kang Yu-Wei, Reformer and Utopian 1858-1927*, Seattle, University of Washington Press, 1975.）

19 康有為《孔子改制考》。

20 見本書第二章第六節註93。

21 同上，註88。

　　康氏論孔子為三世「立憲」曰：「《春秋》有臨一家之言焉，有臨一國之言焉。自臣民身家之權利義務與國家君相之權利義務，天下萬國之權利義務，皆規定焉。權利義務者，《春秋》莊生謂之道名分也。令人人皆守名分，則各得其所矣。孔子者聖之時者也。知氣運之變而與時推遷，以周世用。故為當時據亂世而作憲法，既備矣。更預制將來，為修憲法之用，則通三統焉。孔子又為進化之道而與時升進，以應時宜。故又備升平、太平之憲法，以待將來大同之世，修正憲法之時，有所推進焉。」[22]由此言之，孔子不僅為空前之教育家，實亦為古今中外最偉大之政治家。「今各國之憲法，眾人修之。《春秋》之憲法，一聖修之。今各國之為憲法，限於其一國，及其一時。《春秋》之為憲法，則及於天下後世。」[23]此豈歐洲先哲梭倫、柏拉圖等所能比擬乎？

　　考孔憲所以博大悠久如此者，以其適應三世而包蘊大同小康之二義也。康氏承公羊家之說，謂《春秋》有「大義」與「微言」二法。大義者，孔子所著據亂世之憲法而施行於三代以後之君主專制天下者也。康氏曰：「二千年來帝皇卿士動作典禮，皆行《春秋》法。漢世廷臣引《春秋》之義，若大居正，大一統，立子以貴不以長，立嫡以長不以賢，母以子貴，子以母貴，[24]大夫無遂事之類，[25]奉為憲法實行之。至衛太子疑獄，右將軍勒兵二萬於闕下以備非常，雋不疑亦以《春秋》斷獄，沿為成例，法司奉行。足證《春秋》為實行之憲法，至明。凡此皆成文憲法也。《公》《穀》傳寫之，在孔門為大義。皆治據亂世之法也。」[26]微言者，孔子所說升平、太平世之理想憲法也。[27]康氏釋之曰：「孔子以匹夫制憲法，貶天子，刺諸侯，故不能著之書而口授弟子。師師相傳，以待後世。故待口說以傳。今董仲舒、何休之傳口說，所謂不成文憲法也。[28]在孔門謂之微言，則多為升平、太平世之憲法焉。」[29]

22　《文鈔》〈刊布《春秋筆削大義微言考》題詞〉。

23　同上。

24　《公羊傳・隱公三年》，參《漢書》卷十九〈袁盎傳〉。

25　《公羊傳・隱公元年》，參《漢書・王陽傳》。

26　《公羊傳・桓公八年》。

27　同註22。

28　此康氏不知西政實況，牽強傅會之一例。不成文憲法，學者以稱英國憲法。其體用與春秋微言分毫無涉。

29　同註22。

抑孔門微言不僅見於《春秋》公羊家之師說。古籍之中如〈禮運〉、《孟子》皆明升平、太平憲法之旨，而〈禮運〉大同、小康之說尤為具體。孟子對齊宣王問用賢，有國人皆曰賢然後察用之語。[30]康氏解之曰：「此孟子特明升平授民權，開議院之制。蓋今之立憲體，君民共主法也。今英、德、奧、意、日、荷、葡、比、嗹、日本皆行之。左右者行政官及元老顧問官也。諸大夫，上議院也。一切政法以下議院為與民共之。」[31]孟子又有民為貴之語。[32]康氏解之曰：此「孟子立民主之制，太平法也。蓋國之為國，聚民而成立。天生民而利樂之。民聚則謀公共安全之事。故一切禮樂政法，皆以為民也。但民事眾多，不能一一自為。公共之事必舉公人任之。所謂君者，代眾民任此公共保全安樂之事。為眾民之所公舉，即為眾人之所公用。民者如店肆之東人，君者乃聘雇之司理人耳。民為主而君為客，民為主而君為僕。故民貴而君賤，易明也。眾民所歸，乃舉為民主。如美、法之總統得任羣官，羣官得任庶僚。所謂得乎邱民為天子，得乎天子為諸侯，得乎諸侯為大夫也。今法、美、瑞士及南美各國皆行之。[33]近乎大同之世，天下為公，選賢與能也。孟子已早發明之矣。」[34]

〈禮運〉大同、小康之說與《孟子》互相印證。吾人不避冗長，仍引康氏之言以見其意。《禮運注》曰：「大道者何？人理至公，太平世大同之道也。三代之英，升平世小康之道也。[35]孔子生據亂世而志則常在太平世。必進化至大同，然後孚素志。至不得已，亦為小康，而皆不逮，此所由顧生民而興哀也。天下為公，選賢與能者，官天下也。夫天下國家者，為天下國家之人公共同有之器，非一人一家所得私有。當合大眾公選賢能以任其職，不得世傳其子孫兄弟也。此君臣之公理也。講信修睦者，國之與國際，人之與人交，皆平等

---

30 見本書三章註41。

31 《孟子微‧總論》。

32 見本書三章註35。

33 此亦不盡合事實。美總統有較大之任用權。法總統幾於無權。瑞士則無專任之行政元首。

34 《孟子微‧總論》。

35 康氏於《禮運注‧序》中謂三代以後無論治亂皆小康之世。茲謂三代為小康世，似非矛盾。蓋康氏認《春秋》三世「一世之中又有三世。三重而八十一世。」（〈刊布《春秋筆削大義微言考》題詞〉）故三代有小康世中之據亂，漢唐有據亂世中之小康也。

自立，不相侵犯。但互立和約而信守之。於時立義，和親康睦，祇有無詐無
虞，戒爭戒殺而已，不必立萬法矣。此朋友有信之公理也。父母固人所至親，
子者固人所至愛。然但自親其親，自愛其子，而不親人之親，不愛人之子，則
天下人之貧賤愚不肖者，老幼矜寡孤獨廢疾者皆困苦顛連，失所教養矣。夫人
類不平則教化不均。風俗不美則人種不良。此為莫大之害，即中於大眾而共受
之。且人人何能自保不為老幼矜寡孤獨廢疾乎？專待之於私親而無可恃也，不
如待之於公而必可恃也。故公世人人分其仰事俯畜之物產財力以為公產，以養
老慈幼卹貧醫疾，惟用壯者，則人人無復有老病孤貧之憂。俗美種良，進化益
上，此父子之公理也。分者限也。男子雖強而各有權限，不得逾越。歸者巍
也，女子雖弱而巍然自立，不得陵抑。各立和約而共守之。此夫婦之公理
也。」大同公理之條目如此。康氏又進為之解曰：「人之恆言曰天下國家身。
此古昔之小道也。夫有國有家有己，則各有其界而自私之。其害公理而阻進
化，甚矣。惟天為生人之本。人人皆天所生而直隸焉。凡隸天之下者皆公之，
故不獨不得立國界以至強弱相爭，並不得有家界以至親愛不廣，且不得有身界
以至貨力自為。故祇有天下為公，一切皆本公理而已。公者人人如一之謂。無
貴賤之分，無貧富之等，無人種之殊，無男女之異」也。[36]

　　小康之法，天下為私。優於亂世，而視大同則遠遜。「吾中國二千年來凡
漢、唐、宋、明不別其治亂興衰，總總皆小康之世也。凡中國二千年來先儒所
言，自荀卿、劉歆、朱子之說，所言不別其真偽精粗美惡，總總皆小康之道
也。」[37]夫大同公理之美善如彼，小康私道之缺陷如此。以孔子之至聖，何以
不鼓吹大同而猶傳小康以限二千年之治乎？蓋以孔子雖聖之時者，而「聖人不
能為時。雖蒿目憂其患，而生當亂世，不能驟踰級超進而至太平。若未至其
時，強行大同，強行公產，則道路未通，風俗未善，人種未良，且貽大害。故
祇得因其俗，順其勢，整齊而修明之。故禹、湯、文、武、周公之聖，所謂治
化，亦不出此小康之道。」[38]孔子又何能強立微言以為二千年之憲法乎？[39]

36　《禮運注》。

37　《禮運注・序》。

38　《禮運注》，參《孟子微》〈禹、稷當平世〉一章註。

39　梁啟超《清代學術概論》（單行本）謂「有為雖著此書（《大同書》），然從不以示人，亦
　　從不以此義教學者。謂今方為據亂之世，祇能言小康，不能言大同。言則陷天下於洪水猛

　　綜上所述觀之，足見康氏之政治哲學，共含五要義：一曰孔子為天下萬世制憲法。故立國撥亂致治之道，無待於外求，而西洋古今國家之政治，實際上與孔學相契合。二曰政治社會為一由亂至治之進化程序。時已至則法隨以變，時未至則不能躐等。三曰社會進化之次第為由據亂世以達小康升平世，由小康升平世以躋於大同太平世。四曰中國自秦漢至明清為由據亂達於升平之世。故當以小康之法治之。五曰大同為人類最後之歸宿。其條件在廢除家國人己之界，而一切博愛平等。此瓌奇宏肆之理想，當康氏甫二十七歲之時既已成立於胸中，直至年逾耳順，其言論亦未嘗越出此早年理想之範圍。而其清末維新立憲之主張，民初對民主共和之攻擊，亦莫不以此三世二法為依據。然而光宣朝士詆康氏為過激，民國時人復鄙之為頑固者，蓋由世風丕變，相形之下，康氏政論遂若新舊迥殊。實則數十年中，其根本之政治哲學固未嘗有所修改也。[40]

第三節　大同之理想

　　《大同書》為康氏政治理想之結晶。其內容雖不免誕妄可嗤之處，終為論康學者所不能廢。爰略述其梗概於此。

　　吾人頃謂康氏思想中含有博愛平等之義。世界大同者，實現人類博愛平等生活之理想制度也。若分別言之，則博愛為大同之基礎，平等為大同之作用。博愛為大同之動機，平等為大同之效果。二者雖相輔並行，而就康氏所言觀之，似博愛之義尤為重要。

　　康氏博愛之義貌似孔孟言仁，而實有分別，孟子謂人皆有不忍人之心。又謂惻隱之心仁也[41]故依孟子之說，仁心乃人類同情之表現，仁德乃仁心發展之完成。仁者愛人，其心中未嘗對一己之苦樂利害有所計較也。康氏亦謂「不忍之心仁也，電也，以太也。」[42]然而不忍之心，何自生乎？康氏釋之曰：「夫

　　獸。」是康氏於此能實踐其言。

40　梁啟超《清代學術概論》，頁149謂「有為太有成見，啟超太無成見」，此可作一例證。

41　見本書第三章註17。

42　《孟子微・總論》。

生物之有知者腦筋含靈。[43]其與物非物之觸遇也，即有宜有不宜，有適有不適。其於腦筋適且宜者，則神魂為之樂，其與腦筋不適不宜者，則神魂為之苦。況於人乎？腦筋尤靈，神魂尤清明，其物非物之感入於身者尤繁夥急捷，而適不適尤著明焉。適宜者受之，不適宜者拒之，故夫人道祇有宜不宜。不宜者苦也，宜之又宜者樂也。故夫人道者依人以為道。依人之道，苦樂而已矣。為人謀者，去苦以求樂而已，無他道矣。」[44]試以事實證之。人類有家庭社會之組織，親愛扶助之行為，不期然而自然，徧世界而略同者，則以喜羣惡獨，相扶相植為人情之所樂也。人類有部落國種之分，有君臣政治之法，雖身受拘管而不肯違背者，則以此諸制度皆所以保全家室財產之樂也。夫人道既依人以為道，則事之固然者即理之當然。求樂免苦之事實，即為人道善惡之標準。「立法創教令人有樂而無苦，善之善者也。能令人樂多苦少，善而未盡善者也。令人苦多樂小，不善者也。」[45]吾人就上引康氏諸言觀之，足見康氏所謂不忍之心，雖亦托根於人類之同情，然既繫之於個人一己之苦樂，則與孟子之純然依據同情者固自有別。[46]

　　人道在於求樂，而人類在事實遭受無窮之痛苦。康氏「入世界觀眾苦」，[47]條舉類列，綜括之為人生、天災、人道、人治、人情、人所尊羨之六大別。[48]康氏又推考人道求樂而受苦之原因，以為完全在乎不良之社會制度。「總諸苦之根源，皆因九界而已。九界者何？一曰國界，分疆土、部落也。二

---

43 康氏西學之知識遠勝俞正燮輩，見本章註3。

44 《大同書‧甲部‧緒言》（錢本，頁7）。

45 同上，頁9。

46 康氏之《仁學》實有與《墨子》相近處。康氏立論隨處流露「性惡」之假定。故認大同世必俟人種改良之後方能出現。墨子陰主性惡，見本書第四章註41。康氏求樂免苦之說，亦顯似墨子之「利所得而喜」，「害所得而惡」。至於康氏譏墨道大觳，不合求樂之原理（同書，頁9），而述大同世飲食衣服起居之安適（〈癸部〉），則其思想又略含《列子‧楊朱篇》所載享樂主義之成分矣。

47 〈甲部〉標目，頁1。

48 人生之苦凡七，如投胎、夭折、廢疾、野蠻等。天災之苦凡八，如水旱、蝗蟲等。人道之苦凡五，如鰥寡孤獨等。人治之苦凡五，如刑獄、苛稅、兵役等。人情之苦凡八，如愚蠢、仇怨、愛戀等。人所尊羨之苦凡五，如富貴、老壽等（頁11-14）。〈甲部〉一至六章分述諸苦。康氏所言大抵摭拾釋典，然不及釋典之詳盡。閱《涅槃經》卷十二，《顯揚聖教論》卷十五，《瑜伽師地論》卷四四。

曰級界，分貴賤清濁也。三曰種界，分黃、白、棕、黑也。四曰形界，分男女
也。五曰家界，私父子夫婦兄弟之親也。六曰業界，私農工商之產也。七曰亂
界，有不平不通不同不公之法也。八曰類界，有人與鳥獸蟲魚之別也。九曰苦
界，以苦生苦，傳種無窮無盡，不可思議」也。[49]吾人既知九界為眾苦之根
源，對症投藥。「救苦之道，即在破除九界而已。」[50]全書之主旨既已揭明，
康氏乃於乙部以下分別陳述其破除九界之主張與辦法。吾人今日觀之，猶覺其
中不乏詭奇激烈之高論。若康氏於清末刊播此書，則洪水猛獸之譏，斷乎不能
幸免。

　　破除九界之第一事為「去國界合大地」。蓋戰爭為人類大苦之一，[51]而國
家實緣之以產生。「自有人民而成家族，積家族吞并而成部落，積部落吞并而
成邦國，積邦國吞并而成一統大國。凡此吞小為大，皆由無量戰爭而來，塗炭
無量人民而後至，然後成今日大地之國勢。」[52]夫國緣戰爭而產生，則亦必永
遠相吞并。祇須國界一日尚存，則吞并未已而戰爭不息。「古者以所見聞之中
國四夷為人地盡於此矣。今者地圓盡出，而嚮所稱之中國四夷乃僅亞洲之一
隅，大地八十分之一耳。夜郎不知漢而自以為大，中國人輒以為笑柄。若大地
既通，合為一國，豈不為大之止觀哉。而諸星既通之後，其哂視蕞爾二萬七千
里之小球，不等於微塵乎？而非等於夜郎自大乎？然則合國亦終無盡也。國土
之大小無盡，則合并國土亦無盡。窮極合并，至於星團、星雲、星氣更無盡
也。合并國土無盡，則國上戰爭，生靈塗炭亦無盡也。今火星、人類國土之相
爭，其流血數千萬里，死人數千百萬而吾不知也。[53]即吾之仁能及土地矣，其
能救諸星乎？然則戰爭終無有息也。」[54]

　　吾人知戰爭與國界并存，則「欲去國害，必自弭兵破國界始。」[55]「而古

49　〈甲部〉，頁78。按諸苦皆因九界之言，小有未諦。蓋「人生」及「天災」諸苦與九界少直
　　接關係也。

50　〈甲部〉，頁79。

51　〈乙部〉，頁84-102，列舉古今中外戰禍之慘迹。

52　〈乙部〉，頁81。

53　此顯係誤會。西人名火星為Mars，同時又為羅馬人戰神之稱。康氏殆由此誤會火星上發生國
　　土相爭歟。

54　〈乙部〉，頁81-82。

55　〈乙部〉，頁102，第二章標目。

今人恆言皆曰：天下國家，若人道不可少者，此大謬也。今將欲救生民之慘禍，至太平之樂利，求大同之公益，其必先自破國界、去國義始矣。此仁人君子所當日夜焦心敝舌以圖之者。除破國界外，更無救民之義矣。」[56]

破除國界之事，自一方面言，實行甚為不易。蓋「國者人民團體之最高級也。自天帝外，其上無有法律制之也。各圖私益，非公法所可抑，非虛義所能動也。其強大國之侵吞小邦，弱肉強食，勢之自然，非公理所能及也。然則雖有仁人欲弭兵而人民安樂，欲驟去國而天下為公，必不可得之數也。」[57]自另一方面言，則「國界自分而合」，「民權自下而上」，乃大勢所趨，亦史實有證。戰爭由於吞并，而吞并歸於合國。弱肉強食，「適以為大同之先驅耳」。[58]是國界非不可除也。美、法革命，各國隨之。立憲徧行，共和大盛。「夫國有君權，自各私而難合。若但為民權，則聯合亦易。蓋民但自求利益，則仁人倡大同之樂利，自能合乎人心。大勢既倡，人望趨之，如流水之就下。故民權之起，憲法之興，合羣均產之說，皆為大同之先聲也。」[59]是又足見國界非不可除矣。

世界之政治大同雖可實現，然必循序以進，寬假年時。康氏主張合國之步驟，就範圍言，當自小以及大。先由少數同體、同力之國聯盟，次由同洲、同教、同種之人聯盟，最後乃由全世界之人平等聯合而大地統一。[60]就制度言，則先後宜行三體。一曰各國平等聯盟之體。如春秋之晉、楚，希臘之各國，皆「聯合之據亂世之制」也。二曰聯邦受統制於公政府之體。如春秋之齊桓、晉文，近世之德意志聯邦，皆「聯合之升平世之制」也。三曰去國界而世界合一之體。如美國及瑞士之聯邦，皆「聯合之太平世之制」也。[61]據康氏推算，「今百年之中，諸弱小國必盡夷滅，諸君主專制體必盡掃除，共和立憲必將盡行，民黨平權必將大熾，文明之國民愈智，劣下之民種漸微，自爾之後，大勢

56　〈乙部〉，頁103。

57　同上。

58　〈乙部〉，頁104。此似與本章註54所引相牴牾。就大體論，此處所言或為康氏真意所在。彼星團雲氣相吞并云云，殆不過誇張渲染之詞，不足據也。

59　〈乙部〉，頁105。

60　〈乙部〉，頁10。

61　〈乙部〉，頁105-107。

所趨，人心所向，其必赴於全地大同天下太平者，如水之赴壑，莫可遏抑者矣。」[62]

　　康氏堅信大同太平世能於短期內發展完成，故當仁不讓，以制憲之工作自任。合國有三體，故大同有三世。康氏於分別解說其內容外，[63]復立表以明其綱領。[64]其所建議，有高超之理想，亦有玄虛之幻想。吾人殆無一一縷述之必要。簡略言之，康氏定「初設公議政府為大同之始」。[65]公議云者，各國內政自主，但各選派議員以議聯合諸國間公政之謂也。公議政府之職務可綜括為維持國際和平秩序，及準備大地聯合之二大端。其關於前者，如議定各國公律，按公法判決各國交涉之事，平均關稅，弭兵制暴皆是。而康氏所擬後二者之辦法，尤值吾人一述。康氏謂「公議政府以弭各國兵爭為宗旨。各國現有兵數、軍械及械廠、戰艦皆應報告公政府。除其國必應自保外，有議增者，公議政府得干預之。太多者得禁止之。並歲議減兵之法。」[66]此弭兵之法也。又曰：「各國有不公、不平、不文明之舉動，公議院得移書責之，令其更改。」「各國有大破文明及公共之安樂，背萬國之公法者，公議院得以公調合各國之兵彈禁之。若仍不從，則同攻伐其國土，改易其政府。」[67]此制暴之法也。其關於大地聯合者，包括劃一語言文字，劃一度量權衡，逐漸轉移各國之土地人民於公議政府，建立公政府之海軍武力諸項。

　　公議政府行之既效，乃進一步「立公政府以統各國為大同之中」。[68]公政府與公議政府主要之區別為後者行於「各國主權甚大之時」，前者則行於各國政府主權減削以後。後者略似邦聯之組織，前者則近乎聯邦之體制。易詞言之，公政府之設立，即大同之初成。康氏所舉大綱凡十有三。括其要旨，一曰廢國，二曰廢君，三曰廢兵，四曰同文，五曰共曆。廢國者，分大地為十洲，

62　〈乙部〉，頁111，頁23曰：「二三百年中必見大同之實效。」民國八年二月康氏自題《大同書》甲乙二部單行本謂「不意三十五載而國際聯盟成。身親見大同之行也。」足見其樂觀之至，自信之極。儻康氏今日尚存，聞德、日等退出，聯盟解體之事，不知其當作何語耳。
63　〈乙部〉，三至四章，頁113-136。
64　〈乙部〉，頁136-165。
65　〈乙部〉，第三章，頁113-118。
66　第十六條，〈乙部〉，頁117。
67　第七條，頁116。
68　〈乙部〉，第四章，頁118-136。

分洲約為十界，各置自治政府而除去國之名稱也。廢君者，「各君主經立憲既久，大權盡削，不過一安富尊榮之人而已。其皇帝王后等爵號雖為世襲，改其名稱曰尊者，或曰大長者可也。或待其有過而削之，或無過而廢之，無不可也。且至此時平等之義大明，人人視帝王、君主等名號為太古武夫屠伯強梁之別稱，皆自厭之惡之，亦不願有此稱號矣。」[69]君政既除，乃設代表世界公民之上下議院，以決一切政事。故「公政府祇有議員，無行政官，無議長，無統領也。」[70]廢兵者，「歲減各國之兵，每減必令各國平等。減之又減，以至於無。[71]各國之兵既漸廢盡，公兵亦可以漸汰。及至於無國，然後罷兵也。」[72]同文者，「全世界語言文字皆同，不得有異言異文」也。[73]共曆者，全世界皆以大同紀元，行修改之曆法，而以光緒庚子春分為元年歲首也。[74]

　　大同之政治制度既立，康氏乃進論大同之社會制度。易詞言之，即除去國以外之八界也。

　　諸界中關於人倫者為家、形、級、種之四界。家界有妨博愛，形、級二界有礙於平等，種界則兼害二義。故皆不容長存於大同太平之世。級界之大別有三。一曰賤族。如印度之首陀，中國之優倡皂隸。二曰奴隸。三曰婦女。欲去級界，當取此三者一切解放之，當舉賣買人口之事而一切禁止之。[75]形界者政治與社會生活中種種之男女不平等。婦女不得仕宦科舉，充議員，為公民，是在政治上不平等也。婦女不得立門戶，主婚姻，為交際，治學術，是在社會上不平等也。夫男女之間除雌雄異形外，「既得為人，其聰明睿哲同，其性情氣質同，其德義嗜欲同，其身首手足同，其耳目口鼻同，其能行坐執持同，其能視聽語默同，其能飲食衣服同，其能遊觀作止同，其能執事窮理同，女子未有異於男子也。」[76]女子是人，則與男子同賦天權。[77]女子有能，則與男子同勝

69　〈乙部〉，第四章，頁120。

70　頁137，〈大同合國三世表〉八項三欄。

71　頁119。

72　頁120。

73　頁123。

74　頁124-136，庚子春分當西曆1901年荷蘭喀京萬國同盟之年也。

75　〈丙部〉，頁167-176。

76　〈戊部〉，頁193。

77　〈戊部〉，頁199。

職任。[78]「故以公理言之，女人當與男子一切同之。以實效徵之，女子當與男子一切同之也。」[79]吾人欲去形界以立平等，當開女學，許參政，婚姻與社交自由，男女之服裝同式。[80]如此則公理實效，兩得之矣。

家界之當去，前已言之。[81]然而去家界為一至難之事。蓋家之產生，基於人類天性及社會需要。夫妻父母子女之愛，人類之所同有。太古男女雜交，知母不知父。情好通而家庭未立。其後因女子須男子扶助方能盡保養子女之責，又因「男女雜合既久，則情好尤篤者而不願離，則有武力尤大者以強勇據之。交久則彌深，據獨則彌專，於是夫婦之道立矣。」[82]夫婦道立，家族形成，孝慈友愛諸德亦相隨發展。人類所以能生殖強盛，其受助於家族組織者力固不小。[83]然而弊隨利生，家族之有害於人類者亦不在小。家族托根於私愛，私愛必妨公理。愛家之極，於是損人益己之反社會行為皆由以生。此家之害一。家庭可以保育教養個人。然而家庭之範圍及能力均不廣大。故其教育所成之個人，亦不能得充分之身心發展。[84]此家之害二。中國素重家族倫理。表面觀之，其家庭生活似甚優美高尚。然而一究其實，則中國家庭之痛苦，倫理之虛偽，有遠出吾人意想之外者。[85]此家之害三。利害相參，利一時而害長久。蓋「家者據亂世升平之要，而太平世最妨害之物也。」[86]吾人雖知其難，固不得不努力除去之矣。

去家界之良法在逐漸廢棄私養、私教、私恤，而代以公養、公教、公恤。[87]公養之制寄於「人本」「育嬰」及「懷幼」之三院。人本者姙婦入居，

78　此與李贄所見略同（見本書十七章註64）。亦似柏拉圖《國家論》卷五（*Republic*, V. 449a-457f）及約翰‧穆勒《婦女壓制論》（J. S. Mill, *The Subjection of Women*, 1861）。

79　〈戊部〉，頁194。

80　康氏主張婚姻契約當名為「交好之約」。規定時限，勿過一年。不得有終身夫婦之名。期滿後懽好者得續約（〈戊部〉，頁246-252）。

81　本章註36。

82　〈己部‧去家界為天民〉，頁258。

83　〈己部〉，頁259-264。

84　〈己部〉，頁280-288。

85　〈己部〉，頁271-280。康氏對家族倫理之指摘已開譚嗣同「衝決網羅」之端。

86　〈己部〉，頁288。

87　〈己部〉，頁290-292。

不必夫家私贍。育嬰者嬰兒入育，不必生母私字。懷幼者兒童入養，不必父母私鞠。公教之制寄於公立蒙、小、中、大之四學院。兒童自六歲至二十歲分年入學，不復由家庭私教。公恤之制寄於公立醫疾、養老、恤貧、養病、化人之五院。凡人老病苦死之事，皆歸於公，不復勞家人之私計私慮。天下之人無出家之忍而有去家之樂，[88]則大同可至矣。

　　人倫諸界之中，去家界難，而去種界尤難。[89]人種有黃白棕黑顏色之殊，大小美醜形體之異，觸目自分，爰生畛域。欲其泯化，誠哉難能。且人種之間，稟賦各異。清濁不齊，爰生優劣。「白人、黃人才能形狀相去不遠，可以平等。其黑人之形狀也，鐵面銀牙，斜頷若豬，直視若牛。」[90]「至蠢極愚，望之可憎可畏。其與白人、黃人資格之相遠也，有若天仙之與地獄之鬼。」[91]「至於棕色者目光黯然，面色昧然，神疲氣薾，性嫻心愚，耗矣微哉！幾與黑人近矣。」[92]然則欲泯形色，齊才能，「去種界，同人類」，當循何道以及之乎？

　　康氏對此難題有消極與積極之兩重答案。消極者俟自然淘汰之結果，優種存而至劣者亡，自迥不齊而漸近平等也。康氏謂「全地之大，人類各自發生，種族無量，而以優勝劣敗之理，先後傾覆，以迄於今，存者則歐洲之白種，亞洲之黃種，非洲之黑種，太平洋南洋各島之棕色種焉。」茲數者中，黃、白優而棕、黑劣，經長期強弱之淘汰，「至大同之世，祇有白種黃種之存，其黑人棕種，殆皆掃地盡矣。」[93]然消極之淘汰，歷時甚久。欲促大同之速成，不可不採積極之改良人種辦法。[94]康氏相信改良人種可使劣下者成為優美。其法有三：一曰遷地。徙印度非洲等地之棕黑人種於加拿大南美諸地。氣候既殊，體色自變。二曰雜婚。黃、白、棕、黑相互雜婚，子孫之色，每變愈淺。三曰改食。人種之殊，每緣食異。「變棕、黑人之飲食與黃、白人同，久之亦必為

88　〈己部〉，頁290。
89　〈丁部〉，頁177。
90　〈丁部〉，頁180。
91　〈丁部〉，頁187。
92　〈丁部〉，頁186。
93　〈丁部〉，頁179。
94　〈丁部〉，頁180-186。

黃、白人矣。」[95]三法並行，「大抵由非洲奇黑之人，數百年進為印度之黑人。由印度之黑人，數百年可進為棕人。不二三百年可進為黃人，不百數十年可變為白人。由是推之，速則七百年，遲則千年，黑人亦可盡為白人矣。」[96]人種盡白，靈明同一，是為人種大同。

　　國、家、形、級、種五界既去，人倫改造已臻大同之域。然而生業不加改造，則社會猶未完全平等，亂階猶在而大同未備。康氏乃引申〈禮運〉貨不必藏於己，力不必為己之旨，而立公農、公工、公商之制。[97]其大意略近西洋之共產主義。康氏認定財產私有，生產私營之制度，不徒醞釀紛爭，亦且諸多耗費。故謂「農不行大同則不能均產而有饑民」，「工不行大同則工黨業主爭將別成國亂」，「商不行大同則人種生詐性而多餘貨以珍物」。[98]然則「今欲致大同，必去人之私產而後可。凡農工商之業必歸之公。」[99]康氏所建議之制度，略似今日蘇俄之所行。舉凡農工業生產之工具均歸公有。其所生產之物資，均由公配，一切商業，均歸公營。其目的在公益而不在利潤。[100]如此則人人皆公，人人皆平，而大同至矣。

　　康氏公產之理想雖似蘇俄，其擬採之方法則無取於流血之革命。康氏認去產易於去國，而其關鍵則在去家。家去而國與產隨之。「欲去家乎？但使大明天賦人權之義，男女皆平等，獨立婚姻之事，不復名為夫婦，祇許訂歲月交好之和約而已。行之六十年，則全世界之人類皆無家矣，無有夫婦父子之私矣。其有遺產無人可傳，其金銀什器皆聽贈人。若其農田工廠商貨皆歸之公，即可至大同之世矣。」[101]

　　康氏政治與社會改造之理想之主要內容，略如上述。其餘三界之破除，殆可視為引申推廣之餘義。「去亂界」者立大同之政制與文化。[102]「去類界」者

95　〈丁部〉，頁186。

96　〈丁部〉，頁188。改種之說缺乏科學依據。康氏蓋未嘗讀近世生物學之書也。

97　〈庚部〉，頁353-382。

98　〈庚部〉，第一、二、三章標目。

99　〈庚部〉，頁362。

100　〈庚部〉，第七至九章，頁362-377。

101　〈庚部〉，頁380。

102　〈辛部〉，頁383-430。

推仁民以愛物。[103]「去苦界」者發展物質文明以極人生之享樂。[104]康氏謂「大同之世人無所思。安樂既極，惟思長生。而服食既精，憂慮絕無。」又謂「神仙者大同之歸宿。」「神仙之後，佛學又興。」[105]於是大同教主，由儒轉墨，逃墨歸楊，而終入於老、釋。「康聖人」乃一變再變而為「真人」，為「法王」。雖其言荒渺玄虛，理無可用，而縱肆瓌奇，則前所未見也。

第四節　康有為之維新論

康氏以大同太平世為最後之理想。其戊戌前後維新變法之言論皆屬於小康升平撥亂世之範圍。前者以漸進為改造，後者寓維持現狀於變法之中。[106]明乎此，則知康氏保皇立憲諸主張非徒不與其大同理想相衝突，而實為援據《公羊》三世學說之必然趨勢。

康氏維新主張之第一要義為變法而不革命。《春秋》三世由據亂歷升平而至於太平。孔子制憲，隨時世之升降而為之條理。古今中外之法，未有長久不變而可以為治者也。康氏於戊戌正月告德宗曰：「臣聞一姓之霸有天下者，刻籀其鐘鼎，摩呵其靈廟，徘徊其冊府，皆有神謨遠算，深計長慮，以為子孫萬世之業。然類皆數百年而斷滅，或數十年而斷滅。其祖宗之經文緯武皆廢弛敗壞而不可用。子孫墨守其陳迹而失其精意，遂相以尋於禍敗，謂一姓不再興。覽四千年青史之載，歷朝興亡之迹，豈不哀哉！《詩緯》曰：王者三百年一變政，蓋變者天道也。」天地萬物，能變者久存。「泰西之國一姓累敗而累興，蓋善變以應天也。中國一姓不再興者，不變而逆天也。夫新期必變前朝之法，與民更始。蓋應三百年之運，順天者興。興其變而順天，非興其一姓也。逆天者亡。亡其不變而逆天，非亡其一姓也。一姓不自變，人將順天代變之，而一

103 〈壬部〉，頁431-439。

104 〈癸部〉，頁441-453。

105 見本章註46。

106 梁啟超《清代學術概論》，頁136，「有為始終謂當以小康義救今世。對於政治問題，對於社會道德問題，皆以維持舊狀為職志。」

姓亡矣。一姓能順天時，時自變，則一姓雖萬世存可也。」[107]前人論朝代興亡，有繫諸德之有無者，有一歸諸民之向背者，有原諸命之順逆者。今康氏直以能變與否斷國運之短長，則其重視維新，誠為儒家中所罕有。

　　然而吾人當注意，天道之變以漸而進，人道維新不可躐等。自康氏視之，清末為一據亂世。維新者可努力撥亂，以進於小康升平，而未可好高務遠，妄冀大同太平。易詞言之，戊戌前後之中國，不變法不能圖存，而變法當以維持天下為家之君主政體為條件。且中國之政權既握於清室，則當擁清帝以行立憲改制，興學整軍，開礦修路諸新政。此康氏所領導戊戌維新之基本理論，亦保皇黨人之基本信條。當時攻康氏者謂其「保中國不保大清」。[108]不知君主立憲之主張，正欲保大清以保中國。惜乎滿洲朝士多偏私愚蒙，不能利用康黨以自固耳。

　　康氏欲以小康義行維新。其反對民族、民權之革命運動實一不可避免之理論結果。故自戊戌以還，康氏對興中會、同盟會所揭之革命大義，攻排甚力，始終不休。其議論要旨約有二端：一曰種族革命之義不能成立，二曰政治革命之言出於誤解。

　　種族革命不能成立，由於種族界限之難於劃定。康氏以為世界民族本無純種，而漢人乃混血之蒙古族。其言曰：「近人多謂中國漢族全為黃帝子孫，有欲以黃帝紀年者。其實大地萬國無有能純為一族者也。夫黃帝出自崑崙，實由中亞洲遷徙而來。《史記・黃帝本紀》稱以師兵為營衞，則實由遊牧而入中國之北方。其時中國地屬有苗。」「歐人以中國人種同於蒙古人種，而馬來人別自為種。蓋馬來人種出自苗人，其音不同。而黃帝徙自中亞，實即蒙古人種。」若吾人欲於蒙古種中自立界限以排異族，則中國自古以來即多與異族混雜。「魏、齊、周、隋、五代、遼、金、元諸史中由諸番改漢姓者不可勝數，吾未及徧舉之。但舉簡要，則《北魏書・官氏志》九十九姓之所改，蓋中國之自負為三代華胄者，蓋無一能免於北狄所雜亂者矣。」[109]不寧惟是，主革命者斥滿洲為夷狄，為非類，遂欲顛覆驅之。而孰知滿洲之與漢人實共祖先而為同

<hr />

107 《文鈔》〈進呈《俄羅斯大彼得變政記》序〉。
108 梁《政變記》（《專集》本，頁76）〈御史文悌劾保國會語〉。
109 《文鈔》〈民族難定漢族中亦多異族而滿洲亦祖黃帝考〉。

類乎？康氏謂「滿洲之音轉從肅慎。其在周世曾貢楛矢石弩，皆黃帝二十五子
分封之所出。而匈奴之祖出於淳維，實為殷後，則北魏亦吾所自出耳。」[110]夫
漢人非神明之純種，滿人亦黃帝之子孫，則漢滿之界不立，而言排滿者非徒無
的放矢，實近同室操戈矣。[111]

　　康氏認定區分華夷惟一合理之標準為文化而非種族。蓋「孔子作《春
秋》，以禮樂文章為重。所謂中國夷狄之別，專以別文野而已。合於中國之禮
者則進而謂之中國，不合於中國之禮者則謂之夷狄。」[112]此義既明，亦可知
「一國之存亡在其歷史風俗教化，不繫於一君之姓系。」[113]康氏據此標準，參
中外史實，定亡國為四等。征服者絕滅亡國者之文化，如西班牙之於墨西哥，
為第一等。禁其文教，奴隸其人，如法之於安南，為第二等。抑制苛使其民，
如英之於印度，為第三等。或禁其語言，或奪其權利，如德、俄之於芬蘭、波
蘭，為第四等。中國之情形，若有一於此，則可預亡國之列，而當奮起以圖光
復。然而自康氏視之，滿洲既未嘗滅周孔之文化，則漢族固未嘗亡國。「我中
國雖屢更革命，而五千年文明之中國禮樂文章教化風俗如故也。自外入者入焉
而化之。滿洲云者，古為肅慎，亦出於黃帝後。其於明世封號龍虎將軍。然則
其入主中夏也，猶舜為東夷之人而代唐，文王為西夷之人而代商云爾。教化皆
守周孔，政俗皆用漢、明。其一家帝制，不過如劉、李、趙、朱云爾。五千年
文明之中國禮樂文章政俗教化一切保存，亦如英國也，則亦不過易姓移朝耳。
易姓移朝者，可謂之亡君統，不得以為亡國也。」[114]夫中國既未嘗亡國，滿洲
既非異類，則倡民族革命光復漢土之義者，誠不知其何所根據。不僅此也。中
國五千年中雖經女后盜賊夷狄之篡奪，而未嘗亡國。吾人殊難保證其永遠不
亡。康氏相信民族革命足以生內亂而速外患。[115]昔之不亡於蒙古、滿洲者，或

---

110 同上。章炳麟曾駁此說，見本書二十四章。

111 康氏曰：「民族義者專為合諸弱小為強大國者也。若夫英美俄諸大，則糾合羣種而為大國。
　　故民族之說不發焉。吾國之所以為大，真美俄英之比也。故萬無發民族義以自裂之理。若必
　　專明民族，則其始排滿矣。繼必排蒙古西藏之蒙回族矣。」同註109。康氏未及料辛亥革命
　　成功之後有「五族共和」之義也。

112 同註109。

113 《文鈔》〈君與國不相關，不足為輕重存亡論〉。

114 同上。

115 《文鈔》〈革命已成有五難中國憂亡說〉。

不免亡於德、俄、英、法等國。彼斷不能捨己從人以存我周孔之文物。「若中國今日而亡於外人乎，則必為芬蘭、印度、安南、爪哇、臺灣，必不得為北魏、金、元與本朝之舊，可決之也。以今之外人皆有文明化我故也。」[116]

康氏反對民族革命之議論，貌似成理，而實多強詞奪理。吾人祇須持與《大義覺迷錄》及《黃書》相較，觀其異同，即可知康氏之背宗邦而忠於殊類，謬誤顯然，無待吾人於茲深辨。至其反對政治革命之言，則亦多本諸似是而非之見解，不足以折服聽者。

康氏反對政治革命最大理由為按《春秋》三世之義，中國祇能行君主立憲之制，不宜行民主共和之制。據亂世不能行太平法，雖聖人亦不能勉強。「故獨立自由之風，平等自主之義，立憲民主之法。孔子懷之，待之平世而未能遽為亂世發也。以亂世民智未開，必當代君主治之，家長育之。否則團體不固，民生難成，未至平世之時而遽欲去君主，是爭亂相尋，至國種夷滅而已。」[117]蓋政制優劣，與時推移。若膠柱以鼓瑟，則美言亦不信。「夫所謂政黨議會，民權憲法，乃至立憲共和專制，皆方藥也。當其病，應其時，則皆為用。非其病，失其宜，則皆為災。」[118]此不僅於中國為然，實人類立政之通則。中國民智未開，國情殊眾，不能遽行共和，固矣。歐美各國行民主制而安樂者，不過美與瑞士。[119]其餘諸國，皆以共和而致亂。法人妄效美國，大亂八十三年而後定。中南美二十共和國，自智利外，無一不大亂者。[120]蓋皆由時機未至，強行民主，遂啟無窮之紛爭。「若中國而行美之憲法乎，則兩黨爭總統之時，不知經幾年，不知死幾千萬人而後定也。」今將從法國之憲法乎？「法國內閣歲必數易，甚少能耐期年者。即內閣未覆時，總統與宰相意見不同，亦遭各黨所齮齕而不能施行。即能施行，亦不能久。故法之宰相即有奇才，亦難行其志。故四十年來，德、日強而法不振，皆由立法之初憲法不善之故。」今將從瑞士之憲法乎？瑞士以國會為政，「誠共和制之極軌」，而大同世之模型。然「此惟瑞士之至小國能行之。若中國廣土眾民，百倍於瑞士，萬幾之繁冗，亦百倍於

116 同註113。
117 《孟子微》〈萬稷當平世〉一章註。
118 《文鈔》〈中國以何方救亡論〉，此文作於民國二年。
119 《文鈔》《擬中華民國憲法草案發凡》，此文作於民國二年。
120 〈草案發凡〉及〈共和政體不能行於中國論〉，此文作於辛亥。

瑞士。若一一皆待公議而後行，則無事不敗。」美、法、瑞士之憲法均不能行
於中國，其他各國憲法，如自鄶以下，尤不足為仿傚之資。就此觀之，則謂
「民主共和，無一良憲法」可也。[121]

　　然則欲避免革命之禍，兼收變法之長，適合國情，澄清政治，捨君主立憲
以外，實無他道可循。康氏擁護君憲之言論，牽強紛紊，若無條理。究其大
意，似不外立憲可以避免專制，虛君可以避免政爭之兩端。此不徒驗諸西洋往
事而皆然。中國具有特殊之歷史背景，尤宜於施行此「奇妙之暗共和法」。[122]
原夫政治黑暗，生於天下為私。故當據亂世，中外人民所當爭者惟「國為公
有」之一義。「蓋天下者天下人之天下，非一人所能私有之。故天下為公，理
至公也。但當亂世，水火塗炭，民無所歸。有聰明神武者首出為君，民得所庇
以出水火，則國暫君有，亦亂世所不得已者。」及國民漸進，則君當以國復還
之民。否則民將自起而力爭其還。力爭之後，「若既得國為公有，則無論為君
主民主，為獨立半立，為同族異族，為同教異教，皆不深計」也。[123]雖然，此
就各國之事汎言之耳。若分別考其得失，則行虛君立憲者易安，行民主共和者
多亂。「夫立憲君主與立憲民主之制，其民權同，其國會內閣同，其總理大臣
事權與總統同。名位雖殊，皆代君主者也。除其有乾脩之君銜外，亦幾幾於古
之有天下者也。自德國外，君主殆不在有無之數矣。則總統與總理大臣之更
易，亦與君主之移朝易姓無異也。然爭總理大臣者不過兩黨人以筆墨口舌爭
之。歲月改易之，行所無事，國人幾忘，則與專制世之易相無異也。而爭總統
者兩黨列軍相當，驅國人之屬於黨者相殺。每爭總統一次，則死國民無算。夫
立總統不過為國民代理而已。乃為一代理而死國民無算，其害大矣。則反不如
有君主而不亂之為良法也。蓋非有愛於君主而必欲立之也。所以愛國民
也。」[124]歐人明於此理，故英比諸國至於迎異族之君以立憲。[125]反觀中國，則

---

121 《草案發凡》。
122 《文鈔》〈立憲國之立君主實為奇妙之暗共和法說〉。
123 《文鈔》〈新世界祇爭國為公有而種族君民主皆為舊義不足計說〉。
124 《文鈔》〈共和政體不能行於中國論〉。
125 《文鈔》〈歐人立憲必立君主且必迎異國或異族人為君主之奇異說〉，康氏於戊戌、己亥間
　　曾擬中國憲法草案，以英制為藍本。

〈禮運〉有天下為公之義，虞舜行恭己無為之政。[126]「積四千年君主之俗，欲一旦廢之，以起爭亂，甚非策也。」[127]故參鑑歐史，適應國情，自以採行君憲為最宜。

康氏擁護君憲之宗旨雖始終如一，其議論則隨時世而先後三變。當戊戌變法之時，康氏意在改造專制，故立言偏重於發揚民貴，而與民權思想，比較接近。如戊戌六月康氏為德宗論法國革命，曰：「民性可靜不可動也。一動之後，若轉石於懸崖，不至於趾不止也。《傳》曰：豈其使一人肆於民上。民愚不知公天下之義則已耳。既知之，則富貴崇高者眾之所妒，事權尊一者眾之所爭也。法民既遠感於美民主之政，近覩於英戮查理士逐占士第二之故，則久受壓制，具瞻岩岩，必傾覆之。」「且夫寡不敵眾，私不敵公，理之公則也。安有以一人而能敵億萬兆國民者哉！則莫若立行乾斷，不待民之請求迫脅，而與民公之。如英之威廉第三後諸主然。明定憲法，君民各得其分，則路易十六必有泰山磐石之安。」「而惜路易十六不能審時剛斷也。徘徊遲疑，欲與不與。緩以歲月，靳其事權。遂至身死國亡，為天下戮笑。」[128]康氏此言深切著明。路易十六云云，不啻為晚清之預言。又如光緒丁未代僑民請願，謂立憲法開國會為救亡之急務，「明詔已許之矣。所以遲遲者，或疑於民智未開，資格未至耳。夫以中國之大，四萬萬人之眾，學校之盛，當講求新學之殷，通於中外之彥，殆不可數計。而謂區區數百議員竟無此資格之人才。此不獨厚誣中國，自貶人才，亦無此理矣。夫以變法之日淺，閱歷之難，辦事之艱，人才或乏。若夫徒發空言，兼取中外，從多取決，豈患乏才。即有嚴苛之論，謂通才仍乏，豈合四萬萬人，公舉數百之人才，而多數取決者，其見聞知識乃不如政府數人之明耶？夫今政府諸臣之才否，非民等所能妄為毀譽。如諸臣多未游歷各國，未徧閱行省郡縣邊徼，以親貴清流之故，多不解民俗農工商礦之百業。凡此數事，皆舉議員應有之人，而政府諸臣皆實未經，則政府諸臣，雖可頌為上聖大賢，或真能清忠公正，而實不能免即聾從昧。雖有蘇張之舌，無能為政府諸臣解矣。夫以中國之奇大，危險之極勢，而付之寥寥數聾昧者之手，如以巨艦駕

---

126 同註123。
127 同註122。
128 《文鈔》〈進呈法國革命記序〉。

洪濤乘逆風潮，而以瞽人為舵師，其事可謂至奇。乃不謂其人才不足舉政府而
不設置之，又不謂待他日有治國之資格人才足而後設政府。何乃於全國人才公
謀國政，而獨責以才不足與。此商民等隱笑大奇而不可解者也。夫立憲不過空
文耳。苟無國會守之，則亦如教宗之經義耳。故商民等以為真欲救國，必先立
憲。真欲立憲，必先開國會。欲定憲法之宜否，與其派一二不通語文之大臣遊
歷考察，[129]不如合國會之民，獻千數百英彥之才而公定之」也。[130]康氏此言尤
明快犀利，逼近民權之義，深中清廷之病。蓋康氏本君憲之宗旨以攻專制，故
儼然一激進之維新人物矣。

　　康氏鼓吹立憲之言論，至革命軍興而一變為擁護立憲。《宣統辛亥之救亡
論》即其最要之文獻。此論共分十篇，自極言革命思想之錯誤，革命行為之危
險外，復申明君憲之優長，稱頌清廷之決斷。其用意顯在證明憲政既已推行，
革命徒成自擾。康氏謂「今者朝廷審天下為公之理，為中國泰山磐石之安，既
明且決，毅然下詔，行不負責任之義，而一切付之資政院。立開國會，公之國
民。定憲法而議立法，聽民望之所歸，組織內閣，俾代負責任。是朝廷下完全
共和立憲之詔矣。此一詔也，即將數千年國為君有之私產一旦盡捨而捐，出公
於國之臣民共有也。此一詔也，即將數千年無限之君權，一旦盡捨之，而捐立
法權於國會，捐行政權於內閣，改而就最高世爵，仍虛名曰君位云爾。國民
曰：國者吾之公產也。昔代理者以吾之幼少而代管之。今代理者已願將公產交
出，吾等可享此公產而無事矣。又曰：代理者總吾公產之全權也。今已將公產
權讓出公議公辦，代理者不過預聞而簽一名云爾。故昔之憤然爭者，今宜懽然
喜矣。故夫立憲云者，以君有之國為公有，以無限之君權改為最高世爵之代名
詞而已。」[131]不寧惟是，清廷既許資政院定憲法，[132]則立法行政大權，君主將
皆不能預。「凡此政權一切皆奪，不獨萬國立憲君主之所無，即共和總統之

---

129 此指光緒三十一年派五大臣（載澤等）出洋考察憲政，及次年九月下詔預備立憲。康氏此書
　　作於三十三年。三十四年八月清廷定九年立憲之期。
130 《文鈔》〈海外亞美歐非澳五洲二百埠中華憲政會僑民公上請願書〉。此會乃丁未元旦由保
　　皇黨改組而成。
131 同註123。
132 宣統二年庚戌開資政院，各省諮議局與資政院議員迭請召集國會。攝政王始允於宣統五年立
　　憲。

權，過之甚遠。雖有君主，不過虛位虛名而已。實則共和矣。可名曰虛君共和國。」豈止君主立憲而已哉！「虛君者，無可為比，祇能比於冷廟之土偶而已。」既無干於政事，又可免歲易總統之紛爭。「然則何不行之。抑將傾四萬萬人之財命，亡萬里之境土，棄五千年之文明，而爭一冷廟之土偶香火乎？即得勝之，亦太不值矣。漢已興矣，亦又何求。無亦可以已乎！」[133]

　　康氏亦知革命潮高，清室必覆。故嘗建議擁衍聖公以為庶君。雖顯違丙午以前保皇之主張，其堅持君憲之義，則依然如故也。及清帝遜位，民國成立，康氏言論又起變化。一方面相對承認共和立憲，另一方面則極力詆毀民主政治。於是戊戌維新之中堅，遂變為民國之守舊與反動分子。康氏於民國二年應門人請有擬中華民國憲法草案之作，以法國憲法為藍本。康氏非謂法國責任內閣制為完美之理想也。蓋革命已行，則英憲不可復用。不得已而求其次，惟法制為最近於虛君共和。然而寰宇之中，「民主共和，無一良憲法。」[134]中國取法乎中，至多不過可得下乘。何況開國數月，慘狀彌布。國會暴亂，將卒縱橫。民俗輕狂，政黨紛擾。內成無政府之變態，外伏強鄰虎視之危機。[135]然則革命共和，自康氏觀之，誠亡國之前奏而已。康氏嘗慨歎言之曰：「夫國會政黨，立憲之二巨物也。而我國如此也。則立憲尚未可行。追思戊戌時，鄙人創議立憲，實鄙人不察國情之巨謬也。程度未至而超越為之，猶小兒未能行而學踰墻飛瓦也。」[136]夫立憲尚未可行，而革命已先召亂，將操何術以救之乎？康氏認定禍亂之主要原因在誤行民權。故救亂之方即在抑制民權，勿使過於放縱。康氏又深知君主專制不可復行，乃創為「重國」之論以矯貴民之流弊。其言曰：「政治之體，有重於為民者，有重於為國者。《春秋》本民貴大一統而略於國。故孟子曰：民為貴，社稷次之。蓋天下學者多重在民，管、商之學專重在國，故齊、秦以霸。法共和之時，盛行天賦人權之學說。蓋平民政治以民為主。故發明個人平等之自由，不能不以民為重而國少從輕也。及德國興創霸國之義，以為不保其國，民無依託。能強其國，民預榮施。以國為重，而民少從輕。夫未至大地一統而當列國競爭之時，誠為切時之論哉！」「今吾國已無

133　《文鈔》〈虛君之共和國說〉。
134　《文鈔・草案發凡》。
135　見《文鈔》〈憂問〉、〈孤憤語〉、〈無政府〉、〈蓄亂〉、〈忘恥〉、〈國會歎〉諸篇。
136　〈國會歎〉。

君主，無君民之爭。法國重民之義已為過去矣。今為列國，非復一統之制。古者天下之義更不切矣。列強競峙，力征經營，心摹力進，日不暇給。少遲已失，稍遜即敗。然則以國為重乃方今切時之義。」「而中國之所當行也，以國為重，則當整紀綱，行法令，復秩序，守邊疆。」「先求自治自保，然後獎勵物質，潤澤文明，高談平等自由未遲也。」[137]康氏此言固亦娓娓動聽。雖然，猶有疑問焉。康氏重國之義，欲令何人行之乎？使國民行之，則程度苦於不足。使政府行之，則全國已同於「無政府」。使君主行之，則「盛德」之德宗，已埋骨於地下。宣統之冷廟木偶，亦已顛覆。而衍聖公既無人擁立，茫茫九州，誰其負拯救之責。惜乎！康氏於此極重大之問題，無明白之解答以釋吾人之疑也。[138]

　　抑康氏指摘民國，不僅限於其政治之混亂。民國初年一部人士醉心西化，蔑視國故之態度，亦引起康氏之痛恨。蓋彼認定「中國顛危，誤在全法歐美而盡棄國粹。」故昔之奏請剪髮易服者，今遂深悔鹵莽。[139]愛護國粹之極，至於反對行新曆，禁迷信，講衛生，禁娼妓、婢女、賭博諸事。[140]以孔教為國教，則其國粹主義最重要之表現也。康氏深信民族文化之存在，乃國之所以能久存而不滅。故曰：「凡為國者必有以自立也。其自立之道，自其政治教化風俗深入其民心，化成其神思，融洽其肌膚，鑄冶其羣俗，久而固結，習而相忘，謂之國魂。國無大小久暫，苟舍乎此，國不能立。以弱以凶，以夭以折。人失魂乎，非狂則死。國失魂乎，非狂則亡。」[141]夫論國魂則我固有之矣。「中國數千年來奉為國教者孔子也。」「中國能晏然一統，政治二千年者，何哉？誠半部《論語》治之也。」[142]孔教國魂，固不必圓滿無缺。國政俗教，有所未備。「未嘗不可采人之長，以補其短。」「若夫盡舍己之政治教化風俗，不擇其是非得失，而一以從人，是甘為奴而從主耳，甘賣身而離魂耳。天下之愚，未見

137〈中華救國論〉（壬子夏）參〈中國以何方救危論〉。

138民國六年康氏與張勳謀復辟，可視為行動上之答案。

139〈請剪髮易服摺〉（戊戌七月），跋語不知作於民國何年。

140《文鈔》〈議院政府無干預民俗說〉。

141〈中國顛危誤在全法歐美而盡棄國粹說〉。

142〈孔教會序〉（一）。

其比也。」[143]辛亥秋冬，中國五千年之經義、典章、法律皆隨清廷以俱棄。彼革命諸人不知此「數千年之經義、典章、法度乃積中國數千年無量數之聖哲為之，皆行之久遠，宜民宜人者。國之所以立者在此也。」[144]

采長補短之原則，誠未可非。然何者為西洋文化之長乎？康氏對此問題，亦前後持不同之主張。當戊戌時代康氏努力維新。觀其告德宗之言，殆欲舉中國一切之典章法度而變更之。丁酉十二月，德人占膠州。康上書極陳事變之急，勸清帝盡革舊俗，一意維新。大召天下才俊，議籌款變法之方。採擇萬國律例，定憲法公私之分。大校天下官吏賢否，其疲老不才者皆令冠帶退休。分遣親王大臣及俊才出洋。其未遊歷外國者，不得當官任政。又陳上中下之三策。其第一策為「採法俄日以定國是。願皇上以俄國大彼得之心為心法，以日本明治之政為政。」[145]次年正月復上書統籌全局。其言有曰：「能變則存，不變則亡。全變則強，小變仍亡。」又曰：「今茲之法，皆漢唐元明之弊政。」[146]觀此諸言，足見康氏戊戌變法之主張，非以摹倣西技，採用西器為滿足，而實欲推行西洋之學術典章法度。其觀點殆與郭嵩燾暗合，而較清末變法「第三界」以前諸公徒知西法之長限於船堅礮利製造精奇者遠為進步。[147]及民國改元，康氏乃一變其昔日激進之主張，轉以廢棄五千年經義、典章、法度為憂，而持局部采補之說。其意以為「中國所長者政治、教化、風俗，而西洋所長者科學、工藝、美術。吾人祇宜采彼之長，以我之政治、教化、風俗為主，而修飾之增長之。」[148]「蓋歐美之為美，在其物質之精奇，而非其政俗之盡良善也。吾政俗亦有善者過於歐美。但物質不興，故貧弱日甚耳。」[149]然則「吾人所亟採於歐美者，蓋有之矣。物質為最要。而理財學哲學諸學次之。物質者以其實物言之，則電化、機器、工程、土木也。以其貫通言之，則物理及數學

---

143 同註141。

144 〈中國還魂論〉。

145 梁《政變記》引《專集》，頁7-8。

146 同上，頁11。

147 同上，頁21-22。梁氏分變法為四界。（一）道光二十年以後，（二）同治初年至光緒十年，（三）光緒十一年至二十年，（四）甲午敗後至戊戌政變。

148 同註141。

149 〈中國還魂論〉。

也。以文美言之，則畫學、著色學、樂學也。以器用言之，水壓力、天然煤氣、電線、無線電、留聲電光線、電氣燈、蒸氣鎚、蒸汽喞筒、顯微鏡、千里鏡之類是也。以兵事言之，則速發槍砲、鋼製大砲、炸藥、汽船、汽球、飛船、兵艦、砲臺之類是也。以農機器言之，凡夫刈草、刈稻、播種、起草、耕耘、紡織、裁縫、製膠、造玻璃陶磁、諸金、塞門德土之類是也。」新世界各國以有此物質文明，不特能得遂用厚生之利，即「道德風俗國政悉因以剖晰變動，由臭腐而神奇焉。若以舊世界之物當之，則風摧草靡矣。有此者為新世界，為強國，日新無上焉。無此者為舊世界，為弱國，日就淘汰焉。」中國既未有此，則雖行「平等、自由、自治、共和、政黨、握手、鞠躬、免冠、易服」諸事，決無補於危弱。[150]豈徒無補。物質文明之基礎不立，「多行歐美一新法，則增中國一大害。」[151]醉心西洋之政教風俗者，可以懍然悟矣。康氏此論，實與張之洞輩中學為體，西學為用之主張相呼應。以視戊戌，不僅判若兩人，且有每下愈況之歎。

　　吾人即退一步言，不論戊戌與辛亥之是非，祇就康氏前後著論比並觀之，則自相違迕之譏，斷乎不能解免。康氏於戊戌曾謂「新朝必變前朝之法。」謂「今茲之法，皆漢唐元明之弊政」。謂「變法須盡革舊俗。」謂「全變則強，小變則亡。」謂「願皇上以俄國大彼得之心為心法。」[152]至辛亥以後則謂中國之危在盡棄國粹。謂以半部《論語》治天下，使「中國晏然一統，致治二千年。」謂數千年之經義、典章、法度「行之久遠，宜民宜人。」謂立國「當以我之政治教化風俗為主。」謂西洋之所長祇在物質文明。康氏之言如此。吾人實不解在短短之十餘年中，中國固有之政俗何以忽為朽腐，忽為神奇。西洋之所長，何以忽為政教，忽為物質。戊戌不可一日留之舊法，何以至壬子而忽變為不可一朝廢之國魂。清帝傚日、俄則必可富強，何以民國學歐美則必至危亂。凡此牴牾之處，恐推演《春秋》三世由八十一以迄於無窮世，亦未易消除調協。夫「有為太有成見」，則決非如其大弟子不惜以今日之我與昨日之我挑

<hr>

150 同註141。篇中又斥民國採用西服，謂「吾國自古稱中國以異於夷狄者，不曰衣冠之族，則曰冠帶之倫。今國未滅也。故為自滅其冠。」康氏殆忘其所服者非唐宋衣冠而為索頭遺制。以之祀孔廟而招國魂，魂而有知，得毋驚走。

151 〈中國還魂論〉。

152 大彼得恨俄俗閉塞，欲行歐化。盧梭《民約論》中嘗諷其操切。

戰者可知。推原其先後自異之由，或生於其保皇與尊孔之成見。康氏殆知不變法則清必亡，故不惜犧牲中國之舊法以存帝政。及清不變法而覆亡，則力斥西化之為害以存道統。故在康氏心曲之中，保皇為第一義，而愛護孔教、國魂尚為第二義。保皇不得，復辟不成，乃專注其情意於保教之一事。保皇出於至誠，故始終贊美君憲而痛惡共和。尊孔先入為主，故戊戌託古改制，暫時維新，而壬子復歸於守舊也。

　　吾人之推論如尚不誤，則可知康氏以立憲為保皇之手段，故其所號召者為假民權。託孔子以為變法之口實，故其所號召者乃假維新。今日事過境遷，康氏之失敗與錯誤已昭然在人耳目，似不勞於茲贅論。吾人不妨引當時人士之月旦以斷之。戊戌政變後，康氏亡命至香港，適日本宮崎寅藏亦在彼助孫中山先生推進革命事務。康氏弟子往晤。宮崎告之曰：「以如絲如綸之上諭而欲掃支那三千年之垢弊者，愚也。垢弊之來在乎人之心，而支那之人心，其視王言如劍頭之一映久矣。欲使王言而有效，則莫如蓄雷霆萬鈞之力，鋤殛當道之權倖。而欲收鋤殛之果，則兵與馬之後援也。夫康君有鋤殛之願而徒賴君權以一紙書而翻轉政府，此其所以敗也。」[153]此於保皇立憲之主張，真不啻為當頭棒喝矣。梁啟超於光緒壬寅著論曰：「今之言保教者取近世新學新理而緣附之曰：某某孔子所已知也，某某孔子所曾言也。」「然則非以此新學新理釐然有當於吾心而從之也。不過以其暗合於我孔子而從之耳。是所愛者仍在孔子，非在真理也。」「故吾所惡乎舞文賤儒，動以西學緣附中學者，以其名為開新，實則保守，煽思想界之奴性而滋益之也。」[154]民國四年復申論曰：「摭古書片詞單語以傅會今義，最易發生兩種流弊。一、儻所印證之義，其表裏適相吻合，善矣。若稍有牽合傅會，則最易導國民以不正確之觀念，而緣郢書燕說以滋弊。例如疇昔談立憲共和者，偶見經典中某字某句與立憲共和等字義略近，輒摭拾以沾沾自喜，謂此制為我所固有。其實今世共和立憲制度之為物，即泰西亦不過起於近百年。求諸彼古代之希臘羅馬，且不可得，遑論我國。[155]而比

---

153 《三十三年落花夢》中文節譯本，上海（大達），頁40。

154 《清代學術概論》，頁144引壬寅《新民叢報》。錢穆《中國近三百年學術史》，頁704-
　　708，謂康氏貌尊孔教，實尊西俗，與此相反，可參看。

155 按康氏雖喜傅會，亦知現代議會制度非我所嘗實行。戊戌代澗普通武〈請定立憲開國會摺〉
　　曰：「黃帝清問下民，則有合宮。堯舜詢於芻蕘，則有總章。盤庚命眾至庭，周禮詢國危

附之言傳播既廣，則能使多數人之眼光思想見局於所比附之文句。以為所謂立憲共和者，不過如是，而不復追求其真義之所存。二、勸人行此制，告之曰：吾先哲所嘗行也。勸人治此學，告之曰：吾先哲所嘗治也。其勢較易入，固也。然頻以此相詔，則人於先哲未嘗行之制輒疑其不可行，於先哲未嘗治之學輒疑其不當治。無形之中恆足以增其故見自滿之習，而障其擇善服從之明。」以康有為之維新，猶依傍孔子改制託古之臆說，則依傍混淆痼疾之深入人心可知。「此病根不拔，則思想終無獨立自由之望。」[156]梁氏此論，於有為所揭《春秋》萬世制憲之理想，不啻加以致命之打擊矣。

第五節　譚嗣同（1865-1898）

譚嗣同字復生，號壯飛。生於同治四年。父繼洵，官湖北巡撫。嗣同十二歲喪母，嘗受父妾虐待。此幼年之家庭境遇，對其一生思想，殆有深遠之影響。弱冠遊於新疆巡撫劉錦棠幕。大見稱許，歎為奇才。自是十年中，往來南北各省，遠及新疆、臺灣，察風土，交豪傑，研兵事，以天下為己任。甲午後，志益憤發，力倡新學，自稱康有為私淑弟子。設學會於湘，以與北京之強學會呼應，戊戌四月，定國是之詔既下，以學士徐致靖薦，自候補知府權充軍機章京，與楊銳、林旭、劉光第同預新政，時號「軍機四卿」。有為既敗，或勸嗣同亡命日本。則曰：「各國變法無不從流血而成。今中國未聞有因變法而流血者，此國之所以不昌也。有之，請自嗣同始。」八月初十日被逮，十三日與楊、林等六人同斬於市。[157]遺著有《仁學》、《壯飛樓治事篇》、〈兵制論〉、《寥天一閣文》二卷、《莽蒼蒼齋詩》二卷、《遠遺堂集外文》二卷

疑。〈洪範〉稱謀及卿士，謀及庶人。孟子稱大夫皆曰，國人皆曰。蓋皆為國會之前型，而分上下議院之意焉。《春秋》改制，即立憲法。後王奉之以至於今。蓋吾國君民久皆在法治之中，惜無國會以維持之耳。」〈丁未請願書〉亦曰：「經義之名分，以教宗語言奉之，而未嘗立國會以誓盟守之，渝盟則殛之。故漢唐宋明二千年來憲法若有而若無。以是政治遜於泰西。」

156《概論》，頁146引乙卯年《國風報》。

157 譚《三十自紀》、梁啟超《譚嗣同傳》（附〈戊戌政變記〉卷六，《專集》一，頁106-110）陳乃乾《譚嗣同年譜》。

等。[158]

　　譚氏思想之來源雖有自得於孔佛西學之處，然其大端則師承康有為而加以推演。[159]特以二人之性格不同，環境有異，其言論遂互有緩急溫厲之別。且譚氏死於戊戌，其所受於康氏者皆早年大同與維新之理論。保皇守舊之說非所得聞。故今日譚氏之書，遂覺其發揚蹈厲，與其師說頗不相類也。

　　《大同書》本平等自由之旨而立破除九界之論。《仁學》傅會莊子「在宥」而申論之曰：「治者有國之義也。在宥者無國之義也。曰：在宥，蓋自由之轉音。旨哉言乎！人人能自由，是必為無國之民。無國則畛域化，戰爭息，猜忌絕，權謀棄，彼我亡，平等出。且雖有天下，若無天下矣。君主廢則貴賤平，公理明則貧富均。千里萬里，一家一人。視其家逆旅也，視其人同胞也。父無所用其慈，子無所用其孝。兄弟忘其友恭，夫婦忘其倡隨。若西書中百年一覺者，殆彷彿〈禮運・大同〉之象焉。」[160]夫在宥之美如彼，而人類所以不能達到者，則由「網羅重重」，深困嚴縛之故。然則欲致人類於大同，勢非衝決網羅不可。「初當衝決利祿之網羅，次衝決俗學若考據若詞章之網羅，次衝決全球羣學之網羅，次衝決君主之網羅，次衝決倫常之網羅，次衝決天之網羅，終將衝決佛法之網羅。」[161]如此則天空海闊，無拘無絆，而在宥得矣。

　　網羅雖多，而束縛最苦，為禍至烈者，無過於名教與人倫。數千年來三綱五倫之慘禍，皆生於名教。「君以名桎臣，官以名軛民，父以名壓子，夫以名困妻，兄弟朋友各挾一名以相抗拒。」[162]而仁道歸於消亡。俗儒謬以綱常名教為千古不磨之天經地義。而不知名之起也，悉由人為，本無內在之價值。古以淫為惡名，故相習以淫為惡。「向使生民之初即相習以淫為朝聘宴饗之鉅

158　《仁學》成於光緒丙申，年三十二歲。〈兵制論〉作於己丑，年二十五歲。今有許嘯天編《譚嗣同集》（上海羣學社）及張元濟編《戊戌六君子遺集》。

159　《仁學・自敘》謂凡治此者當通佛經華嚴、相宗，西學《新約》、格致、社會，中學《易》、《春秋》、《禮記》、孟、莊、墨及周、張、陸、王等家。梁《傳》謂嗣同「冥探孔佛之精奧，會通羣哲之心法，衍繹南海之宗旨，成《仁學》一書。」（頁106）錢《學術史》頁676曰：「《仁學》者實無異於《大同書》也。（中略）長素之書玄言之，而復生之書篤言之。其實一也。」

160　《仁學》下。

161　〈自敘〉。

162　《仁學》上。

典」，則淫非惡名，亦孰知淫為惡者。[163]「獨夫民賊固甚樂三綱之名。一切刑律制度，皆依此為率。取便已故也。」[164]於是君為臣綱，父為子綱，夫為妻綱。君父恣睢於上，臣子憔悴於下。名教既立，雖身受荼毒，亦俯首帖耳，無敢呻吟。[165]人倫失其平等，社會趨於腐敗。故今日儻欲變法，非先變三綱五常之名教不可。[166]而名教既多賴獨夫民賊以維持，則欲變綱常，非先變君臣之義不可。

　　譚氏改革君臣之說，大體得自黃宗羲之〈原君〉、〈原臣〉，而頗逼近民權思想。《仁學》述君民之關係曰：「生民之初，本無所謂君臣，則皆民也。民不能相治，亦不暇治，於是共舉一民為君。夫曰共舉之，則非君擇民而民擇君也。夫曰共舉之，則其分際又非甚遠於民而不下儕於民也。夫曰共舉之，則因有民而後有君。君末也，民本也。天下無有因末而累及本者，亦豈可因君而累及民哉！夫曰共舉之，則且必可共廢之。君也者，為民辦事者也。臣也者，助辦民事者也。賦稅之取於民，所以為辦民事之資也。如此而事猶不辦，事不辦而易其人，亦天下之通義也。」[167]又論君臣之關係，曰：「古之所謂忠，中心之謂忠也。撫我則后，虐我則讎。應物平施，心無偏袒，可謂中矣，亦可謂忠矣。君為獨夫民賊，而猶以忠事之，是輔桀也，是助紂也。其心中乎？不中乎？」至於死節之忠，亦當依此義以辨之。「君亦一民也，且較尋常之民而更為末也。民之與民無相為死之理，本之與末更無相為死之理。然則古之死節者，乃皆不然乎。請為一大言以斷之曰：止有死事的道理，決無死君的道理。

163 同上。

164 《仁學》下。譚氏認此名教之禍，不當由孔孟負咎。其責實在荀學。上篇曰：「二千年來之政，秦政也。皆大盜也。二千年來之學，荀學也。皆鄉愿也。惟大盜利用鄉愿，惟鄉愿工媚大盜。二者相交相資，而罔不託之於孔。」

165 《仁學》上曰：「中國積以威刑箝制天下，則不得不廣立名為箝制之器。如曰仁則共名也。君父以責臣子，臣子亦可反之君父。於箝制之術不便，故不能不有忠孝廉節一切分別等差之名，乃得以責臣子曰，爾胡不忠，爾胡不孝。是當放逐也。是當誅戮也。忠孝既為臣子之專名，則終必不能以此反之。雖或他有所據，意欲詰訴，而終不敵忠孝之名為名教之所尚。反更益其罪，曰怨望，曰觖望，曰怏怏，曰腹誹，曰訕謗，曰亡等，曰大逆不道。是則以為當放逐，放逐之而已矣。當誅戮，誅戮之而已矣。曾不若孤豚之被繫縛屠殺也，猶奮蕩呼號以聲其痛楚，而人不之責也。」

166 《仁學》下，譚氏獨取朋友一倫，以其平等自由，其意略似李贄。

167 《仁學》下。

死君者宦官宮妾之為愛，匹夫匹婦之為諒也。」[168]

凡此所言，持與康氏戊戌主張相較，似無牴觸之處。然康氏闡民權而保大清，[169]譚氏則因辨正君臣之義而並及民族華夷之辨，直欲驅滿洲以復中華之政權。此則師弟相反，如南轅北轍，無可調融。《仁學》論異族壓迫之痛曰：「天下為君主囊橐中之私產，不始今日，固數千年以來矣。然而有知遼、金、元之罪浮於前此之君主者乎！其土則穢壤也，其人則羶種也，其心則禽心也，其俗則毳俗也。一旦逞其凶殘淫殺之威，以攫取中原之子女玉帛。礪獄貐之巨齒，效盜跖之奸人。馬足蹴中原，中原墟矣。鋒刃擬華人，華人靡矣。乃猶以為未饜。峻死灰復燃之防，為盜憎主人之計。錮其耳目，桎其手足，壓制其心思，絕其利源，窘其生計，塞蔽其智術。繁跪拜之儀以挫其氣節，而士大夫之才窘矣。立著書之禁以緘其口說，而文字之禍烈矣。且即挾此土所崇之孔教為緣飾史傳，以愚其人而為藏身之固。悲夫！悲夫！王道聖教典章文物之亡也，此而已矣。」[170]抑滿洲之入據中華也，其禍尤有過此者。「成吉思之亂也，西國猶能言之。忽必烈之虐也，鄭所南心史紀之。有茹痛數百年來不敢紀者，不愈益可悲乎！」[171]儻華人含悲茹痛而可以苟存，猶可說也。乃當東西列強環視之時，瓜分迫在眉睫，而滿洲政府，毫無所恤。「國與教與種將偕亡矣。唯變法可以救之，而卒堅持不變。豈不以方將愚民，變法則民智。方將貧民，變法則民富。方將弱民，變法則民強。方將死民，變法則民生。方將私其智其富其強其生於一己，而以愚貧弱死歸諸民，變法則與己爭智、爭富、爭強、爭生。故堅持不變也。究之，智與富與強與生決非獨夫之所任為。彼豈不知之。則又以華人比牧場之水草，寧與之同為韲粉而貽其利於人，終不令我所咀嚼者還抗乎我。此非深刻之言也。試徵之數百年之行事，與近今政治之交涉，若禁強學

---

168 同上。然戊戌之敗，譚氏死之，且嘗告梁啟超曰：「不有行者，無以圖將來，不有死者，無以酬聖主。」（《戊戌政變記・殉難六烈士傳》，頁109）七月二十九日又與康氏捧衣帶詔大哭。與此所言，不合。殆為德宗倚任所深動，故以死報之歟！抑欲以流血鼓天下士氣以遂變法之志而自附於死事之節歟！

169 張伯楨《南海先生傳》謂新黨往來函札不用光緒年號，以孔子紀年。且推崇譚氏，以為可當「伯里璽」之選。似康黨亦不必保大清。然就康氏所遺文字觀之，其本人以保皇為志，殆可無疑。

170 《仁學》下。此與康氏亦相反。康認滿洲採用漢人之文化，故中國未嘗淪亡。見上註114。

171 《仁學》下。

會，若訂俄國密約，皆毅然行之不疑。其迹已若雪中之飛鴻，泥中之鬥獸，較然不可以掩。況東事亟時，決不肯假民以自為戰守之權。且曰：寧為懷愍徽欽，而決不令漢人得志。固明明宣之語言，華人寧不聞而知之耶。」夫異族之壓制如彼，亡國之迫近如此，則「以時考之，華人固可以奮矣。且舉一事而必其事之有大利，非能利其事者也。故華人慎毋言華盛頓、拿破崙矣。志士仁人，求為陳涉、楊玄感以供聖人之驅除，死無憾焉。若其機無可乘，則莫若為任俠，亦卒以伸民氣，倡勇敢之風，是亦撥亂之具也。」[172]觀譚氏此諸議論，知民族革命思想之種子，已沸騰於其血液之中。惜乎其所遇者非孫中山而為康有為，遂使維新黨中多一冤魄，革命軍中少一猛將。今日尚論，誠不勝其扼腕矣。

譚氏由衝決網羅而推演至於民族自救，始與康氏同道而終於分道背馳。至其論維新變法，則始終不出康氏之範圍。雖或措辭有視康透闢之處，而其所據之原理則大略相同。吾人似不必於茲縷述。約言之，譚氏小變大同博愛之說，謂「仁以通為第一義。」[173]通之義有四：一曰上下通，二曰中外通，三曰男女通，四曰人我通。[174]四通不塞，則仁道完成而全球合一。夫仁者欲求其通，雖不能遽臻「太平世遠近大小若一」之境界，要不可自囿而拒人，以一族一國為不可逾越之畛域。然而自譚氏視之，清末人士於中外通之一義，實多數未嘗得聞。「數十年來學士大夫覃思典籍，探深研幾，罔不自謂求仁矣。及語以中外之故，輒曰閉關絕市，曰重申海禁。抑何不仁之多乎？夫仁以以太之用而天地萬物由之以生，由之以通。星辰之遠，鬼神之冥，漠然將以仁通之。況同生此地球而同為人，豈一、二人私意所能塞之。亦自塞其仁而已。彼治於我，我將師之。彼忽於我，我將拯之。可以通學，可以通政，可以通教。又況於通商之尋常者乎。」[175]

譚氏又本三世演進之理論以為維新張目。其意以為孔子之教，以革新為要義。至老子言靜主柔，天下風靡，而中國始入於暮氣沉沉之衰老狀態。「言學

---

172 《仁學》下。
173 《仁學》上。
174 《仁學》下。
175 《仁學》上。按此與排滿之旨不悖。滿洲壓制中國先違仁道故也。又按氏少作〈治言〉一篇發揮夷夏內外之舊說。及聞康氏大同義，乃悔而棄之。

術則曰寧靜，言治術則曰寧靜。處事不計是非而首禁更張。躁妄喜事之名立，百端由此廢弛矣。用人不問賢不肖而多方遏抑。少年意氣之論起，柄權則頹暮矣。陳言者則命之曰希望恩澤，程功者則命之曰露才揚己。既為糊名以取之而復隘其途，既為年資以用之而復嚴其等。財則憚關利源，兵則不貴朝氣。統政府臺諫、六部、九卿、督、撫、司道之所朝夕孜孜不已者，不過力制四萬萬人之動。繁其手足，塗塞其耳目，盡驅以入契乎一定不移之鄉愿格式。夫羣四萬萬之鄉愿以為國，教安得不亡，種類安得而可保也。」[176]

　　二千年之政治既為鄉愿之亡國政治，則圖存自救之方端在根本廢棄舊章，而別採西洋之制度。譚氏認定西洋之所長不僅在其物質文明，而其船堅礮利之成就，實有政治以為之基礎。此種見解，大致與郭嵩燾相合，而與張之洞、康有為異趣。在戊戌維新諸子中可謂獨具卓識。吾人請引其甲午戰敗後〈報貝元徵書〉以見其意。譚氏曰：「來語數十年來上大夫爭講洋務，絕無成效，反驅天下人才盡入於頑鈍貪詐！嗣同以為足下非惟不識洋務之謂，兼不識何者為講矣。中國數千年來何嘗有洋務哉！抑豈有一士大夫能講者。能講洋務即又無今日之事。足下所謂洋務，第就所見之輪船已耳，電線已耳，火車已耳，槍礮水雷及織布鍊鐵諸機器已耳。於其法度政令之美備，曾未夢見。固宜足下云爾。凡此皆洋務之枝葉，非其根本。執枝葉而責根本之成效，何為不絕無哉！」[177]譚氏又恐人疑效法西政有喪失國粹，自變於夷之嫌，乃本大同平等之義而為之說，認定人同此心，心同此理。西洋行之而有效者，亦即中國之所當行。人徒見中西之貌異，而不知彼我之實同。蓋中國與西洋之人「同生於覆載之中，性無不同，即性無不善。彼即無中國之聖人，固不乏才士也。積千百年才士之思與力，其創造顯庸卒能及乎中國之聖人。」故「道非聖人所獨有也，尤非中國所私有也。」[178]世俗不明此理，以優美之政教私之中國，私之中國之聖人，遂徒以製器之長許西人而稱之曰洋務。「洋務」既未收效，「浸淫既久，遂失其本義，而流為彈詆詈辱之名。其實了無所謂洋務，皆中國應辦之實事。為抵禦他國計在此，即不為他國亦竟不能廢此也。」[179]快哉此論，真不顧頑固黨之舌

---

176 《仁學》上。
177 《文集》。
178 〈報貝元徵書〉。
179 《治事篇第一‧釋名》。按譚氏變法之具體意見多在此十篇文中。

撟不下。使康氏於民國讀之，當不免興鳴鼓之感矣。

　　雖然，滿洲之君既寧為懷、愍、徽、欽，不任漢人得志，而漢人又多為鄉愿，為病夫，則變法之事，當何道以得行乎？譚氏以為列強為免中國衰老之病傳染自身計，「莫若明目張膽，代其改革。廢其所謂君主，而擇其國之賢明者為之民主。」[180]如是則中國人人自主，可以圖存矣。譚氏何人，非以一死殉戊戌變法者乎？何以有如此之主張。豈非行不掩言乎？吾人一再思之，而後得一近情之解答。康氏變法，重在保清。譚氏維新，則純出愛國。知舊章不足以自存，故不惜捨己以從西政。知滿洲不足言變法，故欲乞靈於國際干涉。審其動機與其識見，均在康有為之上。然而秦庭之哭既勢所不能行，救國之念亦如焚而不能戢。傍皇憤懣之際，不覺為康黨維新旗幟之所動。於是一誤於君憲之空想，再誤於德宗之倚任。一腔熱血，遂不得灑於其衷心隱含之國民革命主張，而轉以酬報心神宗而身獻帝之「聖主」。此誠戊戌政變中最慘痛之悲劇，而益令吾人深歎譚氏無緣參預興中會之可惜也。

180《仁學》下。

第二十二章

梁啟超

第一節　身世與學術

梁啟超字卓如，一字任甫，號任公。家於廣東新會熊子鄉，距崖山七里之一島也。祖先十世業農，至祖始學為儒。父寶瑛屢試不第，遂謝去，教授於鄉。任公生於同治十二年，卒於民國十八年。綜其一生，悉於國恥世變中度過。蒿目憂心，不能自已。故自少壯以迄於病死，始終以救國新民之責自任。享年雖僅五十有七，而其生活則雲變波折，與清末民初之時局相響應。

梁氏一生之活動，就大體言，約可分為四期。（一）自四、五歲至光緒十六年為幼學及舉業時期。（二）自十八歲至宣統辛亥為維新及立憲運動時期。（三）自四十歲至民國八年為投身政治及維護共和時期。（四）自四十八歲至十八年病歿為致力學術及社會事業時期。[1]

據梁氏自述，四、五歲時受四子書及《詩經》於祖及母。[2]九歲下筆千言，有神童之譽。十二歲補博士子弟，治帖括詞章。十三歲始好訓詁之學。十五至十七歲入學海堂，曾著〈漢學商兌跋〉萬餘言。十七歲舉廣東鄉試第八名。翌年春入京會試，下第歸，道經上海，購得《瀛環志略》及製造局譯西書若干種，是為其知有新學之始。八月，以陳千秋之介，得識康有為於廣州。自此之後，任公盡棄訓詁、考據之學而成為維新「康黨」之一員。

夏曾佑嘗謂梁氏受《大同書》及《仁學》之影響至深。任公於康、譚既為師友，此誠意中之事。然吾人當注意，康、梁學術淵源，實有重要不同之處。

1　參閱趙豐田《維新人物梁啟超》及素癡（張蔭麟）〈近代中國學術史上之梁任公先生〉（《天津大公報・文學副刊》十八年二月十一日）。

2　〈三十自述〉《飲冰室合集・文集》第四冊卷十一，頁15-20。

康氏幼受經學薰陶，夙以聖人自期。雖亦講求西學，而終以中學為根本。梁氏幼所治者為帖括訓詁，本與康學異趣。康氏於其初見，「取其所挾數百年無用舊學，更端駁詰，悉舉而摧陷廓清之。」別「教以陸、王心學，而並及史學、西學之梗概。」[3]當此除舊更新之際，流質易變。今昔挑戰之根苗，殆已潛種於此十餘歲青年之胸中。後日康、梁分手之因緣，實由長素所自造也。不寧惟是。《長興學記》條目雖本諸《論語》志道、據德、依仁、游藝之四言，以炳煥孔學，拯救生民為宗旨。而就梁氏自述觀之，似其所受最深刻之影響，不在康學之尊孔，而在其救民之宏願。梁氏謂其師每談國事杌隉，生民憔悴，或至欷歔流涕。「吾儕受其教，則振蕩怵惕，懍然於匹夫之責而不敢自放棄，自暇逸，每出則舉所聞以語親戚朋舊，強聒而不舍。流俗駭怪指目之，謚曰康黨，吾儕亦居之不疑。」又謂「啟超治《偽經考》時，復不慊於其師之武斷，後遂置不復道。其師好引《緯書》，以神秘性說孔子。啟超亦不謂然。」[4]觀此直率之自白，可見任公思想，自始即非南海所能範圍。後此康、梁分手，乃裂痕之逐漸增闊，而非突然背棄師說。蓋梁之所以為康黨，實在撥亂維新之一念。初以此投身門墻。繼以此奔走變法，鼓吹立憲。終亦以此脫離康黨，維護共和。康氏假維新之真象既逐漸顯明，梁氏勢不得不舍之而去。梁氏之主張屢易，其愛國維新之心情則到底如一也。

抑康、梁二人尚有性格上之差異。康氏富於自信心而「太有成見」，其性格略近於宗教家。梁氏則富於感情而「太無成見」，[5]其性格略似孔子所謂狂者，而兼含詩人與文學家之意味。此並非吾人臆測。任公嘗屢次自道之。如四十三歲時嘗謂「吾富於感情之人也。自吾之始有智識既日與憂患為緣，一二年來，恫傷孤憤，益以日積。及今殆不復能自制。獨居深念則歌哭無端，歡儔晤言則欷歔相對。」[6]夫以年逾不惑之人而猶歌哭不制，則其感情之濃郁真摯，誠可謂得天獨厚，大過尋常。有此充沛之感情以為其人格之基礎，故其一生奔走國事，無非出於愛國不能自已之熱忱。匪特無意功名，亦竟不計成

3　〈三十自述〉。

4　《清代學術概論》，頁138。

5　同上，頁149。

6　〈傷心之言小引〉（民國四年）《文集》卷三十三，頁54。

敗。[7]而其生平言行，亦因此磊落坦明，使接之者動國士無雙之歎。[8]雖然，感情之為物，「流質易變」。梁氏太無成見之特性，即托根於其豐富之感情。民國四年梁氏為自省之言曰：「吾之作政治談也，常為自身感情作用所刺激，而還以刺激他人之感情。故持論亦屢變。」[9]然則任公所謂以「今日之我與昔日之我挑戰」者，非出於有意矛盾，而亦有情不自禁之勢也。

光緒二十一年乙未二月，復入京會試。三月，中日和議成。梁氏從康，奔走變法，聯合廣東公車百九十人陳時事。此為任公參加政治運動之始。六月，與麥孺博編纂《中外公報》。七月任強學會書記。翌年七月開辦《時務報》於上海。《文集》中今為壓卷之《變法通議》十餘篇即當時報端所發表。在此時期中雖「亦時發民權論，但微引其緒，未敢昌言。」伍廷芳、張之洞慕其名，欲延攬之，皆謝不就。十月，乃應湖南巡撫陳寶箴聘，主講時務學堂，兼與黃遵憲、譚嗣同開南學會，發行《湘報》，於是提倡民權，放論平等大同，鼓吹保國、保種諸義，大為舊派葉德輝、王先謙等所痛惡。二十三年二月，發行《知新報》於澳門。二十四年春，助康氏開保國會於京師。五月，以徐致靖薦，賞六品銜，辦理大學堂譯書事務。八月，政變，與康氏先後亡命日本。

光緒二十五年至二十七年，梁氏發行《清議報》。二十八年至三十三年，發行《新民叢報》。在此兩報代謝交替之二十七與二十八年中，梁氏政論與康、梁關係，均曾發生變化。任公在辦《清議報》時立論，以宣揚立憲及攻擊朝政為中心。與其師之政見大致相合。及居東較久，與彼邦人士交接較多，讀西學書籍較廣，對康氏改制託古之假維新，漸感不滿。又以宮崎平山之介，得謁見孫中山先生，深有動於革命之義。[10]於是在其《新民叢報》中極力介紹西洋學術，兼倡民權革命諸說。雖眷戀師門，未能舍保皇黨而歸興中會。然而「徘徊於孫、康之間」，[11]已使始終反對民主之康長素幾乎興鳴鼓之責，而梁

7　光緒二十二年〈與嚴又陵先生書〉云：「啟超常持一論，謂凡任天下事者，宜自求為陳勝吳廣，無自求為漢高，則百事可辦。」（《文集》卷一，頁107）民國十年有〈「知不可而為」主義與「為而不有」主義〉一文（《文集》卷三十七，頁59-68），尤精湛。

8　民元梁氏返國，至北京。徐世昌語人曰：「此公無言不可談，無人不可談，以德性言之，當推海內第一人矣。」（張其昀撰〈梁任公別錄〉，《思想與時代》第四期，頁27）

9　〈吾今後所以報國者〉（民四）《文集》第十二冊卷三十三，頁52。

10　趙豐田《梁啟超》，張其昀〈別錄〉（《思想與時代》第四期，頁28）。參陳少白《興中會革命史要》及馮自由〈革命逸史〉。

11　陳伯莊《思想與時代》第十三期，頁50。參劉子健〈黨史上之梁任公〉（《中央周刊》五卷

氏於其師尊孔之主張，亦不恤公然駁斥，[12]與之立異。梁氏於事後追記之曰：
「啟超既日倡革命排滿共和之論，而其師康有為深不謂然，屢責備之，繼以婉
勸。」又曰：「啟超自三十以後，[13]已絕口不談偽經，亦不甚談改制。而其師
康有為大倡設孔教會，定國教，祀天配孔諸議。國中附和不乏，啟超不謂然，
屢起而駁之。」[14]

　　「康梁學派」雖自光緒二十八年起，永遠分岐，任公擁護康氏君憲之主
張，則以翌年應美洲保皇會之請，游美東歸而重趨堅定，繼續維持，至於民國
成立之前夕。二十九年所發表〈政治學大家伯倫智理之學說〉一文。[15]可視為
重返保皇壁壘之宣言。三十一年之《開明專制論》為君憲最巧妙最系統之辯
護。乙巳十二月以後，[16]《新民叢報》與《民報》立憲革命之爭，則保皇黨與
同盟會聚精會神之一場筆戰。至此任公不復徘徊於孫、康之間，而徑擁康敵孫
矣。光緒三十二年七月，清廷下詔，預備立憲。次年正月，保皇會改名憲政
會。七月，《新民叢報》停刊。八月，下詔立資政院。九月，梁氏與蔣觀雲等
設政聞社於日本，[17]開始為立憲之實際運動。丙午至戊申之兩三年，殆為戊戌
以後康、梁最樂觀之時期。此後則清廷復採壓制手段，政聞社既遭查禁，國會
請願團亦被彈壓。宣統三年八月，武昌革命軍起，任公猶不肯放棄希望。於堅
辭袁世凱內閣法律副大臣命後，與康氏發表虛君共和之主張。距清帝遜位僅一
月耳。

　　民國元年，任公正四十歲。其政治立場隨國體而完全改變。[18]九月，應朝
野人士之邀歸國，旋辦《庸言報》於天津。次年春夏，入共和黨及由此與民主
統一合併而成之進步黨。九月，任熊希齡內閣司法總長。是為任公投身政黨政
治之始，而亦其出處大異康氏之一端。此後雖任袁政府之幣制局總裁，憲法起

　　二十一期）。

12　二十八年《保教非所以尊孔論》（《文集》卷九，頁50-59）。

13　光緒二十八年。

14　《清代學術概論》（單行本）頁142-147。

15　《文集》卷十三，伯氏即 Bluntschli（伯倫智理）。

16　同盟會於八月二十日正式成立。《民報》於十二月發刊。

17　〈政聞社宣言書〉今在《文集》卷二十，頁19-28。

18　五年袁氏帝制敗後，民二政黨復起。進步黨分裂為三小派。旋其中二派憲法研究會及黨法討
　　論會合併為憲法研究會。「研究系」之名本此。

草員，及段祺瑞內閣財政總長，阨於環境，鮮有治績。然而自其歸順民國，悃款效忠，筆舌宣揚，身心並獻。袁世凱帝制自為，則與蔡鍔起「護國軍」以覆之，張勳復辟露，則與段祺瑞等馬廠興兵以討之。此皆與保全民國，實有功勞。以視康長素之反共和，預復辟，儼然以滿洲遺老自居者，不啻兩極之相反背。

六年中從政之結果，使任公意興蕭索，深感其投身政治之徒勞而無功。丁巳冬，乃辭去財長，息影園林。翌年漫遊歐洲。九年一月返國後，一改前轍，專力於社會事業及學術工作。共學社，中國公學，中比輪船貿易公司等皆其所發起或手辦。自十年秋以後，先後講學於天津南開大學，北平清華大學，南京東南大學等校。《先秦政治思想史》即十一年秋東南大學之講稿也。其他具有學術價值之書文，多為此時期之作品。計其生平著述，殆逾千萬言，今所刊者猶七八百萬言，[19]實為空前未有之宏富。儻使天假之年，能如黃梨洲之年登八秩，[20]則其對吾國之學術，當亦有空前之貢獻。

第二節　世界大同與民族國家

康長素立大同、小康之義，以泯種界為最後理想，而以保國魂為當前要圖。梁氏深受其影響。故在辛亥以前，徘徊於大同主義、民族思想二者之間。

19　任公文字結集刊行者有：（一）光緒二十八年，何擎一編《飲冰室文集》，編年體。有梁序。上海廣智書局出版。（二）三十一年《文集》分類體，日本東京金港堂出版（上海商務印書館發行）。（三）同上，廣智書局本。（四）民國四年，同上，上海中華書局出版。（五）五年，《飲冰室叢著》，上海商務。（六）十四年（乙丑），梁廷燦編《飲冰室全集》，編年兼分類，共五集，上海中華。（七）二十一年，林志鈞編《飲冰室合集》，分為《文集》與《專集》各自編年。共四十冊。上海中華。此為最完備之結集。

20　張其昀〈別錄〉，頁31，任公嘗以黃自比。至今尚無完備之傳記。丁文江曾以語體文撰《年譜》，趙豐田有《年譜長編》二十餘萬言，均未獲見（趙《譜》未付印，丁《譜》僅有油印本）。梁氏思想多起伏，故特詳其身世，以助了解。錯誤之處恐或未免。（榮祖案：近年研究梁氏之著作甚多，英文著作有：Joseph Levenson, *Liang Ch'i-Ch'ao and The Mind of Modern China* (1953), Philip Huang（黃崇智），*Liang Ch'i-Ch'ao and Modern Chinese Liberalism* (1972), Chang Hao（張灝），*Liang Ch'i-Ch'ao and Intellectual Transition in China* (1971)，中文著作有張朋園的《梁啟超與清季革命》與《梁啟超與民國政治》。）

雖有時攻擊《春秋公羊》，而卒不能堅持民族革命。吾人試略一稽考，即可見
其議論變遷之迹。

戊戌以前，梁氏殆仍守《公羊》師法。光緒二十三年為其同門徐勤作〈春
秋中國夷狄辨序〉曰：「孔子作《春秋》，治天下也，非治一國也。治萬世
也，非治一時也。故首張三世之義，所傳聞世，治尚麤觕，則內其國而外諸
夏。所聞世治進升平，則內諸夏而外夷狄。所見世治致太平，則天下遠近大小
若一，夷狄進至於爵。」「今論者持升平世之義，而謂《春秋》為攘夷狄也。
則亦何不持據亂世之義而謂《春秋》為攘諸夏也。」[21]

及戊戌亡命，久居日本。梁氏於歐洲之歷史政治認識較深，其言論乃漸傾
重於民族思想，而終至放棄《公羊》三世。光緒二十七年任公著論曰：「今日
歐洲之世界，一草一木，何莫非食民族主義之賜。」又曰：「民族主義者，世
界最光明正大公平之主義也。不使他族侵我之自由，我亦毋侵他族之自
由。」[22]雖然，此正大之主義僅為政治進化之一過渡原理，而非人類之最後歸
宿。今世之民族主義已轉為民族帝國主義。民族為過去帝國之化身，亦為將來
大同之先導。[23]「蓋自有天演以來即有競爭，有競爭則有優劣，有優劣則有勝
敗。於是強權之義，雖非公理，而不得不成為公理。民族主義發達之既極，其
所以求增進本族之幸福者無有厭足。內力既充而不得不思伸之於外。」於是公
平之民族主義一變而為強權之「民族帝國主義」。及侵略兼并，世界各國文化
增高，遠近若一，則民族帝國主義又將為「萬國大同主義」所取代矣。中國遭
逢民族帝國主義之時代，斷不可浮慕萬國大同之理想。政治既尚淺演，惟當急
起直追，以求臻於民族之境界。梁氏明之曰：「凡國而未經過民族之階級者，

21　《文集》卷二，頁48。

22　〈國家思想變遷異同論〉，《文集》卷六，頁20。

23　梁氏列表如左：

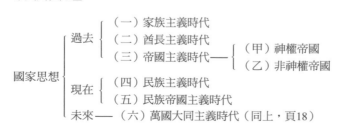

不得謂之為國。」「今歐洲列強皆挾其方剛之膂力以與我競爭，而吾國於所謂民族主義者猶未胚胎焉。」國將不國，可危孰甚。然則「知他人以帝國主義來侵之可畏，而速養成我所固有之民族主義以抵制之，斯今日我國民所當汲汲也。」[24]

凡此所言，雖注重民族，而未駁斥大同。與康學尚無重要區別。至二十八年梁氏著新民說，乃棄大同之古學，本民族之新義，而發揮近代之國家思想。其言曰：「國家思想者何？一曰對於一身而知有國家，二曰對於朝廷而知有國家，三曰對於外族而知有國家，四曰對於世界而知有國家。」「人之所以貴於他物者，以其能羣耳。使以一身孑然孤立於大地，則飛不如禽，走不如獸，人類翦滅亦既久矣。故自其內界言之，則太平之時，通功易事，分業相助，必非一人之身而備百工也。自其外界言之，則急難之際，羣策羣力，捍城禦侮，尤非能以一身而保七尺也。於是乎國家起焉。國家之立，由於不得已也。即人人自知其恃一身之不可，而別求彼我相團結，相補助，相捍救，相利益之道也。而欲使其團結永不散，補助永不虧，捍救永不誤，利益永不窮，則必人人焉知吾一身之上更有大而要者存。」此國家思想之第一義也。「國家如一公司，朝廷則公司之事務所，而握朝廷之權者則事務所之總辦也。國家如一村市，朝廷則村市之會館，而握朝廷之權者則會館之值理也。夫事務所為公司而立乎？抑公司為事務所而立乎？會館為村市而設乎？抑村市為會館而設乎？不待辨而知矣。兩者性質不同，而其大小輕重自不可以相越。故法王路易第十四朕即國家也一語，至今以為大逆不道。歐美五尺童子聞之，莫不唾罵焉。以吾中國人之眼觀之，或以為無足怪乎？雖然，譬之有一公司之總辦而曰：我即公司。有一村市之值理而曰：我即村市。試思公司之股東，村市之居民，能受之否耶？」「故有國家思想者亦常愛朝廷，而愛朝廷者未必皆有國家思想。朝廷由正式而成立者，則朝廷為國家之代表，愛朝廷即所以愛國家也。朝廷不以正式而成立者，則朝廷為國家之蟊賊，正朝廷乃所以愛國家也。此為國家思想之第二義。」「國與國相峙而有我國。人類自千萬年以前，分孳各地，各自發達。自言語風俗以至思想法制，形質異，精神異，而有不得不自國其國者焉。循物競天擇之公例，則人與人不能不衝突，國與國不能不衝突。國家之名，立之以應

24　同上，頁20-22。

他羣者也。故真愛國者雖有外國之神聖大哲而必不願服從於其主權之下。寧使全國之人流血粉身，靡有子遺，天必不肯以絲毫之權利讓於他族。蓋非是則其所以為國之具先亡也。」此國家思想之第三義也。「宗教家之論，動言天國，言大同，言一切眾生。所謂博愛主義，世界主義，抑豈不至德而深仁也哉？雖然，此等主義，其說離理想界而入於現實界也，果可期乎？此其事或待至萬數千年後，吾不敢知。若今日將安取之。夫競爭者文明之母也。競爭一日停，則文明之進步立止。由一人之競爭而為一家，由一家而為一鄉族，由一鄉族而為一國。一國者團體之最大圈而競爭之最高潮也。若曰並國界而破之，無論其事之不可成，即成矣，而競爭絕，毋乃文明亦與之俱絕乎？況人之性非能終無競爭者也。然則大同以後，不轉瞬而必復以他事起競爭於天國之中，而彼時則已返為部民之競爭，而非復國民之競爭。是率天下人而復歸於野蠻也。」故「國也者，私愛之本位，而博愛之極點。不及焉者野蠻也，過焉者亦野蠻也。」[25]此國家思想之第四義也。

　　梁氏所謂國家思想，乃十九世紀歐美人士之所共喻。然而反觀吾國，則知者蓋寡。「以言乎第一義，則四萬萬人中眼光能及一身以上者幾人。私利獨善，國事遑恤。以言乎第二義，則二千年中之古訓，知忠君而不知愛國。臣為一姓之家奴走狗，君無忠德以報國事民。以言乎第三義，則計自漢末以迄日今凡一千七百餘年間，我中國全土為他族所占領者三百五十八年。其黃河以北乃至七百五十九年。」[26]遭此彌天之奇恥大辱，中國人士當為之痛心疾首。「而所謂黃帝子孫者，迎壺漿若崩厥角，紆青紫臣妾驕人。其自嚙同類以為之盡力者，又不知幾何人也！」「以言乎第四義，則中國儒者動曰平天下，治天下。其尤高尚者如江都《繁露》之篇。[27]橫渠〈西銘〉之作，視國家為眇小之一物而不屑措意。究其極也，所謂國家以上之一大團體，豈嘗因此等微妙之空言而有所補益，而國家則滋益衰矣。」[28]

25　《新民說》第六節，〈論國家思想〉，《專集》卷四，頁16-18。

26　同上。頁19-20列表示異族侵略自漢趙劉淵至元成吉思。表之末行但設虛線以代滿清。殆任公心非之而猶諱言之也。

27　此斥漢代公羊家宗師董仲舒，亦隱斥康氏。梁氏所陳國家第四義之言多暗駁《大同書》破國界之主張。

28　同上，頁20。

　　梁氏推原國人缺乏國家思想之故，而歸咎於知有天下不知有國，及知有一己不知有國之二端。蓋吾國地勢平衍，政教統一，與歐洲之山河綜錯，邦國分存者迥異其勢。中國人之國家思想發達甚難遠過歐洲，而二千年中遂以「天下」自視其國。不寧惟是。戰國紛爭，生民塗炭，學者憂之，乃立《春秋》一王之義以矯正其弊。及秦漢統一，列國之事迹已亡，「天下」之理想有據。先秦之國家思想遂隨之而絕滅。國人久受此環境與學說之薰陶，則今日不能有國家思想，又何怪焉。「雖然，知有天下而不知有國家，此不過一時之謬見。其時變則其謬亦可自去。彼謬之由地理而起者，今則全球交通，列國比鄰。閉關一統之勢破而安知殷憂之不足以相啟也。謬之由學說而起者，今則新學輸入，古義調和。通變宜民之論昌，而安知王霸之不可以一途也。所最難變者，則知有一己而不知有國家之弊」而已。[29]然則欲立國家思想以救中國，「新民之道，不可不講矣。」[30]

　　梁氏新民之論，已隱含排滿之情緒，與其師頗相牴牾。至其以民族與民權相連，則尤為康氏所不喜。梁氏嘗分歐洲國家思想之變遷為三期。十八世紀以前，君為貴，社稷次之，民為輕。此「獨夫帝國」之思想也。十八世紀末至二十世紀，社稷為貴，民次之，君為輕。此民族帝國思想也。中國既尚未具有近代國家之資格，則宜力仿貴民之民族國家，而不可留戀專制，或妄冀帝國。「頑固者流，墨守十八世紀以前之思想，欲以與公理相抗衡。卵石之勢，不足道也。吾尤恐乎他日之所謂政治學者，耳食新說，不審地位，貿然以十九世紀末之思想為措治之極則。謂歐洲各國既行之而效矣，而遂欲以政府萬能之說移植於中國，則吾國將永無成國之日矣。」[31]「然則今日之中國，惟有實行歐洲十八世紀革命高潮中流行之平權思想而已。平權派之言曰：人權者出於天授者也。故人人皆有自主之權，人人皆平等。國家者由人民之合意結契約而成立者也。故人民當有無限之權，而政府不可不順從民意。此即民族主義之原動力

29　同上，頁21-22。

30　同上，頁1。梁氏釋新民之義曰：「新民云者非欲吾民盡棄其舊以從人也。新之義有二。一曰淬厲其所本有而新之，二曰採補其所本無而新之。」（頁5）第八節〈論權利思想〉，第九節〈論自由〉，第十一節〈論進步〉等篇，殆所謂採補其所本無也。

31　〈國家思想變遷異同論〉，《文集》卷六，頁22。

也。」[32]

　　雖然，梁氏究未與其師絕緣也。當其主編《新民叢報》之時，固嘗企圖與《民報》之民族革命思想相對敵，以伸保皇立憲之反民族思想。其議論大體不出康氏範圍，而詞氣或不及其師之堅決。例如光緒二十九年，梁氏論伯倫智理學說，「謂伯氏下民族之界說曰：同地同血統同面貌同言語同文字同宗教同風俗同生計，而以語言文字風俗為最要焉。由此言之，則吾中國言民族者當於小民族主義之外更提倡大民族主義。小民族主義者何？漢族對於國內他族是也。大民族主義者何？合國內本部屬部之諸族以對國外諸族是也。」[33]此論參酌時勢，遠較康氏滿洲為漢族，漢姓無純種之說為近情理。民元以後，「五族共和」之原則實與梁說相吻合。然而梁氏持大民族之義以抗同盟會之民族革命思想，則針鋒未能相對，豈容獨操勝算。蓋民族革命之目的在乎奪回自主之政權。若神州既已光復，則漢滿可以共和。且就同盟會觀之，滿洲政府變法圖強為絕不可能之事。康梁派之立憲運動不啻畫餅充饑，而其保皇主張則無殊認賊作父。故民族革命不徒有自身內在之意義，亦且為政治革命之條件也。康、梁不明此理，誤認滿洲可與維新。故欲舍民族革命而專言政治革命。然而事實彰然，不容漠視。梁氏亦不免於此時對排滿主張為不自覺之讓步。梁氏嘗謂「今日當以集全國之鋒刃向於惡政府為第一義，而排滿不過其戰術之一枝線。認偏師為正文，大不可也。」[34]吾人當反詰任公曰：認偏為正，事誠不可。若按偏師而不動，是又豈戰術之所許乎？

　　梁氏對民族之見解，入民國復有變遷。民元以後國內一部分人士醉心西俗，幾乎事事規摹。梁氏心不謂然，思有以矯正之，乃發揮民族文化之義。雖反對其師提倡孔教，而其保存國粹之用意則大略相同。民國元年之〈國性篇〉殆可代表此期之言論。梁氏曰：「國於天地，必有與立。國之所以立者何？吾無以名之，名之曰國性。」「國性無具體可指也，亦不知其所自始也。人類共棲於一地域中，緣血統之聯合，羣交之漸臠，共同利害之密切，言語思想之感通，積之不知其幾千百歲也，不知不識而養成各種無形之信條，深入乎人心。

32　同上，頁19。

33　〈政治學大家伯倫智理之學說〉，《文集》卷十三，頁75-76。

34　同上。

其信條具有大威德，如物理學上之攝力，搏挽全國民而不使離析也。如化學上之化合力，鎔冶全國民，使自為一體而示異於其他也。」若「就其具象的事項言之，則一曰國語，二曰國教，三曰國俗。三者合而國性彷彿可得見矣。」「故國之有性，如人之有性然。人性不同，乃如其面。雖極相近，而終不能以相易也。失其本性，斯失其所以為人矣。惟國亦然。緣性之殊，乃各自為國以立於大地。苟本無國性者，則自始不能立國。國性未成熟具足，雖立焉而國不固。立國以後而國性流轉喪失，則國亡矣。」[35]徵之往史，事迹昭然。國性有消長，則國運隨之為興廢。此誠萬古不磨之定理也。

　　國性固非一成而不變。時勢既殊，則語言教化風俗亦必有改進。然而「國性可助長而不可創進也，可改良而不可蔑棄也。蓋國性之為物，必涵濡數百年而長養於不識不知之間。雖有神聖奇哲，欲懸一理而咄嗟創造之，終不克致。」故國之教俗有不適順外界者，惟當逐漸為部分之矯正，斷不可鹵莽滅裂，夷傷全體，以致國性於死亡。夫國性養成之艱難如彼，而其摧殘之容易如此。凡為國民者應如何愛護扶持之，以為安身立命之憑藉。然「當國性之衰落也，其國人對於本國之典章文物紀綱法度，乃至歷史上傳來之成績，無一不懷疑，無一不輕侮，甚則無一不厭棄。始焉少數人耳，繼則瀰漫於國中。及其橫流所極，欲求片詞隻義足以維繫全國之人心者而渺不可得。公共信條失墜，個人對個人之行為，個人對社會之行為，無復標準。雖欲強立標準，而社會制裁力無所復施。馴至共同生活之基礎日薄弱以即於消滅。家族失其中心點，不復成家族。市府失其中心點，不復成市府。國家失其中心點，不復成國家。乃至社會一切有形無形之事物，皆失其中心點，不復成立社會。國中雖有人億兆，實則億兆之獨夫，偶集於一地耳。問所以綱維是而團結是者，無有也。故一旦外界之強有力者臨之，則如摧枯拉朽，羣帖伏於其下。古今之亡國者，未或不由是也。」[36]此亡國之現象，就任公觀之，已大著於民國紀元之始。故不禁為之慄然危懼而大聲疾呼也。

---

35 〈國性篇〉，《文集》卷二十九，頁82-84。聏音耳，和也。挽音完，或音緩，摩也，擊也。
36 同上，頁84-85。

第三節　民權與君憲

　　梁氏對大同與民族問題之見解與其師初合中離而終趨於合。其對民權君憲之主張，則與之先若相異，繼轉相同，而最後復歸於相背。

　　梁氏在光緒二十三年至三十年之時期中，徘徊於民權、君憲二者之間，與其師說大體相契，而不必一一相同。梁氏雖以倡共和革命致與其師發生爭辯，然其民權思想最初實因襲不同家法。觀其光緒丁酉所言，即可得明確之證據。梁氏論君政民政相嬗之理曰：「博矣哉《春秋》張三世之義也。治天下者三世。一曰多君為政之世，二曰一君為政之世，三曰民為政之世。多君世之別有二。一曰酋長之世，二曰封建及世卿之世。一君世之別有二。一曰有總統之世。二曰無總統之世。多君者據亂世之政也。一君者升平世之政也。民者太平世之政也。此三世六別者，與地球始有人類以來之年限有相關之理。未及其世，不能躐之。既及其世，不能閼之。」[37]以此置之《南海文集》中，殆不至令讀者生不類之感。及光緒辛丑壬寅，則以居東較久，西學漸深，已不復宣揚三世。梁氏嘗論自由曰：「凡人羣進化之階級皆有一定。其第一級則人人皆棲息於一小羣之中，人人皆自由，無有上下尊卑之別者也。亦名為野蠻自由時代。其第二級因與他羣競爭，不得不舉羣中之有智勇者以為臨時酋長。於是所謂領袖團體者出以指揮其羣。久之遂成為貴族封建之制度者也。亦名為貴族帝政時代。其第三級則競爭日烈，兼併盛行，久之遂將貴族封建一切削平而成為郡縣一統者也。名為君權極盛時代。其第四級則主權既定之後，人羣秩序已鞏固，君主日以專制，人民日以開明。於是全羣之人共起而執回政權。名為文明自由時代。此數種時代，無論何國何族，皆循一定之天則而遞進者也。」「而以吾中國史觀之，則自黃帝以前為第一級野蠻自由時代，自黃帝至秦始皇為第二級貴族帝政時代，自秦始皇至乾隆為第三級君權極盛時代，而自今以往，則將入於第四級文明自由時代者也。」[38]梁氏又綜合西洋古今學說以論人類政治進化，認為先後共分六級。一曰族制政體，二曰臨時酋長政體，三曰神權政體，四曰貴族封建政體，五曰專制政體，六曰立憲君主或革命民主政體。[39]此

37　光緒二十三年作。《文集》卷二，頁7。

38　〈堯舜為中國中央君權濫觴考〉（光緒二十七年），《文集》卷六，頁25-26。

39　〈中國專制政治進化論〉（光緒二十八年），《文集》卷九，頁2-3。梁氏謂歐洲已歷六級，

論視前者精詳有加，採西學之成分愈多，而離三世之師說益遠矣。

　　據上舉諸論觀之，足見梁氏思想中含蘊基本二義。其一為政治進化有一定之階段，其二為民權政治為最後之歸宿。自清末以迄於民元，梁氏時倡民權，時擁君憲，大致隨其對此二義態度之輕重為轉移。方其重視民權之歸宿，則認中國之進化久已脫後，專制之罪惡無可寬容，於是自由平等遂為救世之良藥。方其重視進化之等級，則認中國之程度尚未及格，革命之危險可致亂亡，於是君主立憲遂為適時之美政。

　　梁氏之民權觀念大體得自歐洲十八、十九世紀之民主學說。光緒辛壬間讚頌闡明自由之言，不一而足。如辛丑謂「自由民政者世界上最神聖榮貴之政體也。」[40]癸卯謂「民權自由之義放諸四海而準，俟諸百世而不惑。」[41]壬寅論自由所發則尤為透澈。其言曰：「不自由，毋寧死。斯語也，實十八、九兩世紀中歐美諸國民所以立國之本原也。」「綜觀歐美自由發達史，其所爭者不出四端。一曰政治上之自由，二曰宗教上之自由，三曰民族上之自由，四曰生計上之自由。」自十四、五世紀以至十九世紀，歐洲人民所受政治宗教民族生計之束縛，經奮起爭鬥之結果，十之八九，已歸消解。「噫嘻！是遵何道哉？皆不自由毋寧死之一語聳動之，鼓舞之，出諸壞而升諸霄，生其死而肉其骨也。於戲！璀璨哉！自由之花。於戲！莊嚴哉！自由之神。」夫自由之美，其見於歐洲者如此。自由之義適用於今日之中國乎？曰：「自由者，天下之公理，人生之要具，無往而不適用者也。」[42]蓋政府之所以成立，其原理在於民約。故國民主政，為政治自由之要義。然則「國政者何？民自治其事也。」[43]「準此以論中國之政治，則數千年中，或為家族之國，或為酋長之國，或為諸侯封建之國，或為一王專制之國。」「我中國疇昔豈嘗有國家哉？不過有朝廷耳！」[44]自由民權之治不立，一切之痛苦禍亂遂緣之以生。而秦漢以後之專制政體，尤為吾國政治多失，羣治不進之厲階。故「為國民者當視專制政體為大

中國仍在五級。其所引西說為亞里斯多德、孟德斯鳩、奧斯丁、斯賓塞等。

40　同註38。

41　〈答某君問法國禁止民權自由之說〉（光緒二十九年），《文集》卷十四，頁30。

42　《新民說》第九節〈論自由〉（光緒二十八年），《專集》卷四，頁40。

43　〈論政府與人民之權限〉（光緒二十八年），《文集》卷十，頁1。

44　〈少年中國說〉（光緒二十六年），《文集》卷五，頁10。

眾之公敵」，[45]必去之而後能自安者也。

　　梁氏詆毀專制，不留餘地，其言頗含深刻之見解。中國積弱守舊之二弊，梁氏認為與專制均有因果之關係。而專制積弱不特暴政為然，即仁政亦有同樣之結局。中國論政者夙重仁君。殊不知仁君專制，根本與自由民權之精神相反背。「夫出吾仁以仁人者，雖非侵人自由，而待仁於人者則是放棄自由也。仁者多焉，則待仁於人者亦必多。其弊可以使人格日趨於卑下。若是乎仁政者非政體之至焉者也。」若專制流於暴政，則其摧殘人格之禍更為慘酷。「平昔之待其民也，鞭之撻之，敲之削之，戮之辱之，積千數百年霸者之餘威，以震蕩摧鋤之。天下廉恥既殄既獮既夷，一旦敵國之艨艟麕集於海疆，寇仇之貔貅迫臨於城下，而欲藉人民之力以捍衛是而綱維是，是何異不胎而求子，蒸沙而求飯也。」蓋以摧殘民眾之人格，實不啻摧殘國家之力量。「國民者一私人之所結集也。國權者一私人之權利所團成也。故欲求國民之思想之感覺之行為，舍其分子之各私人之思想感覺行為而終不可得見。其民強者謂之強國，其民弱者謂之弱國。其民富者謂之富國，其民貧者謂之貧國。其民有權者謂之有權國，其民無恥者謂之無恥國。夫至以無恥國三字成一名詞，而猶欲其國之立於天地，有是理耶？有是理耶！其能受閹宦差役之婪索一錢而安之者，必其能受外國之割一省而亦安之者也。其能奴顏婢膝昏暮乞憐於權貴之門者，必其能懸順民之旂簞食壺漿以迎他族之師者也。」[46]抑專制政治不僅摧殘人格，且亦消滅人民之政治能力。梁氏引亞里士多德之言曰：「人也者政治之動物也。」[47]人既為政治動物，則政治能力，乃由天賦。何以吾中國人民缺乏能力至於數千年中「不能組織一合式有機，完全秩序，順理發達之政府」乎？梁氏追究其原因，認為「其第一事即由於專制政體。」「進化學者論生物之公例，謂物體中無論何種官能，苟廢置不用之既久，則其本性遂日漸漸滅。」「專制之國，其民無可以用政治能力之餘地。苟有用之者，則必為強者所蹂躪，使之歸於劣敗之數而不復得傳其種於後者也。以故勾者不得出，萌者不得達。其天賦本能，隱伏不出。積之既久，遂為第二之天性。」[48]人民失政治能力，則國家無良善

45　〈論專制政體有百害於君主而無一利〉，《文集》卷九，頁107。

46　《新民說》第八節〈論權利思想〉，《專集》卷四，頁35-39。

47　按此出自 *Politics* I. 1, 8。

48　《新民說》第二十節〈論政治能力〉，《專集》卷四，頁50以下。

政治。是專制之為毒，至於戕伐國本，又不僅一時之衰弱而已也。

專制阻礙進步之理由亦顯而易見。「天生人而賦之以權利，且賦之以擴充此權利之智識，保護此權利之能力。故聽民之自由焉，自治焉，則羣治必蒸蒸日上。有桎梏之，戕賊之者，始焉窒其生機，繼焉失其本性，而人道乃幾乎息矣。故當野蠻時代，團體未固，人智未完，有一二豪傑起而代其責，任其勞，羣之利也。過是以往，久假不歸，則利豈足以償其弊哉！？」「役之如奴隸，防之如盜賊，則彼亦以奴隸盜賊自居。有可以自逸，可以自利者，雖犧牲其家其廬之公益以為之，所不辭也。如是而不萎焉以衰，吾未之聞也。」彼立憲國之政黨，雖亦不免有私。然而朝黨野黨，各取「媚於庶人」，以增益民利相競爭。如是相競相軋，相增相長，以至無窮。其競愈烈者則其進愈速。以視專制國中求勢利而取媚於一人者，存心公私不必相異，其結果則迥不相同。故歐洲近代政治進步無已，中國「歷千百年而每下愈況也」。[49]

梁氏攻訐中國專制政治，可謂至極。然而猶有疑焉。政治不自由不平等之制度有二：一曰君主專制，二曰貴族階級。中國專制始於秦漢，而貴族則消於秦漢。歐洲貴族至近代始漸絕迹。何以彼自由平等之政治轉能先我發端乎？梁氏釋之曰：「貴族政治者，雖為平民政治之蟊賊，然亦君主政治之悍敵也。試徵諸西史，國民會議會之制度，殆無不由貴族起。」古之希臘、羅馬，今之匈牙利、英吉利，皆為顯明之例，是證貴族政治每為平民政治之媒介。「凡政治之發達，莫不由多數者與少數者之爭而勝之。貴族之對於平民，固少數也。其對於君主，則多數也。故貴族能裁抑君主而要求得相當之權利。於是國憲之根本，即已粗立。後此平民亦能以之為型，以之為楯。以彼之裁抑君主之術還裁抑之，而又得相當之權利。是貴族政治之有助於民權者一也。君主一人耳。既用愚民之術自尊曰聖曰神，則人民每不敢妄生異想。馴至視其專制為天賦之權利。若貴族之專制也，則以少數之芸芸者與多數之芸芸者相形見絀，自能觸其惡感，起一吾何畏彼之思想。是貴族政治之有助於民權者二也。一尊之下既有兩派，則疇昔君主與貴族相結以虐平民者，忽然亦可與平民相結以弱貴族。而君主專制之極，則貴族平民又可相結以同裁抑君主。三者相牽制、相監督，而莫得或恣。是貴族政治之有助於民權者三也。有是三者，則泰西之有貴族而

49　同上，第十二節，〈論進步〉，《專集》卷四，頁57。

民權反伸，中國之無貴族而民權反縮，有由來矣。」論者不察，乃每以吾國專制下無階級之不平自豪。殊不知「彼泰西貴族平民之兩階級，權利義務，皆相去懸絕，誠哉其不平等也！君主壓制之下復重以貴族壓制，網羅重重，誠哉其不自由也！惟不平等之極，故渴望平等。惟不自由之極，故日祝自由。反動力之為用，豈不神哉！若吾中國則異是。謂其不平等耶，今歲華門一酸儒，來歲可以金馬玉堂矣。今日市門一駔儈，明日可以拖青紆紫矣。彼其受政府之腠削，官吏之笞辱也，不曰吾將以何術以相捍禦，而曰吾將歸而攻八股，吾將出而買彩票，苟幸而獲中，則今日人之所以腠削我笞辱我者，我旋可以還以腠削人笞辱人也。謂其不自由耶，吾欲為游手，政府不問也。吾欲為盜賊，政府不問也。吾欲為餓莩，政府不問也。聽吾自生自滅於大塊之上，而吾又誰怨而誰敵也。於是乎雖有千百盧梭，千百孟德斯鳩，而所以震撼我國民，開拓我國民之道，亦不得不窮。何以故？彼有形之專制而此無形之專制故，彼直接之專制而此間接之專制故。專制政體進化之極，其結果之盛大壯實而顛撲不破乃至若是。夫孰知乎我之可以自豪於世界者，用之不善，乃反以此而自弱於世界乎！噫！」[50]

頃述梁氏之民權思想，大部發於光緒二十七、八年間。前乎此則鼓吹君主立憲，後乎此則倡導開明專制。辛壬兩年之急進思想遂如曇花一現，旋歸消滅。庚子以前之君憲論原則上步趨其師，無庸於茲贅述。〈立憲法議〉一文殆可為此期言論之代表。梁氏認定，欲救亡圖存，非改君主專制，立民權憲法不可。「憲法者何物也？立萬世不易之典憲，而一國之人，無論為君主為官吏為人民，皆守之者也。」[51]梁氏恐人誤會其意，認立憲與保皇之宗旨不合，乃別著論明之曰：「夫民權與民主二者，其訓詁絕異。英國者，民權發達最早，而民政體段最完備者也。歐美諸國皆師效之。而其女皇安富尊榮，為天下第一有福人。」[52]故民權可以保國，亦即所以保皇。然則忠於清室者又何所顧忌而不行之乎？

雖然，民權未可一蹴而及也。「立憲政體者必民智稍開而後能行之。」中

---

50 〈中國專制進化論〉（光緒二十八年），《文集》卷九，頁80-81。

51 〈立憲法議〉（光緒二十六年），《文集》卷五，頁1。

52 〈愛國論〉（光緒二十五年），《文集》卷三，頁76。

國民智閉塞，若驟然立憲，必致欲速不達之譏。本此見解，梁氏建議於實行憲政之先，為逐漸進步之準備。一曰政府派員考察外國憲政。二曰擬定及研究憲法草案。三曰公佈草案，任國民公開討論。四曰定二十年為預備立憲之期。[53]此建議提出之後，約及五年，清廷派五大臣出洋考察憲政，翌年下詔預備立憲，再越兩年發佈召開國會之期限。其辦法與梁氏所論者略相近似。梁氏之用意本在促成憲政，而揠苗助長，竟為清廷所利用以為延宕憲政之藉口。此雖出乎意外，而梁氏殆不能完全無責矣。

　　光緒二十九年正月，梁氏應美洲保皇會請，遊新大陸。十月返日本後，其言論驟變。由十八世紀之自由平等而急轉為十九世紀之重國輕民。梁氏於是年著〈政治學大家伯倫智理之學說〉一文，申國家有用機體說以斥盧梭之自由民權。其意以為世界政治潮流既已趨向於民族之帝國主義，則個人自由之政治哲學亦為既陳芻狗，失其效用。「案天道循環，豈不然哉！無論為生計為政治，其胚胎時代必極放任，其前進時代必極干涉，其育成時代又極放任。由放任而復為干涉，再由干涉而復為放任，若螺旋焉，若波紋焉。若此者不知幾何次矣。及前世紀之末，物質文明發達之既極，地球上數十民族短兵相接，於是帝國主義大起，而十六、七世紀之干涉論復活。盧梭、約翰‧穆勒、斯賓塞諸賢之言無復過問矣。乃至以最愛自由之美國，亦不得不驟改其方針，集權中央，擴張政府之權力以競於外，而他國何論焉。」[54]反觀中國，其情形雖異於歐美，而不宜採用民權則一。「深察祖國之大患，莫痛乎有部民資格而無國民資格。以視歐洲各國承希臘、羅馬政治之團結，極中古近古政家之干涉者，其受病根源大有所異。故我中國今日所最缺點而急需者在有機之一統與有力之秩序，而自由平等，直其次耳。何也？必先鑄部民使成國民，然後國民之幸福乃可得言也。」抑缺乏國民資格之病不徒深中於「醉生夢死之舊學輩」，雖進取之青年亦不能免。「芸芸志士曾不能組織一鞏固之團體。或偶成矣，而旋集旋散。誠有如近人所謂無三人以上之法團，無能支一年之黨派。以此資格而欲創造一國以立於此物競最劇之世界，能耶否耶？」[55]於是梁氏乃坦白為自懺之詞

53　同註51，頁5。
54　〈政治學大家伯倫智理之學說〉，《文集》卷十三，頁89。按當時美國總統為老羅斯福（任期1901-1909）。
55　同上，頁69。

曰：「吾醉心共和政體也有年。」「吾今讀伯、波兩博士之所論，[56]不禁冷水澆背，一旦盡失其所據，皇皇然不知何途之從而可也。如兩博士所述共和國民應有之資格，我同胞雖一不具。且歷史上遺傳性習適與彼成反比例。此吾黨所不能為諱者也。今吾強欲行之，無論其行者不至也。即至矣，吾將學法蘭西乎？吾將學南美諸國乎？彼歷史之告我者抑何其森嚴而可畏也。」「嗚呼！共和共和。吾愛汝也，然不如其愛祖國。吾愛汝也，然不如其愛自由。」「吾與汝長別矣。問者曰：然則子主張君主立憲者矣。答曰：不然。吾之思想退步不可思議，吾亦不自知其何以銳退之疾也。吾自美國來而夢俄羅斯者也。」[57]

　　俄羅斯夢境之內容在光緒三十一年〈開明專制〉一文中始完全揭出。保皇黨宣傳品中此殆為最有系統之文字。作者自謂其立論「用嚴正的論理法（演繹法、歸納法並用），不敢有一語憑任臆見。」[58]而其實全篇宗旨在為君主立憲張目。歸納演繹云云，殊不過形式上之規倣而已。

　　梁氏於第一章首立定義曰：「制者何？發表其權力於形式以束縛一部人之自由者也。」[59]權力之形式不一，故國家之制度有專制與非專制之分。「專制者一國中有制者被制者，制者全立於被制者之外而專斷以規定國家機關行動者也。以其立於被制者之外而專斷也，故謂之專。以其規定國家機關之行動也，故謂之制。」[60]專制之小別凡三。一曰君主，如清末之中國、土耳其、俄羅斯等，二曰貴族，如古之斯巴達、希臘、羅馬之寡人政府等。三曰民主，如克林威爾時代之英國，馬拉、丹頓、羅拔士比時代之法國等。非專制者，「一國中人人皆為制者，同時皆為被制者是也。」[61]小別有三。一曰君主、貴族、人民合體，二曰君主、人民合體，三曰人民。

　　「由此觀之，專制者非必限於一人而已。或一人，或二人以上純立於制者之地位而超然不為被制者，皆謂之專制。」[62]雖然，專制非必即為權力伸張無

56　波侖哈克（Bornhak）德國柏林大學教授，著有《國家論》。

57　同註55，頁85-86。

58　《開明專制・凡例》四，《文集》卷十七，頁13。

59　同上，第一章，頁14。

60　同上，第二章，頁19。

61　同上，頁17。

62　同上，頁18。

限之政府也。制之命脈在於形式。按固定之形式以發表權力，不得任意伸縮變更者為完全之制。以固定之專斷形式發表權力者為完全之專制，無固定之形式者則為不完全之制，為不完全之專制。

　　吾人既明專制之本義，則當知政體優劣之判，不專在權力之專制與否而在專制之完全與否。蓋以權力之制，起於競爭。內以調和對同類之衝突，外以助長對異類之優勝。故「有強制則社會存，無之則社會亡。就社會一方面言之，則雖曰強制者神聖也可也。」[63]夫一國之制「苟為不完全，則專與非專而皆同於無制。其比較之優劣，無可言者。苟完全矣，則專制與非專制之異點非在所發表之形式，而在發表之根本所從出。夫以形式論，則非專制者固能發表極良之形式，專制者亦能發表極良之形式。專制者固能發表極不良之形式，非專制者亦能發表極不良之形式。其優劣無可言也。惟究極之於發表之根本權所從出，則專制者雖有極良之形式，一旦破壞之，而被制者無如何也。雖有極不良之形式繼續保守之，而被制者無如何也。非專制者則反是。非專制之所以優於專制者在此點而已。」[64]

　　專制與非專制均以其形式「完全」或「不完全」判優劣，亦可依其「立制之精神」而別為「開明」與「野蠻」之二類。頃已言之，「國家所貴乎有制者，以其內之可以調和競爭，外之可以助長競爭也。二者實相因為用。故可以一貫之而命之曰國家立制之精神。其所發表之形式遵此精神者謂之良，其所發表之形式反此精神者謂之不良。更申言之，則其立制之精神在正定各個人之自由範圍，使有所限而不至生衝突者，良也。雖有所限而仍使之各綽綽然有自由競爭之餘地，而不妨害其正當的競爭者，良也。抑或雖甚妨害其正當的競爭，幾奪其自由之大部分，乃至全部分，而其立制之精神乃出於國家自衛，萬不容已，則亦良也。如是者謂之良。反是者謂之不良。於專制國家有然，於非專制國家亦有然。」[65]若就專制國家言之，則「凡專制者，以能專制之主體的利益為標準，謂之野蠻專制，以所專制之客體的利益為標準，謂之開明專制。」[66]

　　綜上所述觀之，足見梁氏所謂開明專制，包含二義。一曰有固定之法度，

63　同上，頁15。
64　同上，頁20。
65　同上，第三章，頁21。
66　同上，頁22。

二曰以公益為目的。其長處在利民而不責民之智力，強國而不致國於苛政。故
當國家初成之時，久經紊亂之國，或久經不安全及野蠻專制之國，[67]皆宜行
之，以為撥亂之具。易詞言之，開明專制者，光緒三十一年時代中國天造地設
之最良政體也。[68]蓋欲行共和立憲之制，則非先行革命不可。而行革命於缺乏
自治習慣之人民，必終為梟雄所利用以復於專制。[69]欲行君主立憲之制，則人
民程度未及格，施政機關未整備，[70]議會選舉諸事均不能行。然則捨採用開明
專制，以為將來立憲之標準外，更無他道可循矣。梁氏此論，頗能持之有故，
足以動人。然而吾人所不解者，則梁氏自謂欲行開明專制，非有管仲、商鞅、
諸葛亮、王安石之臣，非有凱撒、克林威爾、大彼得、腓力特力之君不能奏
績。[71]而當光緒乙巳中國之朝野君臣，不知誰可「及格」以任「能專制之主
體」。康梁雖不妨以管、樂自比，而幽囚之德宗決不足以上擬齊桓、秦孝、漢
昭烈、或宋神宗。專制云云，恐不免畫餅充飢之誚耳。

　　光緒三十二年清廷預備立憲詔下，梁氏之言論又為之一變。次年之〈政聞
社宣言書〉，[72]宣統二年之〈憲政淺說〉，[73]《中國國會制度私議》，[74]〈論政
府阻撓國會之非〉，[75]宣統三年之《責任內閣釋義》等，[76]皆此期鼓吹君憲之
重要文字。梁氏之主張大體附和南海，以英國之「虛君立憲」，責任內閣，兩
院議會，政黨政治等為中國憲政之楷模。此皆吾人所習知，不勞於茲贅述。所
可異者，梁氏在光緒三十一年著《開明專制論》時力辨人民程度未及格，斷不
能遽行憲政，未逾五年，則又力辨人民程度未及格，不能成為施行憲政之障
礙。其言有曰：「程度不能為國會議員者果能為政府官吏乎？」又曰：「現在

67　同上，第六章，頁34-42。
68　同上，第八章，頁50-83。
69　同上，頁50-53。後此袁世凱稱帝，梁氏此論可謂不幸而部分言中。
70　同上，頁77-83。
71　同上，第五章，頁31-34，梁氏列表以示中西開明專制之先例。
72　《文集》卷二〇，頁19-28。
73　《文集》卷二三，頁29-46。
74　《文集》卷二四，頁1-143。
75　《文集》卷二五上，頁106-130。此文為宣統二年攝政王載灃禁人民請願速開國會而發。
76　《文集》卷二七，頁1-46。

程度不適於開國會者果九年後而遂適乎？」[77]出爾反爾，此不僅為梁氏「以今日之我與昔日之我挑戰」[78]之又一例，抑亦鍼對時事，有為言之。然而究其擁護君憲之苦心，固尚根本未變也。

梁氏對於政體之言論，至辛亥革命成功，乃發生最後之變化。宣統三年九月梁氏發表〈新中國建設問題〉一文。作者於原則上雖仍主張君憲，而事實則已承認共和。其言曰：「吾疇昔確信美法之民主共和制決不適於中國。欲躋國於治安，宜效英之存虛君。而事勢之最順者，似莫如就現皇統而虛存之。」「雖然，吾誤矣。今之皇室乃飲鴆以求速死，甘自取亡而更貽我中國之難題。」[79]吾謀不用，死無足惜。反觀民權革命之成功，更可見清祚之當斬。「十年來之中國若支破屋於淖澤之上，非大亂後不能大治。此五尺童子所能知也。武漢事起，舉國雲集響應。此實應於時勢之要求，冥契乎全國人民心理所同然。是故聲氣所感，不期而洽乎中外也。」[80]自此文發表之後，梁氏成為民國之忠臣，康氏儼然清室之遺老。師弟二人之政治思想，遂永判而不可復合矣。

第四節　民治理論

民國元年以後之飲冰室政論，一貫以共和國家為對象。然而綜其全部思想觀之，梁氏實自始為一溫和之民權主義者。三十餘年中之言論，雖若潮汐迴旋，晨昏相異，而江流不轉，固未嘗共波瀾以俱變也。居東以後，博覽新籍。於西洋學說，尤有會心。兼採折衷，發為文字。雖尠自出心裁之創說，其對近代西洋民治理論之闡發，則不乏真知灼見。吾人不可不略述其要點。

梁氏民治理論要義之一，為羣己之互賴而相成。光緒二十六年論〈獨立與合羣〉曰：「獨立者何？不倚賴他力而常昂然獨往獨來於世界者也。中庸所謂

77　〈論政府阻撓國會之非〉，《文集》卷二五上，頁125。按光緒三十四年清廷下詔定九年立憲之期。

78　〈政治學大家伯倫智理之學說〉，《文集》卷十三，頁86。

79　《新中國建設問題》，《文集》卷二七，頁45。

80　同上，頁27。

中立而不倚，最其義也。人之所以異於禽獸者以此，文明人所以異於野蠻者以此。吾中國所以不成為獨立國者，以國民乏獨立之德而已。言學問則依賴古人，言政術則依賴外國。官吏依賴君主，君主依賴官吏。百姓依賴政府，政府依賴百姓。乃至一國人各各放棄其責任而惟依賴之是務。究其極也，實則無一人之可依賴者。譬猶羣盲偕行，甲扶乙肩，乙牽丙袂。究其極也，實不過盲者依賴盲者。一國腐敗皆根於是。故今日救治之策，惟有提倡獨立，人人各斷絕依賴。如孤軍陷重圍，以人自為戰之心，作背城借一之舉。庶可以掃拔已往數千年奴性之壁壘，可以脫離此後四百兆奴種之沉淪。今世之言獨立者或曰拒列強之干涉而獨立，或曰脫滿洲之羈軛而獨立。吾以為不患中國不為獨立之國，特患中國今無獨立之民。故今日欲言獨立，當先言個人之獨立，乃能言全體之獨立。」雖然，獨立之可貴非欲使個人遺世離羣，正欲以之助成合羣之德。「合羣之德者以一身對於一羣，常肯細身而就羣，以小羣對大羣，紲小羣而就大羣，夫然後能合內部固有之羣以敵外部來侵之羣。」故「獨與羣，對待之名詞也。」「獨立之反面，依賴也，非合羣也。合羣之反面，營私也，非獨立也。」[81]

　　梁氏引申羣己相成之義，進論利己與愛他之對彼關係曰：「為我也，利己也，私也，中國古義以為惡德者也。是果惡德乎？曰：惡。是何言！天下之道德法律未有不自利己而立者也。對於禽獸而倡自貴知類之義，則利己而已，而人類之所以能主宰世界者賴是焉。對於他族而倡愛國保種之義，則利己而已，而國民之所以能進步繁榮者賴是焉。故人而無利己之思想者則必放棄其權利，弛擲其責任，而終至於無以自立。彼芸芸萬類，平等競爭於天演界中，能利己者必優而勝，其不利己者必劣而敗。此實有生之公例矣。西語曰：天助自助者。故生人之大患莫甚於不自助而望人之助我，不自利而欲人之利我。夫既謂人矣，則安有肯助我而利我者乎，又安有能助我而利我者乎？國不自強而望列強之為我保全，民不自治而望君相之為我興革，若是者皆缺利己之德而已。昔中國楊朱以為我立教曰：人人不拔一毫，人人不利天下，天下治矣。吾昔甚疑其言，甚惡其言。及解英德諸國哲學大家之書，又所標名義與楊朱吻合者不一而足。而其理論之完備實有足以助人羣之發達，國民之文明者。蓋四國政治之

81　〈十種德性相反相成義・其一・獨立與合羣〉，《文集》卷五，頁43-45。

基礎在於民權，而民權之鞏固由於國民競爭權利，寸步不肯稍讓。即以人人不拔一毫之心利天下。觀於此然後知中國人號稱利己心重者實則非真利己也。苟其真利己，何以他人剝奪己之權利，握制己之生命，而恬然安之，恬然讓之，曾不以為意也。」準此以論，楊朱之學固未可厚非矣。「問者曰：然則愛他之義可以吐棄乎？曰是不然。利己心與愛他心一而非二者也。近世哲學家謂人類皆有兩種愛己心。一本來之愛己心，二變相之愛己心。變相之愛己心者即愛他心是也。凡人不能以一身而獨立於世界也，於是乎有羣。其處於一羣之中而與儕侶共營生存也，勢不能獨享利益而不顧儕侶之有害與否。苟或爾爾，則己之利未見而害先覩矣。故善能利己者必先利其羣，而後己之利亦從而進焉。以一家論，則我之家興我必蒙其福，我之家替我必受其禍。以一國論，則國之強也，生長於其國者罔不強。國之亡也，生長於其國者罔不亡。故真能愛己者不得不推此心以愛家愛國，不得不推此心以愛家人愛國人，於是乎愛他之義生焉。凡所愛他者亦為我而已。」[82]

　　梁氏又論〈自由與制裁〉互相對待之理，以矯正當時輕視或誤解自由之失。梁氏論自由之必要曰：「自由者，權利之表證也。凡人所以為人者有二大要件：一曰生命，二曰權利。二者缺一，時乃非人。故自由者亦精神界之生命也。文明國民每不惜擲多少形質界之生命以易此精神界之生命，為其重也。我中國謂其無自由乎，則交通之自由官吏不禁也，集會言論之自由官吏不禁也。凡各國憲法所定形式上之自由幾皆有之。雖然，吾不敢謂之為自由者，有自由之俗而無自由之德也。自由之德者非他人所能予奪，乃我自得之而自享之者也。故文明國之得享用自由也，其權非操諸官吏而常操諸國民。中國則不然。今所以幸得此習俗之自由者，恃官吏之不禁耳。一旦有禁之者，則其自由可以忽消滅而無復蹤影。而官吏之所以不禁者，亦非專重人權而不敢禁也。不過其政術拙劣，其事務廢弛，無暇及此云耳。官吏無日不可以禁，自由無日不可以亡。若是者謂之奴隸之自由。」故欲救中國，必使國民有自得自享之自由也。自由之義既明，梁氏乃論制裁之必要曰：「制裁云者，自由之對待也。有制裁之主體，則必有服從之客體，既曰服從，尚得為有自由乎？顧吾嘗觀萬國之成例，凡最尊自由權之民族恆即為最富於制裁力之民族。其故何哉？自由之公例

---

82 同上，〈其四・利己與愛他〉，頁48-49。

曰：人人自由而以不侵人之自由為界。制裁者制此界也，服從者服此界也。故真自由之國民，其常服從之點有三：一曰服從公理，二曰服從本羣所自定之法律，三曰服從多數之決議。是故文明人最自由，野蠻人亦最自由。自由，寶也，而文野之別全在其有制裁力與否。無制裁之自由，羣之賊也。有制裁之自由，羣之實也。童子未及年不許享有自由權者，為其不能自治也，無制裁也。國民亦然。苟欲享有完全之自由權，不可不先組織鞏固之自治制。而文明程度愈高者，其法律常愈繁密，而其服從法律之義務亦常愈嚴整，幾於見有制裁，不見有自由，而不知其一羣之中無一能侵他人自由之人，即無一被人侵我自由之人。是乃所謂真自由也。」[83]

　　梁氏不徒認定自由與制裁互相對待，且堅持政府與人民各有其權限。光緒二十八年〈論政府與人民之權限〉一文，於專制與民治政體精神相異之處，剖析甚明。梁氏謂「中國先哲言仁政，泰西近儒倡自由。此兩者其形質同而精神迴異，其精神異而正鵠仍同者，何也？仁政必言保民，必言牧民。保之牧之者其權無限也。故言仁政者祇能論其當如是，而無術以使之必如是。雖以孔孟之至聖大賢，曉音瘏口以道之，而不能禁二千年來暴君賊臣之繼出踵起，魚肉我民。何也？治人者有權而治於人者無權。其施仁也常有鞭長莫及，有名無實之憂，且不移時而熄焉。其行暴也，則窮凶極惡，無從限制，流惡及於全國，亙百年而未有艾也。聖君賢相既已千載不一遇，故治日常少而亂日常多。若夫貴自由，定權限者，一國之事其責任不專在一二人。分功而事易舉。其有善政，莫不徧及。欲行暴者隨時隨事皆有所牽制。非惟不敢，抑亦不能。以故一治而不復亂也。」[84]雖然，吾人知仁政不足恃而自由可久安，則何不抑政府之權而聽人民為治乎？梁氏釋之曰：「天下未有無人民而可稱之為國家者，亦未有無政府而可稱之為國家者。政府與人民皆構造國家之要具也。故謂政府為人民所有也，不可，謂人民為政府所有也，尤不可。蓋政府人民之上別有所謂人格之國家者以團之統之。國家握獨一最高之主權，而政府人民皆生息於其下者也。重視人民者謂國家不過人民之結集體，國家之主權即在個人。其說之極端，使

83　同上，〈其二・自由與制裁〉，頁45-46。《新民說》第九節，就羣己相待之義〈論自由〉曰：「團體自由者，個人自由之積也。人不能離團體而自生存。團體不保其自由，則將有他團焉自外而侵之壓之奪之，則個人之自由更何有也。」（《專集》卷四，頁46）

84　〈論政府與人民之權限〉（光緒二十八年），《文集》卷十，頁5。

人民之權無限。其弊也陷於無政府黨，率國民而復歸於野蠻。重視政府者謂政府為國家之代表，活用國家之意志而使現諸事實者也。故國家之主權即在政府。其說之極端使政府之權無限。其弊也陷於專制主義，國民永不得進於文明。故構成一完全至善之國家，必以明政府與人民之權限為第一義。」[85]

政府與人民權限之分疆不能永久固定，當隨民族文野之差而變動。蓋「當人羣幼稚時代，其民之力未能自營，非有以督之，則散漫無紀，而利用厚生之道不興也，其民之德未能自治，非有以箝之，則互相侵越而欺凌殺奪之禍無窮也。當是時也，政府之權限不可不強且大。及其由撥亂而進升平也，民既能自營矣，而猶欲以野蠻時代之權以待之，則其俗強武者必將憤激思亂，使政府岌岌不可終日，其俗柔儒者必將消縮萎敗，毫無生氣，而他羣且乘之而權其權，地其地，奴其民，而政府亦隨以成灰燼」矣。[86]

文明國家政府與人民之權限應如何劃定乎？梁氏立一原則曰：「凡人民之行事有侵他人之自由權者，則政府干涉之。苟非爾者，則一任人民之自由，政府宜勿過問也。」[87]此與英人約翰・穆勒所謂「任何人之行為，其唯一部分應受社會控制者為其關涉他人之行為。至於就其另一部分祇關涉一己之行為言，則個人之獨立當屬絕對」[88]者，詞小異而意則相同。其不能圓滿解決權限之問題，自不待言。

梁氏別有政治上發動力與對抗力之說，頗能闡明西洋民主政治之傳統理論，似不妨於茲一述。梁氏謂「百年以前各國之政治未有不出於專制者也。而千回百折，卒乃或歸於君主立憲焉，或歸於民主立憲焉，皆發動力與對抗力相持之結果也。」蓋「強有力者恆喜濫用其力，自然之勢也。濫用焉而其鋒有所嬰而頓焉，則知斂。斂則其濫用之一部分適削減以去，而軌於正矣。」由此可知嬰頓之作用，乃立憲所以異於專制之最後關鍵。「苟一國而無強健實在之對抗力以行乎政治之間，則雖有憲法而不為用。」[89]雖然，「強健正當之對抗力

85　同上，頁1。

86　同上，頁2-3。梁氏於民國元年〈憲法之三大精神〉中主張重國權以濟民權之窮。《文集》卷二九，頁100。

87　同上，頁3。

88　穆勒《論自由》（嚴復譯名《羣己權界論》），浦薛鳳《西洋近代政治思潮》，頁777引。

89　〈政治上之對抗力〉（民國二年），《文集》卷三十，頁29。

何自發生耶？曰：必國中常有一部分上流人士惟服從一己之所信之真理（其果為真理與否且勿問，但一己所信為真理者而從之，斯可矣），而不肯服從強者之指命。威不可得而刼也，利不可得而誘也。既以此自勵，而復以號召其朋。朋聚眾則力弸於中而申於外，遇有拂我所信者則起而與之抗，則所謂政治上之對抗力，厥形具矣。今代立憲各國之健全政黨，其所以成立發達者恃此也。夫既知對抗力之可貴，則於他人之對抗力亦必尊重之。故當其在野也常對抗在朝者而不為屈，即其在朝也，亦不肯濫施職權以屈彼與我對抗之人。知電之不能有正線而無負線也，知輪之不能有發機而無制機也，故時而自處於正線，自處於發機，時而自處於負線，自處於制機，皆自覺有莫大之天職，自信為有所貢獻於國家，而絲毫不改其度也。如此然後政治得踐於常軌。國有失政，不必流血革命而可以得救濟之道。立憲國之所以常久治安，胥是道也。」[90]

　　對抗力之妙用既如上述，梁氏乃斷之曰：「凡國民無政治上之對抗力，或不能明對抗力之作用者，其國必多革命。」抑吾人慎勿妄疑革命為「對抗力之積極發現」。蓋「國非專制，則斷不至釀成革命。人民稍有政治上之對抗力，則政象斷不至流於專制。」不寧惟是，「對抗力者對於發動力而得名者也。故必他方面有一強大之力與之對待而不為所屈撓，乃得曰對抗。若彼方面之力已就消滅而此方面起而與之易位，則不曰對抗」[91]而為革命矣。當專制盛時，政府具絕對之威，人民無對抗之力，執政者固沾沾自喜。然而其威既殺，潰滅隨之。始於不容人民對抗，終至政權易位。「及其革命後所演生之政象，則又仍視乎對抗力之發達如何，使能於革命前革命中醞釀成一種強健正當之對抗力而保持之，則緣革命之結果，專制可以永絕，而第二次革命可以永不發生。而不然者，以疇昔厭苦專制之人，一旦為革命之成功者，則還襲其專制之跡以自恣。」「若此者無論革命後仍為君主國體或變為民主國體，而於政象之革新，國運之進化，絲毫無與焉。其仍為君主國體者，則易姓之君主專制也。其變為民主國體者，則或少數之梟雄專制，或多數之暴民專制也。其易姓之君主專制，則中國二千餘年之史蹟是也。其少數之梟雄專制，則克林威爾之在英，爹亞士之在墨，與夫中美、南美之武人迭僭，皆是也。其多數之暴民專制，則法

90　同上，頁31-32。
91　同上，頁29。

蘭西大革命後十年間是也。其形式不同而其專制則同，其醞釀第二次革命則同。其經一兩次革命之後而漸能養成強健正當之對抗力者，則及其既養成焉，而革命隨而絕跡。如英法是也。」[92]

雖然，政治上之對抗力何以不能養成乎？梁氏推索其因緣，以為「由於弱者之不能自振者什之二三，由於強者之橫事摧鋤者什而八九。夫真政治家未有畏人之對抗者也。彼本有所挾持以對抗人，即以待人之對抗我，而何畏之有？惟自審遵常軌不足與人對抗者始憚人之對抗我。由憚生嫉，乃不得不設法減削人之對抗力以圖自固。其所以減削之法，不出二途。一曰摧鋤窘僇之，務屏其人於政治活動之範圍外。即活動焉，亦使受種種妨害而不得立於平等競爭之地位。其在專制國，此手段公然直接行之而無憚者也。其在偽立憲國，則往往以極陰險極秘密之手段行焉。如爹亞士之在墨西哥，最其顯例也。二曰浸潤腐蝕之，以爵位金錢移易其志操，傳所謂吾且柔之矣，使其對抗力自然消失而無復可憚。其在專制國，固慣用斯技。故曰：天下英雄，在吾彀中。其在偽立憲國，變其形而襲其實者，亦往往而有。如日本藩閥之待政黨，最其顯例也。」[93]

梁氏所謂政治對抗力，易詞言之，即近代政黨政治之理想作用而已。梁氏嘗謂「非真立憲之國不能有真政黨，然非有真政黨之國亦不能立憲。」[94]其意直以政黨為民治之必需條件。然而政黨固非惟一之條件也。凡欲運用民治者其國中必「（一）有少數能任政務官或政黨首領之人，其器量學識才能譽望皆優越而為國人所矜式（所謂少數者非單數也，勿誤會）。（二）有次多數能任事務官之人，分門別類，各有專長，執行一政，決無隳越。（三）有大多數能聽受政談之人，對於政策之適否略能了解而親切有味。（四）凡為政治活動者皆有相當之恆產，不至借政治為衣食之資。（五）凡為政治活動者皆有水平線以上之道德，不至擲其良心之主張而無所惜。（六）養成一種政治習慣，使卑劣闒茸之人不能自存於政治社會。（七）在特別勢力行動軼出常軌外者，政治家之力能抗壓矯正之。（八）政治社會以外之人，人各有其相當之實力，既能為

92　同上，頁30。

93　同上，頁32。

94　〈敬告政黨及政黨員〉（民國二年），《文集》卷三一，頁1。

政治家之後援，亦能使政治家嚴憚。」[95]此八項條件，就其要者綜括之，實不外政治上知識能力與道德品格二端，而國體政制之優劣尚不在考慮之內也。

　　梁氏重視人民之政治知識，遠在光緒二十二年，已曾為明白之申論。〈變法通議〉以興學校、廣教育為新政之大端，而謂「言自強於今日，以開民智為第一義。」[96]其後二年〈論湖南應辦之事〉亦謂「今之策中國必曰興民權。興民權，斯固然矣。然民權非可旦夕而成也。權者生於智者也。有一分之智，即有一分之權。有六七分之智，即有六七分之權。」[97]凡此均極注意於人民之政治知識。然而梁氏固未嘗苛求，欲使全數人民悉成政治家，然後民治始行也。梁氏於民國二年著「中堅階級」之說，其大意在承認徒恃多數不足以為民治，故必有少數優秀之國民以為輿論之本原標榜。梁氏明之曰：「吾所謂中堅階級者，非必門第族姓之謂。要之，國民必須有少數優秀名貴之輩，成為無形之一團體。其在社會上公認為一種特別資格，而其人又真與國家同休戚者也。以之董率多數國民，夫然後信從者眾，而一舉手一投足皆足以為輕重。夫治道無古今中外，一而已。以智治愚，以賢治不肖，則其世治。反是則其世亂。無論何時何國皆賢智者少而愚不肖者多。此事實之無可逃避者也。是故理想上最圓滿之多數政治，其實際必歸宿於少數主政。然緣是而指其所謂多數者為虛偽，得乎？曰：不得也。主持者少數而信從者多數，謂之多數，名實副也。其在無中堅階級之國，國中無一人能為多數之所崇信者，國中亦無一人肯崇信他人者。國中無一人焉，其言論真足以為輕重於政治。雖然，無論若何無價值之人皆振振焉欲發言，無論若何無價值之言必有若干人附和之，而其言恆足生若干影響於政治。若而國者，其國中自稱為輿論者恆甚多，而足以代表絕對多數心理之輿論決無有也。其國中自稱為政黨者恆多，而足以代表絕對多數勢力之政黨決無有也。故羣言淆亂，小黨分裂，實為此種國家自然之象，必至之符。」蓋多數之輿論必有兩界說以實之。一曰絕對，二曰有系。有絕對多數之言論而後問題可以取決，此理人所共喻。而言論有系之重要，亦不容吾人忽視。「凡各種政治問題必有聯帶之關係。以甲事為可者則乙丙等事必聯帶而可之。以甲事為

95　〈政治基礎與言論家之指針〉（民國四年），《文集》卷三三，頁39。

96　〈學校總論〉，《文集》卷一，頁14。

97　《文集》卷三，頁41。

否者則乙丙等事必聯帶而否之。夫然後施政有系統而不至互相衝突也。」然而絕對與有系之兩界說皆待中堅階級以實現。否則小黨分裂而絕對多數終不可期，羣言淆亂而有系之多數終不得見。「若而國者，若猶必欲假多數之形式以行政治，其求得之法惟有三途。一曰餌誘。以金錢或其他之利益操縱分立之各派。於私昵者豢養之，其中立者歆動之，其反對者買收之。此得多數之一術也。二曰威偪。對於異己之黨以全力壓抑撲滅之，務使不能存在。即存矣，而亦不能活動。此又得多數之一術也。三曰煽惑。遇一問題足以刺激多數人之感情者，則攫而利用之，使人馳突於一極端，不復能見全局之利害而因以盲從己意。此又得多數之一術也。」[98]操此三術以求多數，雖每能得其形式，而其去多數政治之真精神則邈然遠矣。

梁氏對政治上之道德亦極重視，以為乃立憲之必要及最要條件。宣統二年之〈立憲政體與政治道德〉一文即專闡此義。梁氏曰：「今之設辭以撓憲政者輒鰓鰓然以程度不足為憂。唯吾固亦憂之。雖然，彼所憂者曰人民程度問題，吾所憂者則官吏與人民共通之程度問題也。彼所憂者曰智識程度問題，吾所憂者則道德程度問題也。夫使官吏之程度已足，惟人民之程度未足，則策勵陶冶以助之長，至易易耳。彼二十年前之日本，豈不然哉？若乃官吏之程度萬不能為立憲國之官吏，則吾真不知如何而可也。使道德之程度已足，惟智識之程度不足，則甘受和，白受采，稍傅益之，將日進而無疆焉。若乃道德之程度與立憲國所需者背道而馳，則朽木不可雕，糞墻不可圬，吾又安知其所終及也。」[99]梁氏於民國元年亦謂「自民權之說昌，而歐西政治日以改良，論者輒以此為民權易於致治之顯證。殊不知政治無絕對之美。政在一人者，遇堯舜則治，遇桀紂則亂。政在民眾者，遇好善之民則治，遇好暴之民則亂，其理正同。」[100]

夫政治美惡既繫於道德而不專在制度，吾人當具何種之道德然後可期立憲之成功乎？梁氏借鑑歐洲，以為其政治進步之原因非徒在其人民之智識，而實在人民之品性。彼歐人品性之助成進步者約有四端。一曰承中世貴族武士之遺

---

98 〈多數政治之試驗〉（民國二年），《文集》卷三〇，頁37-38。參〈憲法之三大精神〉，《文集》卷二九，頁99。

99 《文集》卷二三，頁53。

100 〈憲法之三大精神〉，《文集》卷二九，頁98。

風而國中有「士君子」[101]之階級以為人望。英國百年來有盛譽之政治家產自貴族者什而八九。自餘德意志、匈牙利諸國之政治亦鮮不與貴族有因緣。「歐洲之貴族雖驕奢淫佚恆所不免。然皆以武士起家，故其人大率重名譽而輕生命，尚任俠而賤財利，抗骨鯁而惡諂佞，信然諾而恥欺詐，尊法紀而厭邪曲。既別自為一階級，互相觀摩激勸，薰染成風。其父兄之教不嚴而成，其子弟之學不勞而能。代代相襲，以隳家聲為大羞。故其精神恆歷數百年不絕。故家喬木常為重於國中。其與國休戚之念亦較齊民為切，至其修學獲常識又較易，其明習政事之機會又較多也。國有外難則執干戈以為捍城，暴君非理之壓制則聯而抗之，使不得逞也。」[102]二曰襲宗教改革之嚴正精神而人民有共同之堅強信仰。「凡人之治一事而欲善其事，搏一羣而欲毋渙其羣也，必須有確守所信，不為威刼，不為利誘之精神，必須有百折不回，愈挫愈厲之元氣。此其道責諸少數學道自得之君子且非易易，而矧以望諸一般之羣眾者。歐人之倡宗教改革也，直指本心，上與天通，而又恆藉帝力以自振拔。其義可以盡人共喻，其道可以盡人共由。夫吾心既有所階以與天通，則知自貴而無或暴棄矣。上帝臨汝而可藉其力以掖我不逮，則隨所往而得大無畏矣。」國民於無形之中養成自覺自立不屈不撓之豪氣。「故每遇強禦，輒生正當之反抗力。其從事於政治改革之運動，斷吭斷脰而不悔也。」[103]三曰藉自由市府之習慣而養成人民之公德。歐洲古希臘即有市府政治。及十字軍興以後，威尼士、佛羅稜志亞等先興於南，漢薩同盟繼起於北。歐人自治之精神實託基於此。「而後此之立憲政治，則擴充之以施及全國者也。故今日歐人稱有公民權者猶曰市民。此市民觀念所由生，實緣人人認一市之利害即為一己身家之利害，故愛護其市也甚至。破壞所最憚也，而壓抑又最所不能受。人人尊重市之權利而自覺對於其市有應負之義務。」[104]推此愛市之公德以愛國，而從政善治之大本立矣。

返觀我國，則歐人所具之三長，國人皆所未具。故革命雖成而善政不立。抑「徐究其實，所革者除清命外，則革道德之命耳，革禮俗之命耳，革小民生

<hr />

101 梁氏以英人 Gentleman 一字與此對譯。〈歐洲政治革進之原因〉（民國二年），《文集》卷三〇，頁41。
102 同上，頁40。
103 同上，頁41-42。
104 同上，頁42-43。

計之命耳，革賢者自存之命耳，革郡縣相維之命耳，革藩屬面內之命耳，甚則革數千年國家所與立之大命耳。若夫仁人志士所欲革之惡政治，則何有焉。」[105]辛亥革命，一舉而清室崩頹，此人心之所同慶也。然而前代政治道德墮落之種種遺毒未加滌洗。開國之初，毫無開國氣象，而杌隉愁慘，直同衰亂之世。「歌風方思猛士，和事已見老人。舊君法堯舜之麻，上相慕曹隨之美。兩軍馳於冠蓋，百日息於風烟。塗炭之禍方懸，歌舞之聲旋作，遂使衰衰盈廷，易代尚稱元老。塵塵伏莽，攀龍盡化侯王。彼夫憸壬鄙佞，竊魁柄而敗綱紀以陷前清於滅亡者，其泰半皆已共天祿以長子孫。其暫遭廢棄者亦戢戢然若敗箘之思苞也。其桀黠凶戾，憨不畏死以圖一逞者，至竟未得死所。遂乃有生之樂，無死之心，不旋踵而以富貴驕人。夫萃一國之蟘螣蟊賊，前代所驅除陶汰然後以致治者，今則居要津，竊大名而繫國家之命焉。舉國側目而莫敢誹也。此而可以去亂即治，橫盡虛空，豎盡萬刼，未之或聞」也。[106]

梁氏數年從政之經驗與留意之觀察，使其大失望於民國之政治，於是別有會心，認定政治之根本，不在政治之本身而在社會。論者痛心於惡政，多致力於制度之改建或政府中人物之臧否。殊不知制度與官吏之良否尚非政治之命脈。「彼帝制也，共和也，單一也，聯邦也，獨裁也，多決也，此各種政制中任舉其一，皆嘗有國焉，行之而善其治者。我國則此數年中此各種政制已一一經嘗試而無所遺。曷為善治終不可覩，則治本必有存乎政制之外者，從可推矣。蓋無論帝制共和單一聯邦獨裁多決，而運用之者皆此時代之中國人耳。均是人也，謂運用甲制度不能致治者，易以乙制度即能致治，吾之愚頑，實不識其解。」[107]此制度非政本之說也。「凡一國之政象，則皆其國民思想品格之反影而已。」[108]蓋政治發自政府，而官吏來自民間。「無論以何人居政府，其人要之皆中國人民也。惡劣之政府惟惡劣之人民乃能產之，善良之政府亦惟善良之人民乃能產之。」[109]獨致苛責於官吏，不徒有違公道，實亦皮相之談，此官吏非政本之說也。

---

105 同上，頁45。
106〈罪言二・鼎革〉（民國元年），《文集》卷二九，頁88。
107〈政治之基礎與言論家之指針〉，《文集》卷三三，頁38。
108〈一年來之政象與國民程度之映射〉（民國二年），《文集》卷三〇，頁16。
109〈痛定罪言〉（民國四年），《文集》卷三三，頁8。

　　吾人既知政象善惡直接繫於人民，則當求所以培養人民之道。梁氏於民國四年自述其所見曰：「吾以二十年來幾度之閱歷，吾深覺政治之基礎恆在社會。」[110]「吾方欲稍輟其積年無用之政談而大致意於社會事業。」[111]然而久居京師，冷眼觀察，奔走皇皇，求官者眾。[112]「舉全國聰明才智之士悉薈集於政界，而社會方面空無人焉。」「則中國墮落窳敗，晦盲否塞之社會將無改進之時。在此等社會上而謀政治之建設，則雖歲變更其國體，日廢置其機關，法令高與山齊，廟堂日昃不食，其亦曷由致治。有蹙蹙以底於亡已耳。」[113]

第五節　進步思想

　　梁任公受康學《春秋》三世及西學物競天演之影響，其思想中始終包含一進步之觀念。梁氏嘗有言曰：「歷史者，敘述人羣進化之現象也。」[114]又曰：「天演界中不可逃避之公例，凡物適於外境界者存，不適於外境界者滅。」[115]觀此二語，可以窺知其根本態度，而亦足見其戊戌維新之主張實具哲學上之論據。然而吾人當注意，梁氏論維新雖與其師同宗旨，而其言則更為激越透闢。約言之，其要義有二。一曰澈底破壞，二曰根本變法。

　　梁氏深觀中外史實，認定英法諸國之所以有今日之大進步，由其在已往曾經一度之大破壞。中國所有今日閉塞老大之現象，由其受已往傳統政教風俗之束縛。故欲求中國之進步，勢非效彼為澈底之破壞不可。「蓋當夫破壞之運之相迫也，破壞亦破壞，不破壞亦破壞。破壞既終不可免，早一日則受一日之福，遲一日則重一日之害。早破壞者其所破壞可以較少而所保全者自多，遲破壞者其所破壞不得不益甚而所保全者彌寡。用人力以破壞者為有意識之破壞，則隨破壞隨建設。一度破壞而可以永絕二次破壞之根。故將來之樂利可以償目

110　〈吾今後所以報國者〉，《文集》卷三三，頁58。
111　同註107，頁32。梁氏認註95中所舉諸端皆可由社會教育培養以成。
112　〈作官與謀生〉（民國四年），《文集》卷三三，頁45。
113　同註110，頁54。
114　〈新史學・史學之界說〉（光緒二十八年），《文集》卷九，頁9。
115　〈釋革〉（光緒二十八年），《文集》卷九，頁41。

前之苦痛而有餘。聽自然而破壞者為無意識之破壞，則有破壞而無建設。一度破壞之不已而至於再，再度不已而至於三。如是者可以歷數百年千年而國與民交受其病，至於魚爛而自亡。」[116]「然則救危亡求進步之道奈何？曰：必取數千年橫暴渾濁之政體破碎而齏粉之，使數千萬如虎如狼，如蝗如蝻，如蜮如蛆之官吏失其社鼠城狐之憑藉，然後能滌腸盪胃以上於進步之途也。必取數千年腐敗柔媚之學說廓清而辭闢之，使數百萬如蠹魚如鸚鵡如水母如畜犬之學子毋得搖筆弄舌，舞文嚼字，為民賊之後援，然後能一新耳目以行進步之實也。而其所以達此目的之方法有二：一曰無血之破壞，二曰有血之破壞。無血之破壞，如日本之類是也。有血之破壞，如法國之類是也。中國如能為無血之破壞乎，吾馨香而祝之。中國如不得不為有血之破壞乎，吾衰絰而哀之。雖然，哀則哀矣。欲使吾於二者之外而別求一可以救國之道，吾苦無以對也。」[117]

維新進步之第二大義為澈底變法。梁氏認為變法必須洞明本原，通盤籌畫。故曰：「今日之中國必非補苴掇拾一二小節，模擬歐美日本現時所謂改革者而遂可以善其後也。彼等皆曾經 度之大變革」，[118]而後有今日之政象，則吾中國豈能不「一一拆洗」，「一番重鑄」，[119]而得收百度維新之效。準此論之，則凡言維新而徒取西洋之物質文明者，皆不足語於真正之維新。「昔同治初年德相畢士麻克語人曰：三十年後，日本其興，中國其弱乎！日人之遊歐洲者，討論學業，講求官制，歸而行之。中人之遊歐洲者，詢某廠船礮之利，某廠價值之廉，購而用之。強弱之原，其在此乎。」[120]夫此變法不知本原之害，豈徒中於同治諸公。今之言者猶以練兵、開礦、通商為變法之大端。彼不知無人才、學術、政治以為之本，則三者皆失其效。「利、徐以來西學始入中國，大率以天算格致為傳教之梯徑。」「互市以後，海隅士大夫怵念於敗衄，歸咎於武備，注意於船械，興想於製造，而推本於格致。」「然而舊習未滌，新見

116《新民說》第十一節〈論進步〉（光緒二十八年），《專集》卷四，頁60。

117同上，頁64-65。然梁氏於光緒二十九年至宣統三年之間大致反對流血之革命。如光緒三十一年之〈申論種族革命與政治革命〉（《文集》卷一九，頁42）即其一例。

118〈釋革〉（光緒二十八年），《文集》卷九，頁44。按梁氏以改革譯 Reform，變革譯 Revolution。

119《朱子語類》，見本書第十五章註136及137。

120《變法通議‧論變法不知本原之害》（光緒二十二年），《文集》卷一，頁8-9。

未瑩，則咸以吾中國之所以見弱於西人者，惟是武備之未講，船械之未精，製造之未嫻，而於西人所以立國之本末，其何以不戾於公理而合於吾聖人之義者，則瞠乎未始有見。」[121]無惑乎朝野人士呼號奔走於維新者數十年而卒無重大之成績也。

　　梁氏重視西政，其所見大異於張之洞等「中體西用」之主張。梁氏雖不以舍棄中國固有文化完全摹仿西洋文化為然，而對堅持中西界限者則不憚加以辨正。《西政叢書・序》曰：「政無所謂中西也。列國並立，不能無約束，於是乎有公法。土地人民需人而治，於是乎有官制。民無恆產則國不可理，於是乎有農政鑛政工政商政。逸居無教，近於禽獸，於是乎有學校。官民相處，秀莠匪一，於是乎有律例。各相猜忌，各自保護，於是有兵政。此古今中外之所同，有國者之通義也。」中國三代以上，政事修明。歐洲近百年來之政治煥然一新。「其所以立國之本末每合於公理，而不戾於吾三代聖人平天下之義。」[122]然則論維新者又何所嫌於西政而不加采用。夫政既無所謂中西，則變法者不必辨何者為中法，何者為西法。惟當權衡利弊，取其良者而用之耳。吾人苟知此理，則能中西一貫，擇善而從。「采西人之意，行中國之法。采西人之法，行中國之意。」[123]斷斷中西之辨，真成無謂之舉矣。

　　梁氏維新之義，略如上述。其論進步亦頗有直率明快之言，吾人似不妨舉其大概。梁氏雖嘗謂保守與進取為二者不可缺一之兩大主義。[124]且嘗致憾於國人毀棄「國性」，醉心西俗之行為。[125]然就其思想大體觀之，似其態度較傾重於進取之一義，而尤致意於文化及學術之進步。〈獨立論〉曰：「人有三等。一曰困縛於舊風氣中者，二曰跳出於舊風氣之中者，三曰跳出舊風氣而能造新風氣者。夫世界之所以長不滅而日進化者，賴有造新風氣之人而已。天下事往往有十年以後舉世之人，人人能思之、能言之、能行之，而在十年以前思之、言之、行之僅二一人。而舉世目為狂悖，從而非笑之。夫同一思想言論行事也，而在後則為同，在前則為獨。同之與獨，豈有定形哉。既曰公理，則無所

121　《西政叢書・序》（光緒二十三年），《文集》卷二，頁62-63。
122　《文集》卷二，頁62-63。
123　《變法通議・學校總論》，《文集》卷一，頁19。
124　《新民說》第三節〈釋新民之義〉，《專集》卷四，頁5-6。
125　〈國性篇〉（民國元年），《文集》卷二九，頁84。

不同。而於同之前必有獨之一界。此因果階級之定序，必不可避者也。先於同者則謂之獨。古所稱先知先覺者皆終其身立於獨之境界者也。惟先覺者出其所獨以公諸天下，不數年而獨者為同矣。使於十年前無此獨立之一二人以倡之，則十年以後之世界猶前世界也。」梁氏推原一般人不能跳出舊風氣之故，以為在乎甘受古人之束縛。「俗論動曰：非古人之法言不敢道，非古人之法行不敢行。此奴隸性根之言也。夫古人自古人，我自我。我有官體，我有腦筋，不自用之，而以古人之官體為官體，以古人之腦筋為腦筋，是我不過一有機無靈之土木偶，是不啻世界上無復我之一人也。世界上缺我一人不足惜。然使世界上人人皆如我，人人皆不自有其官體腦筋而一以附從之於他人，是率全世界之人而為土木偶，是不啻全世界無復一人也。若是者，吾名之曰水母世界（木玄虛〈海賦〉曰：水母目蝦，謂水母無目，以蝦為目也）。」[126]

　　雖然，古人中不乏聖賢，豈其言行亦不足法乎？梁氏辨之曰：「世運者進而愈上，人智者濬而愈瑩。雖有大哲，亦不過說法以匡一時之弊，規當世之利，而決不足以範圍千百萬年以後之人。」[127]古人之聖，無過孔子。梁氏認中國所以不能進步，兩漢以後之尊孔為一重要之原因。「凡一國之進步必以學術思想為之母，而風俗政治皆其子孫也。中國惟戰國時代九流雜興，道術最廣。自有史以來，黃族之名譽未有盛於彼時者也。秦漢而還，孔教統一。夫孔教之良，固也。雖然，必強一國人之思想使出於一途，其害於進化也莫大。自漢武表章六藝，罷黜百家，凡非在六藝之科者絕勿進。爾後束縛馳驟，日甚一日。虎皮羊質，霸者假之以為護符。社鼠城狐，賤儒緣之以謀口腹。變本加厲，而全國之思想界消沉極矣。敘歐洲史者莫不以中世史為黑暗時代。夫中世史則羅馬教權最盛之時也。舉全歐人民，其軀殼界則糜爛於專制君主之暴威，其靈魂界則匍伏於專制教主之縛軛。故非為不進，而以較希臘羅馬之盛時已一落千丈矣。今試讀吾中國秦漢以後之歷史，其視歐洲中世何如。吾不敢怨孔教，而不得不深惡痛絕。夫緣飾孔教，利用孔教，誣罔孔教者之自賊而賊國民也。」[128]不寧惟是。即使今人尊孔非緣飾利用誣罔而出於仰止服膺之至誠，則亦不免為

---

126 〈獨立論〉（光緒二十九年），《文集》卷三，頁63。
127 《新民說》第九節〈論自由〉，《專集》卷四，頁47。
128 《新民說》第十一節〈論進步〉，《專集》卷四，頁56-60。

害於進步。「彼古人之所以能為聖賢為豪傑者，豈不以其能自有我乎哉！使不爾者，則有先聖無後聖，有一傑無再傑矣。譬諸孔子誦法堯舜，我輩誦法孔子。曾一思孔子所以能為孔子，彼蓋有立於堯舜之外者也。使孔子而為堯舜之奴隸，則百世後必無孔子者存也。」[129]

　　本此見解，梁氏乃斥清末人士以孔教附會新學者之謬曰：「今之言保教者」，「取近世新學新理而緣附之曰，某某者孔子所已知也，某某者孔子所曾言也。」「夫孔子生於二千年以前，其不能盡知二千年以後之事理學說，何足以為孔子損。」「若必一一而比附之納入之，然則非以此新理新學釐然有當於吾心而從之也。不過以其暗合於孔子而從之耳，是所愛者仍在孔子，非真理也。」「故吾最惡乎舞文賤儒以西學緣附中學者，以其名為開新，實則保守，煽思想界之奴性而滋益之也。」[130]又曰：「摭古書片詞單語以傅會今義，最易發生兩種流弊。一、儻所印證之義，其表裏適相吻合，善已。若稍有牽合附會，則最易導國民以不正確之觀念，而緣郢書燕說以滋弊，例如疇昔談立憲、談共和者偶見經典中某字某句與立憲共和等字義略相近，輒摭拾以沾沾自喜，謂此制為我所固有。其實今世共和立憲制度之為物即泰西亦不過起於近百年。求諸彼古代之希臘羅馬且不可得，遑論我國？而比附之言傳播既廣，則能使多數人之眼光之思想見局見縛於所比附之文句。以為所謂立憲共和者不過如是，而不復追求其真義之所存。」「此等結習最易為國民研究實學之魔障。二、勸人行此制，告之曰：吾先哲所嘗行也。勸人治此學，告之曰：吾先哲所嘗治也。其勢較易入，固也。然頻以此相詔，則人於先哲未嘗行之制輒疑其不可行，於未嘗治之學輒疑其不當治，無形之中，恆足以增其故見自滿之習而障其擇善服從之明。」[131]是其利甚小而其害則大也。

　　雖然，梁氏非舉孔學而一切吐棄之也。梁氏認孔子為中國文明之代表。「吾國民二千年來所以能摶控為一體而維持於不弊，實賴孔子為無形之樞軸。今後社會教育之方針必仍當以孔子教義為中堅。」然而尊孔者非迷信孔子之

129 同註37。

130 〈保教非所以尊孔論〉（光緒二十八年），《文集》卷九，頁56。參閱《清代學術概論》單
　　行本，頁144引壬寅年《新民叢報》。

131 〈孔子教義實際裨益於今日國民者何在欲昌明之其道何由〉（民國四年），《文集》卷
　　三三，頁64。

謂。以今日之眼光觀之，「孔子之言亦有不切實而不適宜者。」[132]吾人當分別精粗，擇善而從，然後孔教之發揚光大可預期也。

梁氏自謂其太無成見。就吾人所述者觀之，此誠忠實坦率之自白。蓋梁氏對於清末民初種種政治問題之主張，確多針砭時弊，有為言之。及時勢既異，其主張亦隨之而改變。討論制度諸文字尤其著例也。夫以今我與昔我挑戰雖不必陷於自相矛盾，然思想上之條理統系，因此而遭受損失，則無可諱言。以此論之，梁氏乃一有力之政論家，而非深邃之政治哲學家。其理論上之貢獻殆不及太有成見之康長素。雖然，吾人如細加探索，則梁氏太無成見之中實亦略有成見。其終身所深信不疑，服膺不廢，而時時表見於文字者，似有四大宗旨。一曰愛國重羣為個人不可少之公德，二曰民主政體為人類政治生活之最後歸宿，三曰智識與道德為政治之基礎，四曰進步為人生與社會正常之趨勢。此四者綱維梁氏一切主張，歷數十年而未嘗改變。合此四旨為一體，梁氏遂成為一開明之愛國者，溫和之民治主義者，穩健之自由主義者。加以梁氏尊重智理，喜好學術，參加政治而始終不失書生之本色。故其為政論家亦有異於尋常。蓋梁氏非政客或記者式之政論家，而為一學者政論家也。

梁氏清末維新，民國從政，數十年之努力，大致均歸失敗。然而以後人之眼光平心論之，則梁氏對於民國未嘗無重要之功績。張蔭麟君嘗謂「國民革命運動，實行先於言論。黨人最著名之機關報曰《蘇報》曰《民報》。然《蘇報》始於癸卯，旋被封禁。上距《時務報》（梁任公在上海初辦之報）之創辦已七年矣。《民報》始於乙巳，上距《清議報》（梁任公在日本初辦之報）之創辦已六年矣。視《新民叢報》之發刊亦後四年矣。《蘇報》《民報》以前黨人蓋未嘗明目張膽以言論學說昭示國人。國人之於革命黨不過視為洪楊之繼起者而已。自乙未至乙巳十年間肩我國思想解放之任者實唯康梁。雖其解放之程度不如黨人，然革命學說之所以能不旋踵而風靡全國者，實因維新派先解去第一重束縛，故解第二重束縛自易易也。且梁任公自逃亡日本後在《清議報》及《新民叢報》中揙詆滿洲執政者不留絲毫餘地。清室之失去國人信用，梁任公之筆墨實與有力焉。清室既失去國人信用，而朝廷上又無改革希望，故革命勢

132同上，頁60。

力日增也。此又梁任公無意中間助成革命之一端也。」[133]張氏此論雖不必一一皆確，然其所指任公開通風氣之影響，固非吾人所得否認。梁氏嘗謂願自求為陳勝、吳廣。然則求仁得仁，其言論驅除之功，誠不可掩矣。

133〈近代中國學術史上之梁任公先生〉，天津《大公報・文學副刊》（民國十八年二月十一日）。

第二十三章

戊戌前後之維新思想

第一節　馮桂芬（1809-1874）

　　戊戌維新乃清末變法運動最驚人之一幕。然而當時維新言論已有瀰漫天下之勢，非康梁一派所能網羅包括。就時間論，前於戊戌者有馮桂芬，後於戊戌者有嚴復。就內容論，較康梁守舊者有張之洞，較康梁澈底者有何啟、胡禮垣。本章略述此數人之主張。當時人士可論述者雖不止此，而維新論者之主要態度殆已略盡於此。

　　馮桂芬字林一，號景亭。生於嘉慶十四年，卒於同治十三年。道光進士，官至詹事府右春坊右中允。精古文辭，兼通算學。[1] 咸豐十年，英法聯軍攻入天津、北京，馮氏避居上海，著《校邠廬抗議》二卷，凡四十篇，以發揮其變法之主張。[2] 下距太平天國之亡四年，戊戌變法三十八年。

　　作者之態度可於其自序中見之。馮氏謂《抗議》之立論，「參以雜家，佐以私臆，甚且羼以夷說，而要以不畔於三代聖人之法為宗旨。」[3] 易詞言之，

1　所著有《顯志堂稿》十二卷，《孤矢算術細草圖解》，《西算新法直解校正》，《李氏恆星圖》，《使粵行紀》，《兩淮鹽法志》，《蘇州府志》等。

2　原書以恐觸忌諱，僅於《顯志堂稿》中刊其十四篇。光緒十年（1884）陳寶琛始為之序，刊其全本於江西（本書所據即此本）。據其子芳植〈跋〉別有津郡刻本（未見）。卷首〈自序〉作於咸豐十一年。其篇目如下。卷上，公黜陟，汰冗員，免廻避，厚養廉，許自陳，復鄉職，易吏胥，省則例，杜虧空，改捐例，繪地圖，均賦稅，稽旱潦，興水利，改河道，勸樹桑，折南漕，利淮鹺，改土貢，罷關征。卷下，籌國用，節經費，重酒酤，稽戶口，壹權量，收貧民，復陳詩，復宗法，重儒官，改科舉，改會試，廣取士，崇節儉，停武試，減兵額，嚴課盜，重專對，采西學，製洋器，善馭夷。

3　〈自序〉。

則馮氏認欲致中國於富強，非合用中西之學術不能收效。蓋以「今之天下，非三代之天下比矣。」三代天下，不過《禹貢》之九州。九州邊域以外悉為蠻荒所處。或則文教不被，或則途路未通。故中國號為神州，乃人文之所極。「今則地球九萬里莫非舟車所通，人力所到」，而神州退為東南之一州。不寧惟是。今世界中「據西人輿圖所列不下百國。此百國中經譯之書惟明末意大里亞及今英吉利兩國書凡數十種。其述耶穌教者率猥鄙無足道。此外如算學、重學、視學、光學、化學等皆得格物至理。輿地書備列百國山川、阨塞、風土、物產，多中人所不及。」是今日之外國自有其擅長之學術，亦非三代荒服夷狄無文化者之比。然則治今日之中國斷不應閉關自守，故步自封，而當取彼之所擅長，輔我之所固有。「太史公論治曰：法後王，為其近己而俗變相類，議卑而易行也。愚以為在今日又宜曰鑒諸國。諸國同時並域，獨能自致富強，豈非相類而易行之尤大彰明較著者。如以中國之倫常名教為原本，輔以諸國富強之術，不更善之善者哉。」[4]「或曰：管仲攘夷，夫子仁之。邾用夷禮，《春秋》貶之。今之所議，毋乃非聖人之道耶？是不然。夫所謂攘者必實有以攘之，非虛憍之氣也。居今日而言攘夷，試問何具以攘之。所謂不用者，亦實見其不足用，非迂闊之論也。夫世變代嬗，質趨文，拙趨巧，其勢然也。時憲之歷，鐘表槍礮之器，皆西攘也。居今日而據六歷以頒朔，修刻漏以稽時，挾弩矢以臨戎曰：吾不用夷禮也，可乎？且用其器，非用其禮也。用之乃所以攘之也。」[5]

　　據頃所引觀之，足見馮氏所欲采用於西洋者，非其形上之道，而僅為其形下之器。推馮氏之意，殆以中國三代聖人之法，乃百世所當行，而諸國所不及。其所以屢見挫於西洋者，惟以之乏船堅礮利之科學與技術為最大原因。獨此必需外求。其他皆在乎內省之振發。本此見解，故馮氏所主張推行之洋務，悉以船堅礮利為歸宿。馮氏論咸豐庚申之敗而陳補救之方曰：「有天地開闢以來未有之奇憤，凡有心知血氣莫不衝冠髮上指者，則今日之以廣運萬里地球中第一大國而受制於小夷也。」考中國所以見制，其故在於自暴自棄。非天賦我獨薄，實我自不如人。「夫所謂不如，實不如也。忌嫉之無益，文飾之不能，

4　〈采西學議〉。
5　〈製洋器議〉。

勉強之無庸。向時中國積習長技均無所施。道在實知其不如之所在，彼何以小而強，我何以大而弱。必求其所以如之，仍亦存乎人而已矣。以今論之，約有數端。人無棄材不如夷，地無遺利不如夷，君民不隔不如夷，名實必符不如夷。四者道在反求。惟皇上振刷紀綱，一轉移間耳。此無待於夷者也。至於軍旅之事，船堅礮利不如夷，有進無退不如夷，而人材健壯未必不如夷。是夷得其三，我得其一。故難勝。北兵亦能有進無退，是我得其二。故間勝。粵人軍械半購諸夷而不備，並能有進無退，是我得二有半。故半勝。然則即良將勁兵，因械於敵，如天之福，十戰十勝。而彼來我不能往，犁庭掃閭，固無其事，後患正無已時，而況乎勝負未可知也。得三與得二有半，究有間也。何如全乎其為得三之相當也。果全乎其為得三，不特主客異形，勞逸異勢，且我有可以窮追之道，彼有懼我報復之心，殆不啻相當焉。斯百戰百勝之術矣。夫得三之效，亦道在反求而無待於夷。然則有待於夷者，獨船堅礮利一事耳。」[6]

雖然船堅礮利有待於夷者，非謂購自西國而雇用西人也。軍事建設當以魏源「師夷長技以制夷」一語為宗旨，而以自製自用為原則。蓋「能造能修能用，則我之利器也。不能造不能修不能用，則仍人之利器也。」本此見解，故馮氏主張設船礮局。[7]聘夷人為宗匠，華人從學製造。學成者賜舉人。發明出夷製上者賜進士。為造就富有學術根柢之製造人才起見，馮氏又建議立學譯書，[8]擇英華書館，墨海書院，方略館等所藏之曆算、格致、制器西書，譯為中文。別於廣東上海設翻譯公所。選十五歲以下穎悟文童肄業。西人課以諸國語言文字，又聘內地名師課以經史等學，兼習算學。三年屆滿，成績優異者，補諸生。能施之實用者給舉人。馮氏相信「自強之道實在乎是」，而不知如此短期膚淺之訓練，決不足以培養科學人材以為製器之根本也。

馮氏所論洋務，尚有一端足資一述。馮氏於國際大勢頗有所見。如其論中國未遽遭瓜分之故，曰：「中華為地球第一大國。原隰衍沃，民物蕃阜，固宜為百國所垂涎。年來徧繪地圖，轍跡及乎滇黔川陝。其意何居。然而目前必無為者，則以俄、英、法、米四國地醜德齊，外睦內猜，互相箝制，而莫敢先發

6　同上。
7　同上。此議先於江南製造局之設置五年。
8　〈采西學議〉。此議先於張之洞〈獎勵游學章程〉（見舒新城《近代中國留學史》，頁179-180），四十二年，先於同文館之設置七年。

也。」然而此種均勢絕不能久。故中國必須及早振作。治本之法在圖富強，治標之法在「善馭夷」。向來馭夷之方，非鄙視之如禽獸，不以信義相與，即恐懼之如虎狼，不敢直理相抗。兩者皆非其道，而別有善馭之術。「夷人動輒稱理，吾即以其人之法，還治其人之身。理可從，從之。理不可從，據理以折之。」[9]如此則夷人可馭。抑吾人當注意，馮氏所謂馭夷，實與傳統思想中之「天朝」觀念無涉，而與近代之國際交往觀念相似。故馮氏論培養外交人材曰：「今海外諸夷，一春秋時之列國也。不特形勢同，即風氣亦相近焉。勢力相高而言必稱理，譎詐相尚而口必道信。兩軍交戰，不廢通使。一旦渝平，居然與國。亦復大侵小，強凌弱，而必有其藉口之端。不聞有不論理，不論信，如戰國時事者。然則居今日而言經濟，應對之才又曷可少哉？」此言透闢明快，在當時可稱為獨到之見。至其建議清廷，謂「應詔中外大臣各舉行知，有口辯膽氣機牙肆應之人，時賜召對以驗之，量予差遣以試之，用備他日通商大臣之選。」[10]則似於外交人才之實質尚未有正確之認識。

　　馮氏論內政，徧及吏治、國計、民生、軍備、科舉、教育等大端，而以吏治、教育為最可注意。馮氏引《孟子》「國人皆曰賢然後察而用之」之說，以為京官外官由吏部或上司銓選，往往不順輿情，不得人材，故必須加以改革。其「道在以明會推之法廣而用之，又以今保舉之法反而用之。會推為重臣之貴，今廣之於庶僚。保舉為長吏之權，今移之於下位。」[11]一切均由官吏生員及鄉耆歲舉。得舉多者始得任用。此暗采西洋選舉之法，合之中國固有制度而立說者也。

　　馮氏認下情不通為政治之大弊，乃建議以矯之曰：「今議復陳詩之法，宜令郡縣舉貢生監，平日有學有行者，作為竹枝詞新樂府之類，鈔送山長。擇其尤，橫藏其原本，錄副本隱名送學校。進國學，由祭酒進呈，候皇上採擇施行。有效者下祭酒學政，上其名而賞之。無效者無罰。詩中關係重大而祭酒學政不錄者有罰。」此論略與黃梨洲公是非於學校之意相近，[12]而遜其透徹。馮氏所以不令諸生上書直陳時事者，蓋以鑒於漢王咸、陳蕃，晉嵇康，唐魯儔，

───────────

9　〈善馭夷議〉。

10　〈重專對議〉。

11　〈公黜陟議〉。

12　本書十八章註41。

宋陳東等雖以太學清議為人所稱，而究其終極不免朋曹干政，鬭訟成風。周密
癸辛雜識理宗景定之末，三學橫恣，至與人主抗權，足見唐宋時太學陳言，已
多流弊。今之風俗，下於唐宋。故僅許陳詩，「不令呼羣引類以啟黨援，不令
投匭擊鼓以近訐訟，庶幾無流弊乎？」[13]此殆馮氏有聞於西洋「君民不隔」之
政，與乎民意輿論之事，而參酌國情以為之制也。

　　欲生員有補於政事，則不得不改進學校與科舉。馮氏引陸世儀語曰：「教
官不當有品級，亦不得謂之官。蓋教官者師也。」又引顧炎武之言曰：「師道
之亡，殆於赴部候選。」本此尊師重道之旨，馮氏乃為之說曰：「擇師之法，
勿由官定。令諸生各推本部及鄰郡先生有經師人師之望者一人，官覈其所推最
多者聘之。不論官大小，皆與大吏抗禮，示尊師也。」[14]師道既尊，然後學風
可篤矣。科舉之亟待改革，理亦至明。馮氏引饒廷襄言，謂明太祖設科舉之用
意，不在選拔天下之秀士，而在敗壞天下之人才。故以無用之八股時文消磨學
子之聰明志氣。今雖不可廢除科舉，而應加以重大改革。第一場宜試經學，以
漢學為主。第二場史學，以考據三代以卜為主。第三場試文賦詩。[15]於科舉之
外別令各地紳耆、諸生、鄉正、副董舉才德出眾者。州縣申得舉多者於大吏。
大吏會同學正山長簡尤薦於朝廷。[16]凡此所陳，亦與梨洲科舉取士之法相
近。[17]

　　馮氏又略取宋明鄉約宗法之制，[18]兼仿西洋地方自治之意，而建議以鄉族
為政治之基礎。民間每姓立一莊為薦饗、合食、治事之地。莊設養老、恤嫠、
育嬰、養痾諸室。凡無力者分別入之。又設嚴教室，子弟不肖者入之。莊立族
正族約，皆由族人公舉，以治諸事。莊之效用有四。一曰人無饑寒失所者，故
盜賊可免。二曰教治嚴明，故邪教不興。三曰爭訟械鬭得息。四曰保甲社倉團
練易行。[19]「各圖滿百家公舉一副董，滿千家公舉一正董。里中人各以片楮書

13　〈復陳詩議〉。
14　〈重儒官議〉。
15　〈改科舉議〉。
16　〈廣取士議〉。
17　本書十八章註42。
18　本書十六章註57-67。
19　〈復宗法議〉。

姓名，保舉一人，交公所彙核。擇其得舉最多者用之。皆以諸生以下為限。不
為官，不立署，不設儀仗。以本地土神公祠為公所。民有爭訟，副董會里中耆
老於神前，環而聽其辭。副董折衷公論而斷焉。理曲者責之罰之。不服，則送
正董，會同兩造，族正公聽如前。又不服，送巡檢。罪至五刑送縣。其不由董
而達巡檢或縣者，皆謂之越訴。」「正董薪水月十金，副董半之。正副董皆三
年一易。其有異績殊譽，功德在閭里者，許入薦舉。有過者隨時黜之。」[20]

第二節　張之洞（1837-1909）

　　馮桂芬之抗議，參以夷說，不背聖法。三十八年之後，張之洞刊行其《勸
學篇》，[21]大鬯中學為體，西學為用之主張，與馮氏先後呼應。然《抗議》成
書之時，風氣尚未大開。故馮氏雖不棄舊，而所重實在維新。《勸學篇》成於
戊戌三月，先於德宗〈定國是詔〉不逾數十日。是時新學已趨盛興，康黨幾得
國柄。新舊交訟，朝議紛然。「於是圖救時者言新學，慮害道者守舊學，莫衷
於一。舊者因噎而廢食，新者歧多而亡羊。舊者不知通，新者不知本。不知通
則無應敵制變之術，不知本則有非薄名教之心。夫如是則舊者愈病新，新者愈
厲舊。交相為瘉，而恢詭傾危，亂名改作之流，遂雜出其說，以蕩眾心。學者
搖搖，中無所主。邪說暴行，橫流天下。」[22]張氏乃求折衷新舊，綜合本末，
著為此書。其用意在「舉天下改其閉塞聰明之習，終不偭大中至正之規。」[23]
是雖提倡維新，而亦重在衛道，則其與馮氏主張略同，而態度相異也。

　　張之洞字孝達，又字香濤。生於道光十七年，卒於宣統元年。同治進士，
屢任各省督學。典試所至，提倡經史實學。外任督撫垂三十年。在兩湖最久。
京漢鐵路、萍鄉煤礦、漢陽鐵廠均其所開辦。光緒末任軍機大臣，體仁閣大學
士。卒諡文襄。《勸學篇》乃其總督兩湖時所作。[24]

20　〈復鄉職議〉。
21　本書所據者為戊戌五月重刊戊戌三月湖北官署本。
22　《勸學篇・序》。
23　王永言〈重刊跋語〉。
24　此外著有《張文襄公全集》，《張文襄公政書》，《張文襄公奏議》，《抱冰堂全集》等
　　書。

　　張氏認定，「今日之變，豈特春秋所未有，抑秦漢以至元明所未有。」[25]
故非亟圖自保，必淪於萬劫不復之境界。自保之說人所習聞。然發之者每失之
偏激。其甚者或謂「保中國不保大清」，或欲破人倫而決網羅。恢詭亂名，天
下自擾。九州內禍，恐先外侮。張氏乃陳內篇之旨「以正人心」。其論雖多，
要不外闡發忠清尊孔之一意。張氏之言曰：「吾聞欲救今日之世變者，其說有
三。一曰保聖教，一曰保華種，一曰保國家。夫三事一貫而已矣。保國家保教
保種合為一心，是謂同心。保種必先保教，保教必先保國。種何以存，有智則
存。智者教之謂也。教何以行，有力則行。力者兵之謂也。故國不威則教不
循，國不盛則教不尊。回教無理者也。土耳其猛鷙敢戰而回教存。佛教近理者
也。印度蠢愚而佛教亡。波斯景教國弱教改。希臘古教，若存若滅。天主耶穌
之教行於地球十之六，兵力為之也。我聖教行於中土數千年而無改者，五帝三
王明道垂法，以君兼師。漢唐及明，宗尚儒術，以教為政。我朝列聖尤尊孔孟
程朱，屏黜異端，纂述經義，以躬行實踐者教天下。故凡有血氣咸知尊親。蓋
政教相維者，古今之常經，中西之通義。我朝邦基深固，天之所祐，必有與
立。假使果如西人瓜分之妄說，聖道雖高雖美，彼安用之。五經四子棄之若土
苴，儒冠儒服無望於仕進。巧黠者充牧師，充剛八度，充大寫。椎魯者謹約身
稅，供兵匠隸役之用而已。愈賤愈愚。賤之久則貧苦死亡，奄然澌滅。聖教將
如印度之婆羅門，竄伏深山，抱守殘缺。華民將如南洋之黑崑崙，畢生人奴，
求免笞罵而不可得矣。今日時局，惟以激發忠愛，講求富強，尊朝廷，衛社稷
為第一義。」國苟能保，教種有賴。「然則舍保國之外，安有所謂保教保種之
術哉！今日頗有憂時之士，或僅以尊崇孔學為保教計，或僅以合羣動眾為保種
計，而於國教種安危與共之義忽焉。」[26]故為張氏所不取也。

　　保種必須保國，其論大體可通。然張氏所謂國與種，則不免含有疑義。張
氏認清室為中國，混華族於蒙古，此乃康黨保皇之慣技，不足以饜愛衛國種者
之心。夫朝之與國，宜有區辨。梁任公言之至晰。[27]歷代迭興，中國固未嘗隨
前朝以覆滅。張氏殆亦知此理，故未嘗公然言之，而僅喋喋焉列數清朝之「深

25　《勸學篇・序》。

26　《內篇・同心第一》。

27　本書二十二章註44。

仁厚德」，「良法善政」，詫為中史二千年之內，西史五十年以前所未有。「中國雖不富強，然天下之人無論富貴貧賤皆得俯仰寬然有以自樂其生。西國國勢雖盛，而小民之愁苦怨毒者，鬱遏未伸，待機而發。以故弒君刺相之事，歲不絕書。固知其政事亦必有不如我中國者。」清室政績之難能可貴如此，則舉國人民，豈可不「各抒忠愛」，「與國為體」乎？[28]

張氏既發歌頌皇恩之巧言，以淆亂愛國之心理，陰沮政治革命之主張，又暗倡漢滿同族之說以削弱方興之民族思想。其言曰：「西人分五大洲之民為五種，以歐羅巴洲人為白種，亞細亞洲人為黃種，西南兩印度人為棕種，阿非利加洲人為黑種，美洲土人為紅種。西起崑崙，東至於海，南至於海，北至奉天、吉林、黑龍江、內外蒙古，南及沿海之越南、暹邏、緬甸、東中北三印度，東及環海之朝鮮，海中之日本，其地同為亞洲，其人同為黃種，皆三皇五帝聲教之所及，神明胄裔種族之所分。隋以前佛書謂之震旦，今西人書籍文字於中國人統謂之曰蒙古，俄國語言呼中國曰契丹。是為亞洲同種之證。」[29]如此所言，則印度、日本均同文種，況於滿洲？故欲保國者固不可不保清室，欲保種者又豈可自外於滿人。不寧惟是，漢人與滿蒙同族，而與西洋則異類。今日以瓜分之禍見迫者，正此異類之西洋人。故保種之計端在聯漢滿以抗西人。然而昏墨之徒，昧於此理。「方且乘此阽危，恣為貪黷，以待合西夥，為西商，徙西地，入西籍。而莠民邪說，甚至詆中國為不足有為，譏聖教為無用。分同室為畛域，引彼法為同調。日夜冀幸天下有變，以求庇於他人，若此者，仁者謂之悖亂，智者謂之大愚。」[30]彼印度、越南，前車可鑒。認賊作父，何足語於保種之義哉！

吾人之解釋如不誤，則張氏保國保種之說實不過保清之飾詞。至其保教之意，亦不外表章「荀學」以為鞏固清室政權之工具。張氏所謂聖教，其範圍至為狹隘。先秦古學之中，黜諸子而獨取孔氏。儒家經學之中，尊《論》《孟》而抑秦漢。「蓋聖人之道大而能博，因材因時，言非一端，而要歸於中正。故九流之精，皆聖學之所有也。九流之病，皆聖學之所黜也。」若於中正之外別

28 《內篇・教忠第二》。

29 《內篇・知類第四》。

30 同上。然張氏反對仇西教，斥為逞小忿而敗大計。見《外篇・非攻教第十五》。

用異端，則「學老者病痿痺，學餘子者病發狂。」皆不免大悖聖人之道。且「羣經簡古，其中每多奧旨異說。或以篇簡磨滅，或出後師誤解。漢興之初，曲學阿世，以冀立學。哀平之際，造讖益諱，以媚巨奸。於是非常可怪之論益多。如文王受命，孔子稱王之類。此非七十子之說，乃秦漢經生之說也。而說《公羊春秋》者為尤甚。」故張氏斷之曰：「竊惟諸經之義，其有迂曲難通，紛歧莫定者，當以《論語》《孟子》折衷之。《論》《孟》文約意顯，又羣經之權衡矣。」[31]

張氏果能守《論》《孟》之大旨以言政教，則於孔子所謂「君君臣臣父父子子」，孟子所謂「民為貴，社稷次之，君為輕」者，必不能視若無覩。然而張氏所特注重而視為孔教之精義者，不過宋明理學家所闡揚之三綱五常。此皆《論》《孟》經文所未見，而顯背孔孟人倫之本旨。[32]張氏殆知孔孟本旨實有礙於專制思想，故不恤潛襲漢人曲學之故智，假借聖言，以圖抗拒民權之潮流。故其論曰：「知君臣之綱，則民權之說不可行也。知父子之綱，則父子同罪，免喪廢祀之說不可行也。知夫婦之綱，則男女平權之說不可行也。」[33]其誤解民權平權之意義，事極顯然，固不待吾人為之辨析，而其排斥民權諸說則尤為荒誕可噱。吾人不妨略加徵引，以為當時反對民權議論之一例。

張氏認定「民權之說無一益而有百害。」所謂無益者，其故有四。欲本之以立議院，則民智未開，「明者一，闇者百，游談囈語，將焉用之。」欲據之以立公司，開工廠，則「有貨者自可集股營運，有技者自可合夥造機。本非官法所禁，何必有權。」欲資之以開學堂，則「從來紳富捐貲創書院，立義學，設善堂，例予旌獎。豈轉有禁開學堂之理，何必有權。若盡廢官權，學成之材既無進身之階，又無餼廩之望，其誰肯來學者？」欲藉民權以練兵禦侮，則「既無機廠以製利械，又無船澳以造戰艦，即欲購之外洋，非官物亦不能進口。徒手烏合，豈能一戰？」所謂有害者，其最大之理由為民權可以召亂亡，「方今中華誠非強盛。然百姓尚能自安其業者，由朝廷之法維繫之也。使民權

31　《內篇・宗經第五》。

32　參本書第二章註83-86，第三章註49-52。

33　《內篇・明綱第三》。本篇開首謂「君為臣綱，父為子綱，夫為妻綱，此《白虎通》引《禮緯》之說也。」〈宗經篇〉末斥「道光以來學人喜以緯書佛書講經說。」張氏何又有取於《禮緯》乎！

之說一倡，愚民必喜，亂民必作。紀綱不行，大亂四起。倡此議者豈得獨安獨
活。且必將劫掠市鎮，焚毀教堂。吾恐外洋各國必藉保護為名，兵船陸軍深入
占踞，全局拱手而屬之他人。是民權之說固敵人所願聞也。」張氏又斥自主自
由之說曰：「夫一闤之市必有平，羣盜之必有長。若人皆自主，家私其家，鄉
私其鄉，士願坐食，農願蠲稅，商願專利，工願高價，無業平民願劫奪，子不
從父，弟不蠲師，婦不後夫，賤不服貴，弱肉強食，不盡滅人類不止。環球萬
國必無此政。生番蠻獠必無此俗。至外國今有自由黨，西語實曰里勃而特，猶
言事事公道，於眾有益。譯為公論黨可也，譯為自由非也。」[34]張氏又論議院
之不必設曰：「民權不可僭，公議不可無。凡遇有大政事，詔旨交廷臣會議，
外吏令紳局公議，中國舊章所有也。即或諮詢所不及，一省有大事，紳民得以
公呈達於院司道府，甚至聯名公呈於都察院。國家有大事，京朝官可陳奏，可
呈請代奏。方今朝政清明，果有忠愛之心，治安之策，何患其不能上達。如其
事可見施行，固朝廷所樂聞者。但建議在下，裁擇在上，庶乎收羣策之益而無
沸義之弊。何必慕議院之名哉！」[35]

　　以上所述乃張氏所謂「《內篇》務本」之義，亦即中學為本之守舊思想。
然而徒恃聖教，斷不能應空前之變局，故必以中學為根本而輔之以西洋之政
藝。張氏明之曰：「如中士而不通中學，此猶不知其姓之人，無轡之騎，無柁
之舟。」[36]如中士而不能西學則猶坐井自囿，不能應敵制變。「王仲任之言
曰：知古不知今，謂之陸沉。知今不知古，謂之聾瞽。吾請易之曰：知外不知
中，謂之失心。知中不知外，謂之聾瞽。夫不通西語，不識西文，不譯西書。
人勝我而不信，人謀我而不聞，人規我而不納，人吞我而不知，人殘我而不
見，非聾瞽何哉！」[37]故「今欲強中國，存中學，則不得不講西學。然不先以
中學固其根柢，端其識趣，則強者為亂首，弱者為人奴。其禍更烈於不通西學
者矣。」[38]

　　本此見解，張氏提出治學之基本方針曰：「今日學者必先通經以明我中國

34　《內篇・正權第六》。
35　《內篇・正權第六篇後附論》。
36　《內篇・循序第七》。
37　《外篇・廣譯第五》。
38　〈循序第七〉。

先聖先師立教之旨，考史以識我中國歷代之治亂，九州之風土，涉獵子集以通我中國之學術文章。然後擇西學之可以補吾闕者用之，西政之可以起吾疾者取之。斯有其益而無其害。」[39]又論學堂之法曰：「四書五經，中國史事政事地圖為舊學，西政西藝西史為新學。舊學為體，新學為用，不使偏廢。」[40]

　　張氏論維新有較馮氏進步之一點。馮氏認中國必須求之西人者僅船堅礮利之一端。張氏則知西政為西藝之根本，亦為講西學者所當探求。故其言曰：「不變其習，不能變法。不變其法，不能變器。」又曰：「西藝非要，西政為要。」[41]然而吾人應注意，張氏所謂西政，僅指強兵富國，利用厚生之設施，而不指其立國之大經大法。蓋頃已言之，張氏認西國雖強而人民愁怨，其政事必有不如我者。民權有背綱常，議院不合國情，此皆不可倣效。然則所謂西政者，實不過與船堅礮利直接有關之學術與政策而已。故曰：「學校、地理、度支、賦稅、武備、律例、勸工、通商、西政也。」[42]

　　張氏維新之主張可分為益智與變法之兩大端。益智者欲變國人愚昧結習，變法者欲行西人富強之器藝。益智為一切之先決條件，故《外篇》首發其議。張氏論智之重要曰：「自強生於力，力生於智，智生於學。孔子曰：雖愚必明，雖柔必強。未有不明而能強者也。」西國強而中國弱，此無可諱言之事實。然而推究其原，「豈西人智而華人愚哉？歐洲之為國也多，羣虎相伺，各思吞噬，非勢均力敵不能自存。故教養富強之政，步天測地格物利民之技能，日出新法，互相仿效，爭勝爭長。且其壤地相接，自輪船鐵路暢通以後，來往尤數，見聞尤廣。故百年以來，煥然大變。三十年內，進境尤速。如家處通衢，不問而多知。學友畏友，不勞而多益。中華春秋戰國三國之際，人才最多。累朝混一以後，儽然獨處於東方。所與隣者類皆阪澁蠻夷，沙漠蕃部。其治術學術無有勝過中國者。惟是循其舊法，隨時修飭，守其舊學，不踰範圍，已足以治安而無患。迨去古益遠，舊弊日滋，而舊法舊學之精意漸失。今日五洲大通，於是相形而見絀矣。」「迨至道光之季，其時西國國勢愈強，中國人才愈陋。雖被重創，罕有徹悟。又有髮匪之亂，益不暇及。林文忠嘗譯《四州

39　《外篇・設學第三》。

40　同上。

41　〈序〉。

42　《外篇・設學第三》。

志》《萬國史略》矣。然任事而不終。曾文正嘗遣學生出洋矣。然造端而不
壽。文文忠創同文館，遣駐使，編西學各書矣。然孤立而無助。迂謬之論，苟
簡之謀，充塞於朝野。不惟不信學，且詬病焉。一儆於臺灣生番，再儆於琉
球，三儆於伊犁，四儆於朝鮮，五儆於越南、緬甸，六儆於日本。禍機急矣，
而士大夫之茫昧如故，驕玩如故。天自牖之，人自塞之，謂之何哉！夫政刑兵
食，國勢邦交，士之智也。種宜土化，農具糞料，農之智也。機器之用，物化
之學，工之智也。訪新地，創新貨，察人國之好惡，較各國之息耗，商之智
也。船械營壘，測繪工程，兵之智也。此教養富強之實政也。非所謂奇技淫巧
也。華人於此數者主其故常，不肯殫心力以求之。若循此不改，西智益智，中
愚益愚。不待有吞噬之憂，即相忍相持，通商如故，而失利損權，得粗遺精，
將冥冥之中舉中國之民已盡為西人之所役矣。役之不已，吸之朘之不已，則其
究必歸於吞噬而後快。」[43]智也者真救亡之要道也。

　　「智以救亡，學以益智。」其關鍵又在乎士先有智以導農工商兵。蓋以
「士不智，農工商兵不得而智也。政治之學不講，工藝之學不得而行。」[44]故
富強之基，在開士智。張氏所議辦法，有遊學、設校、譯書、閱報之四端。遊
學之目的在培植領袖人才。故「遊學之益，幼童不如通人，庶僚不如親貴。」
遊學之工作宜於速成。故「遊學之國西洋不如東洋。」[45]然「遊學外洋之舉，
所費既鉅，則人不能甚多。且必學有初基，理已明，識已定者，始遣出洋，則
見功速而無弊。是非天下廣設學堂不可。各省各道各府各州縣皆宜有學，京師
省會為大學堂，道府為中學堂，州縣為小學堂。」至各學堂之課程標準及學則
有五：一曰「新舊兼學」，二曰「政藝兼學」，三曰「不課時文」，四曰「不
令爭利」，五曰「師不苟求」。[46]學生就規定年限，按其成績，肄業升學。
「期滿以後，考其等第，給予執照。國家欲用人材，則取之於學堂。驗其學堂
之憑據，則知其任何官職而授之。是以官無不習之事，士無無用之學。其學堂
所讀之書，則由師儒纂之，學部定之，頒於國中。」[47]此外更「多譯西國有用

43　《外篇・益智第一》。
44　《外篇・益智第一》。
45　《外篇・遊學第二》。
46　《外篇・設學第三》。
47　《外篇・學制第四》。

之書，以教不習西文之人。凡在位之達官，腹省之寒士，深於中學之耆儒，略通華文之工商，無論老壯，皆得取而讀之，采而行之矣。」[48]報紙之利不祇一端，「外國報館林立，一國多至萬餘家。有官報，有民報。官報宣國是，民報達民情。凡國政之得失，各國之交涉，工藝商務之盛衰，軍械戰船之多少，學術之新理新法皆具焉。是以一國之內如一家，五州之人如面語。」此博聞之利也。「方今外侮日亟，事變日多。軍國大計，執政慎密，不敢宣言。然而各國洋報早已播諸五洲。不惟中國之政事也，並東西洋各國之愛惡攻取，深謀詭計，一一宣之簡牘，互相攻發，互相駁辨，無從深匿，俾我得以兼聽而豫防之。此亦天下之至便也。」張氏深有見於閱報之益，故乙未以後新黨所刊之報亦加推許，認為「可以擴見聞，長志氣。滌懷安之酖毒，破捫籥之瞽論。」甚至西人之報，醜詆中國，彼亦許之，謂為「國有諍隣」。蓋以「一國之利害安危，本國之人蔽於習俗，必不能盡知之。即知之，亦不敢盡言之。惟出之隣國，又出之至強之國，故昌言而無忌。我國君臣上下果能覽之而動心，怵之而改作，非中國之福哉？」[49]凡此諸言，誠不愧政治家之襟懷與見識。

張氏變法之議亦限於法制、器械、工藝諸端。其所列條目為變科舉，興農工商礦兵學，而以築鐵路為五學之氣脈。[50]此皆人所共喻，無待贅說。惟其辯護新法之言則不妨於茲一述。張氏以為排斥新法者不外三等。一為泥古之迂儒，二為苟安之俗吏，三為苛求之談士。泥古之弊易知，而每為俗吏所利用，以冒守舊之名。蓋以「變法必勞思，必集費，必擇人，必任事。其於昏惰偷安徇情取巧之私計皆有不便。故藉書生泥古之談以文其猾吏苟安之智。此其隱情也。至問以中法之學術治理，則皆廢弛欺飾而一無所為。所謂守舊，豈足信哉！」苛求之誤在不知「國是之不定，用人之不精，責任之不專，經費之不充，講求之不力」，為變法寡效之根原而苛求速效，「局外遊談」。[51]凡此者皆變法之障礙，不可不加以駁正者也。

張氏猶恐人疑西法有違聖教而不敢行，於是復立為中西會通之說，力辨西

48　《外篇‧廣譯第五》。

49　《外篇‧閱報第六》。

50　《外篇》〈變科舉第八〉、〈農工商學第九〉、〈兵學第十〉、〈礦兵第十一〉、〈鐵學第十二〉。

51　《外篇‧變法第七》。

學要旨——與儒術相合。如謂《中庸》盡物之性，是西學格致之義。《論語》教民七年，是武學堂之義。《左傳》仲尼見郯子而學，是遊學外國之義。《周禮》外朝詢眾庶，《書》謀及卿士庶人，是議院之義。此皆足證聖經奧義直通西法要指。然而吾人不能專用聖經而必須遠採西法者，則以聖經雖已發其理，創其制，而未嘗習西人之技，具西人之器，同西人之法。「學術治理或推而愈精，或變而失正，均所不免。且智慧既開之後，心理同而後起勝，自亦必有冥合古法之處，且必有軼過前人之處。即以中土才藝論之，算術曆法諸事，陶冶雕織諸工，何一不今勝於古。謂聖人所創可也。謂中土今日之工藝不勝於唐虞三代不可也。萬世之巧，聖人不能盡洩。萬世之變，聖人不能豫知。然則西政、西學果其有益於中國無損於聖教者，雖於古無徵，為之固亦不嫌，況揆之經典灼然可據者哉！今惡西法者見六經古史之無明文，不察其是非損益而概屏之。」自塞自蔽，陷於危亡。「則雖弟佗其冠，神禫其辭，[52]手注疏而口性理，天下萬世將皆怨之詈之曰，此堯舜孔孟之罪人而已矣。」[53]

第三節　何啓與胡禮垣

　　何啟字沃生，廣東南海人。幼時讀《大學》，忽有悟曰：「正心誠意，效固如此。」乃有意於格物致知。家素封而嗜學，年甫成童，遊學於英國倫敦及雅罷甸兩書院，徧學天文、地理、算學、物理、人文、社會、醫學、律學諸科凡十餘年。歸國後居香港。創雅麗氏醫院以紀念其英籍夫人。嘗任香港議政局員，為西人所重。乙未廣州之役曾助孫中山先生舉事。何氏雖深受西洋文化之薰陶，而心愛祖國，欲以所學救其衰亡。先後著論，鼓吹變法。光緒十三年（1887）襲侯曾劼剛發刊《中國先睡後醒論》，頗有樂觀之詞。何氏乃作英文

52　弟，徒回切，遜，伏也。佗，靡也。神禫，猶沖澹。出荀子非十二子篇。

53　《外篇‧會通第十五》，張氏於篇末謂「中學為內學，西學為外學。中學治身心，西學應事業。」是以中學屬倫理，西學屬政治。果如此則所當變者豈止《外篇》所舉諸端。又《外篇‧非弭兵第十四》謂「苟欲弭兵，莫如練兵。」又謂中國不可恃國際公法，必自強然後可以自存。蓋「權力相等，則有公法。強弱不侔，法於何有。」此即有強權無公理之理。張氏雖尊聖教，固未嘗信舞干羽、格有苗之事也。

〈書後〉以駁正之。甲午戰起，作《新政要略》。此後迄庚子冬屢與胡禮垣合作文字以表示其變法之主張。

　　胡禮垣字翼南，廣東三水人。少與何氏為同學至友。太平軍興，清廷頗借外力以平亂。事既定，西人索口岸通商。胡氏認為西人政治整肅，格致精深。若中國師其所長，則富強可立致。富強致則遠人服。此天之所以授中國也。乃潛心西學，以備世用。肄業於香港大學，華英試均列第一。掌院將遣送英國。以父母在，辭不赴。假館公家書樓，日夕研讀。嘗融通中西，著「天人一貫」之說。略謂天為性、為理、為公。人為情、為欲、為私。以天貫人，則公私得而天下平。貫之者必以一。一者平也順也。平順之機，皆在於政。政立以法，法立以言，言立以事，事立以時，時苟不同，則事言法政皆相隨以異矣。嘗佐英人開闢北般島。蘇祿之君將留使主民。胡氏辭不就，蓋以若能革新中國，其效更廣也。甲午戰起，得何氏《要略》，乃衍成〈新政論議〉一篇，[54]分寄南北洋及王公大臣。[55]何胡二人光緒丁亥庚子間所著文字，今彙集為《新政真詮》。[56]

　　康長素言變法，以改制託古為根據。張香濤言變法，立中體西用之原則。何、胡立言雖時引中籍以相印證，而其宗旨實在於採取西洋民權思想以徹底改革中國之政治，與康、張等留戀專制與依傍古學者，其態度根本不同。二氏蓋深有動於西洋政教文物之盛，故不顧非難，昌言羣經之義今日無可宗尚，以破舊黨及康、張等之尊孔主張。《新政真詮・前總序》謂「中學經學，崇尚已久，學古之士習而不察。此則曰經學足以治事，彼則曰通經所以致用。」有與言西洋新學者，不免色然而怒。彼「不知世易時移，新理代出。微特兩漢論釋，其義多謬，趙宋新經，全憑私意，即使援引確切，識見所到，與作者同，施於今時，亦不可用。且非惟不可用而已也，而又於文明進化之機多所窒

54　《新政論議》，曾見二本。一為光緒二十一年乙未（1895）香港文裕堂校刊本，附曾侯《中國論・書後》（胡禮垣譯）。一為光緒二十二年丙申上海鴻文書局石印本，附〈洋務新書及中國振興時務論〉（許渠釗著）。此篇亦收入《新政真詮》。

55　二人生卒待考。此所引均據文裕堂本《論議・跋》（不著撰人姓名）。

56　本書所據者為光緒二十七年辛丑上海重刊（排印）本。此書目錄如下：前總序（己亥秋），後總序（庚子冬），曾論書後（丁亥冬），新政論議（甲午冬），新政始基（戊戌春），康說書後（戊戌），新政安行（戊戌夏），勸學篇書後（己亥春），新政變通（庚子冬）。

礙。」[57]推原其故，則以墨守陳編，實大背與時消息之義，抑「孔子何嘗教人以宗經哉」！孔子於諸經之以常法為訓者皆刪存什一，則獨重以無常法為教之《易經》，不特不肯刪削，且十翼其義，三絕其編，則孔子之意昭然可覩矣。孔子「非惟不教人以宗經，直是教人以勿宗經耳。勿之云者，非違背之謂也。謂經自為經，人自為人。以人用經，非以經用人。因事成經，非因經成事。是故古有古之經，今有今之經。古經今經，有同有不同。吾且不必問其同不同，但當察其善不善。古之經有善者焉，吾則取而用之。古之經有不善者焉，吾則棄而去之。今之經亦然。一棄一取皆由於我。是則經之宗我而非我之宗經也。」「是故，居今之世而不言變法者必非聖人之徒，言變法而猶泥古經之說者亦非聖人之所與。」至於漢宋諸儒，更不足以束縛今人之言動。「漢學宋學在當時豈無可取。置於今日則此二學直可比之為女子纏足之布。漢必去纏足之布然後人生以遂，廢漢宋之學，然後儒教以昌。」[58]然則「古學者，不學或反能為達權通變之士，嗜學則反至為拘迂執滯之輩。西人目中國為教化得半之國，蓋就其所學而言也。忠孝廉節之理，求之過當，反以失其中庸。便程服物之功，絕口不言，何以致其實用。此得半教化之國，無事猶可勉強枝梧，一遇非常，必至盡形其拙。」[59]夫經之不可宗也如此，「康君乃公然揚厲其詞，謂泰西之能保民、養民、教民，以其所為與吾經文相合之故。中國不能保民、養民、教民，以其所為與吾今文不合之故。」彼「不知保民養民教民，何須經義？外洋諸國惟不用經義？故能為所當為，亦猶堯舜三代時無經文，故能日新其德。今欲取二千餘年已前一國自為之事，施諸二千餘年已後五洲交涉之時，吾知其必扞格而不相合矣。中國之不能變，蓋經文累之也。」[60]

胡氏又取張香濤中體西用之說而駁之，以為西學本身，體用兼具。其所長者非祇船堅礮利之藝器。泰西之立國，「上有清明之法度，下有平恕之民情，而富強之體已傳。若夫學問之繁，撮其要則為天學地學人學。學問之實施於事則為神科、醫科、律科。其餘工藝之流，支分派別。心計之巧，日盛月新。學無不成，人無不學，而富強之用亦全。今或以中學為體，西學為用。中學為

---

57 〈前總序〉，頁7。

58 同上，頁8。

59 胡禮垣《書保國會第一集演說後》，頁8。

60 同上，頁12。參何、胡合著《勸學篇書後》駁張氏〈宗經〉、〈循序〉、〈守約〉緒篇。

本，西學為末。中學為經濟，西學為富強。皆於其理有未明也。」[61]持此以反論中國，則積弱之因在於本原未立，而非僅在藝器之用未具。「陸軍之建設，戰船之添置，砲臺之新築，鎗礮之精巨，有之則其國重，無之則其國輕，夫人而知之矣。然吾謂此仍事之小焉者耳。不足為中國憂也。中國真憂之所在，乃政令之不修而風俗之頹靡也。」[62]馮景亭謂中國有待於西人者僅船堅礮利一事，自胡氏視之，直如車前馬後，本末顛倒之論矣。

吾人既知古學不足以維新，富強之體在政治，則不可不進而講求法度修明，民情平恕之途徑。何胡二氏認定民權乃立國之真詮，而君憲則最宜之政體，於是闡揚西洋十八世紀之自由主義及天賦人權學說以破傳統之君主專制。《勸學篇書後》曰：「夫權者非兵威之謂也，非官勢之謂也。權者謂所執以行天下之大經大法，所持以定天下之至正至中者耳。執持者必有其物。無以名之，名之曰權而已矣。以大經大法之至正至中者而論，則權者乃天之所為，非人之所立也。天既賦人以性命，則必畀以顧此性命之權。天既備人以百物，則必與以保其身家之權。是故有以至正至中而行其大經人法者，民則眾志成城以為之衛。有不以至正至中而失其大經大法者，民則眾怒莫壓而為之摧。此非民之善惡不同也。民蓋自顧性命身家，以無負上天所托之權然後為是也。」[63]

二氏所謂自顧性命身家者，即西人所謂生命與財產之權利。此外尚有自由之權利，亦出天授，而與生命財產如鼎足之並立。「夫里勃而特與《中庸》天命之謂性，率性之謂道，其義如一。性曰天命，則其為善可知矣。道曰率性，則其為自由可知矣。是故凡為善者純任自然之謂也。凡為惡者矯揉造作之謂也。強暴必禦，訟獄必平，奸宄必除，冤抑必白：是使人得以率性也，是自由也。強暴不禦，訟獄不平，奸宄不除，冤抑不白，是使人不得率性也，是不自由也。」生命、財產、自由三權皆出於天，其成於人則謂之自主之權。「自主之權從何而起。此由人與人相接而然也。今人獨處深山之中，與木石居，與鹿豕遊，則其人之權自若，無庸名以自主之權。惟出而與人遇，參一己於羣儕之中，而自主之權以出。是自主者由眾主而得名者也。眾主者謂不能違乎眾也。

61　同上，頁14。

62　《曾論書後》。

63　《勸學篇書後》，〈正權篇辨〉。

人人有權，又人人不能違乎眾。其說何居？曰：權者利也，益也。人皆欲為利己益己之事，而又必須有利益於眾人，否則亦須無損害於眾人。苟如是，則為人人之所悅而畀之以自主之權也。人之畀我者如是，則我之畀人者亦如是。是則忠恕之道，絜矩之方也。」夫至公無我之道，豈不盡美盡善。然而「大道之行，今猶未極。天人大合之旨[64]未可以旦夕期。是故為今日言，則家不妨私其家，鄉不妨私其鄉，即國亦不妨私其國，人亦不妨私其人。但能知人之私之未能一，知己私之未盡蠲，如此則合人人之私以為私，於是各得其私而天下亦治矣。各得其私者不得復以私名之也。謂之公焉可也。」[65]

雖然，人權不能自行，必有待於民權制度。「一切之權皆本於天。然天不自為也，以其權付之於民。天視自我民視，天聽自我民聽。天聰明自我民聰明，天明威自我民明威。加以民之所欲天必從之。是天下之權，惟民是主。然民亦不自為也。選立君上以行其權，是謂長民。鄉選於村，邑選於鄉，郡選於邑，國選於郡，天下選於國，是曰天子。天子之去庶民遠矣。然而天子之權得諸庶民。故曰：得乎邱民而為天子也。凡以能代民操其權也。」[66]君主既代民操權，則就其實質而言，雖君主之治亦為民主。「何則？政者民之事而君辦之者也。非君之事而民辦之者也。事既屬乎民，則主亦屬乎民。民有性命恐不能保，則賴君以保之。民有物業恐不能護，則藉君以護之。至其法如何性命始能保，其令如何物業方能護，則民自知之，民自明之。而惟恐其法令之不能行也，於是乎奉一人以為之主。故民主即君主也，君主亦民主也。」[67]

民權之義，明白易曉。然而國人猶多致疑者，其要因有二。一為誤認民權不合聖教，二曰誤認民權不易施行。守舊之徒，以忠君為三綱要旨，視民權如洪水猛獸。彼不知「三綱之說，非孔孟之言也。商紂無道也，必不能令武王為無道。是君不得為臣綱也。瞽瞍頑嚚者也，而必不能令虞舜為頑嚚。是父不得為子綱也。文王以姒氏而興，周幽以褒女而滅。是夫不得為妻綱也。君臣父子夫婦謂有尊卑先後之不同則可，謂有強弱輕重之不同則不可」也。[68]吾人如置

64　按此殆指胡氏「天人一貫」之說。
65　〈正權篇辨〉。
66　同上。
67　〈新政論議〉。
68　〈明綱篇辨〉。

父子夫婦而專論君臣之倫，則舊說之誕，尤顯然可覩。「國者何？合君與民而言之也。民人也，君亦人也。」[69]既同為人，則各有其權利與責任。己身獨享權利而偏責義務於他人，是豈合乎忠恕之道。故為臣民者固當效忠於君國，而「為國家者不當責一國之忠愛於人民，但當行其所以致人民之忠愛於一國。」孔子曰：「君君臣臣，父父子子。君不君則臣不臣，父不父則子不子。此天下之通理也。」[70]夫三綱既非聖教，則民權必非邪說。取證經史，殆無可疑。「中國民權之理，於古最明。」自伏羲、神農、黃帝以至堯舜三代，皆「民悅之然後為君」。故「堯舜之世，即今泰西民主之國也。太甲成王之世，即今泰西君民共主之國也。然不論君主民主或君民共主，要皆不離乎獨重民權。此則今日泰西各國所必由之道，即我中國古帝王不易之經也。讀孟子告齊宣王之言，師曠對晉公之語，以及周人流厲王於彘，魯人放昭公於乾侯，而知民權者實乃上世之常談，古人之常事。斯理也，固互古今達中外未之或易者也。乃中國自暴秦而來，漢世諱之，宋世塞之。漢宋之學最盛，以故今之人雖日誦古書，習而不察耳。抑民權所以可貴者，非徒以其為古人之言，而實緣其有致治之效。」試以外患論之。「中國當民權明時，外國無不仰慕聲靈。惟民權昧時，外人始能入主中夏。」蓋「民權既廢，民力必衰。此姚、石之釁所以興，遼、金之來所以召也。」[71]再就內政言之。「天下非公不能治，國祚非公不能長。考中國於大一統之朝，其以天下為私者首莫如秦，次莫如隋。皆二世而亡。享國不數十稔，斯可戒矣。夫私之實何在，在於獨也。君者獨之至也，民者眾之至也。」若上溯唐虞，綜觀四千年之治亂，則「權獨歸君者秦隋之世也。君民均權者成康之世也。權操民者堯舜之世也。堯舜之法盛，成康之法平，秦隋之法亡。」再以西政印之。「泰西君主之國，可為吾法者莫如英。而核計四百年以前，其權則半屬於君，半屬於民也。而得失互見，上理未聞。自是而後以至於今，則君聽於民而權歸百姓矣。然以今日而視四百年前之英，強盛實逾百倍。」[72]此非民權之明效乎？

　　致疑於民權者之第二錯誤為認定其不能實行於中國。「夫民權之復，首在

69　〈正權篇辨〉。

70　〈同心篇辨〉。

71　〈前總序〉。

72　〈康說書後〉。

設議院，立議員。今乃談於中國士民不知環球之大勢，不曉國家之經制，不聞外國之立政立教，製器治兵。不知此數者皆非議院議員之事也。議院議員之所知者惟務本節用之大經，安上全下之大法，以及如何而可以興利，如何而可以除弊。凡有益於地方者務求善策以使之行，凡有害於人民者務必剔釐而使之去。因時者在是，制宜者在是。其志首行於一鄉一邑，次及於一縣一府。至於環球之大勢，非其所須知也。國家之經制，非其所必守也。外國政教兵器等事，知之也可，不知亦可。皆非議員之責也。議員之責在決其事之可行與否，非在能督辦其事也。一國之事正繁，豈能責之於未學未習。然其事之是否可行，則雖未學未習，而以情理揆之，以切合於時勢地位人事，則無有不得其至當而能決其可行不可行者。此議員之所以可貴，而亦人多能之者也。」[73]由此言之，則議院何不可行，民權何不可用乎？說者或謂中國今之廷臣部員以及都察院等官皆議員之類，不必另行設置，恐至削奪官權。不知議員「非由民舉則民失其權。民失其權則官權亦削。官權一削則君道或非，君道若非則君位不保。夫所謂官權之削者，言無以伸民志耳。蓋嘗以天下各國強弱之故考之，而知國無所謂強，其民羣則強。國無所謂弱，其民渙則弱。」「議員者選舉由民，而即所以羣其民而使之不渙者也。議院議員之法立則民志伸，民志伸則民心結，民心結則民力齊。是合中國四萬萬人為一人也。四萬萬人為一人，是中國將為天下至強之國也。」[74]然則民權非但可行，實有不得不行之理矣。

　　民權之旨既明，何、胡二氏又討論中國當行之政制。就大體言，其所建議者略以英國之虛君立憲及地方自治為藍本，而亦與康氏保皇，張氏保國之意不背。二氏謂「民權之國與民主之國異。民權者其國之君仍世襲其位。民主者其國之君由民選立，以幾年為期。吾言民權者，欲使中國之君世代相承，踐天位於勿替，非民主國之謂也。」又謂「此書以議員立論，誠欲中國之君立於無過之地，而世守其位於勿替焉。」[75]考其所以不取民主者，其故似有二端。一為中國民權喪失已久，民眾無復運用之智能。而「民性多溫良，習成隱忍。苟可將就了事，必以毋動為高。故欲復民權，須由君上。」[76]二則由君主改為民

73　〈正權篇辨〉。

74　〈前總序〉。

75　〈前總序〉。

76　〈正權篇辨〉。

主，必取革命之手段。此必君暴政虐，然後不得已而行之。如法蘭西之革命，乃出於事不得已。清朝「歷代之君，行誼非過，德澤有加」，[77]非法君之可比。祇須採行民權，即為中國之福。彼「威武以逞者」欲本虐我則讎之言，行湯武征誅之事，恐不免步洪秀全之後塵，不足取也。

　　議院之制當行之於地方，而不必中央另設員額。縣議員由平民於秀才中公舉之。凡男子二十歲以上能讀書明理而無廢疾者皆有公舉之權。府議員由秀才於舉人中公舉之。省議員由舉人於進士中公舉之。一縣「興革之事，官有所欲為則謀之於議員，議員有所欲為亦謀之於官。皆以敘議之法為之。官與議員意合，然後定其從違也。」從違既定，然後由縣申府，歷府之議省以申於天子。意若不合，則令其再議。各省議員一年一次會於京城，開院議事，以宰輔為主席。[78]「政府所令，議員得駁。議院所定，政府得散。」[79]中央大臣之選舉，皆由議員。宰相由議員公舉，天子任命。部長由各省議員保舉，宰相擇定。議員有罷黜宰相部長之權。[80]

　　何、胡此議，頗有窒礙難行之處，吾人不難想見。其關於時政建議之可述者，此外尚有二事，一曰注重地方分治，二曰擁護國際和平。二氏上論往史，深斥秦漢以後一統集權之謬。「秦始皇廢封建，置郡縣，欲以天下之事權操之一人。由今觀之，最為妄想。夫大同之治，必有可期。他日世界清平，寰球各邦安知無統一歸宗之日。然在今日而論，則必以土著之人治本地之事，斯為平允得宜。」證之物理，凡物莫不由分以為合。一國之結構亦復如此。「以大治小，不若以小治小。以大治小，精神必不能到，智慮必不能周。小者有所不治，大者將與俱傾。以小治小，燭之必無不明，算之必無遺策。小者既顛撲不磨，大者則無懈可擊。是故以縣治鄉，不若以鄉自治之為得也。以府治縣，不若以縣自治之為得也。以省治府不若以府自治之為得也。以京師治各省，不若各省自治之為得也。鄉治則縣治，縣治則府治，府治則省治，省治則京師自無不治。京師治而一國定矣。」[81]

77　〈新政變通〉。
78　〈新政論議〉。
79　〈正權篇辨〉。
80　〈新政論議〉。
81　〈後總序〉。

　　國際和平之議，針對《勸學篇》之〈非弭兵〉，[82]而與《大同書》相呼應。作者嘗自謂「寰球一家，中國一人者，此書之宗旨也。」[83]本此宗旨，故作者昌明萬邦協和之國際主義，而反對一切之排外思想。例如其論通商之事，謂「夫天下數十百國也，而以一國居其間，猶之一街數十百家也，而以一家厠乎其列。一家於街眾相資之事有應為而不為者，數十百家可羣起而責讓之。一國於通商相濟之事有應為而不為者，數十百國可羣起而執責之。是故欲別之為家事，其家必不得羣聚州處。欲別之為內政，其國必須無互市通商。」[84]又如其論領事裁判權謂雖有損於君主之權而為「拂戾」之事。然拂戾由來，非純在彼強我弱，而實在「中國無平情律例，無公當司法。」[85]又如論庚子拳匪，謂聯軍大舉入京，而執政心未忘戰。不知我曲彼直，我虛彼實，戰則必敗，無可徼幸。「和議愈緩則償兵之費愈多，新政再遲則度支之款難辦。為今日計，惟有急成和議，立行新政而已，何須用戰？」抑又有進者，「戰之一事，中國不特今日不可言，即推之將來富莫與京，盛莫與匹，猶不可言。中國惟有言以德化人可矣。中國所恃以化人者何在？曰：在人眾而不憑其眾以行殺，在人眾而能忘其眾以讓人。」蓋「公理之中本無戰爭之事。」「天下之權令人畏不若令人愛。」「今泰西各國爭長不休，則吾中國獨得兼容之量。」「夫是以弭兵之會允為盟主，萬國之班應推上座。」[86]古人所謂天下歸仁者，庶幾可於不戰中得之也。

第四節　嚴復（1853-1921）

　　嚴復字幾道，號又陵。福建侯官人。生於清咸豐三年，卒於民國十年。十一歲從同邑黃宗彝治經史。十四歲應募為海軍生，入馬江學堂肄業。十九歲以最優等卒業，派登兵船巡歷至日本長崎、橫濱。臺灣之役曾奉命東渡詗敵，

82　見本章註53。
83　〈後總序〉。
84　〈新政論議〉。
85　〈曾論書後〉。
86　〈後總序〉。

勘量海口。二十四歲，以駕駛生派赴英國，學習海軍諸術外，並留心西洋之學術政治。時英國民主運動[87]及天演思想[88]風靡一時。功利學派鉅子約翰穆勒[89]亦為思想界之人望。嚴氏深受此數者之影響，後來即大量介紹之於中國。二十七歲，學成歸國，意氣甚盛，頗欲行其所學，以濟時艱。李鴻章方經營北洋海軍，辟為天津水師學堂總教習。旋惡其議論激烈，不加援引。甲午敗後，嚴氏益主維新，屢著文以見志。如〈論世變之亟〉，〈原強〉，〈救亡決論〉，〈闢韓〉，〈擬萬言書〉等，均作於乙未、戊戌之間。此為嚴氏一生思想最激進之時代。戊戌以後，身遭廢棄，言論亦趨穩健。乃殫心譯述，欲藉西人之書，以抒一己之意。所譯者有耶芳斯《名學淺說》，約翰・穆勒《名學》，《羣己權界論》，斯密亞丹《原富》，孟德斯鳩《法意》，斯賓塞爾《羣學肄言》，甄克斯《社會通詮》，赫胥黎《天演論》等，[90]皆於開通風氣有極大之影響。光緒三十一年，嚴氏應上海青年會之請作講演八次，旋刊行其稿為《政治講義》。其中雖多襲取西說，鮮有剏解，然不失為中國人自著政治學概論之首先一部。民元以後，嚴氏思想轉入於守舊，袁氏謀叛，且列名「籌安會」中，則已淪為時代之落伍者。事殊可惜而不必深論矣。[91]

嚴又陵之思想與梁任公有相近處。然二人之性格則迥不相同。梁為感情奔放之人，富於勇往直赴之氣。嚴則長於思慮而堅銳不足。所謂「瞻前慮後，計密成迂」者，[92]誠忠實之自白。賦性既殊，行事亦異。梁氏一生參加實際之政治運動者先後多次。直至晚年乃專心力於學術。嚴氏雖出身海軍，有志匡時，而終身未嘗一預政事。壯歲歸國即從事於教育，歷任北洋學堂教習，安慶高等學堂監督，北京大學校長。戊戌維新運動既起，嚴氏雖表同情，每以言論相贊

87　按1832，1867，1884，三年度改革，選舉權逐漸擴張。

88　達爾文（1809-1882），斯賓塞爾（1810-1903），赫胥黎（1825-1895）。

89　穆勒（1806-1873）。

90　按譯《天演論》在戊戌前，欲以之為維新思想之科學根據也。

91　事迹見王蘧常《嚴幾道年譜》（上海商務印書館「中國史學叢書」）。參郭斌龢〈嚴幾道〉（《國風月刊》第八卷，第六期，頁213-228）。嚴氏著作尚無全集。其論著一部分收入《嚴幾道文鈔》（上海國學扶輪社）。《政治講義》有上海商務印書館光緒三十二年二月排印本。本書所據者同年四月之再版本。譯書收入《嚴譯名著叢刊》（商務），《學衡雜誌》（上海中華書局）各期有〈書札〉節鈔，可參閱。

92　〈書札三十一〉。

助，而卒未嘗躬預其事。此後則專事譯述，鮮問事務。抑二人所受之教育略有不同。梁氏少治舉業，西學之根柢不深，其所得之歐美學說多出於傳譯捃摭。嚴氏未成童即入海軍學堂，冠後復留學英國。不特精通英文，且經科學訓練。故於西洋學術政治軍事均有親身之體會。其了解西洋文化之程度殆非梁氏所及。

　　吾人請先述嚴氏之維新主張。嚴氏深受十九世紀英國達爾文、斯賓塞爾、及赫胥黎諸學者之影響，故其維新言論每以《天演論》為根據。嚴氏深信人類求存不可不適境自變，而一切改變又當循序漸進，不容躐等。此二者乃其學說之基本，殆始終未嘗動搖。方清季閉塞之時，頑固者株守故常，憚於改轍。嚴氏乃大明變革之義以矯之，其議論遂偏於激進。及民國以後，風氣大開，浮囂之士或欲盡棄舊日文教。嚴氏持守舊之說以矯之。嚴氏主張雖先後不同，吾人未可遽斷為自相違迕也。

　　嚴氏嘗謂中西文化相異之要點在中主恆而西主變。「中西事理其最不同而斷乎不可合者莫大於中之人好古而忽今，西之人力今以勝古。中之人以一治一亂，一盛一衰為人事之自然。西之人以日進無疆，既盛不可復衰，既治不可復亂為學術教化之極則。」[93]考中國之所以好古者，其事非出偶然而有歷史上之因緣。「民之生也，有蠻夷之社會，有宗法之社會，有軍國之社會。此其階級循乎天演之淺深，而五洲諸種之所同也。當為宗法社會之時，其必取所以治家者以治其國。理所必至，勢有固然。民處其時，雖有聖人，要皆囿於所習。故其心知有宗法而不知有他級之社會。且為至纖至悉之禮制，於以磅礴經綸。經數千年，其治遂若一成而不可復變也者。何則？其體幹至完，而官用相為摣拄。譬如動植生物，其形體長成充足之後，雖外緣既遷，其自力不能更為體合」矣。[94]

　　當宗法盛世，其一切禮法風俗固皆適時而週用。孔子為宗法社會之聖人，故其為古人所尊奉，亦極合乎情理。然而及時代變遷，外緣大異。若仍故步自封，不相體合，則逆天演之洪流，久必歸於淘汰。嚴氏釋之曰：「古之各國大抵不相往來者也。豈惟國與國然，乃至一國之郡邑部落亦大抵不相往來者也。

93　《文鈔・論世變之亟》（乙未作）。
94　《法意》十九卷十九章按語。

是故禮俗既成，宗教既立之後，雖守之至於數千年可也。至於近世三百餘年，舟車日通。且通之彌宏，其民彌富，通之彌早，其國彌強。非彼之能為通也，實彼之不能為不通也。通則向之禮俗宗教，凡起於一方而非天下之公理，非人性所大同者，皆岌岌乎有不可終日之勢矣。當此之時，使其種有聖人起，席可為之勢，先其期而迎之，則國蒙其福。不幸無此，其為上者怙猶盛之權，後其時而拒之，則民被其災。災福不同，而非天下之公理，非人性所大同，其終去而不留者則一而已。」[95]

天下公理，人性大同，於何見之乎？就大體言，嚴氏於民元以前認定西洋之學術文化與政治合於天演之趨勢，為中國所當借鑑。其言有曰：「士生今日，不覩西洋富強之效者無目者也。謂不講富強中國可以自安，謂不用西洋之術而富強可致。謂用西洋之術無俟於通達時務之真人才，皆非狂易失心之人不為此。」[96]又曰：「欲救中國之亡，則雖堯舜周孔生今，捨班孟堅所謂通知外國事者，其道末由。而欲通知外國事，則捨西學洋文不可，捨格致亦不可。」[97]蓋中西相較，優劣顯然。西洋人「鷙悍長大既勝我矣，而德慧術智又為吾民所遠不及，故凡其耕鑿陶冶織紝牧畜，上而至於官府刑政，戰守輸轉郵置交通之事，與凡所以和眾保民者精密廣大，較吾中國之所有倍蓰有加焉。其為事也，一一皆本諸學術。其為學術也，一一皆本於即物實測，層累階級以造於至精至大之途。故蔑一事焉，可坐論而不足起行者也。」[98]中國欲圖富強，則惟有急起直追以效彼之所長。

雖然，尚有疑焉。「中國知西法之當師，不自甲午東事敗衄之後始也。海禁大開以還，所興發者亦不少矣。譯署一也，同文館二也，船政三也，出洋肄業四也，輪船招商五也，製造六也，海軍七也，海署八也，洋操九也，學堂十也，出使十一也，礦務十二也，電郵十三也，鐵路十四也。拉雜數之，蓋不止一二十事。此中大半皆西洋以富以強之基，而自吾人行之，則淮橘為枳，若存若亡，不能實收其效者則又何也。」嚴氏引斯賓塞爾之言以解之曰：「富強不可為也，政不足與治也，相其宜，動其機，培其本根，衞其成長，則其效乃不

95　《法意》十九卷十二章案語。

96　《文鈔‧論世變之亟》。

97　《文鈔‧救亡決論》。

98　《文鈔‧原強》（乙未作），亦見麥仲華《皇朝經世文新編》卷一。

期而自立。是故苟民力已薾，民智已卑，民德已薄，雖有富強之政莫之能行。蓋政如草木焉，置之其地而發生滋大者，必其地之肥磽燥濕寒暑與其種性最宜者而後可。否則萎悴而已，再甚則僵槁而已。」然則中國言新法而未致富強者，其病源在本根未立而徒騖枝節。「夫所謂富強云者，質而言之，不外利民云爾。然政欲利民，必自民各能自利始。民如能自利，又必自皆得自由始。欲聽其皆得自由，尤必自其各能自治始。反是且亂。願彼民之能自治而自由者，皆其力其智其德誠優者也。是以今日之要政統於三端：一曰鼓民力，二曰開民智，三曰新民德。」蓋此三者乃生民強弱存亡之大要也。[99]

　　據上所述，足見嚴氏維新主張之特點在辨本末，明次第，而無取於支離魯莽之躁進。故嚴氏對時人之主張驟變或革命者深致不滿，而加以駁斥糾正。嚴氏嘗自述其意曰：「時局至此，當日維新之徒大抵無所逃責。僕雖心知其危，《天演論》既出之後，即以《羣學肄言》繼之，意欲蠲氣者稍為持重。不幸風會已成[100]而卒無以遏之也。」又曰：「竊念近者吾國以世變之殷，凡吾民前者所造因，皆將於此食其報，而淺謭剽疾之士不悟其所從來如是之大且久也，輒攘臂疾走，謂以旦暮之更張將可以起衰而以與勝我者抗也。不能得，又搪撞號呼，欲率一世之人相與盲進以為破壞之事。顧破壞宜矣，而所建樹者又未必其果有合也，則何如稍審重而先咨於學之為愈乎！」[101]又曰：「夫人類之力求進步，固也，而顛隮督亂乃即在此為進之時。其進彌驟，其途彌險。新者未得，舊者已亡。悵悵無歸，將以滅絕。是故明者慎之。其立事也，如不得已，乃先之以導其機，必忍焉以須其熟。知名勇功之意不敢存，又況富貴利行之汙者乎？夫而後有以與時偕達，有以進其羣矣。而課其果效，惡苦則取其至少，善樂則收其至多。噫！此輕迅剽疾者之所以無當於變法，而吾國之所待命者歸於知進退存亡之聖人也。」[102]考進步所以不可剽疾，其根本之理由為社會演化之次序有定，不容躐等以助其長。具體言之，則任何社會有其特殊之文化背景。欲取長於另一社會以改進之，其事甚難。況「中西二化絕然懸殊，而人心習俗

99　〈原強〉。嚴氏鼓民力之主要方法為禁吸烟、禁纏足，以恢復民族之健康。開民智在廢科舉、講西學。新民德則在倡立平等自由之政教。

100　〈書札五十一〉（民國六年）。

101　譯《羣學肄言・序》。

102　《政治講義・序》（光緒三十二年）。

不可猝變。」[103]斯誠事之尤難，不可鹵莽紛更者矣。本此見解以追論戊戌維新，嚴氏自無取於康梁之操切，而不惜目之為禍魁矣。[104]

嚴氏據《天演論》以言變法，其結果遂成為一「開明之保守主義者」。[105]以思想之通例衡之，凡《天演論》與歷史學派之思想家殆均有此傾向。此乃自然之事，無足異者。然而逮嚴氏晚年，其對中西文化之態度，則發生根本變化。嚮之鄙中尊西者一轉而崇中賤西。嚴氏當清之末年不僅謂中國固有之學術政治不足以救亡圖存，甚至認二千年間之人倫道德亦勢當摒棄。故其言有曰：「西之教平等，故以公治眾而尚自由。自由故貴信果。東之教立綱，故以孝治天下而首尊親。尊親故薄信果。然其流弊之極至於懷詐相欺，上下相遁，則忠孝之所存轉不若貴信果者之多也。」[106]又曰：「吾聞禮法之事，凡理之不可通者，雖防之至週，其終必裂。裂則旁潰四出，其過且濫，必加甚焉。中國夫婦之倫，其一事耳。他若嫡庶姑婦，前子後母之間，則以類相從，為人道之至苦。過三十年而不大變者，雖抉吾眼拔吾舌可也。」[107]及民國改元以後，嚴氏之態度乃大變而為忠實之守舊者，力持保存國粹之說，以與「五四」之新文化運動相對抗。如謂「行年將近古稀，竊嘗究觀哲理，以為耐久無弊，尚是孔子之書。」[108]又謂「中國目前危難全由人心之非，而異日一線命根仍是數千年先王教化之澤。」[109]又謂「不佞垂老親見脂那七年之民國與歐羅巴四年亙古未有之血戰，覺彼族三百年之進化祇做到利己殺人，鮮廉寡恥八個字。廻觀孔孟之道，真量同天地，澤被寰區。」[110]持此以與前者所言相較，是非頓異，幾乎判若兩人。此殆環境所激，有為而言，非託根於《天演論》矣。

嚴氏論維新變法以民權為其必要之條件。此乃其思想中足供吾人注意之第二要點。《政治講義》證明憲政為政治演化之最高境界，其說甚詳，下文當別

---

103 《法意》二十九卷六章案語。
104 〈書札十八〉。
105 郭斌龢〈嚴幾道〉《國風月刊》八卷六期，頁228。
106 〈原強〉。
107 《法意》二十四卷二六章案語。
108 〈書札三十九〉。
109 〈書札四十九〉。
110 〈書札五十九〉。

述之。茲先概述嚴氏反對專制提倡民權之議論。約言之，嚴氏認定專制政體在本質上既無可取，在功用上更無可資。中國欲變法圖強以適應近代之競爭，非先斷然廢除君主專制而行民權，必不能有所成就。

嚴氏於譯《法意》〈道德非君主之精神〉一章作案語曰：「酷矣，孟德斯鳩之論君主也。」「夫主君，以言其精神則如此，以言其形質又如彼，而吾中國自黃炎以至於今，且以此為繼天立極惟一無二之治制。君臣之義無所逃於天地之間。嘗桀紂，頌堯舜。夫三代以前，尚矣，不可考矣，則古稱先者得憑臆以為之說。自秦以降，事跡分明。何治世之少而亂世之多也。且《春秋》所載二百餘年，而《國策》所紀七國之事，稽其時代，皆去先王之澤未遠也。顧其時之人心風俗，其為民生幸福又何如。夫已進化之難與為犴獀，猶未闢之種之難與跂文明也。以春秋戰國人心風俗之程度而推之，向所謂三代，向所謂唐虞，祇儒者百家其意界中之製造物而已，又烏足以為事實乎？思囿乎其所已習，而心常冀乎其不可期，此不謂之吾國宗教之迷信，殆不可已。」[111]

專制何以不能為治乎？一言以蔽之，由於君無法而民無權。嚴氏設為問難以明之曰：「或曰：如孟氏之說，則專制云者無法之君主也。顧申、韓、商、李皆法家，其言督責也亦勸其君以任法，然則秦固有法，而自今觀之，若專制之尤者，豈孟氏之說非歟？抑秦之治固不可云專制歟？則應之曰：此以法字之有歧義，致以累論者之思想。孟氏之所謂法，治國之經制也。其立也雖不必參用民權，顧既立之餘，則上下所為皆有所束。若夫〈督責書〉所謂法者，直刑而已矣。所以驅迫束縛其民而國君則超乎法之上，可以意用法易法而不為法所拘。夫如是，雖有法亦適成專制而已。」[112]

君有法雖不必由於民有權，然君無法則民勢必不能有權。中國儒家思想以仁君行仁政為假定。自嚴氏視之，民既無權，則仁政每成口惠。分析言之，其說有二：一曰仁君不易得。「歐美諸邦，雖治制不同，實皆一國之民為不祧之內主。故其為政也，智慧雖淺，要必以一國為量，而作計動及百年。雖伯理由於公推，議院有其聚散，而精神之貫澈始終，則一而已。中國之所恃者天子耳。生於帷牆，度於阿保，其教育之法至不善。故尊為神明，而其實則天下之

111　《法意》二卷五章案語。
112　《法意》三卷五章案語。

最不更事人也。惟締造之君，發跡閭閻，如漢宣，光武，唐太宗者流，夫而後乃有賴。否則必得宰相重臣，如明之張太岳者猶可以粗舉。顧無知人之明而有得人之效，此至不常之事也。則安得不治世少而亂世多乎！」[113]抑頃謂締造之君為有賴者，特彼善於此耳。若從嚴論之，則「老之言曰：竊鈎者誅，竊國者侯。夫自秦以來為中國之君者皆其尤強梗者也。」[114]二曰君仁不可恃。「夫制之所以仁者必其民自為之。使其民而不自為，徒坐待他人之仁我，不必蘄之而不可得也。就令得之，顧其君則誠仁矣，而制猶未仁也。使暴者得而用之，向之所以為吾母者乃今為之豺狼可也。嗚呼！國之所以常處於安，民之所以常免於暴者，亦特制而已，非特其人之仁也。恃其欲為不仁而不可得也。權在我者也。使彼而能吾仁即亦可以吾不仁，權在彼者也。在我者自繇之民也，在彼者所勝之民也。必在我，無在彼，此之謂民權。」[115]中國無民權，所以數千年中治日少而亂日多也。

　　民權與專制之優劣尚有一重大之區分，不容忽視。民權以民自治，故民與國為一體而國強。專制以君獨斷，故民不愛國而國弱。西洋人民所以能愛國與主，為公如私者，實以民權為之關鍵。「法令始於下院，是民各奉其所自主之約而非率上之制也。宰相以下皆由一國所推擇，是官者民之所設以釐百工而非徒以尊奉仰戴者也。撫我虐我，皆非所論矣。出賦以庀工，無異自營其田宅。趨死以殺敵，無異自衛其室家。」[116]此非民權之明效乎？中國既未行民權，宜乎其民如搏沙累石，各自為私而國日以削也。

　　嚴氏既認民權為中國強弱治亂之所繫，故凡有礙於民權者皆視為有害於國家，甚至謂秦漢一統乃致弱之一要因。[117]一統天下雖有一時之利，而世勢既變，則其害亦隨生。蓋「惟一統而後有無權之民以戴有權之君。上下相安，國

---

113 《法意》二十卷二〇章案語。參閱二十二卷十八章案語。

114 〈闢韓〉。此文駁韓愈「原道尊君」之說。張之洞見之，以為洪水猛獸之比。

115 《法意》十一卷十九章案語。

116 〈原強〉。

117 《法意》十卷九章案語。嚴氏曰：「向使封建長存，并兼不起，各君其國，各子其民，如歐洲然，則國以小而治易周，民以分而事相勝，而其中公法自立，不必爭戰無已時也。且就令爭戰無已，弭兵不成，諦以言之，其得果猶勝於一君之腐敗。嗚呼！知歐洲分治之所以興，則知中國一統之所以弱矣。」

以無事。當是時也，有倡為民權之說於其間，雖謂其有百害而無一益可也。乃今之世既大通矣。處大地并立之世，吾未見其民之不自由者其國可以自由也，其民之無權者其國可以有權也。且世之黜民權者亦既主變法矣，吾不知以無權而不自由之民何以能孤行其道以變其夫有所受之法也。亦既勔以知懼矣。懼印度，懼為越南緬甸朝鮮，懼為埃及，懼為波蘭。乃不知是數國者其民皆未嘗有權也。且深惡民權之說者不自今之支那愚孺大官始也。往者歐洲之勳貴公君皆惡之矣。英之查理，法之路易是已。其最不惡民權而思振興之者亦有之矣。德之佛勒德立，美之華盛頓是已。顧二者孰非孰是，孰榮孰辱，孰存孰亡，不待辨矣。故民權者不可毀也。必欲毀之，其權將橫用而為禍愈烈者也。」[118]毀民權者無他長技，不過藉口民智不足用，復利用如牛毛之法禁以束縛億兆人之心思，冀得盜國竊權以自固而已。彼不知「斯民也，固天下之真主」則不可以久欺者也。「是故使今日而中國有聖人興，彼將曰：吾之以藐藐之身託於億兆人之上者不得已也。民弗能自治故也。民之弗能自治者，才未逮、力未長、德未和也。乃今將早夜以孳孳求所以進吾民之才德力者，去其所以困吾民之才德力者，使無相欺相奪而相患害也。吾將悉聽其自由。民之自由，天之所畀也。吾又烏得而靳之。」此則振興民權之正道也。苟行此道，「三十年而民不大治，六十年而中國不克與歐洲各國方富比強者，正吾莠言亂政之罪可也。」[119]

嚴氏重視民權，故同時有取於平等自由之義。請先述其平等之說。嚴氏認不平等為國弱民困之一大原因，而中國滿漢之不平等，其害尤為顯然。「三百年來歐之所以日興而亞之所以日微者，世有能一言而通其故者乎？往者湘陰郭先生嘗言之矣。曰：吾觀英吉利之除黑奴，知其國強之未艾也。夫歐亞之盛衰異者，以一其民平等而一其民不平等也。印度有喀斯德，高麗有三戶。中國分滿漢矣。而分之中又分焉。分則不平，而通力合作，手足相救之情不可見矣。」[120]且廣義言之，不平之害，又不始於清代。「蓋自秦以降，為治雖有寬苛之異，而大抵皆以奴虜待吾民。雖有原省，原省此奴虜而已。雖有燠咻，燠咻此奴虜而已。夫上既以奴虜待民，民亦以奴虜自待。」[121]於是民質闒茸，國

118　《原富‧部戊下‧篇二》案語。

119　〈闢韓〉。

120　《法意》卷十第三章案語。

121　〈原強〉。

力微弱。甲午之敗，實中國不平之治有以取之。

雖然，吾人宜注意，人民地位之平等，雖為民權之必要條件，而其致之之道又非否認品性能力不齊之事實，而抑高就下以為齊也。「夫民主之所以為民主者以平等。故班丹（亦譯邊沁）之言曰：人人得一，亦不過一。此平等之的義也。顧平等必有所以為平者，非可強而平之也。必其力平，必其智平，必其德平。使是三者平則郅治之民主至矣。不然，使未至而強平之，是不肖者不服乎賢，愚者不令於智，而弱者不役於強也。夫有道之君主，其富者非徒富也，以勤業而富，以知趨時而富，以節欲而富。其貴者亦非徒貴也，以有德而貴，以有功勞而貴，以多才能而貴。乃強為平者曰：是皆不道，吾必劃之，以與吾平。夫如是則無富貴矣，而并亡其所以為富貴者矣。夫國無富貴者可也。無所以為富貴者不可也。無所以為富貴者之民而立於五洲異種之中，則安能不為其至貧，又安得不為其至賤者乎！」[122]

嚴氏之論自由，亦以穩健出之，欲於大羣小己間立折衷至當之權界。其立說殆受約翰・穆勒之影響，[123]而不復剿襲歐洲十八世紀之舊義。

嚴氏概舉自由之義曰：「中文自由常含放誕恣睢忌憚諸劣義。然此自是後起附屬之詁，與初義無涉。初義但云不為外物拘牽而已。無勝義亦無劣義也。夫人而自由固不必須以為惡。即欲為善亦須自由。其字義訓，本為最寬。自由者凡所欲為，理無不可。此如有人獨居世外，其自由界域豈有限制。為善為惡皆自本身起義，誰復禁之。但自入羣而後，我自由者人亦自由，使無限制約束，便入強權世界而相衝突。故曰：人得自由而必以他人之自由為界。此則《大學》絜矩之道，君子所恃以平天下者矣。」嚴氏於是引斯賓塞爾《論理學・說公篇》中語以明自由之作用曰：「人道所以必得自由者，蓋不自由則善惡功罪皆非己出，而僅有幸不幸可言，而民德亦無由演進。故惟與以自由而天擇為用，斯郅治有必成之一日」。[124]

---

[122]《法意》卷八第三章案語。

[123] 嚴氏譯其 *On Liberty*（1859）為《羣己權界論》。據例言，稿成於庚子前，癸卯潤色付印，序謂「十稔之間吾國考西政者日益眾，於是自繇之說常聞於士大夫。顧竺舊者既驚怖其言，目為洪水猛獸之邪說，喜新者又恣肆泛濫，蕩然不得其義之所歸。以二者之皆譏，則取舊譯英人穆勒氏書，顏曰『羣己權界論』，畀手民印版，以行於世。」

[124]《羣己權界論・譯凡例》。

　　吾人既知自由之用，則過重個人之自由與侵削個人之自由兩皆不可。欲折衷得當，則政府干涉與放任之範圍不可不定一合理之限度，嚴氏略依穆勒之意為之說曰：「民所不得自由者，必其事之出乎己而及乎社會者也。至於小己之所為，苟無涉於人事，雖不必善，固可自由。法律之所禁，皆其事之害人者」[125]而已。準此原則，道德風俗固在自由範圍之內，思想言論亦非政府所宜干涉。「蓋思想言論，修己者之所嚴也，而非治人者之所當問也。問則其治淪於專制，而國民之自由無所矣。」[126]至於一國之學術，尤當離政治而獨立。泰西之制，學校仕進分途並展。「中國之制，學校仕進合而為一。」數千年中學術遂因之不能專門，鮮有進步。「假使治泰西學校之所治而以之為仕進之梯，將使精於化學之士聽民訟獄，學為製造之家司掌國故。」[127]則受害者將不僅為學術而為政事。且政府干涉學術尚有一重大之流弊。「羅哲斯曰：當斯密氏居業鄂斯福時，其時課務之怠弛為前後所未曾有。學者言教言政，其宗旨皆遵國令，而政府亦常督責學者以守之。然其中實為羣不逞之所聚。品流猥雜，文雅道廢。」學術不能獨立，其害遂至於此。「蓋國學所大患，在政教二者之黨人欲居其中以操清議之柄。斯之不革，未見其有補於明民也。」[128]

　　自由之權有界，則政府之權亦有限。中西強弱之原，正可於是求之。「西國之王者，其事專於作君而已。而中國帝王作君而外，兼以作師。且其社會，固宗法之社會也。故又曰：元后作民母。夫彼專為君，故所重在兵刑，而禮樂、宗教、營造、樹畜、工商乃至教育、文字之事皆可放任其民，使自為之。中國帝王，下至守宰，皆以其身兼天地君親師之眾責。兵刑二者不足以盡之也。」猝然觀之，似其事甚美。而詳其實，則不啻兩敗俱傷。「君上之責任無窮而民之能事無由以發達。使后而仁，其視民也猶兒子耳。使后而暴，其遇民也猶奴虜矣。為兒子奴虜異，而其於國也無尺寸之治柄，無絲毫應有必不可奪之權利則同。由此觀之，是中西政教之各立，蓋自炎黃堯舜以來，其為道莫有同者。車舟大通，種族相見，優勝劣敗之公例無所逃於天地之間」矣。[129]

---

125 《法意》十九卷第十四章案語。
126 《法意》十二卷第十一章案語。
127 《原富・部戊上・篇一》案語。
128 《原富・部戊上・篇一》案語。
129 《社會通詮・國家社會三・國家之行政權分第十三》案語。嚴氏思想中不含民族觀念。其譏

　　嚴氏之維新主張略如上述。其中雖不乏深切之見解，而就大體言，其精神固與康、梁、何、胡諸人不甚相遠。然維新諸人之立說，自《大同書》外皆針對時事有為而發。此皆改革家之言論而非純學理之闡述。獨嚴氏《政治講義》一書，運科學之方法，明西政之真際，條理謹密，最富學術之意味。吾人如謂《大同書》為清末之第一部政治哲學著作，則《政治講義》可謂清末之第一部政治科學著作。雖其實際之影響無可言者，而其內容頗值一述。

　　《政治講義》之最大特點為其對政治科學之說明。嚴氏嘗謂「今世學者為西人之政論易，為西人之科學難。政論有驕嚚之風（如自由平等民權壓力革命皆是），科學多樸茂之意。且其人既不通科學，則其政論必多不根，而於天演消息之微不能喻也。此未必不為吾國前途之害。故中國此後教育在在宜著意科學，使學者之心慮沉潛浸漬於因果實證之間，庶他日學成，有療病起弱之實力，能破舊學之拘攣，而其圖新也審，則真中國之幸福矣。」[130]本此見解，故嚴氏於開講之始即申明科學之重要。蓋科學可以致用，且非科學不能真致用。然而科學本身之事則不在致用而在致知。不能致知，則一切議論易流於主觀之偏見，欲致用而或不免歸於無用。嚴氏辨之曰：「學問之事往往因所由塗術不同，其得果因而大異。此於講蕶學之事所繫尤深。蓋其關於人事最為密切矣，而其物為人人口頭共有之談，因其習慣，自詭已明，而其實不爾。若謂他物，吾或不知，至於國家政府，吾何不知之與有。吾今所欲聞者，政治以何術為最善，政府以何形式為最高耳。以此之故，其入手之始往往不求知物，不問此係何物，而先問物宜如何。其言政也，則先欲知何者應利，何者應害。其言政府也，則先叩何式為合，何式為離。夫假是以為術，則所求之第一事將在何者為最文明之國家，最為利益生人之治制。此吾國言治之書，自古迄今莫不如此，且不獨吾國為然。歐洲十九世紀以前言治之書亦莫不爾。柏拉圖民主主客論其職志也。」[131]「是故取古人談治之書，以科學正法眼藏觀之，大抵可稱為術，不足稱學。諸公應知學術二者之異。學者即物而窮理，即前所謂知物也。術者

評清廷，乃以其為專制之惡政府而非以其為異族之政府，其意以為中國乃宗法而兼軍國之社會，故民族思想為我所固有，不足為強種之資。章炳麟曾為《社會通詮商兌》以駁之，見《章氏叢書‧太炎文錄初編‧別錄》卷二。

130《文鈔》卷四。
131《講義》，頁10。

設事而知方，即前所謂問宜如何也。然不知術之不良皆由學之不明之故，而學之既明之後將術之良者自呈。此一切科學所以大裨人事也。」[132]

政治學於十九世紀「已由羣學分出」，[133]而「羣學者何？用科學之律令，察民羣之變端，以明既往測未來也。」[134]是羣學本為科學，而政治學既由之分出，其「已成科學」[135]亦屬無可置疑。於是嚴氏自述其治學之方法曰：「今吾所講者乃政治之學，非為政之術。故其塗徑與古人言治，不可混同。吾將視各種國家，凡古今所發現者，如動植學家之視蟲魚草木然。彼之於所學也，初不設成心於其間。但實事求是，考其變相，因果相生，而謹記之。初不問何等草木為良草木，何等蟲魚為良蟲魚。無所謂利害，無所謂功過。而所求明者止於四事。（一）所察日多，視其不同，區以別之，為之分類，一也。（二）一物之中析其官體之繁而知其功用，二也。（三）觀其演進之階級而察其反常，知疾痛腐敗之情狀，三也。（四）見其後果之不同，察其會通而抽為生理之大例，四也。」[136]易詞言之，「吾人考求此學，所用者是天演術，是歷史術，是比較術，是內籀術。」[137]

嚴氏所謂內籀術即今日所謂歸納法。治學所以必用歸納者，「蓋天生人，與以靈性，本無與生俱來預具之知能。欲有所知，其最初必由內籀。」[138]歸納法要務之一為徧考事實而比較其異同，區分其族類。「我輩今講政治，不但如古人之法，但就本已所屬國家言之，亦不宜但取一切文明之國家言之，而置蠻夷社會於不論。」蓋歸納妙用，正在博採廣參。「僅就本國及但取文明國而論者，其內籀之資已狹，立義恐亦不精，而天演階級恐亦難見」也。[139]雖然，博採廣參，此縱橫萬里空間之內籀也。必輔之以上下千年時間之內籀，而後其用乃極。故內籀術必包括歷史術。嚴氏曰：「內籀言其淺近，雖三尺童子能之。

132 《講義》，頁11。
133 《講義》，頁5。
134 《羣學肄言‧序》。
135 《講義》，頁2。
136 《講義》，頁11。
137 《講義》，頁16。
138 《講義》，頁3。
139 《講義》，頁16。

今日持火而燼，明日持火又燼，不出三次，而火能燼之公例立矣。但內籀必資事實，必由閱歷。故必聚故人與異地人之閱歷為之。如此則必由紀載，紀載則歷史也。」[140]

雖然，猶有疑焉。「夫動植之學所可用若前之塗術者，以其物天之所成而非人之所設也。國家政府之為物不然。故其治之也必問其良否，必分其功過。但如草木，區以別之，未見其術之有當也。」嚴氏釋之曰：「邦國政府雖屬人功，而自其大分言之，實游於天演之中而不覺。大抵五洲人民所共有者其事皆根於天性。天性，天之所設，非人之所為也。故近世最大政治家有言（法人薩維宜），國家非製造物，乃生成茲長之物。夫既屬生成滋長之物，則天演塗術不能外矣。」[141]惟吾人當注意者，國家究與動植之物有異。故內籀術之應用亦自較為困難。蓋政治為羣學之一門，其所研究者為國家。「治者一己與於其中，不能無動心。」[142]而直指真理。此其為事，固視研究動植為難也。「且政治之考求事實有較他科不同者。他科可用試驗。如治化學，欲知輕養之合而為水，取而試之足矣。乃至動植，小有可試者。顧國家者天地之大物也，而禍福所及者重以眾。故試驗不行而惟資於觀察。且觀察矣，又不若天象地文之事也。蓋國家有性情之物也。其行事發現雖關團體，而常假手於一二人。又常出以秘密而故為混淆以貿視聽者有之。又以紀載者之不能無成心而或出於輕忽。」[143]凡此亦使內籀之困難過於動植。治政治學者誠不可不謹慎以從事矣。

方法既明，嚴氏乃進一步為國家之分類。凡物共有三類：一曰形上之物，二曰有生（或有機，官品）之物，三曰無生（或無機，非官品）之物。官品者，「其物有生，又有機關以司各種生理之功用者。」「今試言國家，則其為官品之列不必深辨而可知。蓋國家為物，非聚一羣人民如散沙聚米便足當此名也。將必有分官設職，部勒經緯，使一羣之中之支部有相資相待之用，而後成為國家」也。[144]

---

140 《講義》，頁3-4。

141 《講義》，頁12。按薩維宜當指Friedrich Karl von Savigny（1779-1861）（校案：F. K. von Savigny 乃德國十九世紀法學家，非法國人。作者所言，疑有誤）

142 《講義》，頁21-22。

143 《講義》，頁13。

144 《講義》，頁23-24。

國家為官品之物，又可按其天演之深淺而分類略如下表：[145]

國家 ┤ 草昧── ┤ 宗法（Tribe）──「其合也以同種族故，同祖宗故。」
神權（Theocracy）──「其合也以同信奉故，同宗教故。」
文明──真正（The State）──「其合也以同利益故，同保護故。」

嚴氏說明之曰：「初級社會，大抵不離家族形質。」昔郝伯斯與柳宗元謂國家未立之初，祇是爭奪世界。彼「皆不悟人羣先有宗法社會。此《通詮》中所言之最詳者。當是時即有孤弱，全為宗法保護。」[146]並非人自為仇，毫無秩序。及其羣日大，宗法不復可以彌綸，而後宗法衰微，國家隨以演進也。至於神權，則常與宗法並見而則其盛衰。「大抵初級國家其中宗教神權皆極有力。國家程度愈進，宗教之力雖不必衰，然教會國家，神權政權常離為二。」[147]

惟吾人當注意。真正國家雖脫宗法神權以形成，而不必與二者完全斷絕關係。例如英國，就大體言，固為以保護利益而合之軍國。然而盎格魯同胞之意，基督教信仰之心，固顯然存在。又如中國，就大體言，雖猶未脫宗法階級，而亦未嘗無保護利益之作用。然則國家文明草昧之判「在程度而不在性情」，[148]論者但取其最顯著之特質以定其應歸何類而已。

國體之異既由於天演，則吾人應知草昧文明中之階級「皆國家所必經之程。其演進也有遲速之異而無超躍之時。故公例曰：萬化有漸而無頓。」[149]不寧惟是。天演之行，譬如川逝。縈紆浩蕩，莫可阻遏。萬化有漸而無頓，則亦有進而無止。昔人所謂與時偕行者，真得天演之妙用者也。若不明此用而倒行逆施，其禍有不可勝言者。「考古社會之將變也，設有人焉，在上為政或在下持論，而謂國家所為，宜特重保護利益之旨，而輕蔑宗法宗教者，其人必為守舊之人所痛疾，甚則其身不免刑戮，若秦之商君，其最著者也。中國如此，外國亦然。而羣目主此義者為Utilitarianism，譯曰功利派。雖然，痛疾之矣，而無如所值之天時人事，交迫俱來。誠欲圖存，有不變其立國宗旨而不得者。外

145 《講義》，頁39。
146 《講義》，頁33-35。
147 《講義》，頁36。
148 《講義》，頁41。
149 《講義》，頁42。

有敵國強鄰，內有賊民民賊。其民人有屠戮之懼，其國土有蹙削之憂。甚且為人所全勝而克服之。於此之時，全國之民，身與子孫皆奴虜矣。是故除非一統無外，欲為存國，必期富強。而徒以宗法宗教繫民者，其為政輕重之間往往為富強之大梗。於是不得不盡去拘虛，沛然變為軍國之制，而文明之國家以興。」[150]

嚴氏於第三會中既按天演程度分一切國家為草昧、文明之兩類，於第四會中乃按制度之異同分文明國家為市府、邦域兩類，有如下表：[151]

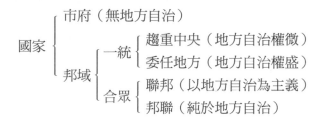

其說為近代學者所習用，吾人不必於茲贅述，而略舉其政體分類之理論以殿本章。

嚴氏就治權之範圍與其分配以區別政體。故於提出分類之前，對自由之意義加以較詳之剖析。蓋自由一名，言之者眾，而字義遂多轇轕。就政治學之觀點言，自由有兩種要義：一曰自由與管束為反對。故國家政令寬簡即為自由。二曰自由與專制為反對，故國家有代表議院即為自由。二者之中，又以第一義為較確切。自由之初義為無拘束管治。然而既立國家，必有政府以拘管人民。故政界自由之義當為「拘束者少而管治不苛。」[152]其事與政府之仁暴無必然之關係，與政體之為君主、民主亦無關係。據史例以觀之，每有專制之朝，殘民以逞，「而於民事轉無所干涉，聽其自生自滅於兩間。所責取者賦稅徭役而外無所關也。而議院肇立，民權新用之秋，往往社會鉅細皆務為之法以督治之，而煩苛轉甚。」且吾人儻加以深考，則「民權政府之易為其過多，猶之君權政

---

150 《講義》，頁41。
151 《講義》，頁61。
152 《講義》，頁80。

府之易為其太少。」蓋「專制之君本無所利於干涉。干涉者以其身為民役也。夫專制之性情，李丞相〈督責書〉一篇盡之矣。其所以務嚴刑峻法者，蓋亦以不測之威立懾於民，冀省事為逸樂耳。不然，彼之於民，本無仇也。是以專制者所以為其不制也。」「至於議院民權，則覺事事皆切己之圖，而又無物焉之限制，雖數百千人之耳目手足有不暇給之勢矣。」[153]

　　嚴氏於第五會中定自由之義為政令寬簡。於是政府應干涉至何程度遂為重要之問題。第六會即取而加以討論。嚴氏謂斯賓塞爾諸人「取羣中事業而分別之，指何者為政府所當干涉，何者為政府所當放任。」其說頗有窒礙。吾人「但以政府權界廣狹為天演自然之事。視其國所處天時地勢民質如何。當其應廣，使為之狹，其國不安。當其應狹而為之廣，其民將怨。必待政權廣狹與其時世相得，而後不傾。」具體言之，「自然有機體之國家，其初成國也，大抵由外力之逼拶，而後來之演進亦然。蓋因外患而求合羣并力，因合羣并力而立政府機關，則由此可知政府權界廣狹，端視其國所當外來壓力之如何，而民眾自由乃與此成反比例。」[154]試察各國之歷史，莫不與此公例相合。

　　國家干涉放任之界限不同，嚴氏乃察其常辦之事與常有之機關，而據其同異以為政府之分類，略如下表：[155]

政府 {
　總政府（無不干涉）── 教化政府（Culture State, Der Kulturstaat）
　專政府（但事一端）── {
　　兵政府（War State, Der Kriegstaat）
　　刑政府（Law State, Der Rechtsstaat）
　　商政府（Trade State, Der Handelstaat）
　　警察政府（Police State, Der Polizeistaat）
　}
}

此就治權之範圍以分類也。若就治權之分配言，則吾人又可得不同之結論。世俗每謂「近世現行有兩種政制：一為獨治之專制，一為自治之民主。」[156]嚴氏認說似是而非，故於第七、八會中加以辨正。綜括其論，有二大端：一曰民主

153 《講義》，頁76。
154 《講義》，頁85-87。
155 《講義》，頁93。
156 《講義》，頁105。

非真自治，二曰專制有待眾扶。擁護民主者信政府既為民之所自立，則民受政府之約束，無異受自己之約束。此自治之說也。然而一按事實，則選舉既非普及，投票亦非全體，所謂自治者不過以眾治寡之政府而已。不寧惟是。近代邦域國家，地廣民眾。古代市府全民議政之制久已不行，而不得不採用民選代議之制。此代議之制，「其去自治尚隔兩塵」。[157]法出於眾。所謂眾者，吾之小己不必即在其中，一也。法定於代表人。是代表者畢竟非我，二也。況全國民眾，數以兆計。個人之權，微眇至極。自治云云，豈不等於虛幻。由此論之，則現代政府，實有二類：一為獨治之專制，一為以眾治寡之立憲。[158]民主自治之名，在所當廢也。

專治必賴眾扶，其理亦至易見。西洋政家嘗謂「治權之出有自上而達下者，有自下而逮上者。」前者為專制，後者為民主。殊不知「權未有不發諸下者也。」蓋「專制之君主無不借助於人之理。既借助矣，即對此人不得率意徑行。」況專制君主之壓力亦賴眾人為之執行。若謂專制每借重神權，則宗教信心亦緣眾具而後有力。吾人「既知一國治權必本諸下而後有，則向所舉以為獨治眾治之區別者不可用矣。」[159]

然則一切政府均出羣下擁戴，其區別果何在乎？一言以蔽之，在輿論機關之有無而已。嚴氏明之曰：「輿論者擁戴之情之所由宣也。專制之政府無以為宣達測視輿論之機關，而立憲之政府有之。一令之行，一官之立，輿情之向背不獨顯然可見也，而多寡之數亦至著明，其向背多寡皆於議員之出占投票而得之。」夫行令立官皆依出占投票而定，「即無異言，國民得此而有其建立維持破壞政府之機關也。」嚴氏復申其說曰：「無論何等國家，其中皆有此建立維持破壞政府之權力。此種權力必有所寄。在民、在兵、在本國、在外國、為公、為私、為善、為惡，無不可者。但此種權力，有得其機關其力有以達者，亦有不得機關其力散漫隱伏無以達者。雖然，散漫隱伏矣，而政府之立仆必視之。今假向日維持政府之權力以有因緣坐而中變，此即言政府所倚其扶立擁戴以為存者，乃今不願扶立擁戴之。然坐無機關，此變末由宣達，而君上之人亦

---

157 《講義》，頁108。
158 《講義》，頁105。
159 《講義》，頁115-122。

坐無此機關，未由測驗，懵然不知。」「此如汽箱，外無汽表，早晚炸耳。炸者何？亂也。炸者何？革命也。此革命而亂者皆坐無以為宣達測驗輿情之機關耳，皆坐無國會議院耳。」英國採行此制，四百年來至今遂無革命之可能，「雖然，謂英國無革命可，謂英國時時革命亦可。一政府之改立，皆革命也。專制之革命必誅殺萬人，流血萬里，大亂數十年十餘年而後定。英國革命輕而易舉，不過在議院占數之從違。莊生有言：方死不死。真立憲制，正如是耳。」[160]

　　據此以論，則嚴氏意中有兩種政體。一為無輿論機關之專制，一為有輿論機關之立憲。「專制之國，國主當陽而宰相輔治，宰相之黜陟由人主。立憲之國，人主仰成，宰相當國而宰相之進退由國民。」[161]前者危而後者安，何去何從，不言可喻。所可異者，嚴氏於開講之時自謂所用乃內籀術，欲廣取古今中外一切國家而並觀之。乃洋洋五萬餘言中，未嘗一語道及法美諸國民選元首之制。且於卷末「政治要例十二條」中著「政府以專制為常，以眾治為變」之語。[162]圖窮匕見，何嚴氏之結論，與康有為虛君立憲之說，如出一口也。然則《講義》之作，其意在響應清廷立憲，[163]而非在純粹科學之探討，殆顯然無可掩飾矣。

---

160 《講義》，頁127-129。

161 《講義》，頁129。

162 《講義》，頁130。

163 《講義》，頁1謂「不佞近徇青年會駱君之請謂國學近日將有立憲盛舉」云云。按光緒三十一年乙巳考察憲政，次年下詔預備立憲。

第二十四章

辛亥革命

第一節　革命運動之勃興

「中國之革命發軔於甲午之後，盛於庚子而成於辛亥。」[1]蓋甲午以後，中國之危亡可憂，清廷之顛倒益甚。維新立憲，兩無可能。孫中山先生奮起粵南，以革命之義號召天下，而四方志士翕然風偃。不及二十年而竟光復神州，建造民國之宏功。主要因緣雖在乎先覺之倡導以及先烈之犧牲，而歷史環境未始無助成之效用也。

中國革命之遠因殆種於滿人之歧視漢族與漢族之仇恨滿人。清廷以塞外異族，乘中國內亂，奪取天下。明室遺老多抱種族思想，[2]或蟄隱深山，或力謀恢復，屢經失敗，猶以「反清復明之宗旨，結為秘密團體。太平天國初起之時即曾得三合會之贊助。[3]中山先生鼓吹革命之始亦以洪門會館為對象。」[4]嚮使清廷入關之後，不以征服者自居，以平等待漢族，則經二百六十年之統治，兩族間之畛域或可歸於泯合。然而滿之於漢，始終歧視。初肆殘殺，嗣加箝制。[5]積怨既深，排滿愈烈。及晚清屢受西國之侵侮，威望掃地，愚頑可嗤。於是遠識之士，怵於危亡，痛深種國。昔之鬱而未發者，乃沛然而莫之能禦矣。

1　民國十三年廣州第一次全國代表大會宣言。

2　本書第十九章第二至三節。

3　本書第二十章註51-52。

4　鄒魯《中國國民黨史稿》（商務印書館二十七年初版），頁18。

5　本書第二十章第一節。

　　光緒、宣統先後變法失敗，殆可認為革命之近因。種族思想之潛在力量雖極偉大，然而經二百餘年之壓制已非一般人士所能保有。儻使清室能洗心革面，於鴉片戰爭或太平天國之後即奮發有為，則富強可望，康梁等所夢想之君主立憲政治未始不可實現。無如當政者愚昧貪私，毫無覺悟。行新政則百計阻撓，使成具文。言立憲則心存詐偽，口惠無實。庚子一役尤極盡愚頑醜惡之能事。[6]觀清末二三十年中之朝政，不異自致顛覆，促愛國者使其速起革命也。

　　中山先生嘗謂「予自乙酉中法戰後始有志於革命」，[7]然此乃先覺獨到之抱負。革命運動之見於行事，實以甲午興中會之成立為起點。[8]蓋甲午以前，不特一般人士未足以語革命之義，中山先生亦猶存一線期望，欲藉現政府之力以先定富強大計，故於中日開戰之時一度上書北洋大臣李鴻章，說以富強之本。[9]繼知當時號稱練達如李者猶不足與有為，乃赴檀香山創立興中會，以別求民族自存自強之途徑。[10]及乙未九月九日廣州舉義，事雖失敗，而革命行動遂從此開始。陸皓東之供詞正可視為革命初期先烈思想之首次表現。供詞曰：「吾姓陸，名中桂，號皓東。香山翠微鄉人。年二十九歲。向居外處，今始返粵。與同鄉孫文同憾異族政府之腐敗專制，官吏之貪污庸懦，外人之陰謀窺伺。憑弔中原，荊榛滿目。每一念及，真不知涕之何從也！居滬多年，碌碌無所就。乃由滬返粵，恰遇孫君。客寓過訪，遠別故人，風雨連床，暢談竟夕。吾方以外患之日迫，欲治其標，孫則主滿仇之必報，思治其本。連日辯駁，宗旨遂定。此為孫君與吾倡行排滿之始。蓋務求驚醒黃魂，光復漢族。無奈貪官污吏，劣紳腐儒，靦顏鮮恥，甘心事仇。不曰本朝深仁厚澤，即曰我輩食毛踐土。詎知滿清以建州賊種，入主中國。奪我土地，殺我祖宗，據我子女玉帛。試思誰食誰之毛！誰踐誰之土！揚州十日，嘉定三屠，與夫兩王入粵，殘殺我

6　清廷欲憑藉以扶清滅洋之義和團乃無知之教匪。西太后以外人助康黨逃亡，不肯引渡，又沮廢立之謀，故思利用拳匪以洩積怨。乃庚子五月二十六日宣戰詔書有謂「彼尚詐謀，我恃天理。彼憑悍力，我恃人心。無論我國忠信信甲冑，禮義干櫓，人人敢死，即土地廣有二十餘省，人民多至四百餘兆，何難翦彼兇燄，張我國威。」真夢囈耳！

7　《自傳》，《孫中山全書》（廣益本），乙酉當光緒十一年（西元1885）。

8　按《史稿》頁2，興中會名稱用於光緒十八年壬辰。〈宣言〉及〈章程〉則公佈於甲午。

9　〈書〉見《全書》第四冊及《史稿》頁6-16。

10　〈宣言〉及〈章程〉見《全書》第三冊及《史稿》頁3-5。中山先生思想當於下編述其梗概。本章則略述辛亥革命以前興中、同盟會諸公之思想。

漢人之歷史尤多聞而知之，而謂此為恩澤乎！要知今日非廢滅滿清絕不足以光復漢族，非誅除漢奸又不足以廢滅滿清。故吾等尤欲誅一二狗官，以為我漢人當頭一棒。今事雖不成，此心甚慰。但我可殺而繼我而起者不可盡殺。公羊既歿，九世含冤。異人歸楚，吾說自驗。吾言盡矣！請速行刑。」[11]壯哉此供！真足以振革命之軍聲，懾滿人之心膽，不徒匹美〈正氣歌〉已也。

第二節　鄒容《革命軍》

辛亥以前之革命史可分為興中會與同盟會之兩時期。前者約自甲午至甲辰，為時十一年。後者自乙巳至辛亥，為時七年。在甲辰以前，中國民智未大開，附和立憲者較眾。其能接受革命大義者為數較少。故在此期中，革命行動思想均不及乙巳以後之廣徧、頻繁、豐富。然光緒二十九年癸卯蜀人鄒容著《革命軍》，[12]持極端排滿論以與《蘇報》相呼應。其書「語言淺顯而激烈，宣傳之力至偉。」[13]足為此期之一重要代表。鄒氏字蔚丹。少從成都呂翼文學。「與人言指天畫地，非堯舜，薄周孔，無所避。翼文懼，損之。父令就學日本，時年十七矣。與同學鈕永建規設中國協會，未就。學二歲，陸軍學生監督姚甲有姦私事。容偕五人排闥入其邸中，榜頰數十，持剪斷其辮髮。事覺潛歸上海。與章炳麟見於愛國學社。[14]是時社生多習英吉利語。容調之曰，諸君堪為賈人耳。社生皆怒，欲毆之。廣州大駔，馮鏡如故入英吉利籍，方設國民議政廳於上海，招容。容詰鏡如曰，若英吉利人，此國民者中國民邪？英吉利國民邪？鏡如慙，事中寢。容既明習國史，學於翼文，復通曉《說文》部居。滿族如仇讎，乃草《革命軍》以擯滿洲。」[15]旋清廷追逮學社教習，容與章均下西獄。乙巳春容病死獄中，年二十一矣。

11　《史稿》頁655-660。

12　今有民國十七年，上海民智書局「革命文庫」本。

13　《史稿》頁463。

14　社乃上海南洋公學罷課後所改設之學校。蔡元培為代表，吳敬恆、章炳麟等為教員，《蘇報》其機關報也。

15　《太炎文錄》卷二〈鄒容傳〉。按容生卒當西元1885-1905。

　　《革命軍》凡七章，約二萬言。全書雖側重排滿，大鬯民族革命之義，而亦論及政治革命。故章氏序之，謂「同族相代，謂之革命。異族攘竊，謂之滅亡。改制同族，謂之革命。驅除異族，謂之光復。今中國既滅亡於逆胡，所當謀者光復也，非革命云爾。容之署斯名，何哉？諒以其所規畫者不僅驅除異族而已。雖政教學術，禮俗材性，猶有當革者焉。故大言之曰革命也。」

　　鄒氏述革命之宗旨曰：「掃除數千年種種之專制政體，脫去數千年種種之奴隸性質，誅絕五百萬有奇披毛戴角之滿洲種，洗盡二百六十年殘慘虐酷之大恥辱，使中國大陸成乾淨土，黃帝子孫皆華盛頓，則有起死回生，還命返魂，出十八層地獄，昇三十三天堂，鬱鬱勃勃，莽莽蒼蒼，至尊極高，獨一無二，偉大絕倫之一目的，曰革命。」[16]此偉大之目的，達之固非易易，而必須兼採直接行動與革命教育之兩種步驟。直接行動以驅除異族，實現獨立為目標。其主要之條目為（一）推倒滿洲人所立北京之野蠻政府；（二）驅逐住中國之滿洲人，或殺以報仇；（三）誅殺滿洲人所立之皇帝，以儆萬世，不復有專制之君主；（四）對敵干預我中國革命獨立之外國及本國人；（五）建立中央政府為全國辦事之總機關。[17]夫革命所以必須排滿者，非故為殘刻也。彼滿洲以漠北異類，入據神州，凌虐漢族，種種不平。[18]昔日彼視我如草芥，今日我視之為寇仇，咎由自取，又何疑於殘刻乎！

　　雖然，革命之工作非仇殺滿人即告圓滿也。蓋革命可分兩種。「有野蠻之革命，有文明之革命。」「野蠻之革命有破壞，無建設。橫暴恣睢，適足以造成恐怖之時代。如庚子之義和團，意大利之加波拿里，為國民增禍亂。文明之革命，有破壞，有建設。為建設而破壞。為國民講自由平等獨立自主之一切權利，為國民增幸福。」[19]吾人既知革命當求建設，則當承認訓練建設人才之必要。故必於著手之先，致力於民眾革命教育，於破壞之後，繼續推進此教

16　《革命軍》第一章〈緒論〉，頁1。
17　同上，第六章。
18　同上，第二章。
19　同上，第三章，頁29。

育。[20]教育之要點有二：一曰「剖清人種」，[21]二曰「去奴隸性根」。[22]剖清人種者，所以立民族主義之基礎。故消極言之，必「不許異種人沾染我中國絲毫權利。」積極言之，「當知中國者中國人之中國。」[23]去奴隸性根者所以立民權主義之基礎。就道德方面言之，必須（一）「養成上天下地惟我獨尊，獨立不羈之精神。」（二）「養成冒險進取，赴湯蹈火，樂死不辟之氣概。」（三）「養成相親相愛，愛羣敬己，盡瘁義務之公德。」（四）「養成個人自治，團體自治，以進人格之人羣。」[24]就政治方面言之，全國公民「人人當知平等自由之大義」，人人「當有政治法律之觀念」，人人當承認「政治者一國辦事之總機關也，非一二人所得私有之事也。」[25]

　　革命之教育既已完成，則可進行革命之建設。臨時政府設暫行大總統副總統各一人，由各省議員公舉。全國無論男女，皆為國民，一律平等，一律擔負義務，享受權利。「生命，自由，及一切利益之事，皆屬天賦之權利。」[26]政府之目的正在保護人民權利。故「無論何時，政府所為有干犯人民權利之事，人民即可革命，惟倒舊日之政府，而求遂其安全康樂之心。造其既得安全康樂之後，經眾公議，整頓權利，更立新政府，亦為人民應有之權利。」[27]雖然，此就民權之原則論之耳。事實上一國之政若竟如碁局之轉移不定，固非建國之道。欲求長久治安，非改立民主政體，決不能循他途以幸致。於是鄒氏揭出立政大綱六條曰：「一、定名中華共和國。一、中華共和國為自由獨立之國。一、自由獨立國中所有宣戰議和，訂盟通商，及獨立國一切應為之事，俱有十分權利、與各大國平等。一、立憲法。悉照美國憲法，參照中國性質而定。一、自治之法律悉照美國之自治法律。一、凡關全體個人之事及交涉之事，及設官分職，國家上之事，悉照美國辦理。」[28]

20　同上，頁30。「革命之前須有教育，革命之後須有教育。」
21　同上，第四章。
22　同上，第五章。
23　同上，頁31。
24　同上，頁32。
25　同上，頁32。
26　同上，頁50-51。按鄒氏天賦人權說純出洛克盧梭，與中山先生民權主義中所論有別。
27　同上，頁52-53。
28　《史稿》，頁33-37。

第三節　同盟會時代之革命思想

　　光緒乙巳八月，同盟會成立於日本東京，浙、皖人士所組之光復會，會員泰半加入。[29]十二月，《民報》創刊。於是方興之革命潮流得一統一機關以策進行，急需之革命宣傳得一鮮明旗幟以資號召。然而吾人當注意者，在此期中，革命之行動與思想雖一貫受中山先生之指導，而會中諸子之言論固未能悉守三民、五權之大義。祇須宗旨相符，立說儘可大同而小異。例如光復會員於民生主義之說頗有異義，中山先生不加斥責，且許為與同盟會同調之革命團體。[30]此足證先覺襟懷之寬大，未始非排滿事業早日成功之二原因。本節略述乙巳、辛亥間之革命言論。收採未廣，闕漏尚多，當俟異日補正。

　　吾人所當首述者為《民報》之「六大主義」。六大主義者，（一）顛覆現今惡劣政府，（二）建設共和政體，（三）維持世界之真正和平，（四）土地國有，（五）主張中國日本兩國之國民的連合，（六）要求世界列強贊成中國之革命事業。胡漢民於第三期作〈民報之六大主義〉一文以說明之。[31]分一、二、四三端為對內之主義，三、五、六三端為對外之主義，而謂諸端相合成為一革命之大主義。

　　胡氏說明顛覆惡劣政府之意義曰：「此造端之事業也。以吾多數優美之民族，箝制於少數惡劣民族之下，彼不為我同化而強我同化於彼。以言其理則不順，以言其勢則不久。是故排滿者為獨立計，為救亡計也。」說者乃或以滿人已經漢化為解，不知彼既據我政府，奴我人民，猶以同化許之，真無恥之大者也。「吾人之民族思想不與政治思想相蒙混。然所以痛心疾首而不可以終日安者，則以不能屈於被征服者之地位故也。」[32]

　　異族之政府既傾，則當建設自主之共和政體。「夫君主專制政體之不宜於今世，無待辨者。而覘國者且問其政體之尚含有專制性質與否以為其文明程度之高下。然則二十世紀苟創新政體者必思滌除專制，惟恐不盡。中國前此屢起革命卒無大良果，則以政體不能改造。故有明之勝元，不滿三百年而漢族復

29　馮自由《中華民國開國前革命史》中編（民國十九年，上海革命文編輯社），頁21。

30　馮《史》中編，頁32。

31　今見《史稿》，頁477-487。

32　《史稿》，頁487-488。

衰。異族之政府去矣，而代之者雖為同種人，而專制如舊，則必非國民心理之所欲也。」世之反對共和者或以國民程度不足為憂，或以缺乏歷史習慣為懼。「嗚呼！是非惟不知政治學也，又不足與言歷史。夫各國立憲之難未有難於以平民而戰勝君主貴族之兩階級者也。故美洲獨立，惟有平民，其立憲乃獨易，而民權亦最伸。吾國之貴族階級，自秦漢而來，久已絕滅。此誠政治史上一大特色（其元胡滿清以異種為制，行貴族階級者不足算）。今惟撲滿而一切之階級無不平（美國有經濟的階級而中國亦無之）。其立憲也，視之各國，有其易耳，無難焉也。」[33]又何必鰓鰓過慮，斤斤於開明專制之訓練，而不急起直追，以赴民權之建設乎？

　　對內之第三主義為土地國有。胡氏明之曰：「近世文明國家所病者，非政治的階級而經濟的階級也。於是而發生社會主義。其學說雖繁，而皆以平經濟的階級為主。其言大別，則分共產主義與集產主義，而土地國有又集產主義之一部也。世界惟民權立憲國可行集產主義。蓋其統治權在國家，其國家總攬機關為人民代表之議會，則社會心理反映於上，而國家以之為國民謀者其福。無所不平，非稍有政治階級者所能比也。然一切集產主義按以今茲吾國程度猶有未能行者。惟土地國有則三代井田之制已見其規模。以吾擇昔所固有者行之於改革政治之時代，必所不難。」考土地所以不應私有者，則以「土地為生產要素而非人為造成，同於日光空氣。」私有地權之起，「其始猶或有以勞動儲蓄得之為資本以供生產之用者，其繼則封殖日盛，地利為所專有，資本勞動者皆不能不依賴之，而所得為所先取焉。蓋勞動者每困於資本家，而資本家所以能困勞動者，又以勞動者不能有土地故。且土地價值因時代而異。社會愈文明，則其進率益大。此進率者非地主毫末之功，而獨坐收其利，是又不啻驅社會之人而悉為之僕也。」[34]種種流弊，於焉以生。此政體共和之後所以不可不繼之以土地國有也。

　　對外之三主義以維持世界和平為中心，而以中日連合及列強贊成為附義。胡氏論和平曰：「和平為人類之福，猶一國之安寧秩序。是故擾世界之和平者為人道之賊。而今日文明諸邦其所持以通國際之情誼，謀一國之利益者，皆曰

33　《史稿》，頁479。

34　《史稿》，頁480-481。

維持和平也。」同盟會以革命為志職，宜若有礙於和平。然而革命所欲破壞者不過一滿洲政府。「至彼政權盡褫而退就彼征服者之地位，則吾漢族且將無仇於其醜類，而況與我為隣，平等為國者耶？且吾人之傾覆惡劣政府，直接為中國國民之幸福，間接為世界之和平也。何者？」則以中國積弱，供人侵略，均勢不能維持，而和平易於破壞。故「欲求真正和平，當始於中國為獨立強國之日。中國為獨立強國，則遠東問題解決，均勢問題亦解決也。」[35]夫中國何以能強，在乎中國之自強。此惟有俟諸建設共和政體之後。以新建民權獨立之國家，發揮固有和平之精神，內外安寧。此革命所以為世界和平之助也。

　　本和平主義以對外，則中國與世界各國均為友邦。然中日關係最切，又當視他國為親善。然而「中日兩國國際問題猶未解決也。日本所籌以對待中國者，其全體之意思不可具曉。而以吾人所知，則有二派，其一曰侵掠主義，二曰吸收主義。第一派主之者無幾人。其政策亦過於武斷，且貽外交之憎忌，無勢力也。故二派中以吸收派為占優勢。然曰吸收，則顯非平等相交之道。以支那四百兆之大民族，其間豈無自覺者。覩此主義之不誠，必以其不願下人者而深懷猜忌。如是兩國國民將不可合。蓋凡兩國交際，智取術馭，不可長也。中國人士對待日本者亦向分排日親日兩派。排日非大勢所宜。我之不能排日，猶日之不能排我。而親日者徒企人之我保而無實力以盾其後，亦非吾人所取也。吾人所謂兩國國民之結合，則為兩方之交誼。為中國者講求實力以保其對等之資格，使交際間自無所屈辱。而日本亦當泯厥雄心，推誠相與。」[36]如此則國民連合，兩受其利矣。

　　世界和平，中日連合，此革命成功以後之事也。當革命初起，建設未成之時，中國不可不求得列國之贊成。得之之道，「又在革命者之舉動能合於國際法與其勢力之如何。考之歷史，革命團體離其母國獨立，戰爭相持，而友邦率先承認之者，由母國視之，非所好也。而承認之國則不以是而却顧。尊人道，表公理，明實益也。」雖然，贊成者，「非必求臂助於外人也。不為吾阻力，依於國際法之行動而宣告中立，則吾人之受賜已多矣。」不寧惟是，革命行為限於國內惡劣政府之推翻，絕不容搖動國家對外之義務。「於國際法舊政府雖

35　《史稿》，頁482-484。
36　《史稿》，頁484-485。

傾覆，而其外交所訂之條約，則當承認於新政府而不失其效力。新政府當繼續
其債務及其一切之義務。蓋外交上條約非舊政府之私，以國家之名義為之也。
蓋債務亦國家負之。故新政府不能弛此負擔也。吾人革命軍起，必恪守國際法
而行。滿政府已逐，則新立政府必承認其條約。即分割數省而宣告獨立，於各
國之債權亦斷許其無損失也。」[37]中國革命既不求助於外人，則瓜分之禍無從
而至。又不破壞外交，則阻撓之舉亦無由來。彼疑革命為危險艱難之業者，何
啻杞人憂天墜乎？

　　六大主義大致根據三民主義，可視為同盟會時期受中山先生指導，公認之
革命綱領。此外在《民報》或他處發刊之文字，則或偏重民族主義，或兼明民
權、民生主義，或提倡暗殺，或抨擊君憲，內容偶相歧異，宗旨則皆如一。其
專發民族革命大義者，如《民報》第二期增刊〈天討〉中[38]所載」未軍政府討
滿洲檄及其他檄文即為最著之例。朱執信之〈心理的國家主義〉，[39]章炳麟之
〈排滿平議〉，[40]汪兆銘之〈民族的國家〉等，[41]則針對保皇黨立言，從學理
上解釋民族國家之意義及必要。其推引民族革命而反立憲，主暗殺者，如朱執
信之〈論滿洲政府雖欲立憲而不能〉，[42]吳樾之〈意見書〉，[43]徐锡麟，熊承
基等之供詞，[44]皆其例也。而吳氏欲以暗殺促成革命，尤為當時暗殺主義最激
烈之主張。其言有曰：「殺一儆百，殺十儆千。殺百殺千殺萬，其所儆者自可
作比例觀。殺人不已，儆亦無已。安知乎東胡羣獸有不見死見危而思出關走避
乎？」若滿人不思走避，舉刃相抗，則暗殺者為其所殺，復仇者繼踵以起。
「暗殺者吾黨之戰兵也，復仇者吾黨之援兵也。」兩者迭興，其用乃大。「以
復仇為援兵，則愈殺愈仇，愈仇愈殺。仇殺相尋，勢不至革命不止。」[45]其兼

37　《史稿》，頁485-487。
38　今有民國十七年，上海民智書局重印本。
39　原載《民報》，今見《朱執信集》（民國十年，上海建設社，二冊）上冊，頁1-6。
40　原刊《民報》，今收入《太炎別錄》卷一。
41　原刊《民報》。
42　原刊《民報》，今見《朱執信集》上冊，頁45-47。
43　見《血花集》上編（民國十七年，上海民智書局，「革命文庫」第三種）。
44　馮《自由史》中編，頁44-45, 241。《血花集》下編，頁37, 40。
45　《血花集》，頁4-5。

明民權、民生者如陳天華之〈論中國宜改創民主政體〉，[46]章炳麟之〈中華民國解〉，[47]朱執信之〈論社會革命當與政治革命並行〉等皆是。[48]茲不縷述。原篇具在，讀者可取按也。

第四節　章炳麟（1868-1936）

　　興中同盟會諸公多為實行家。其以一代學人投身革命，發為振聾起蟄之言詞者，當首推餘杭章太炎。太炎名炳麟，字枚叔。慕顧亭林之為人，易名曰絳，號太炎。生於清同治七年，卒於民國二十五年。少學於德清俞樾，治經術小學。嘗讀蔣氏《東華錄》，見呂留良、曾靜事，始發憤於異族之殘暴。繼讀王船山、全謝山諸人書，乃決光復漢族之志。與蔡元培結光復會，其宗旨「不離呂、王、全、曾之舊域。」[49]甲午兵敗後，曾為鄂督張之洞主《正義日報》以斥康有為。及覘《勸學篇》教忠之說，乃曰：「九世之仇蹤不能復，乃欲責以忠愛。忠愛則易耳，其俟諸革命之後。」遂棄去。旋赴臺灣，欲效顧亭林躬歷九邊，墾田自食，以覘世變。所圖不遂，轉之日本。庚子後與中山先生晤於東京對陽館。[50]戊戌政變，康有為避居南洋，立保皇會。章氏時居上海，與蔡元培、吳敬恆、孫毓筠等設愛國學社，宣傳民族革命。弗善康氏所為，移書以責之。[51]尋以序刊鄒容《革命軍》及為《蘇報》撰文，繫西獄三年。開釋後重赴日本，主編《民報》。辛亥革命軍興始歸國，與黎元洪宋教仁等組統一黨。袁世凱使人賊殺宋，章氏謀討袁失敗，乃隻身北上，誘袁詬詈，被囚絕食十四日不死。民國六年護法之役任孫大元帥秘書長。十年前後，武人專橫。章氏倡聯省自治之說，以反抗武力統一。自十三年國民黨改組，遂不復預聞國政。晚歲設國學會於蘇州，專力講學著書。嘗自述曰：「莊生之玄，荀卿之名，劉歆

46　原刊《民報》，今見《陳天華集》（民國十七年，上海民智書局，「革命文庫」第四種）。

47　原刊《民報》，今見《別錄》卷一。

48　原刊《民報》，今見《朱執信集》上冊，頁19-33。

49　《檢論》卷九〈大過附錄〉（李燮和〈光復軍志序〉。

50　同上，〈小過〉。

51　書見《太炎文錄》卷二〈駁康有卷論革命書〉。

之史，仲長統之政，諸葛亮之治，陸遜之諫，管寧之節，張機范汪之醫，終身以為師資。」[52]其旨趣可以略見矣。所著多收入《章氏叢書》中。[53]

章氏政治思想包含民族，民權，及個人主義之三大端。茲依次略述於後。

章氏之民族革命主義遠承呂晚村、王船山之墜緒，而益之以近代之學說及濃摯之情感，其精警遂或過之。章氏同意船山，認血統為區分民族之根據，一掃純據文化以辨民族之舊說。章氏取《天演論》之大意以釋血統所由而分殊。曰：「物苟有志強力以與天地競，此古今萬物之所以變。」[54]人之為人，亦由乎此。「赭石赤銅箸乎山，菁藻浮乎江湖，魚游乎藪澤，果然玃狙攀援乎大陵之麓，求明昭蘇而漸為生人。人之始皆一尺之鱗也。化有蚤晚而部族殊，性有文獷而戎夏殊。」[55]於是乎大地上遂有種族之分，而文化亦隨以生高下之異。

就全世界言之，五洲之上，人種不同，而文化皆有高低之別。故每洲之上各有其戎夏之族類。章氏曰：「自大瀛海以內，外為潬洲者五。赤黑之民，冒沒輕儇，不與論氣類。如印度歐美者則越海而皆為中國。其與吾華夏黃白之異，而皆為有德慧術知之氓。是故古者稱歐洲曰大秦，明其同於中國，異於甯鬵獫戎之殘忍。彼其地非無戎狄也。處冰海者則有欸斯基穆人，爐瑞西普魯士而有之者則嘗有北狄，俶擾希臘及於雅典者則嘗有赫剌古利夷族。夫孰謂大地神皋之無戎狄，而特不得以是枵白人耳。戎狄之生，歐亞一也。在亞細亞者，禮義冠帶之族，厥西曰印度，東曰交趾。佗不著錄。或曰：朝鮮者韃靼之苗裔。余以為營州之域自虞氏著圖矣，卒成於箕子衛滿。及漢置玄菟樂浪，文教之興與上國同風，宜不得與韃靼為一族。然其隸郡縣材四百年，不如交趾等郡久。意者三韓濊貊之種姓屬處其壤，則猶露之有鮮卑，奧之有匈牙利。總之傳於禹籍者近是。次朝鮮者日本之俗，同產或薦寢，老母跪而謁子，綱紀殊絕，其姓亦雜胡漢。其他大漠之南北蒙古尼魯特之窟，袤延萬里，犬種曰狄，亦自謂出於狼鹿。東北絕遼水，至乎挹婁，豸種曰貉。甌越以東，滇交趾以南，內及瓊之深山，蛇種曰蠻閩。河湟之間，驅牛羊而食，湩酪而飲，旃罽而處者，牧羊人曰羌。自回鶻之入，則羌稍陵遲衰微，亦混淆不得柝。是數族者，自羌

52　〈菿漢微言〉。章氏事略見《餘杭章先生行實學術紀略》（民國二十五年，成都）。
53　民國十三年，上海古書流通處，石印二十冊。
54　《檢論》卷一〈原變〉。章氏著書多用古字，茲為便利計，此下引用酌改今體。
55　同上，〈原人〉。

以外，在亞細亞洲則謂之戎狄。其化皆晚，其性皆獷。雖合九共之辯有口者而不能與之華夏之名也。」[56]

升歐美以同於中國，貶滿蒙以歸於夷狄，此誠空前之異義。雖然，猶有疑焉。人種出於演化，千萬年中豈無雜變，則種界何由定乎？章氏深知此事實，乃主張以有史以來為限斷。其言曰：「員輿以上人種五。其色黃白黑赤流黃。畫地州處，風教語言勿能通。其小別六十有三。然自太古生民，近者數十萬歲。亟有雜殽。則民種羯羠不均。古者民知漁獵，其次畜牧，逐水草而無封畛。重以部族戰爭，更相俘虜。屬然互效，各失其本。燥濕滄熱之異而理色變，牝牡接搆之異而顱骨變，名位階級之異而風教變，號令契約之異而語言變。故今世種同者古或異，今世種異者古或同。要以有史為限斷。誠不可見遠流也。」[57]抑又有進者，每一地域之中，往往人種錯雜。故言種族者不必「銖兩衡校於血統之間，而必以多數之同一血統者為主體。」[58]殊族之民受其撫治，則轉移而翕受之，不為獨立之種姓。

持此二標準以論中華民族，其界限至為明顯。漢人「建國大陸之上，廣員萬里，黔首浩穰，其始故不一族。太皥以降，力政經營，并包殊族，使種姓和齊，以遵王道者數矣。文字政教既一，其始異者終且醇化。是故淳維三韓出夏后，晉卿也。竄而為異，即亦因而異之。冉駹朝蜀，甌越朝會稽。馴而為同，同則亦同也。然則自有書契以世本克典為斷，庶方駮姓悉為一家。久遠疑事非君子所質。自爾有歸化者因其類例，并包兼容。魏、周、金、元之民扶服厥角以奔明氏，明氏視以攜養黃子，宜不於中夏有點。若其乘時僭盜，比於歸化類例固殊焉。有常典不赦。」[59]康有為嘗謂漢人非盡黃帝之子孫，滿洲為其諸子分封之所出。故漢非純中國，而滿漢為一族。吾人若從章氏之言，則康說不攻自破矣。

種姓之界限既明，章氏乃進而揭櫫民族政治自主之義，大意本於船山《黃書》，而詞語之激切亦略相頡頏。其言曰：「夫西徼以外，自古未嘗重得志於中國。而南方蠻髳之裔，尤顓愚無文理條貫。惟引弓之國嘗盜有冀州，或割其

56　〈原人〉。渾音且，渚也。疙音骨，平也。

57　《檢論》卷一〈序種姓上〉。

58　《別錄》卷一〈中華民國解〉。

59　〈序種姓上〉。

半而卒有居，三鬲六錢以臨禹之域者，其遂為人乎？非也。其肖人形也，若禺與為也。其能人言也，若狌狌也。其不敢狂惑大倍於人義也，若麒麟。麒麟雖馴，天祿辟邪雖神，不列於人，吾珍之字之，不獼殺之而止。其種類不足民，其酋豪不足君。嗚呼！民獸之不秩序也千有五百歲矣。凡大逆無道者莫劇篡竊。篡竊三世以後，民皆其民，壞皆其壞。苟無大害於其黔首，則從雅俗而后辟之，亦可矣。異種者雖傳銅瑁至於萬億世而不得撫有其民。何者。位蟲獸於屛扆之前，居雖崇，令雖行，其君之實安在？虎而冠之，猨狙而衣之，雖設醮醴，非士冠禮也。夫龍舉於華甬之下，乘雲霞，負凌兢，豪雨注天下。號令非不施也，吾不事之以雨師之神。民獸之辨，亦居可見矣。不以形，不以言，不以地，不以位，不以號令。種姓非文，九遑不曰人。種姓文，雖以罪辜磔亦人。」[60]

　　準此義以言之，則凡夷狄入據中國，其政權根本不能成立。驅逐胡虜，光復河山，遂為邏輯上無可避免之結論。章氏恐人疑其自貴之說，而為之解曰：「自貴其種而鳥獸殊族者，烝人之性所同也。」[61]又曰：「民族主義，自太古原人之世，其根性固已潛在。遠至今日乃始發達。此生民之良知良能也。」[62]然而吾人當深切注意。種姓雖可貴，苟無所維持之，則囊之由求明昭蘇而進化為人者，不免退歸顓愚以為獸。章氏講明衞、種戡天之道，而以致用、合羣二者為重。生物學有器官怠用，退化殘廢之說。章氏採之以論種姓曰：「冰期非茸毛不足與寒氣格戰。致於今則鬚髮為無用，湊理之上遂無短毳矣。太古之馬，其蹄四指，足以破沮洳。今海內有大陸而馬纔一指。然則滄熱燥濕之度變，物之與之競者其體亦變。且萬族之相軌，非直滄熱燥濕之比者也。若是，人且得無變乎。浸益其智，其變也侗長碩岸而神明。浸損其智，其變也若跛鼈而愚。其變之物，吾不知也。要之蛻其故用而成其新用。」然觀深邃魚蝦以不用目而皆瞽，則可知「人之怠用其智力者萎廢而為臝蜾」。今日亞洲之野人與猿，安知其非由萎廢者所化乎？此不能競用之過也。至於合羣之效，亦有明

60　〈原人〉，鬲音歷，《爾雅》，鼎款足也。注款，曲也。疏款，闊也。《漢書》謂鼎空足曰鬲。錢音弋，鼎耳在外。禺音遇，猴屬。為母猴也。瑁，天子所執圭。豪，音岑，霖也。遑，越過也。

61　〈序種姓上〉。

62　《文錄》卷二〈駁康有為論革命書〉。

徵。「益州之金馬碧雞，太古有其畜矣。沾沾以自喜，踽踽以喪羣而亡其種，今僅徵其枯臘。知羣之道，細若貞蟲，其動翅翅，有部曲進退，而物不能害。山林之士避世離俗以為亢者，其侏張不羣，與夫貪墨庸驚之夫，誠相去遠矣。然而其弊將挈生民以為蜼㺟。故曰：鳥獸不可與同羣」也。[63]

　　章氏區剖種姓之論，詞語深切明快，幾欲前無古人。然猶恐保皇黨借口夷狄同化之說以殽亂之也，故更深探文化之本原，以為「文化相同自一血統而起」。[64]其意蓋謂種姓之殊雖以文化而大顯，而文化之異實緣種姓以自生。中國所以為中國，非由其有周孔之文化，乃由其為炎黃之類族。必有炎黃之類族，始能創周孔之文化。然則中國之文化既匪他族所能共有，亦非他族所能仿傚，其理至為顯明。「今有為金鐵主義說者[65]曰：中國云者，以中外別遠近也。中華云者，以華夷別文化之高下也。即此以言，則中華之名詞不僅非一地域之國名，亦且非一血統之種名，乃為一文化之族名。故《春秋》之義無論同姓之魯衞，異姓之齊宋，非種之楚越，中國可以退為夷狄，夷狄可以進為中國。專以禮教為標準而無有親疏之別。其後經數千年混雜數千百人種而其稱中華如故。以此推之，華之所以為華，以文化言，決可知也。」彼曹致誤之端不一，要以附會聖人「援引《春秋》以誣史義」一端為最足惑俗欺世。「是說所因起於劉逢祿輩世仕滿洲，有擁戴虜酋之志，而張大《公羊》以陳符命。尚非《公羊》之舊說也。案中國自漢以上，視蠻閩貉狄諸族不比於人。故夷狄無稱人之例。《春秋》嘗書邢人狄人伐衞，齊人狄人盟於邢。[66]《公羊》不言其義。夫引異類以剪同族，蓋《春秋》所深誅。狄不可人而邢人齊人人之，則是邢人齊人自儕於狄也。非進狄人，實以黜邢人齊人。老子有言：正言若反。觀於《春秋》書狄為人，其言有隱，其聲有哀，所謂志而晦哉。」然則準之《春秋》，夷狄固不可以進於中國明矣。「其有貶黜諸華同於夷狄者，則《春秋》書晉伐鮮虞是。[67]何氏《解詁》曰：謂之晉者，中國以無義，故為夷狄所強。

63　《檢論》卷一〈原變〉。蜼，音據，獸似獼猴。㺟，以醉切，似獼猴而大。

64　〈中華民國解〉。

65　按指專重聚財講武之維新派人物。

66　僖公十八年及二十年事。章氏於下文言吳本非夷狄，故自外則退之，自內則進之。不可引為進夷狄之例。

67　昭公十二年事。

今楚行詐滅陳蔡，諸夏懼然，去而與晉會於屈銀。不因以大綏諸侯，先以博愛，而先伐同姓，從親親起，欲以立威行霸，故狄之。是所以狄晉者，正以其自戕同氣，委陳蔡於夷而不顧耳。夫棄親暱而媚諸夷，又從而則效之，則宜為人心所深嫉。今人惡范文程、洪承疇、李光地、曾國藩輩或更甚於滿洲。雖《春秋》亦豈異是。若專以禮教為標準者，人之無道，至乎弒父烝母而極矣。何《春秋》之書此者亦未嘗賤之如狄也。」章氏斷之曰：「《春秋》有貶諸夏以同夷狄者，未有進夷狄以同諸夏者。杞用夷禮則示貶爵文之文。若如斯義，滿洲豈有可進之律。正使首冠翎頂、爵號巴圖魯者，當退黜與夷狄等耳。」[68]

　　文化既生於民族，則文化之盛衰存亡可以徵民族之興廢起伏。凡文化昌大之民族決無覆滅之前例。「曠觀六合之邦家，雖起廢不常，盛衰相復，若其淪於異族，降為毫隸者，則亦鮮有。有之，必素無法律政治與愚昧無知之民也。」[69]抑民族文化之要素不外言語風俗歷史。三者喪一，其萌不植。滅國者每知此理，故致力於征服者文化之摧殘。「露西亞滅波蘭而易其言語，突厥滅東羅馬而變其風俗，滿洲滅支那而毀其歷史。」[70]此皆無可如何，後人所哀。然所幸者中國自孔子保民開化，制歷史、布文籍、振學術、平階級，[71]文運悠長，固非滿洲所能卒毀。所可慮者國人醉心西化，不待人之摧殘而先自棄其風俗歷史。蓋民族之具有特殊優美文化者，應各自保存，勿使淪沒。雖或以古今異宜，不無旁採他族之處，而未可全部儀刑也。「通達之國，中國、印度、希臘，皆能自恢彊者也。其餘因舊而益拙，故走他國以求儀刑。儀刑之與之為進，羅甸、日耳曼是矣。儀刑之不能與之為進，大食、日本是矣。儀刑之猶半不成，吐蕃東胡是矣。」中國既為通達之國，豈有待於儀刑。即使儀刑外族，豈能與之為進，而必然有成乎？故「中國之不可委心遠西，猶遠西之不可委心中國也。」[72]

68　〈中華民國解〉。

69　《別錄》卷一〈革命道德說〉。

70　《檢論》卷四〈哀焚書〉。

71　《文錄》卷二〈駁建立孔教義〉。

72　《國故論衡》下，〈原學〉。按章氏於此文中主張學泰西富強之術以救中國之貧弱。至於學術及一切非物質之文化，如哲學，道德，音樂，歷史，社會，文藝，醫學等均我之所長，無待外求。此何其與康長素相似也。又印度既為獨立之文化，中國何以又採其佛學。章氏立論

　　章氏論民族界限及民族文化諸端雖頗致力於學理之研討，然其最後之目的則非求建立純粹之學理而欲為民族革命大業樹一學理之基礎。蓋吾人既知種姓自貴而不容混淆，夷狄非類之不容僭竊，則處今日滿洲政府統治之下，凡自認為黃帝子孫者豈可不怒髮衝冠，投袂奮起，以從事於光復乎。章氏嘗曰：「古之所謂革命者，其義將何所至耶？豈不曰：天命無常，五德代起，質文相變，禮時為大耶？夫如是則改正朔，易服色，異官號，變旗幟，足以盡革命之能事矣。名不必期於背古而實不可不務其愜心。吾所謂革命者非革命也。曰：光復也。光復中國之種族也，光復中國之州郡也，光復中國之政權也。」[73]此章氏民族思想之最大鵠的也。

　　民族革命之義易明。然而國猶多蒙昧者，康黨保皇立憲之說蔽之也。章氏辨之綦詳，不能悉述，略舉數端於下：

　　一曰康黨謂排滿為不必要，由於誤認滿洲已同化於漢人。蓋所謂同化者，必「己族為主人而使彼受吾統治。」[74]而「所以容異族之同化者，以其主權在我而足以翕受彼也。滿洲之同化非以受我撫治而得之，乃以陵轢顛覆我而得之。」彼已覆我邦家，攘我主權矣。是我之寇仇也。雖能同化，豈可不排？[75]「是故排滿洲者，排其皇室也，排其官吏也，排其士卒也。若夫列為編民，相從耕牧，是滿人者則豈欲剚刃其腹哉！」[76]種人順化，歸斯受之而已。

　　抑吾人當注意，章氏同化之說，實基於民族國家之觀念。蓋凡為民族必求獨立。欲求獨立，必有自決自由之政治組織。故曰：「民族主義者與政治相繫而成名，非脫離政治之外別有所謂民族主義者。」[77]民族之國家既立，則異族入附者受之，異族內侵者排之。祗須民族自主，固無事於排斥異族，使不得存身於國境之內。歐洲十九世紀以來有所謂單族國家之理論者，[78]其大意在「數國同民族則求合，一國異民族則求分。故意大里收合餘燼而建立王國，德意志

即多取義於內典。此亦費解。

73　〈革命道德說〉。

74　《文錄》卷二〈駁康有為論革命書〉。

75　〈中華民國解〉。

76　《別錄》卷一〈排滿平議〉。

77　《別錄》卷二〈社會通詮商兌〉。

78　The Mono-National State.

糾合羣辟而為連邦。此同民族之求合也。愛爾蘭之於英倫，匈牙利之於奧大利，亟欲脫離。」此異民族之求分也。此外如北美合異族之白人以排斥黑人，社會主義者聯合世界而歧視黃人，皆此狹隘民族排外思想之表現。「若吾黨之言民族主義，所挾持者則異是。惟曰以異民族而覆我國家，攘我主權，則吾欲與之分。既分以往，其附於職方者，蒙古之為國仇，則已解於半千歲上。準回青海，故無怨也。西藏則歷世內屬而又於宗教得中國之尊封者也。浸假言語風俗漸能變通，而以其族淳化於我，吾之視之，必非美國之視黑民。若縱令回部諸酋，以其恨於滿洲者刺骨，而修怨及於漢人，奮欲自立以復突厥花門之迹，猶當降心以聽，以為視我之於滿洲，而回部之於我可知也。至不得已而欲舉敦煌以西之地以斷俄人之右臂者，則雖與為神聖同盟可也。」[79]不寧惟是，「吾曹所執，非封於漢族而已。其他之弱民族有被征服於他之強民族而盜竊其政柄，奴虜其人民者，苟有餘力，必當一匡而恢復之。嗚呼！印度、緬甸滅於英，越南滅於法，辯慧慈良之種掃地盡矣。故吾族也則當返，非吾族也，孰有聖哲舊邦而忍使其遺民陷為臺隸。欲圓滿民族主義者，則當推我赤心，救彼同病，令得處於完全獨立之地。」[80]抵抗侵略而不躬蹈侵略，自求解放而亦與人解放，章氏所陳真至醇至粹之民族主義，不夾雜毫絲帝國主義於其中者也。

　　康黨所說之二為變法足以圖存，革命不免召亂。自章氏視之，清廷既決無變法之能力，則除革命外別無救亡之途逕。康黨所大聲疾呼以為保皇之口實者，不過德宗變法圖強之志願耳。不知彼固無此誠意，亦且無此能力。德宗以庸才居大位，懾於太后，制於宗室，震於外人，故欲假美名以自固。「夫甚漢人知不可以鎮撫，恐富強則權去，故言變政而無實行。」[81]戊戌之事，真象不過如此。「曩令制度未定，太后夭殂。南面聽治，知天下之莫余毒，則所謂新政者亦任其遷延墮壞而已。」[82]又況德宗之才，實漢獻唐昭之流亞。縱使誠心圖治，猶恐力有不及。而謂立憲大業可以立就，誰其信之乎？

　　革命召亡之說，亦不攻自破，姑舉數事言之，彼反對革命者每以人民程度不足為慮。「康長素以為中國今日之人心公理未明，舊俗俱在，革命以後必將

79　〈社會通詮商兌〉。
80　《別錄》卷三〈五無論〉。
81　《檢論》卷七〈無言〉。
82　《文錄》卷二〈駁康有為論革命書〉。

日尋干戈，偷生不暇，何能變法救民，整頓內治？」章氏「應之曰：人心之智慧自競爭而後發生。今日之民智不必恃他事以開之，而但恃革命以開之。」「公理之未明，即以革命明之。舊俗之俱在，即以革命去之。革命非天雄大黃之猛劑而實補瀉兼備之良藥。」[83]不寧惟是。中國之人愚俗弊，固矣。論者盍一思其故乎。「夫中夏者塵為郡縣而國祚數斬，民無恆職。平世善柔之夫猶能踰超資次以取卿相。會遭變故而蚩躍者眾矣。當戎狄入主，降俘相躡，朝為穿窬而夕建麾葆者，不知其選數也。鬻國以求富，稱順民以致高位。」「人民習見其然，即自以勤業為迂闊。力耕勤賈與服勞於簡畢者，此皆世所品目以為鈍人者也。以便諂降敵得官，眾不齒數，即不能無肆威暴以監謗姍。習是稍久，長吏人人以為常道。」然則風俗之弊，其根本原因正在異族之政權。吾人正本清源，「當除胡虜而自植吾夏之人。宗國不隳則恥以鬻降為寵。然後舉不失勞，官不失材，使梟之善柔巧宦者無敢徼幸以致儋石。其意者驕泄漸除而勤業稍眾矣。」否則滿人不去，貪吏不除。雖有新法，無救時弊。而徒欲以立憲圖富強，「此所謂以孝經治黃巾也。」[84]

　　章氏民族革命之論略如上述。就其思想全部觀之，此殆為章氏最大之貢獻。至其民權學說則含義較簡，可扼舉要點如下。

　　章氏認定凡政府皆罪惡，[85]不得已而不能無政府，則惟有於革命之後採行「禍害差輕」之共和政體。然而共和者，非代議政府之謂。章氏反對代議，其主要之理由有三：

　　一曰代議為封建遺制，不適於平等之社會。章氏嘗謂：「代議政體非能伸民權，而適埴鬱之。蓋政府與齊民纔有二階級耳。橫置議士於其間，即分為三。政府誠多一牽掣者，齊民亦多一抑制者。代議者封建之變形耳。君主立憲，其趣尤近。上必有貴族院，下必審諦戶口土田錢幣之數，至纖至悉。非承封建末流弗能。歐洲諸國憲政初萌牙，去封建直三四百歲。日本且不逮一世。封建之政，遇民如束濕薪。漸及專制，地主猶橫。於是更立憲政，民固安其故也。中國混一既二千稔，秩級已弛，人民等夷。名曰專制，其實放任也。故西

83　〈駁康有為論革命書〉。

84　《檢論》卷二〈對二宋〉。

85　詳見下。

方有明哲者率以中國人民為最自由。無故建置議士,使廢官豪民梗塞其間,以相陵轢。斯乃挫抑民權,非伸之也。」[86]且以中國史實徵之,議院之制見於封建之世,而隨封建以衰滅。「周禮有外朝詢庶民,慮非家至而人見之也,亦當選其得民者以叩帝閽。春秋衞靈公以伐晉故徧訪工商。訖漢世去封建猶近,故昭帝罷鹽鐵榷酤,則郡國賢良文學主之。皆略似國會。魏晉以降,其風始息。至今又千五百歲。而議者欲逆返古初,合以泰西立憲之制。庸下者且沾沾規日本。不悟彼之去封建近而我之去封建遠。去封建遠者民皆平等,去封建近者民有貴族黎庶之分。與效立憲而使民有貴賤黎庶之分,不如王者一人秉權於上。規劃廞落,則苛察不徧行,民猶得以紓其死。蓋震旦亦無他長耳。旁眄鄰國與我為左右手者,印度以四姓階級亡。西方諸國上者藩侯,下者地主,平民皆不得與抗禮。其廢君主,立總統者以貧富為名分,若天澤冠履然。彼其與印度興亡雖異,以階級限民則同。獨震旦脫然免是。」[87]吾人豈可捨己之長而效代議之制乎?

　　二曰中國地廣人眾,勢不能行代議。蓋行代議必舉議員,舉議員必按人口為比例。若行「通選」,俾凡民皆得投票,而如日本選率,十三萬人得一議員,則以四萬二千萬人口計,當有議員三千二百人。聱欬之聲已足以亂人語,遑論議事。若從列國之例,以七百員計,則是六十萬人而選其一。「愚陋恆民之所屬目,本不在學術方略,而在權力過人。以三千人選一人猶不能得良士,數愈闊疏,則眾所周知者愈在土豪。」以土豪為議員,「名曰國會,實為姦府」也。若行「限選」,則不外以識字或納稅為限制。識字之限,官若甚妥。然當識字人少之時,則選權不在多數,當教育普及之後,則其勢歸於通選,是前舉之弊依然未去也。若以納稅為限,則其額數難於畫定。中國各省賦稅不齊。江浙特重而他省較輕。如納稅二圓為限,則江浙之農有田數畝即有選權,而西北諸省或空國不得投一票。此真不成政體矣。[88]

　　三曰議員不能代表民意。代議之制,於一定期間選舉議員,必期滿而後改選。在任之時,「庶事多端,或中或否,民不能豫揣而授其意於選人。還人一

86　《文錄》卷二〈與馬良書〉。

87　《別錄》卷一〈代議然否論〉。

88　同上。

朝登王路，坐而論道，惟以發抒黨見為期，不以發抒民意為期。乃及工商諸政，則未有不徇私自環者。歐洲諸國中選者亦有社會民主黨矣。要之豪右據其多數。眾寡不當則不勝。故議院者民之讎非民之友」也。[89]

章氏之反對代議，可謂至極。然而章氏固不反對民權共和也。彼以為代議之外別有更善之民權制度。約言之，其所主張者有三大端。一曰分四權，二曰宣民意，三曰行法治。

四權分立者，本之三權學說而加以變通。章氏於行政，立法，司法之外，別加教育一權而為之說曰：「總統惟立行政、國防於外交則為代表，他無得與，所以明分局也。司法不為元首陪屬。其長官與總統敵體。官府之處分，吏民之獄訟皆主之。雖總統有罪得逮治罷黜，所以防比周也。學校者使人知識精明。長官與總統敵體，所以使民智發越，毋枉執事也。凡制法律不自政府定之，不自豪右定之，令明習法律者與通達歷史周知民間利病之士參伍定之，所以塞附上附下之漸也。」雖然，猶有疑焉。「今以法司、學官與總統敵，是即三總統矣。事有稽留則奈何。應之曰：總統不可眾建者，以其議論不決也。今法司與學官各視其事，不與行政國防相奸。責有專責，事有專任，非眾建之例」也。[90]

分權所以防專制息民困。然欲伸民權則不可不畀民以參政之機會。章氏主張「民平時無得舉代議士。有外交宣戰諸急務，臨時得遣人與政府抗議，率縣一人。議既定，政府毋得自擅，所以急禍難也。民有集會言論出版諸事，除勸告外叛，宣說淫穢者，一切毋得解散禁止。有則得訴於法吏而治之，所以宣民意也。」[91]

章氏民權思想之最大特點在注重法治，其言有曰：「代議不可行而國是必素定。陳之版法，使後昆無得革更。」又曰：「法律既定，總統無得改，百官有司毋得違越。有不守者，人人得訴於法吏。法吏逮而治之。」[92]章氏此論，乃言政治者所共喻，殆無新奇之義。然其闡明法治之來源與效用則頗有獨到之

89　同上。

90　《檢論》卷七〈地治〉，主張各省以市政司為方面官，以縣為地方自治單位。一省之中行政，司法與軍事分權。

91　同上。

92　同上。

見解。彼認定上古官制起於士師，故法律為政治之根本。蓋「法字從薦，謂訟有不直者則神羊觸之。斯固古之神話。然以斯知法之本義，獨限於刑律而已。乃其後一切制度皆得稱法，此非官制起於士師之明證乎？」至於士師之起，則又原於軍吏。「法吏未置以前已先有戰爭矣。軍容國容既不理析，則以將校分部其民。其遺迹存於周世者，《傳》曰：官之師旅。又曰：師不陵正，旅不逼師。是官秩之崇卑因部曲以為號也。將校自馬上得之，本無待文史冊籍之紛紛者。然自黃帝既有《李法》，申明紀律，執訊醜虜，不得無刑獄事。而聽辯受辭必有待於書契。其事繁碎，非躬攘甲冑者所能兼辦。於是乎有軍正元尉以司刑法。及軍事既解，將校各歸其部，而法吏獨不廢，名曰士師。」此後逐漸演變，「由士師而分其權。凡長民者皆謂之吏，凡治事者皆謂之司，而羣吏之長謂之三吏三事，稍次者謂之卿士。」故由將校而士師，由士師而百官，依次邅蛻，一脈相存。然而士師既出之後，法律遂為政治社會盛衰之主要關鍵。「鋪觀載籍，以法律為詩書者其治必盛，而反是者其治必衰。」[93]吾人豈可不鑑之而以法治為重乎？

　　本此見解以論專制與共和，章氏得一透闢新穎之結論，以為專制共和，皆以任法而成，皆以不任法而敗。先就專制言之。世俗之見每以君主釋法行私為專制之實。章氏斥之，謂專制賴法治以行，君主釋法則失其制人之具。蓋「人主獨貴者政亦獨制。雖獨制，必以持法為齊。釋法而任神明，人主雖聖，未無不知也。惑於左右，隨於文辯，己之措置方制於人。何以為獨制乎？」中國二千年中惟秦始皇能行法治，亦惟始皇能收獨制之效。「秦皇負扆以斷天下，而子弟為庶人。所任將相，李斯、蒙恬皆功臣良吏也。後宮之屬，椒房之孽，未有一人得自遂者。富人如巴寡婦築臺懷清，然亦誅滅名族，不使并兼。嗟乎！韓非道八姦，同牀、在旁、父兄皆與焉。世之議政者徒議同牀在旁，而父兄脫然也。秦皇以賤其公子側室，高於世主。夫其卓絕在上，不與士民等夷者，獨天子一人耳。天子以兼政勞民貴。帝族無功，何以得有位號？授之以政而不達，與之以爵而不衡。誠宜下替，與布衣黔首等。夫貴擅於一人，故百姓病之者寡。其餘蕩蕩平於浣準矣。」故曰：「古先民平其政者莫遂於秦也。」末俗狃於儒生仁義之說，「以秦皇方漢孝武，至於孝文，云有高山大澩之異。

93　《文錄》卷一〈古官制發原於法吏說〉（〈官制索隱〉中之一篇）。

自法家論之，秦皇為有守。非獨刑罰依科也，用人亦然。韓非有之曰：明王之吏，宰相必起於州郡，猛將必發於卒伍。夫有功者必賞，則爵祿厚而愈勸，遷官襲級則官職大而愈治。[94]漢武之世，女謁富溢。尤寵霍光，以輔幼主。平生命將，盡其嬖幸衛青貳師之倫。宿將爪牙，若李廣程不識者，非摧抑乃廢不用。秦皇則一任李斯王翦蒙恬而已矣。豈無便僻之使，燕呢之謁耶？抱一司契，自勝而不為也。孝武一怒則大臣莫保其性。其自太守以下，雖直指得擅殺之。文帝為賢矣。淮南之獄，案誅長吏不發封者數人。遷怒無罪以飾己名。世以秦皇為嚴，而不妄誅一吏也。由是言之，秦皇之與孝武則猶高山之與大湫也。其視孝文，秦皇猶賢也。」[95]

　　再就民主共和言之。世俗多知揚共和而抑專制。不悟共和而不守法以治，其弊不下於專制。共和之見稱於人，要以徇民意，選賢能二者為大。儻一探究竟，則其未為治道之正也可知。「凡政惡武斷，武斷與非武斷者，則聽法尚賢為之分。誠聽法，雖專任，與武斷奚比？誠尚賢，雖任眾，與武斷奚分？遠西之為政者分爭辯訟，不以非法黜民命，苟官行政，不以非法免吏職。其言聽法，近之也。及其誰差一相，而左右柄國者惟相所好惡處之。舉總統者又踊是。大政革選，下及茸騎驪伍，亡不易位。斯非尚賢之弊耶？且眾選者誠民之同志哉！馳辯駕說以彰其名，又為之樹旗表，使負版販夫皆勸譽己。民愚無知，則以為誠賢。賢否之實，不定於民萌而操於小己。此猶出之內府，取之外府，求良田大宅者持人短長而辭苛奪之名，使人署券以效其地也。既選又樹其同己者以為陪貳。不考功實，不課疲能，而一於朋黨。下者乃持大略名琛，田之租賦，市之幣餘，嫡妻薦席，外婦奉匜，以求得當議官。司直交視而莫敢議其後。非武斷則何事乎？為說者曰：以不尚賢，故妄舉不為負，用私不為阿。應之曰：不尚賢者，謂遠前識而貴參驗，執前之有以期後之效也。是故其術盡於課功。藉不課功。刻竹為籌，今探者自得大官，猶愈於比周賓正以得尊勢便位者矣。以刻竹為不可，則眾選者愈不立。則何也？事有前效，雖一人猶知之。事無前效，雖眾人不豫知也。故蕭何任淮陰侯也，得於獨斷。諸葛亮任馬謖也，以獨斷失之。唐堯用虞舜也，得於眾舉。其用伯鯀也，以眾舉負之。故

94　原註，引《韓非子·顯學篇》。
95　《文錄》卷一〈秦政記〉。

釋技藝便習，功比積累而尚賢者，任己任眾，其於眩亂均也。」[96]

　　章氏此論徹底反對「人治」，抑儒墨而揚商韓。雖其於西洋法治與民治之運用猶有重大之誤解，其論武斷不是為專制，則真卓爾不刊之至理，吾人當無間然者也。抑章氏不徒斥武斷之人治，亦且深惡假口仁義以行刻覈之德治。蓋行己與長民，為道互殊。「洛閩諸儒，制言以勸行己，其本不為長民。故其語有廉棱而亦時時軼出。夫法家者輔萬物之自然而不敢為，與行己者絕異。」儒法所以殊途而不可參混者，其故不勞深求。「凡行己欲陵而長民欲恕。陵之至者止於釋迦。其次若伯夷陳仲，持以閡世，則〈關雎〉為淫哇，〈鹿鳴〉為流湎，〈文王〉〈大明〉為盜言矣。不如是，人不與鳥獸絕。洛閩諸儒躬行雖短，其言頗欲放物一二，而不足以長民。長民者使人人得職，篠蕩其性，國以富強。上之於下，如大小羊羜，相羴羶而已，本不可自別於鳥獸也。」故以長民之道行己則失之過卑，以行己之道長民則失之過高。此商、韓任法所以苛陗而實寬大也。自明太祖誦洛閩儒言而以殘刻治國，儒法始相亂。「此明中世，人主喜怒僻違而不循法。諫官有所長短，不以法律彈正，時藉洛閩重言以為柄矜。記所謂援其所不及，煩其所不知。人主窮迫，亦以其言檢下，下復相朋以要主。姦心雖知，人主孤立，則庶事叢脞，終於嫚令謹誅，萬事自此墜矣。」「清憲帝亦利洛閩。刑爵無常，益以恣睢。會遭平世，無橐疑沮事者。[97]然而吏惑於視聽，官困於詰責，惴惴莫能必其性命。冤獄滋煩，莫敢緩縱。」以行己之道長民，利洛閩之言以亂法治，其禍遂至於此。韓非嘗曰：「人主不自刻以堯而責人臣以子胥。」[98]真足為長民者之箴也。

　　雖然，吾人勿誤會章氏，認其立言之意在摒絕仁義道德於政治生活範圍之外也。章氏深信立國不可以無道德，但長民者不可以行己之最高標準責人而強其所難耳。章氏嘗探索中國亡於外夷之故而歸咎於道德淪喪。其言曰：「曠觀六合之邦家，雖起廢不常，盛衰相復，若其淪於異族，降為臺隸者，則亦鮮有。有之，必素無法律政治與愚昧無知之民也。中國之學術章章如彼，其民不可謂愚。秦漢以降，政雖專制，非無憲章箸於官府。良治善法足以佐百姓者亦

96　《文錄》卷一〈非黃〉。

97　語出《逸周書》。橐音莘，眾也，盛也。

98　《文錄》卷一〈非黃〉。

往往而有。舉吾炎頊嬴劉之苗裔提封萬里，民籍鉅億，一旦委而棄之於胡羯，其根本究安在耶？」昔之論者或謂由於藩鎮削弱，或謂由於宋儒弛於《春秋》夷夏之防，或謂由於清代漢學精考證而惰於武事。此三說皆有未當。蓋州郡無兵，無解於漢族覆亡而不奮起光復之事實。明亡之後，民以韃靼為鄙夷之名，則夷夏之別固未嘗泯絕於其心。中國人口眾多，治漢學者未逮千分之一，何至遂為亡種之因。冥心思之，「吾於是知道德衰亡誠亡國滅種之根極也。」[99]

民族立國之道德「不必甚深言之。但使確固堅厲，重然諾，輕死生，則可矣。」[100]易詞言之，民族道德所倚仗者，「非倜儻非常之士，即強力敢死之人，以一者足以進取，一者猶足以自衞也。」[101]若夫怯懦狡詐爛熟之流，斯皆亡國敗種之惡德，為吾人所當湔洗革除者也。

曾子曰：「士不可以不弘毅。」又曰：「可以託六尺之孤，可以寄百里之命。」[102]章氏所提倡之政治道德，其精神略近於此。然而吾人如逕謂章氏注重道德，同於儒家，則又不免陷於錯誤。儒家以道德為政治之最高目的，章氏以道德為政治必需之工具。蓋自章氏視之，道德所以可貴，以其在政治上有極大之功用。若在一特殊環境之下，不道德成為有用，則吾人固不妨許可之或竟提倡之也。章氏舉史實以徵之曰：「楚漢之際，風尚淳樸，人無詐虞。革命之雄起於吹簫編曲。漢祖所任用者，上自蕭何、曹參，其下至於王陵、周勃、樊噲、夏侯嬰之徒，大抵木強小文，不識利害。彼項王以勇悍仁強之德與漢氏爭天下，其所用皆廉節士。兩道德相若也，則必求一不道德者而後可以獲勝。此魏無知所以斥尾生孝已為無用，而陳平乃見寶於漢庭矣。季漢風節，上軼商周。魏武雖任刑法，所用將士愍不畏死，而帷幄之中參豫機要者，鍾、陳、二荀，皆剛方皎白士也。有道德者既多，亦必求一不道德者而後可以獲勝。故賈詡亦貴於霸朝矣。」然而漢魏以後，「風教陵夷，機械日構，至於今日，求一質直如蕭、曹，清白如鍾、陳、二荀，奮厲如王陵、周勃、樊噲、夏侯嬰者則不可得，而陳平、賈詡所在有之。盡天下而以詐相傾。甲之詐也，乙能知之。乙之詐也，甲又知之。其詐即亦歸於無用。甲與乙之詐也，丙與丁疑之。丙與

---

99 《別錄》卷一〈革命道德說〉。
100 同上。
101 《別錄》卷一〈箴新黨論〉。
102 均見《論語・泰伯第八》。

丁之詐也，甲與乙又疑之。同在一族而彼此互相猜防，則團體可以立散。是故人人皆不道德，則惟有道德者可以獲勝。」[103]由此觀之，居今世而提倡道德，非以道德為政治之目的，實欲利用之以遂澄清天下之大業。宋儒所謂天理流行，雜念不起者，其言雖美，固非政治家之急務也。

　　章氏政治思想之第三要點為個人主義。章氏之種族革命學說遠承儒家之《春秋》，其民權制度之理想近乎法家之商、韓，而其個人主義之政治哲學則出入於道家、釋氏，而薰染於西洋之無政府主義。

　　章氏之政治哲學以個人為其中心點。彼認定個人之本身，即其生活之目的。一切之社會關係皆緣個人之自擇以產生，一切之社會制度皆為個人之自利而敷設。小我之於大我本無內在之義務。若強迫個人為社會而服役犧牲，且名此為義無所逃之責任，斯誠本末倒置，非文明世界所當有也。「蓋人者委蛻遺形，條然裸胸而出。要為生氣所流，機械所制。非為世界而生，非為社會而生，非為國家而生，非互為他人而生。故人之對於世界社會國家與其對於他人，本無責任。責任者後起之事。必有所負於彼者，而後有所償於彼者。若其可以無負，即不必有償矣。然則人倫相處，以無害為其界限。過此以往，則鉅人長德所為，不得責人以必應為此」也。夫人類合羣而居，彼此間固不能無往還，亦不免有相助相酬之行動。然而此皆出於個人之自決，非受命於天經地義而出於不容自己也。「吾為他人盡力，利澤及彼而不求圭撮之報酬。此自本吾隱愛之念以成，非有他律為之規定。吾與他人戮力，利澤相當，使人皆有餘，而吾亦不憂乏匱。此自社會趨勢迫脅以成，非先有自然法律為之規定。有人焉，於世無所逋負，采野稆而食之，編木菫而處之。或有憤世厭生，蹈清冷之淵以死。此固其人所得自主，非大羣所當訶問也。」[104]

　　雖然，大羣非絲毫無所訶問也。「當訶問者云何？曰：有害於己，無害於人者，不得訶問之。有益於己，無益於人者，不得問訶之。有害於人者然後得訶問之。此謂齊物。」頃言人倫相處，以無害為界限，即此義也。吾人如欲一究其故，則亦顯而易知。「凡有害於人者謂之惡人，凡有益於人者謂之善人。人類不為相害而生，故惡非所當為，則可以遮之使止。人類不為相助而生，故

---

103 〈革命道德說〉。
104 《別錄》卷三〈四惑論〉。

善亦非人之責任，則不得迫之使行。」[105]莊子自謂「上不敢為仁義之操而下不敢為淫僻之行」，[106]庶幾得人倫之界限矣。

論者如以此言不合「公理」為疑，則章氏以為公理云云，本無神聖不可干之意義。「公理者猶云眾所同認之界域。譬若棋枰方卦，行棋者所同認，則此界域為不可逾。然此理者非有自性，非宇宙間獨存之物，待人之原型觀念應於事物而成。洛閩諸儒喜言天理。天非蒼蒼之體，特以眾所同認，無有代表之辭。名言既極，不得不指天為喻。而其語有疵瑕，疑於本體自在。是故天理之名不如公理可以見其制自人也。驟言公理，若無害矣。然宋世言天理，其極至於錮情滅性。烝民常業幾一切廢棄之。而今之言公理者於男女飲食之事放任無遮，獨此所以為異。若其以世界為本根，以陵藉個人之自主，其束縛人亦與言天理者相若。彼其言曰：不與社會相扶助者是違公理，隱遁者是違公理，自裁者是違公理。其所謂公，非以眾所同認為公，而以己之學說所趣為公。然則天理之束縛人甚於法律，而公理之束縛人又幾甚於天理矣。」[107]

章氏此論，本之戴震，旨在解放個人以矯名教綱常之流弊。其言雖不似李贄、譚嗣同等之偏激，而實與之共鳴。然而吾人試加辨析，則其說亦以過崇小我而有所未安。章氏公理人制之說固為休謨、康德以後一部分哲學家之所共持。然而謂公理出於眾認，非即謂個人不受公理之約束也。既眾認之矣，則約定俗成，所謂公理者勢必為大羣言行之規律，非一家學說私理之謂也。章氏立說，於公理一辭先後變易其義，犯邏輯上之錯誤而不自覺，則其說之誣可不俟辨。不寧惟是，吾人姑承認公理無效之說，則章氏亦不免自相違迕。蓋公理果無效力，則個人當各行其是。相利相害，悉由自擇。惡人者人惡之。依章氏之說，儻個人不患見惡於同類，則彼既甘食其報，何妨加害於人。猥曰：「人類不為相害而生，故惡非所當為。」吾人試詰之曰：此言也，人類眾認之公理歟？章氏私學所趣之公理歟？抑宇宙獨存之公理歟？章氏何不自檢也。

章氏思想之困難尚不祇此。章氏謂個人對社會不負償報之責任。儻其遺世獨立，大羣實無可訶問。此說似辯，而不知其違於事實。荀子嘗謂「離居不相

---

105 同上。

106 《莊子、駢拇》。

107 〈四惑論〉。

待則窮」，[108]立論雖簡，最足以破章氏之惑。章氏曰：「鳥之哺養其雛，人之乳食其子，特愛情流衍則然。誠有生子不舉者，苟未至於戕殺侵陵之界，即不可以放棄責任相稽。所以者何？本未藉力於此嬰兒，則不必有酬報，寧當以責任言之」乎？以矛陷盾，吾人當反問之曰：父之於子，姑認其毫無責任。子之於父母，豈本未有所藉力乎？生子而舉，饑食之，寒衣之，育之教之。依章氏之說，父母之劬勞，即子女之逋負。人人有父母，是人人有責任矣。章氏又曰：「今夫人不與社會相扶助者，是勢所不能也。慮猶細胞血輪互相集合以成人體。然細胞離於全體則不獨活，而以個人離於社會則非不可以獨活。衣皮茹草，隨在皆足自存。顧人莫肯為耳。夫莫肯為則資用繁多，不得不與社會相繫。故曰人不與社會相扶者，是勢所不能也。既已藉力於人，即不得不以力酬人。有其藉而無其酬，則謂之背於公理云爾。若誠肯為衣皮茹草之行者，既無所藉，將安用酬？雖世不數見其人，而不得謂絕無其事，即不可以虛矯之公理齊之。」[109]章氏之言如此。吾人無俟深辨，即可知其誤解之處，至少有二。夫曰人莫肯為，則是藉力者眾。為世不數見，衣皮茹草之畸人而廢億兆所資，合羣相待之公理。有見於畸，無見於齊。此一誤也。夫曰世不數見，則幸而人莫肯為耳。曏使人人趨於此獨活之道，則獸可絕，山可童。雖無藉於人力，其奈天物之不瞻何？不明於人類資生之理，此二誤也。

吾人姑置得失之辨，試畢述章氏重己輕羣之學說。章氏既持個人自足之義，引伸推演，勢必得團體無實之結論。約言之，其說有三。一曰國家無自性，二曰國家非當設，三曰國家不神聖。

何謂國家無自性。章氏曰：「凡云自性，惟不可分析，絕無變異之物有之。眾相組合，即各各有其自性。非於此組合上別有自性。」例如惟物論者命物質之不可析者曰原子。「若以原子為實有，則一切原子所集成者並屬假有。何以故？分之則各還為原子故。自此而上，凡諸個體亦皆眾物集成，非是實有。然對於個體所集成者，則個體且得說為實有，其集成者說為假有。國家既為人民所組合，故各各人民暫得說為實有，而國家則無實有之可言。非直國家。凡彼一村一落一集一會亦惟各人為實有自性，而村落集會則非實有自性。

---

108 《荀子‧富國》。
109 〈四惑論〉。

要之個體為真，團體為幻。一切皆然，其例不可以僂指數也。」[110]蓋國家生於組織。若解散其組織，則國家不復存在，而個人之自性如故。

雖然，猶有疑焉。近世國家學者認國家為主體，人民為客體。「原彼之意，豈不曰：常住為主，暫留為客，國家千年而無變易，人民則父子迭禪，種族遞更，故客此而主彼耶？若爾，請以溪流喻之。今此一溪，自有溪槽。溪槽者或千百年無改，而其所容受之水則以各各微滴奔湊集成，自朝自暮，瀑流下注。明日之水滴，非今日之水滴矣。是則亦可言溪槽為主體。槽中水滴為客體。而彼溪槽所指何事？左右有岸，下有泥沙，中間則有空處。岸與泥沙雖溪槽所因以成立，而彼自性是土，不得即指彼為溪槽。可指為溪槽者惟有空處。夫以空處為主體而實有之水滴反為客體，是則主體即空。空既非有，則主體亦非有。然此空者體雖虛幻，而猶可以眼識見量得之。若彼國家則并非五識見量所得。欲於國中求見量所得者，人民而外，獨土田山瀆耳。[111]然言國家學者亦不以土田山瀆為主體，則國家之為主體，徒有名言，初無實際可知已。或曰：國家自有制度法律。人民雖時時代謝，制度法律則不隨之以代謝。即此是實，故名主體。此亦不然。制度法律自有變更，非必遵循舊則。縱令無變，亦前人所貽之無表色耳。凡言色者，當分為三。青黃赤白，是名顯色。曲直方圓，是名形色。取捨屈伸，是名表色。凡物皆屬顯色形色，凡事皆屬表色。表色已過，而其所留遺之功能勢限未絕，是名無表色。如築橋梁，建城郭等，當其作役，即役人之表色。作役已畢，而橋梁城郭至千百年不壞，即此不壞之限為役人之無表色。其功能仍出於人，云何得言離人以外別有主體。然則國家學者倡此謬亂無倫之說以誑耀人，真與崇信上帝同其昏悖矣。」[112]

何謂國家非當設。欲明此義，吾人當先究國家政府緣何以起。章氏持不同之五說，而旨悉歸於指明國家原始功用之邪惡卑賤，非所當設。一曰國家由禦外而立。「一切物質皆有外延。此本當然之理。特以據有方分，互不相容，則不得已而生膚郭。植物有皮，介蟲有甲，乃至人及鳥獸皆有膚革，以護其肌。大者至於地球亦有土石為之外郭，使地藏金火得以安穩。此皆勢力所迫，不得

---

110 《別錄》卷三〈國家論〉。
111 《別錄》卷三〈五無論〉曰：「莽瀁平原，入其域而視之，始見土地，次見人民，烏覩所謂國家者。」
112 〈國家論〉。

自由。」「夫國家猶是也。亦有大山巨瀆天所以限隔中外者。然以人力設險為多。蒙古之鄂博，中國之長城，皆是類也。又不能為，則置界碑。又不能為，則虛畫界線於輿圖以為分域。凡所以設此外延者與蛤蚌有甲，虎豹有皮何異。然則國家初設本以禦外為期。是故古文國字作或，從戈守一。先民初載，願望不過是耳。軍容國容漸有分別，則政事因緣而起。若夫法律治民，不如無為之化。上有司契，則其勢亦互相牽連，不可終止。矗無外患，亦安用國家為。」況萬物本無外延，「實隨感覺翳蒙而有」乎。[113]二曰政府由爭殺而起。世人多以政府足以止爭，故認國家為必要。不知「原政府之初設也，本非以法律衛民而成，乃以爭地刲人而成。」[114]以國止爭，幾如以暴易暴。三曰君主由造酒而立。「古者謂人君為酋。酋者繹酒。酒官則曰大酋。[115]人君以名，何也？生民之嗜欲始於飽煖，卒於駘蕩其形性。以法式授酒材而得火齊者，其始不過數人。民歸之若嬰兒之求乳於母，則始以材藝登為王侯。」[116]四曰宰相由奴僕以興。「《尚書》載唐虞之世與天子議大事者為四岳。貴族世侯去人主不過咫尺。議有怫忤，亦無以面折廷爭為也，直持之使不得遂其行耳。小者卿尹之屬雖貴不及岳牧，其勢常足以自植。於是專制之君厭之，則為己心腹者惟奴僕與近侍。」試以伊尹之事徵之。伊尹嘗為阿衡，亦為保衡。[117]蓋古者「天子居山，三公居麓。」麓所以衛山，「而衛門者名為衡鹿，亦即宰相。」[118]阿保者女師之稱。[119]《呂覽・本味篇》稱有姺氏以伊尹媵女。湯既引伊尹為腹心，而阿保之名無改。其後相襲，遂以阿保為三公。〈本味篇〉又云：「伊尹說湯以

113 同上。

114 〈五無論〉。

115 原註，見〈月令〉。

116 《檢論》卷七〈地治〉。又《文錄》卷一〈官制索隱〉，神權時代天子君山說謂「古之王者以神道設教。草昧之世神人未分，而天子為代天之官。因高就丘，為其近於穹蒼。」「其意在尊嚴神秘，而設守固之義特其後起者也。」可比觀。

117 原註，分見《詩・商頌》，及《書・君奭》。

118 天子居山說。此據《尚書》「納于大麓。」古文家太史公謂堯使舜入山林川澤，今文家歐陽夏侯謂堯使舜領天子事，如漢之尚書官。《左傳》曰：「山林之木，衡鹿守之。」鹿即麓也。衡鹿古為虞衡之官，亦即宰相所從出。漢有光祿勳，為天子門衛，勳者閽也。光祿者衡鹿也。衡橫光古為一字。漢又有黃門，為天子主門。黃即橫衡也。

119 〈官制索隱・專制時代宰相用奴說〉。引《後漢書・崔實傳註》。

至味。」《曲禮》述夏商之制，太宰尚卑。其職本在治膳。自伊尹任政而冢宰之望始隆。至《周禮》天官大宰遂正位為五官長。然其所屬冗官猶是宮中治膳之職。而小宰治王宮之政令，九嬪世婦女御之屬皆以太宰為其長官[120]，後人所謂三公坐而論道者斷非本來之職掌也。五曰官制由法吏而出，法吏又自軍政以分。[121]其說已略見上文述章氏法治思想中，不勞於茲複舉。

　　何謂國家不神聖。吾人已知國家非當設，則此義亦至易明。國家之起原既不在保民興化之高尚事業，其出身已是微賤。矧國家本無自性，政事為個人之表色。「凡諸事業必由一人造成，乃得稱為出類拔萃。其集合眾力以成者，功雖煊赫，分之當在各各人中，不得以元首居其名譽，亦不得以團體居其名譽。」試以工場喻之。「夫工場主人於傭作者役其力，而擅美利於一己，世猶以為不均。然凡一熟貨之成，一者必有質料，二者必有作具，三者必有人力。此質料與作具者素皆主人所有。彼傭作者獨人力耳。是一熟貨成就之因主人當其二，傭作者僅當其一也。而所獲餘一切為主人所沒，議者且以盜竊名之。若夫國家之事業者，其作料與資具本非自元首持之而至，亦非自團體持之而至，還即各各人民之所自有。然其功名率歸元首，不然則獻諸團體之中。此其偏頗不均，不甚於工場主人之盜利乎？」抑吾人勿誤認元首團體所盜之功名為真足尊尚。章氏「以為眾力集成之事直無一可寶貴者。非獨蒞官行政為然，雖改造社會亦然。堯舜云，亞力山德云，成吉思汗云，華盛頓云，拿破崙云，俾士麻云，於近世巴枯寧，苦魯泡特金輩，雖公私念殊，義利事異，然其事皆為眾力集成，則與炊薪作飯相若，而代表其名者視之蔑如。以比釋迦、伊壁鳩魯、陳仲子、管寧諸公，誠不啻蠛甲之於犀角。雖一術一藝之師猶不足以相擬也。夫竈下執爨之業，其利於烝民者至多。然未有視為神聖者。彼國家之事業亦奚以異是耶？尸之元首則頗，歸之團體則妄。若還致於各各人民間，則無過家人鄙事而已。於此而視為神聖，則不異於事火呪龍也。」[122]

　　雖然，政府有由民選者，豈亦可加鄙賤乎？自章氏視之，共和小勝專制而實亦無足寶貴。試以歐美為例。「吾中國專制之世，宰相則用近臣。其樂為近

120〈專制時代宰相用奴說〉。

121〈古官制發原於法吏說〉。

122〈國家論〉。

臣者誠醜。然歐美君主共和之政抑豈有以愈是乎？凡為代議者營求入選，所費金無慮鉅萬，斯與行賄得官何異？民主立憲，世人矜美法二國，以為美談。今法之政治以賄賂成，而美人亦多以苞苴致貴顯。夫佞悅眾人與佞悅一君者其細大雖有異，要之猥賤則同也。然則承天下之下流者莫政府與官吏議士若。行誼不修，賕賂公行，斯為官吏議士，而總其維綱者為政府。政府之可鄙寧獨專制。雖民主立憲猶將撥而去之。藉令死者有知，當操金椎以趨塚墓下，見拿破崙、華盛頓則敲其頭矣。凡政體稍優者特能擁護吏民，為之興利，愈於專制所為耳。然其官僚猶頑頓無廉恥，非是則弗能被任用。故嘗論政府之於生民，其猶乾矢鳥糞之孳殖百穀耶？百穀無乾矢鳥糞不得孳殖，然其穢惡固自若。求無政府而自治者猶去乾矢鳥糞而望百穀之自長。以生民之待政府，而頌美之者猶見百穀之孳殖，而並以乾矢鳥糞為馨香也。」[123]

　　英人裴囡嘗謂政府即在其最優境界中亦祇為一必需之禍患。[124]章氏此論，毋乃相近。章氏於說明國家無自性，國家非常設，及國家不神聖三義後，復一一為之解脫。一曰國無自性而可以愛，二曰國不當設而不可無，三曰國非神聖而可以救。其言曰：「前第一義既不認許國家為實有物，則凡言愛國者悉是迷妄。雖然，愛國之義必不因是障礙，以人心所愛者大半非實有故。」人愛指環逾於金粒，愛畫中之山水牛馬逾於真實之山水牛馬，愛過去未來之事物逾於現在之事物，皆其例也。不寧惟是。「處盛強之地而言愛國者，惟有侵略他人，飾此良譽，為梟為鴟，則反對之，宜也。乃若支那、交趾、朝鮮諸國，特以他人之翦滅蹂躪我而思還其故有者。過此以外，未嘗有所加害於人。其言愛國則何反對之有？」愛國之念，強國之民不可有，弱國之民不可無。亦如自尊之念，處顯貴者不可有，居窮約者不可無。要以自保平衡而已。「前第二義既不認許國家作用為當設，則凡言建國者悉是悖亂。雖然，建國之義必不因是障礙，以人所行事大半非當然故。饑者求菽麥，渴者求水漿，露處者求廊宇，號寒者求絮緜，此寧有當然之理耶？使人皆如靈龜則可以不食矣，人皆如雉子則可以不飲矣，人皆如飛鳥則可以不屋矣，人皆如游魚則可以不衣矣。非特爾

123〈官制索隱・序〉。

124 Thomas Paine（1737-1809），*Common Sense*（1776），in Writings of T. P（Conway ed.）Vol. I, p. 96. 浦薛鳳《西洋近代政治思潮》下冊，頁465引。

也。草昧初民雖有飲食居服而猶與今人絕異。今人縱不能為龜雉鼃魚，獨不可為草昧初民乎？習於宴安而肌骨不如習日之堅定，去此則不足以自存。值歉歲，處圍城，析木皮以為食，有寧不入喙而死者，由其咽喉所習則然，以此知近世存在之術皆由勢不得已而為之，非理有當然而為之也。」建國之事，與此正同。內求安全，外迫侵侮，遂不得已而立政府，亦非理有當然也。「前第三義既不認許國家事業為神聖，則凡言救國者悉成猥賤。雖然，救國之義必不因是障礙。以人之自衞，不論榮辱。農夫擔糞以長稻粱，鑛人沾體以致石炭。此其事至汙辱也。而求食者不以為詬，是何也？人之軀骸本由腐臭不淨之物以成胚胎，其出入與便利同道。故一念及生，即不衈自處汙垢。況於匡扶邦族，非專為一己而已。特世人執是以為高名，則不知集眾所成，其能力最為闒茸。而自旌其伐，尊於帝天。遂令志其事者毫毛未動，先有矜眾自貴之心。事之既成，又羣奉以為大長。斯最可忿嫉者。若本其慘怛之心以為自衞衞人之計，則如里閈失火，相與抱甕救之。雖焦頭爛額不以自多，惟曰行吾之素耳。此安論鄙賤與神聖哉！」[125]

　　康有為論政，陳大同、小康二義。大同泯國家，小康有政府。章氏之個人主義亦包含政府有無之兩界。吾人頃所述者有政府的境界。下文當略述無政府之理想，以殿本章。

　　章氏遮撥國家，其意頗近於老莊。以乾矢鳥糞比國家，可謂不恭之至。自章氏視之，政府本為罪惡。彼善於此者有之，大利無害則未見。共和勝於獨制，固也。然而共和之弊亦甚大而不可掩，未足以為高尚之治道。而吾人按其實際，則國雖可以平亂，亦常可以致亂。以國治人，幾無異於飲酖止渴。然則捨勢之不得已而論理之所當然，惟無政府為最適於人性。章氏乃著「五無」之說以撥其旨。

　　五無者，「一曰無政府。凡茲種族相爭，皆以有政府使其隔閡。假令政權墮盡，則犬馬異類，人猶馴狎而優容之，何有於人類。抑非專泯種族之爭而已。有錢幣在則爭奪生而階級起。於是以共產為生，則貿易可斷而錢幣可沉諸大壑矣。有軍器在則人將藉是以為殺掠之資。於是鎔解銃礮，椎毀刀劍。雖未足以絕爭心，而爭具自此失矣。其他牝牡相交，父子相繫，是雖人道之常，然

有所暱愛則妬生，有所攝受則爭起。於是夫婦居室，親戚相依之事，必一切廢絕之，使人民交相涉入，則庶或無所間介矣。」[126]

二曰無聚落。國家以自衞而產生，侵略亦以國家而發動，故欲弭戰爭，必先破國界。然「國界雖破而聚落猶未破，則慘烈之戰爭未已。何也？人類本平等，而所依之地本不平等，人類之財產可以相共而容，而地方之面積不能相共而容。夫共產者以為自喻適志矣。然地有溫潤寒苦之不同。處寒苦者盡力經營以化其地為膏腴，孰與攘奪膏腴之便。況氣候之燥潤慘舒，其難齊有百倍於地質者。自古溫潤之國率為苦寒人所兼并，顧溫潤國則未有蠶食苦寒國者。無他，苦寒國人視溫潤國為樂土，驅於欲望，則不憚斷胝摩頂以爭之。悅以使民，民忘其死。溫潤國人於苦寒地素無欣羨之心，則其不能兼并也亦宜。夫兩地皆有政府而苦寒必勝溫潤者，知其勝非政府所成，乃自然界所役使矣。」由此觀之，則無政府之用固未足獨致世界於昇平。「是故欲無政府，必無聚落。農為游農，工為游工，女為游女。苦寒地人與溫潤地人每歲爰土易室而居，迭相遷移，庶不以執著而生陵奪」矣。[127]

三曰無人類。世人以政府為眾惡之源，國家為羣汙之府。寧不謂爾。雖然，政府云，國家云，固無自性。此政府與國家者誰實成之，必曰人實成之。夫自人成之，自人廢之，斯固非絕特可驚之事。而成之根不斷，有其廢之，終必有成之者。不然，則原人本無政府之累，何以漸相垛積以有今日之戲穫者也。推原無政府之目的本在息世界之爭殺。然而爭殺之心，實為人類之天賦。「人之相爭，非止飲食牝牡之事。人之爭具，寧獨火器鋼鐵之倫。眤毗小忿則憎怨隨之，白刃未獲則拳力先之。縱大地悉無政府聚落，銷兵共產之制得以實行，而相殺毀傷猶不能絕其愈於有政府者。」[128]故息爭之業，必待息爭心，斷人道，而後可成也。

斷人道者非殺滅人類之謂，斷其我見而已。「芸芸萬類，本一心耳。因迷見異，以其我見自封，而無形之外延因以張其抵力，則始凝成個體以生。是故殺機在前，生理在後。」爭殺之心即緣此我見以起。「人皆著我，則皆以為我

126　〈五無論〉。
127　同上。
128　同上。

勝於他，而好勝之念見之為爭。」雖無利害亦然，值有利害則益烈。平日所以勉強相安，未甚潰裂者，「有法律以閑之，有利欲以掣之也。人情莫不懷生而惡死。非酷寒交迫鋌而走險者，嚴刑在側，常有以挫其好勝之心。亦或逃遁法外，而令名既損，民所不與，攻難剽暴之徒與社會既不相入，則無窮之希望自此而終。此所以憚於猝發也。」若以性善之說為疑，謂惻隱之心，人皆有之，必可制剋好勝之心，則應之曰：「人之所憐在彼弱小於我，而所憎在其敵對於我。即彼惻隱心者亦與好勝心同一根柢。」[129]我見不除，殺機固相依而長在也。

「雖然，必謂人將相殺，當以法律治之，而願政府之存者，是則甚謬。原政府之初設也，本非以法律衛民而成，乃以爭地刲人而成。今者法令滋彰，其所庇仍在強者。貧民以為盜受誅，寧止億兆。其或邏候森嚴，不得恣意，則轉死於煤坑中耳。至於帝國主義，則寢食不忘者常在刲殺。雖磨牙吮血，赤地千里，而以為義所當然。夫竊鉤者誅，竊國者為諸侯。此莊生所為憤嫉。今無政府雖不免於自相殘殺，必不能如有政府之多。」「夫鬥毆殺人者其心戀，計謀殺人者其惡深。獨力殺人者其害微，聚眾殺人者其禍劇。今政府固盡知此，法律所治，輕重有殊焉。而政府自體乃適為計謀聚眾以殺人者，則烏得不捨此之重而就彼之輕耶？古之言性惡者莫如荀卿。其見非不卓絕。猶云當以禮法治之。荀卿之時，所見不出禹域。七雄相爭，民如草芥。然尚不如近世帝國主義之甚。隨俗雅化，以建設政府為當然，而自語相違實甚。何者？既知人性之惡，彼政府者亦猶人耳，其性寧獨不惡耶。檢以禮法，而禮法者又惡人所制也。就云禮法非惡，然不可刻木為吏，則把持禮法者猶是惡人。以惡人治惡人，譬則使虎理熊，令梟將獍。熊與獍之惡未改，而適為虎與梟傳其爪牙，則正以性惡之故不得不廢政府」也。[130]

無人類為五無之最要，致治之中堅，故「一、二大士超人者出誨之以斷人道而絕其孳乳，教之以證無我而盡其緣生。被化雖少，行術雖迂，展轉相熏，必有度盡之日。終不少留斯蠹以自禍禍他也。」[131]

無人類猶不足以證無上之果，故必繼之以無眾生與無世界以完成五無之功

129 同上。
130 同上。
131 同上。

德。「四曰無眾生。自毛奈倫極微之物更互相生以至人類。名為進化，其實則一流轉真如。要使一物尚存，則人類必不能斷絕。新生之種漸為原人，久更侵淫，而今之社會，今之國家，又且復見。是故大士不住涅槃，常生三惡道中教化諸趣，令證無生而斷後有。此則與無人類說同時踐行者也。五曰無世界。世界本無，不待消滅而始為無。今之有器世界為眾生依止之所，本由眾生眼翳見病所成，都非實有。」[132]「是則眾生既盡，世界必無毫毛圭撮之存」矣。[133]

　　此五無者非能於一時成就。最先二無同時成就為一期，其次二無漸遞成就為一期，最後一無畢竟成就為遞見。[134]高蹈太虛，自行步驟，非可躐級以求者也。

　　章氏言九世之仇則滿腔熱血，述五無之論則一片冰心。寒暖相殊，先後自異。章氏所以如此者，雖或激於聞見，有為言之，而細繹其學說內容，亦自有其一貫之旨。蓋章氏之政治思想乃一深切沉痛而微妙之抗議也。抗議異族之壓迫，於是昌言種族革命。抗議苛政之食人，於是昌言五無四惑。其他一切解放個人，鼓吹平等，譏彈風俗，詆斥人類之議論，殆莫不含有抗議之意味。雖多出以典雅之詞，而究其意旨所趨，激烈或有過於鮑敬言、李卓吾、譚復生者。[135]秦漢以後二千年中，求其略可相擬者，惟有无能子之聖過、質妄、嚴陵、文王[136]諸說而已。吾人如謂章氏為中國最悲觀之政治思想家，殆無大誤。明乎此，則〈五無論〉與《大同書》之根本異趣，不難察見。康氏入世界觀眾苦，故欲破除九界。然九界既除則人類至樂。「安樂既極，惟思長生。」[137]是大同之理想，以悲觀為起點，而以樂觀為歸宿。章氏認世界為虛幻，故欲實現五無。雖信五無之先，必須復九世之仇，立四制之政。此不過「初級苟偷之法」，補苴罅隙之方。若非絕滅人道，不足以拯世界之沉濁。故章氏之政治哲學，一致悲觀而終於消極。吾人如謂《大同書》為享樂主義之烏託邦，則當命〈五無論〉為失望自殺之虛無主義矣。

---

132 同上。
133 同上。
134 同上。
135 分見本書第十一章第三節，第十七章第二節，及第二十一章第五節。
136 見本書第十三章第三節。
137 《大同書》，頁451。

第五編

近代國家之政治思想
——成熟時期

第二十五章

孫中山

本篇原稿淪陷，此存其目，以明原委。

附錄

中國政治思想史參考資料輯要凡例

一、本編略仿西人資料專編（Source Book）之例，選錄自先秦至清末諸家之
著述，以供各大學中國政治思想史課程參考之用。編者前在北平國立清華
大學授此課程，乃輯錄文獻以供參考。其中先秦至明代部分，曾由清華大
學印發諸生。清代部分則錄稿未竟，而七七變作。清華南遷，業遂中輟。
二十七年春至次年夏任教成都國立四川大學，乃得勉強卒業。終以得書困
難，收錄未備。應選而未得之文獻，祇有俟他日之補刊。此編之成，雖事
類抄胥，無所貢獻。然以軍興後，各大學之圖書頗有損失。參考資料，比
較缺乏。茲編之出，或可為教學之一助。

二、二千餘年中之政論，汗牛充棟，不可悉收。若按西洋政治思想史家之嚴格
標準以定去取，則秦以後之著述，合格者又悉甚寡。茲編選錄之標準有
二：一曰儘量收錄有理論價值之文獻，二曰酌量收錄有歷史價值之文獻。
其純乎針對一時一地實際問題而發之政論則不選入。然界限非清，取捨不
易。欠妥之處，知所難免。例如所錄清季政論頗有涉及維新立憲諸實際問
題者。以內容言，固頗重要，以體例言則不盡合也。

三、編中次序以年代之先後為準。其中偶有例外，則以參考之便利為斷。全書
為章凡五十三，為附錄凡三十一。各章所錄，以人為主。其標準為：
（一）一家之言。（二）影響重大之著述。其思想相近，時代相及而文獻
不豐者，則仿史書合傳之例，酌併於一章之中，藉便比觀，且省篇幅。附
錄所收者為：（一）不合上述標準而足資參考之述作。（二）雖合上述標
準而文獻過於簡短或殘缺者。（三）真偽未定之書。各章為本編之正文，
讀者所應悉閱。附錄為補充之資料，讀者可以擇觀。

四、每章及附錄之前均有小引，說明作者之時代，文獻之內容，思想之特點。其有原文條理不甚明晰者，則酌為分題編號，以便讀者之探索。附錄之小引亦略示其重要之程度，以助讀者之取捨。凡此不過略示途徑，不必拘牽。

五、治社會科學，客觀為難，而治政治思想尤易流於曲解。茲編文獻之去取，始終以保存前人本來面目，供給後學研究資料為標準。其短處在不能如思想史之獨具見解，自成系統。其長處在編者之主觀不易闌入，讀者儘可以仁智殊見，自得妙諦。

六、本編用意不僅便利初學，並希望能引起研讀原書之興趣。讀者儻不滿意於編中所選，自宜取讀原書之全體，則編者之最後目的庶幾達到矣。

七、坊間已出版《中國政治思想史》數種，可選作教本，與此編並行。本書卷首略述二千餘年政治思想之大概，讀者閱之，亦可略得端倪。

八、本編所參考之書籍，十之七八為北平國立清華大學圖書館所藏。七七變後，除一部分南運保存外，其餘已不可問矣。編末原擬附印參考書目，列舉已經引用及可資參考之書籍，以在現狀之下得書不易，恐成虛設。姑暫從略，以俟異日補入。

九、此編之成，頗承朋友之鼓勵及指教，謹誌謝意。海內學者如不見棄，至希隨時指正，俾謬誤之處，得以減少，則幸甚矣。

二十九年一月編者謹識

附錄

中國政治思想史參考資料緒論

一 中國政治思想之特點

近世歐美學者輒輕視中國政治思想。例如雅勒（Janet）鄧林（Dunning）諸君，或謂中國無政治思想，或謂其淺陋零碎不足觀。非不加論述，即置諸波斯、印度及其他「古代民族」之例。一若中國之文化已成過去，而其政治思想亦應同歸漸滅也者。以視十八世紀歐人之崇拜儒家；認為中國政理遠駕西洋之上者抑揚迥殊，誠有霄壤之感。吾人推其相輕之由，似不外乎兩端。（一）異邦學者於我之文字學術，典章制度，不易有親切之體會。其所聞知者大半得之於輾轉譯述。誤解難免，闕漏必多。而遽加論斷，豈能中肯。故附會之則嘆為神奇，損毀之亦可化為腐朽。（二）西人治學，甚重方法。古希臘以來，學術分科，已成風氣。著書立說，尤貴系統。而「愛智」既夙為治學之主旨，政治學者乃能超越時地，不求功利，作純理論，純科學之研討。相沿已久，遂成不可移易之標準。彼見中國政論多不合此標準也，遂棄之以為不足道。其非持平之論，亦不待言。吾人以為中國不特自有其政治思想，且其思想亦具有不可否認之價值。其異於歐美者不在價值之高低，而在性質之殊別。故吾人治中國政治思想之先，宜一探尋其特點之所在。

重實際而不尚玄理，此中國政治思想最顯著之特點也。十八世紀德國大哲學家萊布尼茲（Leibniz）曾比較東西文化，認定中國長於實踐，歐洲工為思辨。故邏輯、數理、形上諸學幾為後者所獨占，而倫理、政治則為前者所擅長。其論雖不盡確而大體可信。蓋西洋學術，重在致知。中國學術，本於致用。致知者以求真理為目的，無論其取術為歸納、為演繹、為分析、為綜合，

其立說必以不矛盾，成系統為依歸。推之至極，乃能不拘牽於一時一地之實用，而建立普徧通達之原理。致用者以實行為目的，故每不措意於抽象之理論，思想之方法，議論之從違，概念之同異。意有所得，著之於言，不必有論證，不求成系統。是非得失之判決，只在理論之可否設張施行。荀子所謂「學至於行而止」，王陽明所謂「行是知之成」者，雖略近西洋實驗主義之標準，而最足以表現中國傳統之學術精神。故二千餘年之政治文獻，十之八九皆論治術。其涉及原理，作純科學、純哲學之探討者，殆不過十之一二。就其大體言之，中國政治思想屬於政術（Politik; Art of Politics）之範圍者多，屬於政理（Staatslehre; Political Philosophy, Political Science）之範圍者少。

中國政治思想之第二特點為多因襲，少創造。任何民族之政治思想皆有其歷史之條件。最超脫之烏託邦亦不免為實際政治之反映。此中外之所同然而吾國為尤甚。蓋學術既主致用，則多注重於此時此地之問題，而求解決之途徑。於是思想為事實所限制而隨之轉移，超越時地之創說自難生產。假使社會之進化甚速，政治之變革甚劇，則環境既殊，問題迭起，思想與之共變，亦能日新月異，與時消息。不必得永久可用之真理，而自有繼續不斷之進步。然而吾國之政治，除商周之交，周秦之際，曾有部落為封建，分割歸統一之重大變遷以外，由秦漢至明清二千餘年之中，君統無改，社會少變。環境既趨固定，思想自多因襲。必至海通以後，外患與西學相共侵入，然後社會騷然，人心搖動，激成清季空前思想之轉變。以視歐洲，其事大異。西人論政，不甚注意於眼前之問題，比較易為高瞻遠矚，超軼環境之新學說。例如柏拉圖、亞里斯多德之思想，雖均以希臘之政治為背景，而又不全受其限制。後此之霍布士、洛克、盧梭諸大家亦能於歷史之現實中，求普徧之真理。惟其不過於致用，故能免短視之弊。脫陳言之窠臼，得先時之前知。加以歐洲社會政治之變化，二千餘年中，至繁且速。故其政治思想，無論是否針對一時一地之問題，亦新舊遞替，變化多端。自希臘以至今日，列國並爭，異說紛起，不啻一長久之戰國時代。以較吾國先秦「諸子百家」活動時期之僅有二三百年者，誠有久暫之別，抑更有進者，中國之君主政體，秦漢發端，明清結束，故二千餘年之政論，大體以君道為中心。專制政體理論之精確完備，世未有逾中國者。然而二十餘朝君主之中，能實行孔、墨以來所發明之治術者，實無多人。正確之學說以未行而保持其信仰，錯誤之理論亦以未試而得隱其弊謬。修改思想之必要因此減少，崇

古守舊之習慣隨以養成。王安石變法必藉口於《周禮》六官，康有為變法亦託詞於《春秋》三世，可見思想因襲，積習難除矣。歐洲政制，自古代希臘以來，即新舊迭更，君主民主，少數多數之各種政體在紀元五世紀以前即已先後嘗試。彼弊則此興，而政論亦因之是此以非彼。蓋思想與制度，相持而共變。論者既知無百年不弊之法，即知維持此法之理論亦有修改或摒棄之必要，西洋政治思想之多變，此亦一大原因。至於歐洲民族之綜錯，交往之頻煩，國家之密邇，皆甚於中國。此天然環境之影響政治思想而使之生變化遲速之差者，其事顯然，無待贅說。

　　如上所言，則以西人之眼光，評中國之政論，誠不免有歉然未足之感。然而就史家及學者嚴格之客觀立場論，則中國政治思想自有其價值，不必因其內容異於歐美而受損失。蓋中國政治思想者，中國文化與社會之產物，而同時為二者不可割離之部分。吾人如欲澈底了解中國之文化與社會，自不得不研究中國之政治思想。縱使此思想之本身，支離破碎，如西人之所臆斷，吾人亦不應棄之不顧。然則最低限度，中國政治思想固具有學術上研究之價值。不僅此也，中國政治思想雖比較乏系統、少變化，然而未必因此對於人類政治生活即無所貢獻。公羊家謂孔子為天下萬世立憲定制，其言誠誇誕不足信。然平心而論，吾人不得不承認吾國先民曾發現不少超越時地之政治真理，不獨暗合西哲之言，且在今日而仍有實際之意義。良以古今之世雖殊，而人性大體若一。社會組織之方式與宗旨雖變，而維持社會生活之基本條件未改。西人有謂柏拉圖之《國家論》有現代之意義，亞里斯多德之《政治學》歷久而不可廢者，荀子亦謂「類不悖，雖久同理。」依此解釋，洵非讕言。然則中國政治思想，除具有研究之價值外，尚有不容輕視之本身價值。

二　中國政治思想之流派及演變

　　史家治史，以求研究便利，段落分明之故，每有分劃時代之辦法。歐洲學者例分歷史為上古、中世及近代之三期。吾國史家亦有沿用之者，然似不甚適於研究中國政治思想史，吾人以為中國思想史似含有自然可分之四大階段：

　　一曰創造時期，約自孔子降生[1]至始皇統一，[2]為時約三百年，包括春秋晚期及戰國時代。學者通稱之為「先秦」時期。

　　二曰因襲時期，自秦漢迄宋元，[3]為時約一千六百年。

　　三曰轉變時期，自明初迄清末，[4]為時約五百年。

　　四曰成熟時期，自三民主義之成立以迄於今。[5]

一　創造時期

　　吾人何以稱先秦為創造之時期乎？蓋以中國雖有四千年以上之文化，而僅有二千餘年之政治思想史。夏、商以前紀載缺失，推想當時民生質樸，組織簡單，殆未有具體可觀之政治思想。周代尚文，學術初起。然《詩》《書》所記盛周時代之言論，只含零星之政治觀念，而未足語於思想。中國政治思想之勃興，實當晚周衰亂之世。儒家首播講學論政之風，墨、道諸家相繼並起，各以其所得撥亂定治之道號召當世，然後有較成理之政治思想始出現於中土。

　　政治思想突興於晚周之故，梁啟超胡適諸君已有詳細之推論。吾人以為最要之原因有五：（一）《易傳》稱「作《易》者其有憂患乎？」政治思想之盛起，亦每在社會衰亂之時，蓋仁智兼全之士，見政治之崩壞，生民之痛苦，而思有以補救之，政治思想遂因以成立。孔、墨、老、莊之徒皆生當春秋戰國之世而深有憂患者也。（二）封建及宗法制度漸趨破壞，世官之學入於民間，於是治學之風氣開而學說大盛。（三）各國並存，言禁未立。「處士橫議」雖「邪說」亦可大行。思想遂以得自由而發展。（四）戰國時代，競智角力之風更烈。國君廣納才士，說客例蒙優遇。其對於學術影響尤大者如魏文侯，以大夫僭國，禮賢邀譽，大開養士之風尚。而田齊稷下，立宮設祿，招致學士，宣

1　值公歷紀元前551年。

2　始皇二十六年，為紀元前221年。

3　值紀元前221年至紀元1367年。

4　值紀元1368年至戊戌政變1898年。

5　三民主義之講演在民國十三年，其最初完成則在孫中山先生倫敦被難以後居英之二年中，即1896年與1898年之間。

王之時達「數百千人」。[6]「喜議政事。」[7]孟子雖或不隸稷下，而「後車數十乘，從者數百人，以傳食於諸侯。」貴士尊賢亦為學術發展之一誘因。（五）少數天資卓絕之思想家，如孔、墨、莊、韓諸人，適生周季特殊環境之中，「英雄時勢」，相得益彰，遂造成中國政治思想史光榮之一頁。

　　先秦時代號稱有百家之學，然政治思想之體大思精，可以成家而文獻足徵者，祇儒、墨、道、法之四派。秦漢以後至於清初之政論，殆難出四者之範圍。其間雖時有修改調和之迹，未必純守師說，而淵源可按，先秦之影響歷二千年而未絕。亦如希臘思想成為歐洲文化之永久成份。茲按四派成立先後之次序述其大概如左：

　　甲、儒家　儒家奉孔子為宗師。孔子政治思想之來源與意義，後學所加之解釋不盡相同，似以孟子「集大成」之說為最近是。集大成者，以盛周之制度為背景，根據《詩》《書》及前人已有之學說，加以新創之見解，調和融通而成新思想系統之謂。就一方面言之，孔子思想在晚周之地位，略近蘇格拉底門人埃索格拉底（Isocrates）之於雅典。埃索格拉底雖無精深博大之思想足與孔子相較，然其主張恢復梭倫所締造之祖先舊制，則有似孔子「從周」之論。《淮南子・要略》謂「孔子修成康之道，述周公之訓，以教七十子，使服其衣冠修其篇籍，故儒者之學生焉。」其言大體可信。

　　盛周制度為孔子所讚許者，約言之，即封建之天下與宗法之社會。封建之天下以天子為元后，司禮樂征伐之大權，而羣后分土列國，各治其境內。孟子謂「孔子成《春秋》而亂臣賊子懼。」《春秋》尊王而貶諸侯、大夫、陪臣之僭竊。凡此足證孔子維護盛周制度之主張。至於孔子請討陳恆，稱許管仲，則並非放棄尊周之本意，而為退求其次之一種讓步。宗法社會以家族為社會組織之基礎，以人倫道德為社會生活之原則，孔子認孝友即為政，譏晉國之鑄刑鼎，亦足證其思想之對象非近世之政治社會，非嬴秦法治之軍國，亦非秦漢以後一統之郡縣天下。嚴復謂孔子為宗法社會之聖人，固非完全無稽之談。抑又有當注意者，孔子之政治思想不但根據舊制度，亦且採用舊觀念。孔子號稱刪《詩》《書》、定禮樂、修《春秋》，古文家以為此皆因襲舊文。公羊家則謂皆託古改制之創作。其實創作固有其事，因襲亦按迹可尋。天命民本，仁義孝

6　見《史記・田齊世家》。

7　見劉向《新序》。

弟，禮樂刑政諸觀念殆為當時士大夫所共喻。而散見於《詩》《書》舊史之中，特皆未經整理闡發，故其意義不深切，其條理多支蔓。孔子之功，大致在融鑄舊觀念以成新思想。《史記》謂儒家出於司徒之官。吾人不必拘執其說。然如謂孔子之學實有所本，非由憑空杜撰，則誠不誣。總之，孔子集大成之主要工作在鑄舊以融新。孔子雖「從周」，然非純粹牽韁於事實，以歷史上之制度為不易之成規。孔子取封建宗法之社會而理想化之，復以此理想化之社會為撥亂反正之標的。孔子雖「好古」，然非完全步武先民，因襲陳說。孔子取前人之觀念加之以新意義，賦之以新條理，而以此深刻化之古學為其從政施教之原理，故孔子之政治思想，似守舊而實維新，有因襲而復能創造。

　　孔子思想創新之要點，簡言之，在以完成人格為政治最高之目的。孔子思想之起點，在假定一具有完全美善人格之君子（聖人，仁者）。君子本其固有之仁心，推其一己之至善，以及於人，使天下皆得成為君子，則行道之目的完全達到，然行道之程序必由近以及遠。君子必先修身。道備於己，然後齊家、治國以迄於平天下之理想，故在孔子思想之中，個人與社會完全貫通，毫無間隔。個人之仁心為政治之起點，天下之歸仁為政治之終極。其旨殆視柏拉圖羣己利害相通之說，尤為精湛。然而君子為政，又必以教養為方法，正名為條件。蓋天下遠近上下之人，必須各守其位，各盡其分，秩序井然，則教養可施而仁義得行。故正名亦為孔子政治思想之要義，與成仁之旨並重。

　　孔子沒後其弟子及後學各取其思想之一方面而發揮之。其最著者孟子言仁心仁政，荀子主正名禮治。然以時世變遷之故，孟、荀之政治思想又有異於孔子者。孔子生春秋之世，舊日之制度尚未完全崩潰。天王之威雖實亡而名存，諸侯之爭雖已數而未烈。秦政統一之勢未明，故孔子猶有從周之想。孟、荀俱生於戰國紛爭之際，舊制既已摧毀殆盡無重建之可能，而天下定於一尊之形勢又已略見端倪。且殺伐之結果宗法壞而士族衰，君權日張，富強是務。故孟子雖不放棄先王之根本主張，然力黜桓、文，意不尊周。齊、梁之君皆得聞行王道、一天下之說。荀子之言禮，意每近於法家。富國強兵之議，幾奪仁義之席。就此而論，則孟、荀政治思想之對象皆為將近成熟之一統天下。吾人若仿嚴復之意謂孔子為封建天下之聖人，則當謂孟、荀為秦漢政治之先覺。就政治制度言，則孟、荀之思想新而孔子為舊。就基本之原理言，則二子均不脫孔子之範圍。惟荀子性惡之主張，尤與法家相接近，為當時新派思想重要假定之

一。故孟子又可稱為儒家「左翼」之代表。

　　乙、墨家　墨家思想為儒家之反動。故其成立，勢必在儒學興起之後。《淮南子・要略》謂「墨子學儒者之業，受孔子之術，以其禮煩而不說，厚葬靡財而貧民，久服傷生而害事，故背周道而用夏政。」此言最能得其實況。孔子從周，墨子用夏，二者相較，孔守舊而墨復古。然墨家以兼愛、尚同、尚賢、節用、非攻、天志等為其政治思想之主旨。考其內容，亦非悉與儒家相對抗。韓愈曾謂孔、墨相同，其相攻者由於末學之辯。據吾人所見，儒、墨之所同者仁民、博愛，與兼愛、交利之主旨，其所異者此主旨之根據及施行之程序。儒家以推己及人為恕，己立立人為仁。至於交征以自私者則斥之為「利」。墨子以視人若己為「兼」，虧人自利為「別」。儒者之仁與墨子之愛，其間實無重要之殊異。然儒家行仁，必由親親仁民而後達於愛物，故仁無遠近之限制而有先後之等差。墨家言愛則意近平等，雖未完全否認先後之次第，而不如儒者之以此為重。此二家行仁程序之異也。孔孟言仁，以人類天賦之同情心（惻隱之心）為出發點（荀子為例外）。格物致知之學，正心修身之業，雖有生知學知，先覺後覺之差異，然其共同不可少之條件則為人類之仁心。墨子言愛，不復注重此點。其所反覆證明者為愛人者己亦得利，惡人者己亦受害之事實。故兼愛之心理基礎，非人類之同情心而為人類之自利心。〈尚同篇〉中且暗示性惡之意，尤與孔孟相違。此二家思想根據之異也。此外則〈尚賢〉，〈非攻〉等說二家所同，〈非樂〉，〈節葬〉諸論二家所異，其理自明，無待深辨。

　　墨子弟子為數雖眾，而其著作傳於後世者甚少。《漢書・藝文志》所載《隨巢子》、《胡非子》、《我子》、《田俅子》，及《論衡》所舉《纏子》諸書，今均散失。《韓非子》謂「墨離為三」，有相里氏、相夫氏及鄧陵氏之墨，而未詳其內容。《荀子・非十二子篇》墨翟、宋鈃同舉，謂其「上功用，大儉約，而慢差等，曾不足以容辨異，縣君臣。」則宋鈃亦墨者。《漢志》小說家有《宋子》十八篇，今佚。其思想之片段可於《荀子》〈正論〉、〈天論〉、〈解蔽〉，《莊子》〈逍遙游〉、〈天下〉，《韓非子・顯學》等篇見之。其見侮不辱，少情寡欲之論則又近於老子，不為純墨矣。蓋墨家最重實踐，不尚理論，著書既少，傳世尤稀。秦漢以後，除游俠一派足繼墨家一部分之精神外，墨家之政治思想突然消沉。「道統」之短促，先秦四大家中以此為

最。

　　丙、道家　老子為道家之宗師，按舊說老子之時代略先於孔子。近代多數學者認定《老子》一書，為戰國時代之作品，是否早於《莊子》尚難確定。以道家思想之內容言，其所含之自然主義似不能先神權思想而發展。且《老子》書中譏斥仁義，反對尚賢任刑諸語，似針對儒、墨而發。此道家成立不能早於儒、墨二家之一證。復次，老莊崇尚無為，詆毀政治，似為衰世苛政之反動思想。其失望消極之態度，亦可使吾人意想其為先秦社會崩壞以後之學派。然吾人當注意，道家思想之成熟雖晚，而其萌芽則較早。例如《國語》越王勾踐三年[8]范蠡諫伐吳，有「天道盈而不溢，盛而不驕，勞而不矜其功。夫聖人隨時以行，是謂守時。天時不作，弗為之客。人事不起，弗為之始。」等語，即與《道德經》之旨相近。惟吾人研究先秦道家政治思想之文獻既限於《老》《莊》二書，則不宜因道家思想來源較早而遂置之於孔墨之前。蓋若就淵源論，儒墨二家思想一部分根據《尚書》，豈非仍在道家之先乎？

　　道家政治思想為一種不滿意於現狀之抗議。儒墨亦不滿於晚周現狀。然其立言之宗旨為圖政治上之積極改進而非作消極之譏評。故二家肯定政治之價值而道家否定之。《老》《莊》二書之內容亦有分別，二者皆否定政治而其程度有深淺之異。簡言之，老子主「損之又損以至於無為」，而未主張廢除政治組織之本身，其最後之理想，不過「小國寡民」「老死不相往來」而已。且老子之損道，於消極之中仍寓積極之意。故提出知白守黑，長民先下，以退為進，種種治國保身之術。莊子則超然物外，以個人之絕對自由為理想。不獨否認治術之必要，亦且否認國家之必要。以西洋政治學之名詞舉之，老子近乎不干涉或放任主義，[9]莊子則似無政府主義，而澈底或有過之。蓋莊子最後理想之中，並社會組織而無之，不僅否定政治而已。故就《老》《莊》之內容論，道家思想自成二派。（一）戰國末年之法家（如《韓非子》）以老子無為之旨為其法治思想之哲學根據。漢代道家承老子之餘緒，應用「無為」以為經世之術，而成「黃老」之學。魏晉之道家大體宗《莊子》逍遙、齊物之思想，而衍為清談之「老莊」。此後則當晚唐五代，大亂之際，無治思想，一度再興。北

8　即魯哀公元年，公歷紀元前494年。
9　或赫胥黎所謂行政虛無主義 Administrative Nihilism。

宋以後道家乃失去獨立學派之地位。歷史之長遠，僅亞於儒家。

　　先秦「為我」（個人主義）學派，老莊而外，略可考者尚有數人。如列禦寇、楊朱、彭蒙、田駢、它囂、魏牟、子華子、陳仲子皆是。今傳之《列子》，據近世學者考證，為東晉時之偽書。其中縱或有先秦遺說，亦難於辨別。似以編入魏晉時代為較妥。惟《莊子・讓王篇》謂列子辭鄭子陽遺粟，不罹其難。〈達生篇〉稱列子問於關尹。〈列禦寇篇〉以汎若不繫之舟喻自得之旨。《呂氏春秋・審己篇》載列子與關尹論射而因及治術，以求諸己為宗旨。《戰國策》引（韓）史疾對楚王之問，謂列子「貴正」。《爾雅疏》引《尸子・廣澤篇》謂「列子貴虛」。綜上各端，僅可窺見列子思想之片段。楊朱思想之要點見於孟子之轉述。「楊子為我，拔一毛而利天下，不為也。」《呂氏春秋・不二篇》謂「楊生貴己」。其為極端之個人主義者，殆無可疑。彭蒙、田駢、慎到同見《莊子・天下篇》。彭蒙無考。《漢志》有道家《田子》二十五篇，殆即田駢之書，而今已佚。據《莊子》所言，二人思想之大概為「公而無當，易而無私，決然無主。趣物而無兩。不顧於慮，不謀於知。於物無擇，與之俱往」。《呂氏春秋・不二篇》謂「陳駢貴齊」。與《莊子》所舉「齊萬物以為首」之旨相合。慎到則依《漢志》為法家之流，而開申、韓以法治為無為之學風。它囂、魏牟今亦無傳書。其思想大要見《荀子・非十二子篇》。所謂「縱性情，安恣睢，禽獸之行，不足以合文通治」者是也。子華子見《呂氏春秋・貴生篇》。其言曰：「全生為上，虧生次之，死次之，迫生為下。故所謂尊生者全生之謂。所謂全生者，六欲皆得其宜也。所謂虧生者六欲分得其宜也。（中略）所謂死者無有所以知，以復其未生也。所謂迫生者六欲莫得其宜也。（中略）故曰迫生莫若死。奚以知其然也。耳聞所惡，不若無聞。目見所惡，不若無見。（中略）嗜肉者非腐鼠之謂。嗜酒者非敗酒之謂也」。其思想與它囂、魏牟相近。陳仲子見《孟子》及《荀子》。〈滕文公下篇〉稱「仲子齊之世家也。兄戴蓋祿萬鍾。以兄之祿為不義之祿而不食也。以兄之室為不義之室而不居也。避兄離母，處於於陵」。〈非十二子篇〉論其學云：「忍性情，綦谿[10]利[11]跂[12]，苟以分異人為高，不足以合大眾，明大分。」

_____

10　未詳。

11　同「離」。

12　跂足離於物以自潔。

《戰國策》亦載趙威后問齊使之語：「於陵仲子尚存乎？是其為人也，上不臣於王，下不治其家，中不索交諸侯，此率民而出於無用者，何為至今不殺耶？」。則仲子乃潔身自好之無政府主義者。至於《論語》所舉之隱者如晨門、長沮、桀溺、楚狂、荷蕢、荷蓧丈人之輩，亦為不事王侯之實行為我主義者，其思想並皆無從考見。

茲舉上述為我思想之各家，列表如左。

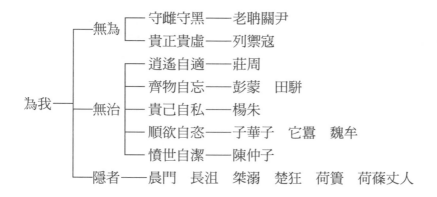

　　丁、法家　法家為先秦晚出最新之學派。儒、墨皆託古，法家思想則純以戰國時代之新環境為對象而提出維新之主張。蓋周代封建宗法制度解體之後，舊日之禮教人倫漸失去其維繫社會之能力。爭戰之結果使君權大張，國土漸廣，平民解放，貴族式微。治國者遂自然傾向於強兵富國「嚴而少恩」之法治。《淮南子‧要略》論申、商思想之產生最得當時之實況。其論申子曰：「晉國之故禮未滅，韓國之新法重出。先君之令未收，後君之令又下。新故相反，前後相繆，百官背亂，不知所用。故刑名之書生焉。」又論商子曰：「秦國之俗貪狠強力，寡義而趨利。可威以刑而不可化以善，可勸以賞而不可厲以名。（中略）地利形便，畜積殷富。孝公欲以虎狼之勢而吞諸侯，故商鞅之法生焉。」然法治之興，在春秋已見端緒，且不限於秦、晉二國。鄭鑄〈刑書〉[13]晉鑄〈刑鼎〉[14]即其明證。私人著法書者有鄭人鄧析。《呂氏春秋‧離

13　公歷紀元前536年。
14　前513年。

謂篇》與《列子・力命篇》均謂鄧析亂子產之政，故子產誅之。據二書所述，鄧析之行為，頗似後世之訟師。然《左傳》載昭公二十年子產卒，[15]定公九年[16]駟歂殺鄧析而用其竹刑。杜預注曰：「鄧析鄭大夫，欲改鄭所鑄舊制，不受君命而私造刑法。書之於竹簡，故曰竹刑。」此說較為可信。蓋昭公六年子產所鑄〈刑書〉條理未密，故鄧析得舞文亂法，而別造較精之〈竹刑〉。駟歂誅其亂政之罪而用其可取之法，亦情理之常也。惜其書今已失傳，《漢志》名家《鄧析》二篇殆非其舊。今本之《鄧析子》又非漢時之舊，尤不足信矣。法家雖始見於春秋，然彼時環境尚未成熟。故〈刑書〉見譏於叔向，〈刑鼎〉起孔子之非議。蓋士族庶民之勢力，正在變動消長之際，刑雖已用，禮猶未滅。至戰國中社會大變，法家乃迅速發展，建立體用兼備之學說。鄧析死後約百年，子夏弟子與曾相魏文侯之李克復著《法經》。《晉書・刑法志》云：「律文起自李悝[17]撰次諸國法，著《法經》。以為王者之政，莫急於盜賊，故其律始於〈盜〉〈賊〉。盜賊須捕劾，故著〈網〉〈捕〉二篇。其輕狡、越城、博戲、假借、不廉、淫侈、踰制，以為〈雜律〉一篇。又以其律具其加減。是故所著六篇而已。商君受之以相秦。」據此則《法經》亦實用之條文，非理論之著作。又《漢志》儒家有《李克》七篇，《李子》三十二篇。其內容均不可考，而並與《法經》失傳。總之，鄧析、李克並為法治思想之宗師。直承其學而光大之者為商鞅與尸佼。尸子晉人，為商鞅客。《史記集解》引《別錄》謂「商君謀事畫計，立法理民未嘗不與佼規也。」著書二十六篇，六萬餘言。《漢志》列雜家，凡二十篇。今亦散失。故其「兼儒墨合名法」之思想不可詳考。[18]商鞅相秦孝公變法興治，立混一六國之基。《韓非子》謂「公孫鞅為法」，則重法乃其思想之特點。上述重法思想以外，先秦法家尚有二派。一曰重「術」之申不害，二曰重「勢」之慎到。《申子》六篇今已佚。《韓非子》述其學之大旨，謂申不害言術。「術者因任而授官，循名而責實。操殺生之柄，課羣臣之能。此人主之所執。」《韓非子》又評其失，以為「雖用術於上，法不勤飾於官。」「故託萬乘之勁韓，十七年而不至於霸王。」雖然術治

之興，自亦有時代之背景。錢穆君謂「游仕既漸盛，爭以投上所好，而漁權釣勢，在上者乃不得明術以相應。」[19]其論至當。《慎子》四十二篇著錄《漢志》，列入法家。今本乃明人慎懋賞所偽作。其學之概要發揮「勢」之理論，略似歐洲之主權論。《韓非子》有專篇以駁之。莊子評之則謂其「尚法而無法。」荀子譏其「蔽於法而不知賢。」[20]足見慎子之說殆近商子之為法，而不同於申子之言術。然莊子又謂「上則取聽於下，下則取從於俗。」荀子亦謂其「有見於後，無見於先。」足徵慎子復受黃老之影響，與彭蒙、田駢同淵源矣。

　　綜上所述，先秦法家似有三派。重法派，以鄧析、李克、商鞅等為代表。重術派，以申不害為代表。重勢派，以慎到為代表。其融合諸派而集法家思想之大成者則為荀況門人之韓非。至於《管子》一書，號稱管仲所作。然自晉傅玄以來學者即疑為偽託。其出戰國法家之徒所纂輯，殆成定論。就其內容觀之，則儒道二家之言時時糅雜其間，與尸子「兼儒、墨合名、法」之作風略相近。

　　列表如左，略示法家思想之淵源及派別。

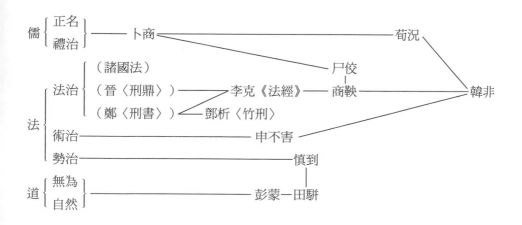

　　先秦政治思想四大家之概表，略如上述。就其對於政治之態度言，法最積

19　《先秦諸子繫年考辨》，頁223。
20　〈解蔽篇〉。

極，道最消極，儒、墨則介二者之間。蓋法家思想以國與君為主體，個人之道德與權利均在否認之列。其論治術則注重富強而以兵農政策為擴張君威國勢之途徑。故其眼光所注，既非已然消沉之宗法社會，封建天下，亦不囿於列國並存，互維均勢之戰國局面，而實趨向於秦皇統一之政治。吾人如謂法家根據既成之事實，覓取適當有效之方法，而促成勢將出現之局面，或不至於大誤。易詞言之，法家思想，以唯實而維新者也。道家則既不滿意於現在，亦不留戀於已往，更不作計較於將來。最澈底之道家祇圖個人之安全幸福。政治生活中之義務與權利皆失其價值。故道家所貢獻者乃一種反政治思想。其不根本否認政治之必要，而發揮無為之治術者，態度雖較和緩，而終不免於消極。持與法家相較，則彼唯實而此逃實。譬如駝鳥見追，不取進攻自衛之道，埋首於無為空穴之中，而求得安慰。處戰國之世而高唱小國寡民，老死不相往來，上如標枝，民如野鹿之理想，豈非不識時務之尤。儒、墨二家均不脫離現實而亦不廢棄理想。二者均認政治為必要而又不主張擴大君國之威勢。墨家於個人之地位不甚注意。儒家羣己貫通之理論，折衷道、法之間。且獨善兼善，視際遇之窮通為轉移。一考當時士人之行迹，即知此論之因事實為理想。二家之論治術亦介居進取與無為之間。儒家重「均」「安」，墨子倡非攻節用，大意實傾向於以改善現狀為維持現狀之辦法。孔、墨之道若行，則由戰國復返於春秋，由春秋再歸於成王周公之政治。封建之天下，決不中絕於始皇之統一。持與法家相較，則彼完全維新而此均有守舊之成分。然吾人又當注意。孟子稱孔子為聖之時者。以吾人所見，不獨孔子非頑固之守舊派，儒家思想亦善於適應變動之環境。孟荀之思想即其著例。

　　以四家之歷史論，儒為最長，幾與全部中國政治思想史同終始。道次之，至宋以後始失去獨立學派之地位。法又次之，漢代猶與儒學爭雄長，此後則成為實用之技術，不復有思想上之貢獻。墨家最短，至漢而絕。長短差異之故，除偶然之因素外，亦有可得而言者。儒家存在之所以特能久遠者，蓋半由其適應能力之強大，半由其思想內容之豐富。儒之善變，頃引孟子之言已足為證。而《荀子‧儒效篇》謂儒者「持險應變曲當，與時遷徙，與世偃仰，千舉萬變，其道一也，」尤為明著。通權達變之弊，雖或流於曲學阿世，而祇須保持「其道」，則亦終不失其為儒。故孔子以後，戰國有孟、荀之儒，漢有叔孫通、陸賈、賈誼、轅固生、董仲舒等之儒。唐有韓愈、柳宗元之儒。宋有邵、

周、程、朱以及司馬光、王安石等之儒。元有許衡之儒。明有劉基、方孝孺、黃宗羲、顧炎武、王夫之之儒。清有康有為之儒。凡此諸儒之政治思想俱與時代相呼應。雖同守六經以為政治之最後標準，而其對於六經內容之解釋，則因時而各異。所可惜者秦漢以後，清末以前中國政治之變遷不出朝代迭興，華夷更主，一統分割，互易之循環。故儒家之變，亦受此循環之限制。其次，儒家思想蘊蓄之豐富，亦為各家之冠。孔、孟、荀之思想，合而觀之，為先秦最淵博之系統。理想與實際並重，原則與方法兼全。以仁義忠信為政治之根本，以禮樂刑政為政治之制度。荀子所謂「合文通治」之優點，殆為儒學之所獨具。漢高祖侮慢儒生而卒不得不求助於叔孫通、陸賈諸人。此後則統不問偏正，主不問夏夷，其不以儒術緣飾政事者少數之例外而已。況荀子以後大多數之儒者「法先王，隆禮義，謹乎臣子而致貴其上，」[21]正合乎秦漢以後君主政體之趨勢。儒家政治思想之能歷久不絕，得力於政府獎進者當不在小。持上述二長以論墨、法、道三家，皆有望塵莫及之勢，而墨、法尤甚。墨家之基本理論既與儒相通，而其規模狹隘內容簡單，不啻一平民化之儒學。其「合文通治」之能力，至為微弱，以此「若燒若焦」[22]「大觳」之道[23]說世君時相，其不見用，可想而知。道統早絕，殆由於此。法家之明法飭令，雖足以經世致用，然其思想少彈性，內容亦較儒學為儉約。法家所專長者儒已兼有之。[24]於是「坐而論道」之儒遂占上風，而「刀筆吏不可為公卿」亦成為流行之見解。史傳循吏酷吏之分界，大致即儒家法家之分界。命名之頃，抑揚已見，復次，荀卿以後之儒，雖同法家持尊君重國之論，然法家主以法限君，故其思想在理論上為君權絕對主義，而在實行上為君權有限主義。如張釋之依法論犯駕之囚，不容漢文帝任意誅殺，最足以表現法治之精神。嚴格之法治，於君主頗有不便。賢君尚可見容，非可以責諸中人以下之主。章炳麟曾謂中國二千餘年中僅秦皇能行法治。蓋商、韓學派之消沉，亦大受環境之影響也。至於儒家之尊君，既無具體限權之方法，而僅以比較寬泛空洞之道德原則，以圖約束專制君主之行為。而

21　〈儒效篇〉。

22　《荀子・富國》。

23　《莊子・天下》。

24　如董仲舒以春秋決獄，即儒兼刑名之一例。孔子自謂聽訟猶人，儒家以禮樂刑政並舉，李克為子夏弟子，韓非、李斯出荀卿之門，儒能通法，其來已久，二宗相異，在其用法之精神。

大權在握，難為矩範。空泛之道德約束，實等於無約束。後世儒者又變本加厲，引伸「致貴其上」之主張至於極端，君主遂「聖明天縱」，「德邁唐虞」，而自身成為道德上之無上威權。故中國專制政體之完成，儒家之功，殊不可沒。如此便利時君之絕對主義，豈法家所能爭勝。[25]道家歷史何以又長於墨、法乎？簡言之，道家政治思想所以能歷久而不廢者，正有賴於其消極之態度。先民對於專制政體之壓迫，別無解救之方法，而祇能以「貴民」與「無為」之思想，減削其程度。貴民則「一夫」可誅，使暴君知所警惕。無為則傷害減少，使暴政略有限度。而無為之說，尤為含蓄，言者無罪，不如貴民說之易觸怒聽者。若壓迫更甚，則求解救而轉為反抗，於是「黃老」之無為，變為「老莊」之無君。道家之提創個人自由，與儒家之擁護政府威權，兩者相對略如野黨之與朝黨。直至宋代專制政體發展至於極點，此抗議之呼聲，始暫歸沉寂。[26]

　　儒、墨、道、法為先秦政治思想之主潮。四家之外，尚有應附帶述及者二家，一為許行之農家，二為鄒衍之陰陽家。許行之思想，見於《孟子》。其「神農之言」大意在「賢者與民並耕而食饔飧而治。今也滕有倉廩府庫，則是厲民而以自養也」之數語。其用意似在以勞力服務，均平君民。其主張之實踐則為「其徒數十人皆衣褐，捆屨織席以為食。」其言行與儒家之君臣殊事，尊卑異禮，「四體不勤，五穀不分」，正相反對，然文獻缺乏，不為顯學。故其思想之內容，不能詳考，而對於後來之政治思想，亦未發生影響。鄒衍陰陽家之思想，具有較大之歷史重要性。據《漢書・藝文志》陰陽家有《鄒子》四十九篇，《鄒子終始》五十六篇。兩書今均失傳。其思想之大概見於《史記・孟荀列傳》，略云「鄒衍深觀陰陽消息，稱引天地剖判以來，五德轉移，治各有宜，而符應若茲。」《史記・封禪書》謂「鄒子之徒，著終始五德之運。及秦帝而齊人奏之，故始皇采用之。」《集解》引如淳曰：「五德各以其

25　孟子一派之民貴思想，二千年中不如荀子一派之得勢，明代孟子且幾失去從祀孔廟之權利。大體言之，孟子之民貴思想每值衰亂之世，一度復興，與老莊思想同為苛政之抗議。清季維新及革命黨人亦鼓吹孟子。譚嗣同輩謂二千年學術，受荀學之支配，就政治思想言，固屬非誣，蓋儒家孟、荀二派，大體上可視為野黨與朝黨之思想。尊君者取政府之觀點，貴民者取百姓之觀點。前者見諸實行，後者大半不越空談之範圍。

26　上舉各家歷史長短之故，皆祇就政治一方面，論其大略，自不能確切詳盡。

所勝為行，秦謂周為火德，滅火者水，故自謂水德。」又《淮南子·齊俗訓》高注引《鄒子》曰：「五德之次，從所不勝。故虞土，夏木，殷金，周火。」蓋陰陽家以一種神秘之宇宙觀，解釋政權與政制之遭遞，為先秦諸家所未有。鄒衍「談天」之來源，已無可考。若《荀子·非十二子篇》所論不誣，則「五行」倡自子思而孟子和之。[27]所惜《荀子》不明言其內容，祇斥之為「案往舊遺說，謂之五行，甚僻違而無類，幽隱而無說，閉約而無解。」鄒衍之五德，是否脫胎於思、孟之五行，難於確斷。若以年代論，鄒衍當齊王建時曾在稷下先生之列，晚於孟軻數十年。孟子果有五行禪代之說，[28]鄒子因之而演為五德自屬可能之事。自始皇采用之後，遂成為漢魏六朝新舊政權轉移之主要理論。漢代儒家之公羊派受其影響而產生董仲舒之政治思想。

先秦各家之思想至戰國時代發生相反之兩種趨勢。一方面宗派分裂，末學辯生，所謂儒分為八，墨離為三者，即其所表現之事實。另一方面則學派通流，交相影響，師法失其真純，雜家一時大起。其中調和諸家，折衷眾論，蔚為大觀者，首推《呂氏春秋》。先秦政治思想，蓋至此而結局。梁啟超有「先秦學術表」[29]頗便參考。略加修改，附錄於此。

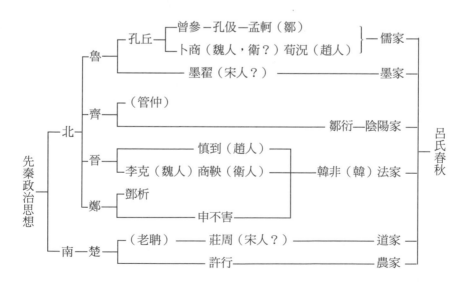

27　惟《孟子》七篇中不見五行幽隱之說可異。
28　《荀子》楊倞注以仁義智禮信為五行，殊牽強。若無荀子，何至斥為僻違幽隱。
29　見梁啟超撰《中國學術思想變遷之大勢》。

二　因襲時期

秦始皇帝併吞六國，改封建為郡縣。周末社會政治之變化，至此底於完成，開中國歷史上空前之局面。孟子定一之主張，法家至尊之理論，遂見諸事實。此後君主之權位日趨擴大崇高，二千年之專制政體實奠基於此。然而自秦漢迄宋元，[30]此一千五六百年中之政治思想，遠不及先秦之精彩新穎。茲為敘述便利起見，將此冗長之因襲時期分為（甲）秦漢（乙）魏晉六朝（丙）隋唐五代（丁）宋元之四段落，依次略述其政治思想流派變遷之大勢。

甲、秦漢[31]　始皇焚書坑儒，用李斯之議，「別黑白而定一尊。」[32]先秦學術自由之風氣遂因之一掃無餘。然已經成立之學派則未嘗悉數消滅。漢興以後，復用儒生，建立博士，除挾書禁，廣求遺籍，學術漸有昭蘇之象。不獨儒術復興，且以政府之獎進而成為正統學派，道法二家亦各具相當之勢力，以與儒家爭勝。先秦四家中無形消滅者，僅墨學一家而已。

(1)儒家　漢代儒學在高祖即位之初已與朝廷發生關係。陸賈以客從高祖定天下，言稱《詩》《書》。叔孫通以秦博士降漢，奉命制朝儀。儒者既開國有功，則儒學見重，事極自然，文景之世，雖以黃老勢盛，儒術未能獨尊，然當時《詩》《書》《春秋》《論語》《孟子》已立博士。諸王之中，如楚元王交，河間獻王德皆提倡儒學。武帝為太子時曾受其傅王臧[33]之陶融。而初即位時之大臣如竇嬰、[34]田蚡、[35]趙綰（御史大夫）諸人皆為儒者。自用趙綰、董仲舒之言，罷黜非治五經之博士以後，[36]儒學遂取得法律上之正統地位。皇帝詔書，羣臣奏議，鮮不引經義以為據。朝廷以此取士，郡國以此為學。元、成以後，殆已臻極盛。然而漢代經生多耗精力於章句訓詁。[37]致用者亦不過以經

30　嚴格言之，明代大部分亦在內。

31　秦始皇帝二十六年至漢建安二十四年，公歷紀元前221年至紀元219年。

32　全文見《史記》〈始皇本紀〉及〈李斯列傳〉。

33　臧為申公弟子。

34　丞相輔政。

35　太尉。

36　按文景時有博士七十餘人，五經外有治諸子百家者。

37　如桓譚《新論》云，秦近君說〈堯典〉篇目兩字之誼至十餘萬言。《後漢書‧鄭玄傳》亦謂東京學者「章句多者乃至百餘萬言。」

術文吏事。其政治思想之較有內容而可觀者，屈指可數，而其中復有文獻殘闕不可詳考者。故終漢之世，足供今人之研討者數人而已。綜其要者，共得三派。一曰受黃老影響之儒。二曰受陰陽家影響之儒。三曰純粹之儒。

　　(2)第一派　漢初懲秦任法有為而祚短，故無為之思想，見重於世。不獨黃老一時盛行，儒家之中亦有倡清靜之治術者。陸賈《新語》謂「道莫大於無為。」又謂秦之治天下，「事愈煩，天下愈亂，法愈滋而姦愈熾。兵馬愈設而敵之愈多。」[38]其語與老子「法令滋彰，盜賊多有」之意，如出一轍。《新語》之異於《道德經》者始終以仁義為治國之基本耳。賈誼生文帝之世，為時晚於陸賈。觀其請文帝改正朔，易服色，定制度官名，固不脫儒家之本色。周勃、灌嬰輩又斥其「年少初學，專欲擅權，紛亂諸事」則似更傾向於有為。[39]然《新書》中之言論，亦略與陸賈相合。〈道術篇〉有云「道者所從持物也。其本者謂之虛，其末者謂之術。（中略）明主者南面而正，清虛而靜，令名自宣，命物自定。」此賈生所謂「虛」也。至其論「術」，則以為人主先具仁義諸德於己身，而天下嚮風，自然平治。故《新書》之政治思想，亦屬於參和儒道之一派。

　　(3)第二派　武帝以後，國勢漸盛，制度已定，反對法家有為之思想，乃日趨衰退。無為而治之儒家思想亦不復流行。代之而起者為傾向有為之董仲舒一派。董生景帝時為博士。其所著《春秋繁露》及武帝時《賢良對策》中之「天人相與」學說大體為糅和《公羊春秋》與陰陽家言之結果。董生大倡天權，極言災異，以「三統」五行附會政事。雖其思想系統，博大精密，為漢代儒家之冠，且矩範一代，影響重大，殆為儒學之中堅。然而律以思想進化由神權而進至人本之通例，則董子之政治思想殆不免為一種還原退化之趨勢。從此陰陽五行之說大昌，符命讖緯繼之以起。迷信成風，政同巫祝。篡竊之徒，更欲假天命以惑眾。王莽附會唐虞，公孫述妄引「赤制」，[40]其餘類此者不可悉數。流毒遠播，至六朝猶未絕。閏運偏安之小朝廷，莫不引五德三統，符命瑞圖以為文飾。推董生之原意。或在申天治以限制君權，而其結果則君主託天意

38　〈無為篇〉。
39　文帝崇黃老，賈誼不見用，此為一大原因。
40　見《後漢書》卷四三。

以自固。末流之弊，不可勝言。雖以桓譚《非讖》而不能悟中興之劉秀，王充《論衡》亦未得顯著之反響。足見漢代陰陽家之儒及相隨興起符讖之學，勢力雄厚，深入人心，不易剷除矣。

　　(4)第三派　兩漢儒家思想之比較純粹者人數最多，內容亦最舊。其政治思想尚值論述者，如桓寬[41]以仁義道德與法家之功利對壘，班固[42]調和孟子之仁政與荀子之禮治，荀悅[43]繼蘭陵令之薪傳，王符[44]闡天治民本之理論，徐幹[45]則本儒家之原理，論漢季之實政。凡此諸人，皆少新穎之貢獻。

　　(5)道家　黃老治術盛行於漢初之六七十年中，上文已略述及。高祖之功臣中即有不少信徒。曹參學於蓋公，以清靜寧一之治，見諸實行。張良、陳平似亦受道家之影響。文帝及其后竇氏均好黃老，令太子及外家子弟習之。處士王生至令廷尉張釋之結襪云「欲以重之。」文帝本人更力行「慈儉，不為天下先」之道家三寶。故廢肉刑，惜露臺之費，不事征伐，以致匈奴內侵，諸王坐大。然休養生息，為武帝立進取之基，其功亦不可掩。「景帝以黃帝老子，義理尤深，改子為經，始立道學。勑令朝野，悉諷誦之。」[46]其尊崇道家，可謂至極。士大夫之奉黃老及受其影響者，如鄭當時、楊王孫、直不疑、汲黯、司馬談、司馬遷等皆其著者。然漢初道家，偏於實踐，無著述傳世。思想上之表現，反在武帝之世及儒盛道衰之後。其內容可觀者，有《淮南子》及《論衡》二書。《淮南子》為武帝諸王劉安令其賓客所撰。其思想以黃老為中心而參以孔孟之仁義，申、韓之刑名。蓋太古無治之社會，雖最為美善，而「樸散為器」之後，亦祇有認政治為必要矣。故《淮南子》之思想，屬於「雜家」，略似《呂氏春秋》之體例，非純粹道家也。王充《論衡》雖有時作調停之論，然其思想之精彩，實在其宿命論與無治之主張。王充認定政治之興衰，不由人事之得失，而為「自然之道，適偶之數」所決定。具體言之，政治上之治亂，由於人民衣食之有無，衣食之有無，決於年歲之豐歉，年歲之豐歉，係於天時之

41　《鹽鐵論》。

42　著《漢書》及《白虎通》，後者或非所著。

43　著有《申鑒》。

44　著有《潛夫論》。

45　著有《中論》。

46　《廣弘明集》卷一引吳人闞澤語。

良否。此則完全出於自然，非人力所能影響。以中國過去之政治史觀之，王充此論，誠具有相當之真理。惟過於注重政治之物質條件，又持過於消極之態度，故仍不免作錯誤之結論。至於《論衡》排斥五行陰陽之言警闢確當，直欲突過荀子之〈天論〉。

(6)**法家** 申、韓任刑重利之學，漢初雖受排擠，武帝以後，則與儒學並趨興盛。宣帝曾謂「漢家自有制度，本以霸王道雜之，奈何純任德教，用周政乎？」[47]史家譏其察察為明，殆即由於宣帝重視刑名之故。臣下之學申、韓者，為數尤眾。各朝之能臣法吏，多據之以經世決獄。其中有闡揚任法重刑者。如文帝時為廷尉之張釋之不肯從文帝枉誅驚駕之人，以為「法者，天子所與天下公共也。」其言與管子「法令者，君臣之所共守也」[48]一語，完全相合。又如武帝時為廷尉之張湯，汲黯詆之為「刀筆吏不可為公卿」，「令天下重足而立，側目而視。」此外「酷吏」如義縱，王溫舒之流，殆均實行商鞅重刑輕罪之主張，而承襲其渭水盡赤，號呼震天之作風者。此後則桓帝時之崔實，「明於政體，吏才有餘」，欲以「霸政」挽漢末政治頹靡之風，主張「重賞深罰以御之，明著法術以檢之。」立論亦近於法家之商韓。此漢代法家之一派也。其另一派則尊崇君主，富強國家。舉其要者，如學申、商刑名於軹張恢生所之鼂錯，上書文帝，謂「人主所以尊顯功名，揚於萬世之後者，知術數也。」其意略近申不害之術治。如黃生與轅固生辯湯武之事於景帝前，黃生持湯武亂君臣名分之議，舉《韓非子》[49]之言，實無差別。又如為武帝興利開邊之桑弘羊，由《鹽鐵論》中可推知其富強思想之梗概。然而兩漢法家，偏重實行。不獨鮮自創之思想，亦且乏專門之著述。鼂錯之《新書》，崔實之《政論》，並皆散佚殆盡。先秦法家思想之創造精神，至漢而終止發展。

乙、魏晉南北朝[50] 漢亡後之三百餘年，為道家政治思想盛行之時期。蓋儒法二家之思想，均傾向於積極。當天下比較太平之際，人心思治，仁義刑名之術，自足動人之聽。道家思想，亦不尚玄虛，以消極之無為，作積極之治術。終漢之世，態度比較消極之重要思想家，僅王充一人而已。自曹魏乘桓靈

---

47 《漢書》卷九。
48 〈七臣七主篇〉。
49 〈忠孝篇〉。
50 魏黃初元年至陳禎明二年，西元220年至588年。

失政之餘而竊國，促成天下三分之局面。其後，晉雖滅吳，暫得不及四十年之統一，而五胡紛擾，元帝渡江，復造南北對峙，六代迭興之紊亂政治。在此環境之下，失望悲觀，自所難免。故就大勢觀之，不僅儒法消沉，即道家之「黃老」，亦幾乎有為「老莊」壓倒之勢。儒學之消沉，在漢末即已開始。《後漢書・儒林傳序》謂「自元帝覽政，薄於藝文。博士倚席不講。朋徒相視怠散。學舍頹弊，鞠為園蔬。」《魏志》卷十三引《魏略》曰，「初平之元，至建安之末，天下分崩，人懷苟且。綱紀既衰，儒道尤甚。」正始中「朝堂公卿以下四百餘人，其能操筆者未有十人。」又漢末官書屢遭浩刼，或有甚於秦火。《後漢書》謂「董卓移都之際，吏民擾亂，自辟雍、東觀、蘭臺、石室、宣明、鴻都諸藏，典策文章，競共剖散。其縑帛圖書，大則連為帷蓋，小乃制為縢囊。及王允所收而西者裁七十餘乘。道路艱遠，復棄其半矣。後長安之亂，一時焚蕩，莫不泯盡焉。」如此所言，則文字幾滅，何況學術？然吾人應注意者，儒家思想雖趨向於湮淪，而儒家傳統之觀念則依舊為朝士所沿用，以為粉飾太平或政治建設之資料，其中最流行者，除仁義教養等常談外，以「五德終始」為尤著。南北朝之禪代，無不以之為口實。[51]北周宣帝之自比上天，殆為天治思想之病態表現。至於北魏孝文帝太和九年之下詔均田，[52]為王莽元年以後首見之最大田制改革。而太和二年詔定婚制，宣武帝永平三年詔立醫館，皆足表現以儒術為依據之積極政治。

在此儒學衰微之時期，僅有傅玄[53]一人，不但力倡儒術，且從事著述。《傅子》一書誠為晉代儒家之鉅製。王沉稱之，謂「足以塞楊、墨之流道，齊孫、孟於往代」[54]然自今日觀之，殊覺衛道之功多，發明之績少也。

法家之政術，以魏武帝之提倡而暫行。[55]桓範之《世要論》，殆為此潮流

51　惟不用董仲舒相剋，而用劉歆相生之次序。南北朝之代數不同。勢必發生困難。蓋在南朝為漢火。魏土，晉金，宋水，齊木，梁火，陳土。隋金，在北朝則晉金。魏水。周木而隋當為火。

52　《北史》卷三，《魏書》卷七上及卷五三。

53　玄晉武帝時為駙馬都尉。

54　《晉書》卷四七。

55　傅玄謂「魏武好法術而天下貴刑名」，見《晉書》卷四七。

中之產物。然書已失傳，內容難考。[56]蜀相諸葛亮「科教嚴明，賞罰必信。」亦具法家之色彩。然著述不傳。清朱璘所編之《諸葛丞相集》為摭拾之書，不可盡信。[57]魏晉時代法家之顯學，祇此二家。此外更無表現矣。

　　道家思想為魏晉時代之主潮，上已言之。其勃興之始實溯源於魏正始中[58]何晏、王弼等之「祖述老莊」，王衍之獎重王、何。蓋「衍累居顯職，後進之士莫不景慕倣效。選舉登朝，皆以為稱首。矜高浮誕，遂成風俗焉。」[59]兩晉時代，其勢轉盛。「有晉始自中朝，迄於江左，莫不崇飾華競，祖述玄虛。擯闕里之經典，習正始之餘論。指禮法為流俗，目縱誕以清高。遂使憲章弛廢，名教頹毀。」[60]至於勃興之原因較著者，似有五端。（一）老莊為「為我」之個人主義。每當政治崩壞，社會解體之際，自然趨於滋長。漢末以來之長期紛擾，使個人失去對社會之信心。知識分子之失望與悲哀，殆尤深切。彼等既知兼善之無方，乃退求一己之安全或滿足。老莊之消極政治思想，澈底個人主義，正合時代之心理需要，故一經推演，立成風尚。（二）失望之尤者或流於厭世。玄虛之說，以超世之樂觀，掩厭世之悲觀，其作用略同宗教信仰為「犯罪者」之安慰。（三）亂世公道不伸，個人易罹橫禍，老莊謙退之術，乃全身之妙訣。（四）衰世人士對於傳統之社會制度，風俗思想，失其信仰，且生反感。故反對禮教之拘束，則生解放之運動，反對有為政治之徒勞，則倡無為之思想。老莊之勃興，此亦一重要之原因。（五）佛教先已傳入中土，至魏晉而始盛。道家虛無之旨，得釋家寂滅之說以相助，意義愈趨深邃，波瀾更為壯闊。[61]

　　當時道家思想之可得見者約有十家，雖均以為我為出發點，而其為我學說之內容不盡同，其所取對政治之消極態度亦深淺互異。綜括之似可析為無為與無君之兩派。

　　(1)無為派　以時代之先後論，無為思想之代表，當首及「清談」始祖之

56　《玉函山房輯佚書》及「適園叢書」有輯本。

57　《蜀志》載原書二十四篇，十萬餘字。篇目中有「權制」、「綜覈」、「法檢」諸名。

58　值公歷240年至248年。

59　《晉書》卷四三。

60　《晉書》卷九一〈儒林傳序〉。

61　戰國時代僅俱上列之前三原因，故道家僅占諸子之一席，不能如魏晉之獨尊。

何晏、王弼。二家之思想皆承老子。何晏著書雖富[62]而思想已不能詳考。其論政之大旨，略見〈景福殿賦〉[63]所謂「除無用之官，省生事之故。絕流遁之繁禮，反民情於太素。」悉不出《道德經》之範圍。[64]王弼曾注《老子》，為何晏所稱許。[65]其論人生則主謙退，論政事則尚清靜，亦一本老學。如《老子》六十三章注云：「以無為為居，以不言為教，以恬淡為味，治之極也。」足以見其政治思想之大意。然王弼雖主無為，而並不主無君。《老子注》二十九及三十二章解釋政治之源起，謂「樸散為器，」則「聖人因其勢散，故為之立官長。」而「始制官長，不可不立名分，以定尊卑。」故政治之興，理有固然，非聖人之矯作。王弼又釋老子「不尚賢」之說，以為不尚賢者，非泯除等差，強為平等。第四十九章注曰：「能者與之，資者取之，能大則大，資貴則貴。物有其宗，事有其主。（中略）又何為勞一身之聰明，以察百姓之情哉。（中略）無所察焉，百姓何避？無所求焉，百姓何應？無避無應，則莫不用其情矣。人無為舍其所能而為其所不能，舍其所長而為其所短。如此則言者言其所知，行者行其所能。百姓各皆注其耳目焉，吾皆孩之而已。」王、何之論，大致溫和，不如晉代諸家之純主虛無，態度激烈。

王、何以外，持無為論者，尚有注《莊子》之向秀、郭象，注《列子》之張湛，與為司馬昭所殺之嵇康。向秀「雅好老莊之學，」曾於舊注外為《莊子》解義，「發明奇趣，振起玄風。讀之者超然心悟，莫不自足一時。」[66]故向秀之闡揚《莊子》，亦如王弼之有功於老學。惟其書已佚。郭象取其內容，自成《莊子注》，[67]流傳至今。向、郭二人之政治思想可於此見其梗概。約言之，兩家以《莊子》之自由（逍遙），為人生之極致。故注〈逍遙〉曰：「莊子之大意在乎〈逍遙遊〉，故無為而自得。」注〈齊物論〉曰：「凡物云云，

62　晏有《論語集解》，《周易解》，《文集》等。除首列一種外，均已散失。

63　《文選》卷十一。

64　嚴可均《全三國文》中從《列子》張注等所引何晏〈道論〉、〈無名論〉諸篇，最為完備。然有關政治思想者殊小。

65　此外又有《周易略例》，《周易注》，《論語釋疑》，《文集》等書。

66　《晉書》卷四九〈向秀傳〉。

67　〈向秀傳〉謂，秀義，象「述而廣之」，〈郭象傳〉（《晉書》卷五〇）謂秀卒後其義零落，象遂竊為己有。

皆自爾耳。非相為使也。故任之而理自至矣。」[68]雖然，「與人羣者不得離人。」[68]而無為者非寂滅之謂。「夫實由文顯，道以事彰。有道而無事，猶有雌而無雄耳。」[69]既有事矣，則政長勢不可無。「千人聚，不以一人為主，不亂則散。故多賢不可以多君，無賢不可以無君。此天人之道，必至之宜。」[70]君臣尊卑之分，亦一本自然，非出於矯揉壓迫。「夫時之所賢者為君，才不應世者為臣。若天之自高，地之自卑，首自在上，是自居下。」[71]然向、郭二氏祇肯定政治，而不肯定有為煩擾之政治。《莊子》注中隨處皆流露此種放任主義之傾向。專制政府則尤為其所反對。〈在宥注〉曰：「已與天下相因而成者也。今以一人而專制天下，則天下塞矣。豈已通哉。故一身不成而萬方有餘喪也。」有君無為之思想，發揮至為明晰，魏晉各家，無逾此者。

　　嵇康尚魏宗室女，覩魏之衰而無以救之，故入於厭世之人生觀與消極之政治觀。其所著有〈養生論〉，〈答難養生論〉，〈聲無哀樂論〉，〈難自然好學論〉，〈釋私論〉等篇。大旨在運用老子廢智寡欲之方法，以達到個人「意足」之境界。嵇康雖無具體之政治思想，其所謂「崇簡易之教」「君靜於上，臣順於下。」則亦發揮「無為而治」之不干涉主義。[72]張湛亦有異於王、何諸人之處。王、何雖崇尚虛無，然未受佛教之影響。張湛則略取佛經之寂滅，以附會道家之清靜。故《列子注》之哲學思想與老莊二注均不盡同。惟其政治思想則仍不脫「黃老」之範圍。

　　(2)無君派　上述諸人均崇尚無為而不否認政治之必要。阮籍、劉伶、陶潛、鮑敬言，及《列子》之偽造者，則承莊子逍遙之旨而引伸之以為無君之論。其態度愈悲觀，其言論愈高曠。其思想愈消極，其行為愈放縱。政治之價值，至此完全「轉換」，個人之自由，遂成為絕對之價值。歐洲之無政府主

68　〈人間世注〉。

69　《列子·黃帝篇》注引。

70　〈齊物論注〉。

71　同右。

72　嵇康之人生觀，與當時縱情欲，破名教者根本不同。康主寡欲，頃已言之。其〈家誡〉一篇，以尚志重節訓子，謂「臨朝讓官，聞義讓生，若孔文舉之求代兄死、此忠臣烈士之節。」文天祥〈正氣歌〉中所詠嘆之嵇侍中，即嵇康之子。可謂能承父教，而康之為人，亦可想見矣。

義，就理論言之，尚不如中國魏晉時代無君無治思想之澈底也。[73]

　　阮籍之思想，頗含憤世之成分。蓋「籍本有濟世志」，以世亂不能行，乃鬱為不平之意。疾世俗禮教之虛偽，故打破禮教。疾世俗君臣之徒勞，故主張廢棄君臣。〈達莊論〉敘無為之貴，大人先生傳著無君之美。而後者所言，尤為激切。籍謂民之初生，相安於淳樸。「無君而庶物定，無臣而萬事理。」此後真淳不保，制度乃起，而痛苦隨之。「君立而虐興，臣設而賊生。坐治禮法，束縛下民。」如此所言，則政治為眾惡之源。不獨老莊不逮其憤激，即王、何亦當掩耳。劉伶與嵇友善，其思想亦近阮籍。史稱伶「放情肆志，嘗以細宇宙，齊萬物為心。」[74]〈酒德頌〉中之「大人先生，」「行無轍迹，居無室廬，幕天席地，縱意所如。」其所表現者即為絕對自由之理想生活。陶潛「自謂羲皇上人。」其哲學思想不必屬於老莊之系統，[75]而其政治思想，則略同於魏晉之無君。〈桃花源記〉及詩中所描寫之境界，不僅合於老子「老死不相往來」之條件而實盡泯君之迹。詩中「秋熟靡王稅」之一語，足為吾人作明證。然陶潛天性冲淡，故其無君之理想亦出以溫婉美妙之辭，絕無鮑敬言瞋目切齒之姿態。吾人若謂陶淵明為無君思想之托爾斯泰，則鮑敬言殆可為巴枯寧、卜魯東之流亞。鮑生之名，見《抱朴子》之〈詰鮑篇〉，他無可考。如確有其人，疑當生葛洪之前，或與之同世。[76]據《抱朴子》所引，鮑敬言思想之要點為「古者無君，勝於今世。」蓋往古無君之世，太平安樂。及強者凌弱，眾者暴寡，服事既興則君臣之道起。從此爭奪暴虐喪亂之禍遂相仍不絕。桀紂之性縱極凶殘，嚮使本無政治制度，則二者並為匹夫，豈能流毒天下？故「君臣既立，眾惡日滋。」鮑生之結論，大致與阮籍相同。惟鮑生徧舉暴君主之罪惡，幾可作一篇討暴君之檄文讀。雖未主張行動，其論調之激昂，亦前此所未

---

73 歐洲「革命之無政府主義」主張以暴力推翻政治之組織，然後重建自由合作之社會組織，中國無君之思想否認一切組織之需要，而不主張用武力顛覆政府。故就理想言，後者較澈底，就手段言，前者較激烈也。

74 《晉書》卷四九。

75 陶潛之生晚於嵇阮輩約百年，清談之風氣，自正始至太元中（潛三十歲前後）殆已盛極而衰。潛之思想或淵源儒家。如〈飲酒詩〉云，「少年罕人事，游好在六經。」

76 洪卒於晉咸和間，約當西元328年-334年。

有。《列子》一書之內容，較為複雜。[77]其無君之結論與上述諸家相似。其無君之論調則大體基於縱欲之人生觀。此則為他家所共有。〈楊朱篇〉託楊朱之言，謂人生苦樂繫於物欲之是否能暢達無阻。故人生最高之目的，在能恣情縱欲，其他皆無足取。若人人能自恣，人人能自樂，則人人不利天下而天下治。其說殆近於先秦它囂、魏牟之一派而亦為魏晉一部分士大夫放蕩生活之理論根據。抑吾人宜注意者，就上述諸人觀之，則晉代之無君論者似有二重要之流派。其一派認定政治為有害，而主張君不可有。阮籍、鮑生是其代表。又一派則認定個人當自足，而主張君不必要。陶潛及《列子》中之楊朱皆屬之。[78]復次，《列子》書中之無君論，並非完全一貫以縱欲為依據。如〈黃帝篇〉稱華胥氏之國謂「其國無帥長，自然而已。其民無嗜欲，自然而已。」其意境略近於老子之寡欲。至於〈天瑞〉、[79]〈仲尼〉、[80]〈說符〉[81]諸篇所言，又近於「黃老」之無為，不逮無君之論。此亦《列子》內容蕪雜，為後人掇拾纂集之明證。[82]

　　魏晉老莊思想之盛行，以今日之眼光觀之，不獨為先秦道家之復興，亦可視為儒學中衰，互為因果之思想解放。晉代之個人主義中實包含一「衝決網羅，」[83]打破禮教之潮流。蓋漢魏之世，名教既衰，日趨虛偽。拘牽禮法，桎梏性情。孔融以禿巾微行被奏，陳壽以父喪有疾，使婢丸藥而見議。加以漢末黨人，激揚「清議」「互相譏揣」，勢必至於吹毛求疵，以禮法德行相律。壓迫積久，自生反動。朝廷先弛氣節之標準。[84]士大夫更賤名檢之拘束。《老》

77　《列子》為晉代偽書，殆已成為定論，但謂為張湛所造，則無確據，其中或有先秦遺說，不盡出於杜撰。然亦難於抉擇矣。

78　然此僅就二派立世之注意點而區分之，非謂其主張必互相排斥兩不相容也。

79　「聖職教化，非人則義」。

80　「堯治天下五十年，不知天下治歟，不治歟？」。

81　「治國之難，在於知賢而不在自賢」。

82　〈仲尼篇〉又設為孔子對商太宰之問，謂「西方之人，有聖者焉。不治而不亂，不言而自信，不化而自行。蕩蕩乎民無能名焉。」西方聖者，似影射釋迦牟尼。若然，則亦《列子》為晉人偽託之一證。或者此段即張湛所加入，亦未可知。

83　譚嗣同語。

84　《魏志》卷一，建安十九年（公歷214年）令云；「夫有行之士未必進取，進取之士未必能有行也。（中略）有守明思此義則士無遺滯，官無廢業矣。」

《莊》書中有薄禮貴真之言，[85]晉人引申之，遂成其極端之任情思想。何晏、王弼倡其風，[86]阮籍、[87]劉伶、[88]阮瞻、王澄、[89]阮咸、[90]畢卓、[91]謝鯤[92]諸人承其緒，《列子·楊朱篇》則大暢其旨，遂釀成空前之解放運動。其蔓延甚廣，婦女亦竟參與，幾有近代婦女社交公開之風氣。[93]然而矯枉過正，「振子之擺動」又恢復原來之方向。自正始至太元，清談之流行已一百五十年。社會與政治不安定之情形，並無可覩之改善。且五胡亂華，二帝虜死。[94]中原失陷，南北分局，成中國空前之鉅變。於是當時人士，又覺清談足以誤國。嚮之風靡一時者，今則為人詬病。桓溫入洛陽過淮泗之言，謂「遂使神州陸沉，百年邱墟，王夷甫諸人不得不任其責。」雖不必平情合理，而亦足覘風尚之轉變。其餘論者如孫盛[95]著〈老聃非大聖論〉，〈老子疑問反訊〉，[96]范寧[97]著〈論斥王何〉，[98]王坦之[99]作〈廢莊論〉[100]均破毀虛玄，重申實有。故南渡以後，老莊

85　《老子》三十八章「禮者，忠信之薄而亂之首。」《莊子·大宗師篇》言子桑戶死，其友孟子反子琴張臨屍而歌。孟孫才之母死「哭泣無涕，中心不感，居喪不哀。」

86　范寧謂二人「不遵禮度」。見《晉書》卷七五。

87　《晉書》卷四九言之頗詳，故稱其「能為青白眼，見禮俗之士，以白眼對之。」至於其哭母吐血、哭隣女盡哀，亦表現其破偽率真之主張，〈大人先生傳〉斥守禮君子之言論，則此主張之說明也。

88　伶「放情肆志」。〈酒德頌〉：「貴介公子，搢紳處士，（中略）陳說禮法，是非鋒起。」而「大人先生視之如「蜾蠃之與螟蛉」。其意亦極顯明。

89　「去巾幘，脫衣服，露醜惡，同禽獸」。

90　咸與豕同飲。

91　卓盜飲被縛。

92　鯤挑隣女，投梭折其齒。

93　《抱朴子·疾謬篇》謂「今俗婦女，休其蠶織之業，（中略）舍中饋之事，修周旋之好。更相從詣，之適親友，承星舉火，不已於行。（中略）游戲佛寺，觀視魚畋，登高臨水，出境慶弔。開車褰幃，周章城邑。盃觴路酌，絃歌行奏」。《晉書》卷五〈懷愍帝紀論〉亦有相類之觀察，並謂當時婦女「先時而婚，任情而動。故皆不恥淫佚之過，不拘忌妬之惡」。

94　永嘉五年（公歷311年）劉聰兵陷洛陽，懷帝被擄。建興四年（316年）劉曜陷長安，愍帝出降。

95　與王導同時。

96　《廣弘明集》卷五。

97　甯簡文帝時人。

98　「二人之罪，深於桀紂」。《晉書》卷七五。

99　與范甯同時

100　《晉書》卷七五。

頓衰。迄隋唐統一以前，政治思想復歸蟄伏。除傳統之儒家觀念尚流行於南北及《劉子新論》一書，尚有可觀外，此二百餘年，誠可謂為政治思想之黑暗時期。[101]

　　魏晉政治思想之大勢為道儒對立，道強儒弱之局面，然持調和論者亦頗有之。李充、葛洪皆其著例。李充[102]雖「幼好名利」，然觀其《學箴》所論謂：「世有險夷，運有通坯。」「老莊明其本」宜行於「太初」之時，「聖教救其末」當用於今日之世。則亦折衷於儒、道之間，以道為體，以儒為用。原則上尊道，實際上重儒。名為調停，而實深抑虛浮也。葛洪論政亦依違於儒、道之間，而推尊君主，尤甚於李充。《抱朴子》書中，大抵〈內篇〉在原則上尊道，[103]〈外篇〉則極言君主之必要與治術之不能無為。[104]李、葛二人皆生晉世。南北朝時代尚有作者未定之《劉子新論》，亦屬調和一派。立言大旨與李充相似。[105]

　　(3)佛教所引起之爭論　　佛教輸入已久，魏晉以後始得盛行。教義既在出家脫苦，其不能對政治思想有所貢獻，誠勢所必至。然其組織習慣，行為思想，均帶殊方異國之色彩。其必引起擁護「本位文化」者之反對，亦意中之事。惟南北朝時代反佛言論之重心，不在儒而在道。若以地域而論，則反抗之力量，南朝較強而北朝較弱。綜括雙方爭論之有關於政治思想者，共有二端。（一）佛教以「出家」教人。出家之後，則個人對於國家之義務，倫理政治之束縛，均可置之不顧。故父母可以不養，君親可以不敬。晉釋慧遠〈答桓太尉

---

101 西晉時已有反對玄虛者，如傅玄〈上武帝書〉（《晉書》卷七四），裴頠〈崇有論〉（《晉書》卷三五）然大體出於門戶之見，尚非由風氣之轉移也。

102 充與王導同時。

103 〈明本篇〉云：「道者儒之本也，儒者道之末也」。故「治世之聖人」不及「得道之聖人」。

104 〈嘉遯篇〉曰：「普天率土，莫非臣民。」〈良規篇〉謂「夫君，天也，父也」。「民生在三，奉之如一」。〈詰鮑篇〉反覆駁斥無君之論，謂聖人觀象立制，興利除害而百姓奉以為君。故政治之起，既自然又合理，非如鮑生所言。〈君道〉〈貴賢〉〈任能〉〈用刑〉諸篇則謂禮樂刑政皆為要務。至於道家無為之說，「用之則弊」。清靜寧一之境界，「可得而論，難得而行也」。

105 此書作者或題劉勰，或稱劉畫或疑唐人袁孝政偽作，均待考。

書〉[106]所謂「凡出家者隱居以求其志，變俗以道。（中略）是故內乖天屬之重而不違其孝，外闕奉主之恭而不失其敬。」（《弘明集》卷十二）正可以代表釋教之觀點，而說明其與儒家政治倫理衝突之主要理由。蓋綱常名教，深入人心。雖未必普徧實行，而已成普徧之觀念。故不僅儒者維持傳統觀念，攻擊沙門之無父無君，道徒亦往往利用倫常之說以保持宗教之地位。蓋晉代之道家，打破禮教，與儒為敵。南北朝之道徒，擁護禮教而與儒携手。時異世遷，化敵為友，亦一有趣之事。當時反佛之言論，似以道家所立之「三破論」為最扼要，三破者「入國而破國，」[107]「入家而破家，」[108]「入身而破身，」[109]是也[110]然上述之爭，僅為私人之意見尚未有直接之政治意義。自晉咸康六年[111]庾冰輔政，代成帝下詔，令沙門盡敬於君父，[112]於是引起朝野之爭辯。[113]大抵主致敬者伸「率土之濱，莫非王臣」之義。[114]反對之者則持「方外之賓，」不順化求宗之論。[115]（二）中國在先秦時代即有一種以文化為標準之民族觀念。南北朝時代胡漢互詆，[116]文化民族之觀念又復流行。道家利用之以衛教，事極自然。顧歡之〈夷夏論〉足為代表。其論大旨謂道佛一貫，而一戎一華。「捨華效夷，義將安取。」[117]佛徒之反駁則以大同思想替代民族主義，而力維釋教之獨立性。如宋釋慧通〈駁顧道士「夷夏論」〉云：「夫大教無私，至德弗偏。化物共旨，導人俱致。在戎狄以均響。處胡漢而同音。聖人寧復分地殊教，隔

---

106 《高僧傳》卷六，作《沙門不敬王者論》。

107 大意斥沙門不事生產而消耗，以致發生「國滅人絕」之結果。

108 「孝道頓絕」，「骨肉生讎」。

109 毀傷生命，斷絕子孫，廢孝養恭敬之禮。

110 《弘明集》卷八〈滅惑論〉引。

111 公歷紀元340年。

112 詔略云：「因父子之敬，建君臣之序，制法度，崇禮秩，豈徒然哉，良有以矣。既有其以，將何以易之」。沙門雖已出家，然「凡此等類，皆晉民也。豈可以殊俗之禮，抗萬乘之尊。」此事不見《晉書》。《弘明集》卷十二。

113 後卒從眾議，許沙門不致敬，唐高宗龍朔二年（公歷662年），此議再起，朝臣互有可否。卒令沙門拜親不拜君。見《廣弘明集》卷二五。

114 如卞嗣之、袁恪之、馬範等皆引用之。

115 如澤慧遠，見前引。

116 北詆南為「島夷」，南詆北為「索虜」。

117 見《南齊書》卷五十四。

宇異風。豈有夷邪，寧有夏邪。」。[118]至如謝鎮之謂：「天竺者居娑婆之正域，處淳善之佳會。」[119]僧祐謂：「天竺居中。」[120]則直持變於夷之主張。故佛教之興，其給與中國民族思想之打擊，殆不在小矣。

丙、隋唐五代[121]　一治一亂之循環，自隋文帝統一又重新開始，至五代而再度完成。此三百七十年中之政治思想，亦重現由積極趨於消極之故態。就大體言之，隋及盛唐，儒家思想較占優勢。佛教雖勢力甚大，道教雖經朝廷之尊崇而發展，與佛教相抗衡，然二者為宗教之信仰，與政治思想無直接之關係。故貞觀、開元時代之朝廷政事，君臣言論，仍以儒學為基礎。「太宗銳意經籍，」與十八學士討論經義，[122]尤開重儒之風氣。此後取士用人，雖諸科並列，而「世崇儒學，」六經始終不廢。[123]且盛唐疆域之廣，聲威之遠，法制之備，文化之盛，漢代可望其項背，此外均不能相擬。中國成為一兼統夷夏之帝國。[124]新羅、日本亦入貢留學。[125]雖未必真能「用夏變夷」，然自信之心既得恢復，則儒家有為之積極思想，勢必隨之而流行。天寶亂後，漸露衰兆。中唐以降，政事日非，禍亂迭起，痛苦經驗之中又產生抗議之思想。故抗議亂政之殃民，則民貴之思想復興，抗議專制之禍國，則無君之思想再起。晚唐五代政治思想之大勢，殆略與晉代相似。蓋老莊盛行，而儒家亦大倡孟子民本之旨。

(1)**儒家**　隋唐儒家之宗師，殆應首推王通，[126]皮日休及司空圖。〈文中子碑〉謂唐初名臣如李靖、魏徵、杜如晦、房玄齡均出其門。[127]王通之論政，以「帝制」為理想，以「王道」為典則，不足以言新創。唐太宗之《帝範》，武則天之《臣軌》，《貞觀政要》所載當時君臣之言論，則表現朝廷之觀點，

---

118 《弘明集》卷七。

119 〈重書與顧道士〉，《弘明集》卷六。

120 《弘明集》卷十四〈後序〉。

121 隋開皇九年至周顯德六年，值公歷589年至959年。

122 《舊唐書》卷二〈太宗本紀上〉。

123 《新唐書》卷四四〈選舉志上〉。

124 唐太宗貞觀四年（西元630）以諸蕃君長之請，下制璽書賜西域北荒之君長，皆稱「皇帝天可汗」。

125 《舊唐書》卷百九十九上〈新羅日本傳〉。

126 隋大業十三年卒（公歷617年）。

127 宋司馬光朱熹等均疑其妄，並斥王氏學。

其內容亦不出傳統儒學之範圍。至於輔佐德宗中興之陸贄，則為一儒學之實行家，其思想亦純然因襲。蓋唐代儒術雖盛，大體上已達定型而硬化之情狀。[128] 宋葉適謂唐代「六經《語》《孟》，舉世皆習。其魁偉俊秀者乃去而從佛老之說。」雖容有過甚，實能說明大勢所趨。三百年間儒家政治思想之較可觀者，僅韓愈、柳宗元、林慎思等數人。以時代論，韓、柳生德宗中興之後，已衰而未大亂之世。林慎思死於黃巢之亂，唐亡二十七年之前。以思想內容論，韓、柳近荀子之尊君，林則襲孟子之貴民。三人之間，正足以代表儒家思想，由積極入於消極之趨勢。韓愈思想，殆為對佛、道虛無之反動。故謂聖人之道不過飲食男女。君臣之義，其要在君治民奉。唐代擁護專制政治之思想，當以此為最澈底。柳宗元論政治原起由於判訟息爭，而政治組織由小至大，其說頗為新穎。觀其屢譏苛政，則其思想亦有孟學之成分，適居韓、林之間。林慎思之《伸蒙子》《續孟子》純為亂中憫人傷世之作品。其痛惡苛政之極，遂不辭逃於無為之消極思想。

　　(2)道家　唐以姓李而尊老子，[129]立「崇玄學」，以《老》《莊》《列》《文》取士。[130]天子自為教主，[131]道士或列朝班。[132]政府之用意或在進道以抗佛，而儒學亦受影響。故白居易「將應制，舉揣摩時事」，作《策林》數十首，而道家之言幾占其半。則唐代學風，略可想見。然而此種老莊之政論，不過人云亦云之仕途「敲門磚」，不足以稱思想。其發自衷心，針對時勢，足稱思想，大致可觀者，當推元結、[133]无能子、[134]及譚峭[135]三者。元結者，少著《元子》，推重清靜無為之政，不出傳統老學之範圍。《无能子》[136]則有似鮑敬言無君之論而憤激過之。書中謂人與萬物，同為一炁。人物縱死，其炁常存。然則天下雖亂，無所用其拯救。又謂：「中國天子之貴，不過在十分天下

128 永徽五年頒行《五經正義》，即其明證。
129 武德三年高祖立老子廟。乾封元年高宗追尊老君為「太上玄元皇帝」，《唐會要》卷五〇。
130 開元二十年，《舊唐書》卷二四。
131 天寶七載玄宗冊授尊號曰「開元天寶聖文神武應道皇帝」。
132 代宗用李國楨。此後道士入官者時有之。
133 生於開元十一年，卒於大曆七年。
134 書成於光啟三年。
135 後唐道士。
136 作者之姓名待考，書成於黃巢亂中。

一二分中，征伐戰爭之內，自尊者爾。」如此蔑視君主「大不敬」之言，可謂空前創見。蓋不經大唐帝國之經驗，亦無由成此「小天下」之觀點也。譚峭《化書》為五代道家之唯一代表。[137]其立論本於道家而不如无能子之消極。蓋譚子以道德無為為最高之理想，每下愈況，退而為「仁」「食」與「儉」之政治。所謂「仁化，」實近孟子仁政同樂之旨。然此尚非其思想之特點。《化書》最動人之部分，為其「食化」、「儉化」之說。〈巫像篇〉謂「虎狼不過於嗜肉，蛟龍不過於嗜血，而人無所不嗜。所以不足則鬥，不與則叛。」〈無為篇〉謂「自天子至於庶人，暨乎萬族，皆可以食而通之。」此種淒厲沉痛空前之「唯食論」，亦唐末人民苦況之反映。[138]

儒、道二家為唐代政治思想之主要潮流。此外尚有屬於「雜家」之趙蕤、[139]羅隱[140]二人。趙蕤有《長短經》，[141]兼採儒、法、黃、老之言。羅隱著《兩同書》及《讒書》，調和儒、道，其態度略似《劉子新論》。

丁、宋元[142]　宋太祖受後周之禪，五代紛爭之局遂告終結。然而遼夏並立，金元代起。始於不完全之統一，繼成不自主之偏安。及元陷崖山，中國全部淪於異族，為時幾達百年。在此民族衰微之時期，中國之學術及思想反呈興盛之勢。蓋魏晉突興之外來佛教思想，至此已完全成熟，與固有之儒、道思想調融混合，產生空前之理學。而政論家受外患之刺激，頗傾向於極端有為之思想。中國大規模之維新運動，首見於宋代。守舊者起而相撓，醞成新舊交爭之局。惟當時兩黨言論，均不脫傳統儒家之羈絆。維新者以儒術為藉口，反對者以非儒攻之。故就表面言，宋代之政治思想，仍以儒為正統。至於道家思想則或吸收於理學之中，或存於少數文獻之內，[143]或偶為政論家所稱引，大體上已失去其獨立之存在。故宋元為道家無為思想消沉之時代。蓋先秦政治思想，原

---

137 舊題《齊邱子》，南唐宋齊邱撰。
138 懿宗、僖宗之世，飢荒尤甚。「貧者以蓬子為麵，槐葉為虀」。昭宗在鳳翔為梁兵所圍「城中人相食，父食其子。而天子食粥，六宮及宗室多餓死」。《新唐書》卷五二〈食貨志二〉。
139 開元時人。
140 五代時人。
141 成於開元四年。
142 宋建隆元年至元至正二十七年，值公歷紀元960年至1367年。
143 〈文子續義〉，《子華子》。

有四大流派。四派之中，墨滅於漢，法亦變為實用之技術，終止學理上之發展。此後僅儒道二家繼續存在，隨時勢之治亂，互有盛衰。唐代二家並在，門戶尚顯然可分。至於兩宋，則儒既非純，道亦垂盡。先秦學派之分野，至此完全消滅。就此言之，宋元之四百年，為中國思想窮極將變之時期。

宋代政治思想之流派，主要者二。一曰理學家，二曰事功派。附庸者二，一曰守舊派，二曰「蜀學。」理學家又可分為援道入儒及援佛入儒之二支流。前者以邵雍、周敦頤等為代表，後者以朱熹、陸九淵等為領袖。張載則同受道、佛之影響。然吾人宜注意，理學家之哲學思想雖各不同，而其政治思想則大致一貫。其要旨在以三代之政治為最高之理想。以漢唐之功利為不足道，以大學之格致誠正、修齊治平為唯一之政術。對於當時之實際問題每持「反對黨」之態度，為在野士大夫清議之中堅，輒為當局所深惡而排斥。

理學家立言雖處處求致用，而事功派視之，則無往不迂闊。事功派認定聖人必言功利，國家有賴富強。「王」固宜尊，「霸」亦可取。其論貌似法家，而實近荀學。蓋北宋之世，外夷之強勢已見，中國之積弱未除。遠識之士，已知非大加整刷，不足以禦侮圖存。南渡以後，國勢愈蹙，尤非大有為不足以進言恢復，退求自安。事功派之思想即以此為背景。當時變法之主張，即出於此派重要人物之王安石。故兩宋之事功派，以近人之名詞稱之，實具唯實眼光之維新派也。[144]此派之思想，大抵以浙江與江西為中心。其最著者，在贛有李覯、王安石，在浙有陳亮、葉適諸人。李覯著《禮論》，以禮為修身治國要道之總稱。又著〈富國〉、〈強兵〉、〈安民〉三策，《平土書》，《周禮致太平論》等書，提出具體之治術。於宋人中其思想最近荀子。王安石為實行之政治家，其「新法」以推行不得其人，且為舊派所阻，而歸於失敗。然其有為之思想實亦本之儒家。宋人以非聖人之道攻之，或竟取老子無為之旨以與新法相抗，[145]不獨「無的放矢」亦竟「認賊作父。」以今日之眼光論之，王學之失不在其不合經術，正在其附會《周官》，不能脫舊思想之羈縶。陳亮之功利思想較乏系統而最為露骨。其與朱元晦論王霸書足以表示事功派與理學家精神不同

---

144 理學家非不知世變之急，整興之要。然其所重者不在行為而在動機，不在物質建設而在精神
　　力量。故「正君」「正心」為其政治之中心。對外力主戰議，以為祇須君主之心中「人欲淨
　　盡，天理流行」則國家一切兵財政教之問題，皆迎刃而解，何必言功利。

145 如司馬光〈與王介甫書〉，引用老子「我無為而民自化」等語。

之處。葉適之思想最精湛有條理而態度則較溫和。蓋葉適以孟子仁政貴民之旨為政治思想之起點，與理學相近，而與李覯不同。

　　兩宋儒家不屬於理學系統者，當以歐陽修、司馬光等為最重要。蓋皆為守舊思想之中堅，與新法相對立者也。[146]其立論不外三代之仁義，揚黃老之無為，以新法為亂政，斥安石為「小人」。其思想極陳舊，其實力則頗廣大。新法之敗，黨禍之起，此派應負一部分之責任。蘇氏父子中，軾、轍皆近傳統之儒家。其政論與歐陽修等相響應。蘇洵之學「出於縱橫而雜於禪。」其〈六經論〉解釋儒家之治術，間及社會生活之基本原理，頗具特見，非如他家斷言於新舊之爭，著眼於一時一地之問題。

三　轉變時期

　　元以蒙古入主，中國淪於異族之暴政者約一百年。華族備受蒙古及色目人之凌辱。許衡一代儒宗，存用夏變夷之妄想，不惜屈膝於夷狄之君，而於事無補。《春秋》內外之義既亡，漢人且甘心蒙古化。[147]以視齊朝之某士大夫，其無恥殆有過之。[148]在此政治黑暗期中，不但民生苦痛，思想亦復消沉。及明太祖起兵草野，揭民族革命之幟，光復九州。華族自主之政治，得重見於中土，而政治思想亦隨之更生，且開始進入一新時代。簡言之，即自古代思想而轉為近代思想之時期也。近代思想之主要特徵有二。一曰以民族國家為思想之對象，二曰以民有民治為政之歸宿。[149]中國先秦以來之思想雖亦嚴「夷夏之防」，然重文化而輕種族。當華族勢盛，則進為用夏變夷之文化帝國主義。值異族入主，則退而為叛國事仇者之口實。故嚴格言之，中國固有之民族思想，既非澈底，亦不完全。復次，中國政治思想之對象，為略帶大同主義色彩之「天下」。大意與歐洲中世之「世界帝國」相近，而與近代之「民族國家」不

---

146 理學家非功利而不盡反新法。

147 《廿二史箚記》卷三〇：「元漢人多作蒙古名」。

148 《顏氏家譜》卷上，〈教子篇・第二〉：「齊朝有一士大夫嘗謂吾曰，我有一兒，年已十七，頗曉書疏。教其鮮卑語及彈琵琶，稍欲通解，以此伏事公卿，無不寵愛，亦要事也」。

149 此為文明國家之共同趨勢，不僅中國為然。

同。故嚴格言之，「國」之觀念亦為先民之所未有。以不完全之民族思想，與非國家之天下觀念相合，其不能臻近代民族國家之境界，實為情理中事。不僅此也。先秦以來之政論家，發揚「民為邦本」之學說者雖不乏人，然以近代之語述之，彼等大體祇知「民享」「民有」而未知「民治」之政治。且孟子一派雖以「得乎邱民為天子」以及「一夫」可誅之說闡明「民有」之精義，然既無民治之說以伸之，則有體無用，二千年中，亦祇傳為原則上之空談。況孟子以後之人，多半僅傳民享之觀念。不知民有，何況民治。人民雖為政治之目的，而君主永為政治之主體。民本者未實現之理論，而專制為不可否認之事實。梁啟超謂中國二千餘年之中有「朝廷」而未嘗有國[150]意即指此。故古代之民本思想，乃不完全之民權思想，其去近代民主政治之觀念，實有若干距離。就大勢言，明清兩代政治思想之貢獻，即在逐漸放棄專制天下之觀念，而達到近代民族國家，民主政治之境地。

　　明清政治思想轉變之原因，一部分可於歷史環境中求之。其較明顯者有二：一曰痛苦經驗之教訓。蓋中國專制之毒，異族侵凌之禍，至元代而達於極點。其結果使士大夫感覺舊日之思想，如佛、老之虛無，理學之心性，皆不足以保障國家之治平，而貴民攘夷之思想，則具有親切之實際意義。二曰泰西文化之刺激。明代海通，西洋思想傳入中土。國人之知識漸廣，眼光漸變，政治思想遂得一空前未有之新機會，新方向以發展。外國思想之輸入，前乎此者雖已有天竺之佛教。然而佛教為非政治之宗教哲學，對於中國之生活與思想雖有重要之影響，而對於政治則貢獻甚微。總之，自身之經驗與外來之刺激二因相合，遂促成政治思想之轉變，而轉變之來又非一蹴而及。蓋亦曾經長期醞釀幾度波折，然後底於完成，概括言之，約有下列之階段。

　　甲、轉變之萌芽　元明之際民族、民本之思想突然盛興。朱元璋之〈諭中原檄〉[151]以「驅逐胡虜，恢復中華」號召，尤足想見民族思想傳布之廣，殆已成為人所共喻之大義。方孝孺之〈釋統〉及〈後正統論〉諸篇，重申華族政治自主之旨，其論更為深刻。蓋前此之攘夷思想，注意於民族文化之自存，明初之排元思想則注意於民族政治之獨立。孔子謂「微管仲吾其被髮左衽矣。」孟

---

150 見〈少年中國說〉。
151 出宋濂之手。

子謂東夷西夷之人「得志行乎中國。」顧歡稱「舍華效夷，義將安取？」凡此皆以文教風俗為重，而不及於政治。至檄文乃明揭「未聞以夷狄治天下」之語。方氏更斥「夷狄而僭中國」，認為絕對不是以稱「正統」。中國固有之文化民族觀念，遂進展而成為政治民族觀念。此雖尚與近代之民族國家觀念不盡相同，而已與之接近。明代思想之轉變，此為最重要之一端。民本思想之復興，以劉基、方孝孺之力為最多。前者之《郁離子》與後者之〈宗儀〉、〈君職〉、〈民政〉等篇均重申孟子貴民之旨。劉基之言，較少發明。而方氏欲寓地方自治於宗族組織之內，雖不足以語近代之民權，然其建議，實有關民治之基礎。吾人不必以其牽涉傳統之宗法觀念而少之。至王守仁〈南贛鄉約〉所立之制度，則更與地方自治之原則相接近。秦漢以來之專制官治思想，至此亦有轉變之徵兆。

　　明代思想之轉變，尚另有一途徑焉，則陽明學派反理學之解放運動是也。南宋理學末流之弊，已發生「禮教吃人」之威脅。而唐宋肇端之科舉制度，至明亦達殭化之絕境。程、朱經義，頒自政府。程文墨卷，流行民間，學術範圍，難越乎此。加以八股之桎梏，則思想更遭窒塞。況明代君主之專制暴虐，超越前代。明太祖屢興文字之獄，[152]此後則「廷杖」「詔獄」，任意誅殺。黑暗殘酷，前所未有。故明代雖有驅元復夏之功，而政治上則仍襲蒙古之專制，毫無進步。不及三百年而中國又失去政治之獨立，實本身政治之不健全有以致之。然而壓迫至極，自生反動。王守仁起抗程、朱之正統，倡學貴自得之說，欲舉思想之束縛，一掃而空之。其根據佛教禪宗所創「心學」之價值如何，吾人於此不必評論。然王氏曾謂「求之於心而非也，雖其言之出於孔子，不敢以為是也。」如此明白揭櫫思想自主者，求之前人，似亦未見。蓋先秦以來，門戶相攻，末學生辯。思想界中，明是非，決去取者，雖不乏其例。然而有奴必有主，儒、墨相非，道、儒互詆，皆各有其黃帝、堯、舜、夏禹、周文之偶像。則亦以此偶像破彼偶像而已，非能根本打破偶像，而以自我之識見為最後之標準，如王氏之所主張者也。況孔子自漢迄明，屢經專制政府之推尊，其思想之威權，已與政治之威權相合，而勢力愈大。吾人試推想明代社會之情形，

152《廿二史劄記》卷三二〈明初文字之禍〉，載太祖以文字疑誤殺人之事甚多。以則、賊、生、僧同音而取禍者尤眾。

則可了然陽明學派思想解放運動之難能可貴。王守仁之哲學，建設多於破壞，故其思想解放之主張亦簡略而不過激。至其門人及私淑弟子，推波助瀾，變本加厲，遂或入於「狂禪」，而演成突過晉代之自由思想。私淑王門弟子王畿，及四傳弟子羅汝芳等之李贄，殆足以代表此思想潮流之極端發展。李贄思想有與晉代相近者，亦有與之根本不同者。李氏摧毀名教提倡箇人自由，與阮籍諸人，先後相應，此其相同之處。魏晉清談，扇道家無君之消極政治思想。李贄雖稱許無為，然對於有為之政治家亦極盡推崇。《藏書》評二千年中之歷史人物，一反宋明傳統之標準，如謂「秦始帝隴皇自是千古一帝」，「西楚繼蚩尤而興霸，孝武紹黃帝以增廓，皆千古大聖。」商鞅、吳起皆成大功。馮道與齊王建有德於民。此種議論，足以證明李氏狂禪之中，實含有積極之成分，蓋其思想帶濃厚個人主義之色彩，然其最後之基礎，則為儒家仁民愛物之同情心，此與老莊之純然為我者既大異其趣，則亦與晉代之解放思想根本不同矣。抑吾人又當注意。陽明學派，不僅直接有助於思想之解放，而間接亦貢獻於民權思想。歐美先進民主國家之經驗昭示吾人，思想自主為民治之精神條件。不人各具獨立創新思想之事實，必須有人人思想自決之假定。孔教定於一尊，既為專制政體之產物，則摧毀思想之桎梏，亦可為民權政治之先驅。所惜晚明之世，時機尚未成熟。王、李諸人亦未澈底明瞭其所倡導解放運動之最終意義。故其所促成者，思想轉變之萌芽而已。

　　上述兩方面之轉變，均由中國本身之內在原因，醞釀而出。其中雖已隱藏新方面與新意義，然其運用之觀念，及所認識之對象，則大部分承襲前人之舊。至萬曆年間利瑪竇入京覲帝，[153]西洋之宗教及科學遂傳入中國。政治思想似有因外來文化之衝激，而發生更大轉變之可能。然此可能，終明之世，以迄清初，並未成為事實。蓋西洋教士所著之書，雖「多華人所未道」，「而士大夫如徐光啟、李之藻輩首好其說，且為潤色其文詞，故其教驟興。」[154]然而當時教士以傳教為目的，以算、曆、製礮為手段，歐洲之政教學術，殆無暇顧及。且海通之始，風氣未開，言語閡隔。即有介紹，亦難引起注意。[155]西洋文

153 事在萬曆二十九年，公歷1601年。
154 《明史》卷三二六〈意大里亞傳〉。
155 《明史》〈意大里亞傳〉謂「其所言風俗物產多夸」，足證。

化，不能發生影響，洵意中事。此後不及五十年，明社遂屋，中國再度淪於外族之統治。當明清之際，政治思想又倒退二百餘年，重演元末明初之局面。簡言之，即根據固有之觀念，闡揚民族、民權之思想是也。黃宗羲之《明夷待訪錄》，唐甄之《潛書》皆為貴民思想之主要文獻。黃氏主張以學校為輿論之機關，則亦趨向於具體化之民治，雖根據明末「東林」之經籍而來，實與近代民主之精神暗合。顧炎武之《郡縣論》主張以縣為政治之基本單位，而以鄉亭、保甲佐之。其意在裁抑專制政府之中央集權，以為人民之保障。雖非民治思想，而亦與黃、唐一派相呼應。民族思想之勢力，在清初尤為深切而普徧，黃、唐諸人，皆曾參加覆清復明之運動。直至雍正以後，經清廷之極力壓迫摧殘，始暫時沉寂。呂留良、曾靜等殆為民族思想最後之重要代表。至於發揚民族思想最透澈，最完備之著作，則當推王夫之之《黃書》、《讀通鑑論》及《宋論》。《黃書》放棄傳統之文化民族觀念，而明揭種族之界限，以族類之殊別，為文化歧異之原因，其論尤為前所未發。至於王氏之論政治制度，則以歷史之事實為參證，以歷史之趨勢為標準。蓋古今社會，隨時演變。觀其演變之過程即可窺見歷史之趨勢。制度與此趨勢合則足以為治，否則徒滋紛擾。《讀通鑑論》謂「夫論政之患，聞古人之效而悅之，不察其精意，不揆其時會，欲姑試之而不合，則又為法以制之。於是法亂弊滋而古制遂終絕於天下。」其思想樣貌似傳統之「因時制宜」，而其精神則暗與歐洲十九世紀之歷史學派相合。就此而論，船山亦前無古人。

　　在明代清初轉變萌芽之際尚有純就傳統思想範圍中，尋求治平之道者。明代之張居正、海瑞、呂坤等皆是。張居正主張「尊主威定國是，振紀綱剔瑕蠹」，為擁護專制政體之實行家。趙翼謂「萬曆中張居正攬權久，操下如束濕，異己者軌去之，科道隨風而靡」。又謂「張居正臥病，京朝官建醮禱祀，延及外省，靡然從風。」與魏忠賢之生祠無異。[156]則亦可見其主張之實效。海瑞抑豪強，平土地之主張，與呂坤「滿腔子是惻隱之心，滿六合是運惻隱之心處」一語，均因襲孟子以仁心行仁政、正經界之舊說。至清代之楊光先則排斥新近傳入之西洋宗教，而為舊文化作衛士。楊氏著《不得已書》，其〈闢邪論〉謂「天主教不許供君親牌位，不許祀父母祖先，真率天下為無君父者

156《廿二史箚記》卷三五。

也。」〈食天象準驗篇〉謂教徒「著書顯言東西萬國，及我伏戲與中國之人，盡是邪教子孫。其辱我天下之人，至不可言喻。」又曰：「光先之愚見，寧可使中國無好曆法，不可使中國有西洋人。」[157]則並欲拒西洋之科學矣。

　　乙、太平天國之革命思想　　清初志士之復明運動先後失敗。滿洲乘其方盛之勢，又得聖祖不世之英才，以鞏固其初得之政權，運動之失敗，乃勢所必至。清廷為保障其子孫永久之基業起見，乃對思想中堅之士大夫階級，迸用利誘威脅之手段，以圖使其馴伏就範。故始則招納降臣，開科取士，令天下英雄，入其彀中，[158]繼則禁止結社，[159]屢興科場[160]奏銷[161]文字諸大獄。[162]康熙乾隆兩朝又復假懷柔以行抑制。故舉山林隱逸，[163]開明史館，[164]設四庫館[165]而編纂四庫「使無礙之書，原聽其照舊流行，而應禁之書，自不致仍有藏匿，[166]舊籍之遭焚燬或竄亂者為數可驚。[167]朝廷又利用程朱之綱常名教，以桎梏人心，湮沒清初蓬勃之民族思想。如康熙十六年頒〈聖諭十六條〉，〈勸孝悌勤儉〉。雍正七年刊《大義覺迷錄》。重君臣之名分，泯夷夏之區別。乾隆四十一年上諭《明史》立〈貳臣傳〉，「為萬世臣子立綱常。」[168]皆此政策之表現。利誘威脅之結果，使知識階級意氣消沉。不入科舉勢利之途，即從學於不關治亂之考證。其能保持民族之觀念者，殆為極少數之例外。故清代雍正、乾隆之世，政治思想幾於絕迹。當時一線之希望，繫於天主教徒所傳入之西洋

157《不得已書》之板後為教士購毀，光先亦被毒死。江上塞叟（夏燮）《中西紀事》卷二「猾夏之漸」條引。

158 順治初年政策。

159 順治十七年。

160 順治十四年以後。

161 順治十八年。

162 較著者如康熙二年莊氏史案，五十一年戴名世案，雍正四年查嗣庭案，雍正七年曾靜案，其餘尚多。

163 康熙十二年。

164 康熙十八年。

165 乾隆三十八年。

166《四庫全書總目》卷首，乾隆四十一年上諭。

167 乾隆三十九至四十七年之間焚書二十四次，書一萬三千八百六十二篇。南宋明初書斥金元，及明季書斥清者多竄改。

168 王先謙《東華續錄》〈乾隆八十四〉。

科學。聖祖既加重視而親自學習，似有向前發展之可能。及雍正元年禁天主
教，此一線之希望告絕。然而嘉慶、道光以後，清勢漸替，朝政日壞。士大夫
之中偶有深慮遠見者，覺苟安之不可久，改革之必要。適當文網稍弛，乃始發
為論政之言。其著者如包世臣之《說儲》[169]主張大舉變法，[170]管同之〈永命
篇〉及〈擬言風俗篇〉[171]指陳當時頹靡風氣之弊，龔自珍之《明良論》、〈乙
丙之際箸議〉[172]亦譏彈頹風，明唱變法。惟此不過少數人之先見。當時一般人
士，和之者蓋寡。正龔定庵所謂衰世「人心混混而無口過也，似治世之不
議。」且忌諱尚多，言之者不敢盡辭。其與舊思想舊制度作正面之衝突者，則
尚未見。[173]

太平天國之起為弊政之反應，亦為民族思想之復興，以及西教之激動。嘉
慶以來之教匪本有經濟之背景。洪秀全金田起事，有賴於饑荒民變。然苟非有
民族思想與基督教之信仰以為根據，則亦無以自殊於普通之教匪，而發展成為
定都建國之勢力。[174]以歷史之眼光論，則「天國」之命雖短，其所倡之政治思
想則有空前之意義。簡言之，太平天國者，中國受歐洲文化影響而發生之第一
次思想革命也。《太平詔書》、〈天朝田畝制度〉等文獻，不僅遠承明末清初
之民族思想，揭櫫顛覆異類政權，恢復華族自主之鮮明主張，且根據基督教之

---

169 作於嘉慶六年，公歷1801年。

170 包括廢八股，以經術及時務策士。設給事中，封駁朝廷詔勑，令國學生議大政、大獄等事。

171 見《因寄軒文集・初集》，同卒於道光十一年。

172 前書作於嘉慶十九年，後書作於嘉慶二十及二十一年。

173 學者之中甚至有持反民族思想之歷史觀者，凌廷堪（生於乾隆二十年，卒於嘉慶十四年）學
古詩有云「拓拔起北方，征誅翦羣寇，干戈定中夏，豈曰無授受。蕞爾江介人，弒篡等禽
獸，荒淫無一可，反居魏之右。金源有天下，四海盡稽首。世宗三十年，德共漢文懋。南渡
小朝廷，北面表臣構。奈何紀宋元，坐令大綱覆。兀園迂老生，永被見聞宥。安得如椽筆，
一洗賤儒陋。」（《校禮堂詩集》卷五）其他抑華族、揚異類之言尚多，如惜金不滅宋
（《校禮堂文集》卷三一〈書金史太宗紀後〉），元亡於明（同書，〈書元史陳祖仁傳
後〉），秦檜、史浩則平反之（同書，〈書宋史史浩傳後〉），范長生、陳元達、張賓、王
猛則贊許之（《校禮堂文集》卷十一〈十六國名臣序贊〉）。凌氏少貧，曾為兩淮「詞曲
館」檢校詞曲中字句違礙者。其媚外之思想，殆成於此時。吾人以其「如椽」之筆與許衡
「如輪」之眼相較，覺許氏尚略委宛含蓄也。

174 道光二十二年，鴉片戰後，和議中列保護教士一款。二十五年徇法人之要求，准海口設立教
堂。咸豐八年英法聯軍之後，以往一切限制教士之禁令均予廢除。天主基督教遂得暢行於中
土。

平等博愛精神而圖摧毀清廷所假借之傳統綱常名教。此誠二千年中未有之劇變。宜乎曾國藩討洪檄文中以保存數千年聖賢禮儀文教自任。抑吾人宜注意者，天國之政治思想雖有異常新穎之處，而實含有重大之缺點：（一）洪、楊諸人祇有民族之觀念而無民權之觀念。故金陵建號，帝制自為。專柄縱慾，不亞滿洲，而或有過之。主權雖由夷歸夏，政治則伯仲之間，故太平天國僅有民族革命，而未喻政治革命之義。縱使卒能滅清久祚，殆亦不過如朱明之代元，恐不能擔負建設現代中國之使命。（二）天朝之首領多為不學無術，下層階級之人士。宗教之熱忱，豪雄之抱負，堅強之自信，是其所長，而近代政治之知識與技能，則為其所未具。即如洪秀全曾歷粵省風氣早開之地，親與西洋教士相接觸，宜得有新知識以為天朝建設之根據。乃觀其言行，不僅於西方之政治學術一無所聞，即對其所奉宗教之內容，亦持似是而非之見解，故天京制度，皆糅雜秘密社會之習慣及原始基督徒之共產組織而成。再參以周代六官之形式，其不倫不類之狀態乃益為觸目。如此之政治，以抗曾國藩且不可能，遑論建樹華族自主之富強中國。然則天國之轉眼滅亡，其政治思想之不健全，亦一因素，不專繫於軍事之失算也。

　　丙、戊戌之維新思想　太平天國為近代政治之陳勝、吳廣，其掃除之功，多於建設。蓋清廷雖賴漢人之力平「髮逆」，定捻匪，然元氣消耗，外患日深。朝野一部分人士漸悟西國富強非我所敵，不急變革，無以圖存。同治維新，遂以發動。然當時人士有意無意之間，堅持毫無根據之兩種假定。一曰清廷可以維新，無取乎革命之手段。二曰中國之長在制度文物，西洋之長在船堅礮利。祇須採彼之長，以補我之短，則富強可致。故同治維新為物質技術之維新，皮毛之維新，當時所行之新政，如同治六年設同文館，光緒二年遣留學生，皆表現其不澈底之精神。然而海通既久，中外之接觸既多，西洋學術政治之知識勢必輸入中土。一方面由於旅華西人之介紹，如丁韙良、慕威廉、李佳白等組織學會，繙譯西書，[175]影響非細，同時留學生中亦有能超出西技範圍之外，留心西政西學，以之介紹中國者，如嚴復即光緒二年派遣留英海軍學生之一。及至安南、臺灣、膠州相繼喪失，甲午又敗，人心愈震。戊戌維新思想遂

---

175 上海廣學會，所刊書報如《泰西新史覽要》，《治國要務》，《列國變通興盛記》，《萬國公報》等，均可啟發思想，灌輸知識。

醞釀成熟而出現。技術維新之運動乃進展而為政治維新之運動。

　　康有為、譚嗣同、梁啟超為戊戌變法之思想首領。三人政見共同之點為
（一）維持滿洲政權，為富強之動力。（二）保存君主政體，以為立憲之基
礎。（三）參照西國之經驗，大事變法，以為保國之手段。故就大體言，戊戌
新黨之思想為反對民族，輕視民權之思想。有為稱孔子託古改制。其實康黨不
免寓守舊於維新。[176]彼等理想中之「開明專制」不啻欲為異族君主立萬世之基
業。故戊戌維新之較同治維新進步者，在覺悟徒恃西技不足以圖強，而提出借
鑑西教，易法更制之主張。其仍蹈同治維新之故轍者，則迷信清廷之足與有
為，欲藉保皇以救國。若以戊戌維新與太平天國相較，則彼捨民權而倡民族革
命，此棄民族而對民權作讓步。彼以天父耶穌為唯一之主宰，此以孔子為聖人
而兼崇耶、佛。彼為下層社會所發動，此則為知識階級所領導。雖內容不同，
互有長短，而其歸於失敗則一。

　　雖然，上文所論，僅及新黨之大勢而已。若就康、譚、梁箇人之思想言，
則內容較為複雜，又非可作如上之簡單論斷。梁啟超思想之先後屢變，不受康
氏之羈絆固無論矣。即譚之與康，亦不盡同。康較守舊，亦較富於建設之思
想。譚較激烈，亦較長於破壞之言論。具體言之，康氏依傍公羊家《春秋》
「三世」之說，演為社會進化至於「大同」而完成之理想。蓋大同實現則天下
太平。一切因有種族、國家、階級等界限而發生之痛苦，均得消除。萬法平
等，人類極樂。其說頗新奇可喜，雖難免美言不信之嫌，然體系之完整，內容
之淵博，洵前此所未有。故就其維新之主張言，康氏為擁護現政權之保皇黨，
就其最後之理想論，則康氏又為一幻想之社會主義者。至於其反民族思想之態
度則始終一貫。譚嗣同雖深受康氏之影響，然其《仁學》一書之作用，多以破
壞為主。故欲破壞舊禮教則倡「衝決網羅」之主張，欲破壞舊政治則發君由民
舉之理想，欲破異族之專制則歷數遼、金、元、清之罪惡。然則譚雖擁康，思
想實異。其民族之感覺，革命之情緒，皆非康之所有。譚之成為康黨，殆半由
於事會之偶然。假使譚氏得與興中會、同盟會接觸，其不同情於保皇立憲之運
動，而贊成民族革命之工作，就其思想之內容論，非絕對不可能之事。梁啟超
戊戌之主張本大致與康相同。而壬寅（光緒二十八年）以後，漸有分歧。及至

---

176 康氏守舊之思想，民國後完全呈露。

辛亥革命以後，則幾乎完全對立。蓋二人之性格不同，故思想難以一致。康富戀舊之情，梁喜隨時而變。康性武斷，梁近寬容。就性情論，梁為一漸進之民治主義者，自難久為康黨之忠實信徒。梁氏反康，重要之點，如反對尊孔而重思想獨立，反對專制而認「自由民政」為「世界上最神聖榮貴之政體」，反對保皇而稱「凡國未經民族主義階段者不得謂之為國。」故康氏所缺乏之民族民權思想。梁氏皆明明有之。特梁氏「太無定見」，議論數易。時而大同，時而民族。時而開明專制，時而革命共和。[177]除始終相信知識為政治之條件，道德為政治之基礎外，其主張殆悉因事而發。主君憲者所以抗民黨之共和，倡民權者所以促清廷之立憲，重國權者所以抑軍人之割據，尊民國者所以斥洪憲之帝制。吾人如謂康氏之思想最富於高遠之理想，譚氏之思想最富於破壞之力量，則梁氏之思想殆最富於時間之意義矣。[178]

　　戊戌維新，以康黨為其中心。然而當時同情維新而與康黨無直接關係者，頗不乏人。嚴復、何啟、胡禮垣，其較著者也。嚴、何均曾留學英國，對於歐洲十九世紀之社會政治及學術有親切之認識。易詞言之，即對於近代國家之內容有正確之認識。其西學根柢，不僅遠優於同治維新之士大夫，亦非康、梁諸人所能企及。[179]嚴復以海軍駕駛生派赴英國。於學習海軍各種技術外，兼通其國之學術政事，深受天演論及民主思想之影響。歸國之後，力主維新，介紹西學。其所譯之各種西書，如《天演論》、《社會通詮》等尤能啟發國人之心思，轉變思想之風氣。〈原強〉文中謂西洋國家之富強，人民之德智均為我所遠不及。「苟求其故，則彼以自由為體，以民治為用。」非對西洋文明有深邃之了解者，不能有此卓識。然而以學術之標準衡之，嚴氏最大之貢獻為光緒三十一年之《政治講義》，書中運用近代科學方法採取天演之觀點，分析政治

---

177 梁啟超既日倡革命、排滿、共和之論，而其師康有為深不謂然也。見《清代學術概論》，頁143。

178 梁氏光緒三十一年之〈開明專制論〉，雖為保皇黨張目，然其二八年〈論政府與人民權限〉一文則開發民權及憲政之精義，至為明白。如謂「構成一完全至善之國家，以明政府與人民之權限為第一義」。又謂「中國先哲言仁政，泰西近儒倡自由。（中略）仁政必言保民，必言牧民。牧之保之云者，其權無限也。故言仁政者只能論其當如是，而無術以使之必如是。（中略）何也，治人者有權，而治於人者無權」。凡此皆具永久真理，至當極確之論。

179 梁啟超自謂「吾既未克讀西籍，事事仰給於舌人，則於西史所窺，知其淺也。」，見〈論君政民政相嬗之理〉。

生活之演變及形態。條理分明，態度謹嚴。吾人如謂康有為之《大同書》為中國第一部近代政治哲學之著作，則嚴氏此書可以稱為中國第一部政治科學之著作，而毫無愧色。抑嚴氏雖持客觀之態度，而非無明晰之論斷。《政治講義》之主要結論為「政界天演程度既高，則其國不獨有扶傾政府之權力，而又有扶傾政府之機關，以宣達扶傾政府之權力。」易詞言之，即議會制之立憲政體，為人類政治之最後歸宿。所可惜者戊戌以後，嚴氏漸趨於保守。民國以來，其見解更入於頑固。初則同情於君憲，繼復列名於「籌安」。其晚年且主以「孔子之書」「先王教化」為立國之本。雖或有為言之而難免後時之嘆矣。何啟與胡禮垣均為廣東人，何氏且曾留學英國多年，兼習醫術、法學。二人合作之《新政真詮》亦主張變法，提倡民權，贊美英國式「君民共主」之憲政。然其思想與上述諸人不同之處有二：一為主張澈底變法，二為鼓吹國際和平。前者針對同治維新及中體西用之說。何、胡二氏力辨機器製造為西法之皮毛，而維新之根本，在變革舊日一切政治之弊病。六經中聖人之言，今日已成既陳之芻狗，毫無用處。故一切附會孔子之言論，不僅牽強錯誤，且適為變法之障礙。此其澈底維新之說也。[180]國際和平之主張，則針對甲午庚子之主戰，及排外言論。何、胡以世界大同為最後之理想，以萬邦協和為過渡之方法。狹隘之民族主義，意氣用事之復仇思想，非獨無用，實亦有害。此雖半出拳匪之反響，亦二人宗教信仰之表現。[181]在清末思想界中誠屬少見。

　　丁、辛亥之革命思想　中國政治思想之轉變，至戊戌維新時代已達將近成熟之境界。二千年傳統之政治觀念，經新思潮之衝激，漸露根本搖動之勢。君臣之天經地義，有人加以批評，二千年之君統有人加以攻擊，萬世師表之孔子有人對之懷疑。當時為舊制度、舊思想盡保衛辯護之力者，固不乏其人。如蘇輿之《翼教叢編》（成於戊戌），吳光耀之〈起黃〉〈廣王〉〈質顧〉，雖為朝廷及頑固派之所喜，而在知識階級中，並無顯著之勢力。然而戊戌之思想，有一重大之缺點。康、梁、嚴、何諸人均誤信滿洲之專制政府足與謀建設新中國之大業。故擁護君憲，排斥民主。輕視民族，夢想大同。以漸進為安全，懼

---

180 〈書保國會第一集演說後〉明斥康有為之尊孔。《勸學篇書後・變法篇辯》駁張之洞之中體西用。〈曾論書後〉則辨同治維新之僅得其末。

181 何、胡皆為基督教徒。

革命之致禍。殊不知滿人之猜忌，朝廷之腐敗，已至無可救藥之程度。政府之於新黨，力所能及則消滅之。力所不逮則敷衍之。而於新黨主張中心之君主立憲，則始終採缺乏誠意之搪塞延宕政策。[182]故戊戌維新思想之失敗，一部分之原因，在其對於時代認識之錯誤。其內容之豐富新穎雖遠過前人而終不能與方興之革命思想相抗。

　　辛亥革命結束數千年之君政，其性質之重要，遠過於始皇之統一。辛亥思想則完成明清發動之思想轉變，其內容之精彩亦無愧於先秦。孫中山先生之三民主義，五權憲法為劃時代之思想，當專述之。茲舉章炳麟以說明辛亥與戊戌不同之要點。[183]章氏對於革命最大之貢獻在闡發民族革命之精義。《檢論》定民族之區別，「以多數之同一血統者為主體」，以有史以來之種姓為限斷，足以破康黨滿漢同源之說。又謂種姓為文化之基礎，則引申王船山之論，一掃傳統之文化民族觀念。其論至為明快。章氏又有〈駁康有為論革命排滿平議〉、〈復仇是非論〉諸文，辨明革命之必要，清廷之不足與有為。吾人如認清革命之目的在顛覆異族之政權，恢復漢族之自主，則任何犧牲，所不當惜。況革命之艱難，固不如康黨危詞聳聽者言之甚乎。凡此抨擊君憲之議論，亦極為透闢。章氏對民權思想之貢獻，為其關於民主制度之討論。章氏針對立憲派之主張力辯代議制度不足以表現民治之真精神（見〈代議然否論〉）。欲求民權之施行，必先建立分權，自治及法治之完善制度。其法治、人治、與德治之討論，頗具深刻之創見，[184]非泛泛之比，至於「四惑」「五無」諸論所提出之箇人主義與無政府主義則純為烏託邦之理想，與革命思想潮流，無直接之關係。[185]

---

182 光緒三十一年派五大臣考察各國憲政。次年上諭預備立憲。又改政治考察館為憲政編察館。三十四年定九年國會之期限，宣佈憲法大綱。其中規定「君上之大權」至為龐大，舉凡立法行政司法諸權均集中於元首，國會徒具形式而已。人民之權利亦毫無保障。簡言之，滿洲專制政府精心結構之「如意算盤」也。宣統元年再下詔申明實行預備立憲，並頒行府廳州縣及城鎮鄉自治章程。二年資政院開會，與各省督撫奏請同時設立內閣及國會。清廷乃下詔允於宣統五年召集國會，將各省之請願團強力遣散。及辛亥革命軍興乃倉皇失措，頒佈十九信條而大勢已去矣。

183 同盟會中如胡漢民、汪兆銘、陳天華、朱執信、宋教仁及章氏均曾先後主筆於《民報》，發揮民族革命之理論。然思想最有系統當推章氏。

184 見〈秦政記〉，〈非黃〉，〈商鞅〉，〈釋戴〉等。

185 清末無政府主義者頗不乏人。李煜瀛、吳敬恆、張繼等曾於光緒三十二年前後在巴黎發刊

四　成熟時期

　　中國政治思想之轉變，至辛亥革命已達最後之地步。孫中山先生之思想系統，亦在此時代中發展完成，而成為革命與建國之理論基礎。中山先生思想異乎尋常之處雖多，而其最重要之特點，似在其融通中西，調和新舊，以集成為創造之偉大能力。先生嘗自述其思想之來源，謂「有因襲吾國固有之思想者，有規撫歐洲之學說事蹟者，有吾所獨見而創獲者。」[186]指示吾人，至為明白。先生又謂「民族思想吾先民之所遺留，初無待於外鑠者也。余之民族主義，特就先民所遺留者，發揮而光大之，且改良其缺點。」（見《自傳》）此民族主義以因襲為創造之大概也。先生又謂「中國古昔自唐虞之揖讓，湯武之革命，其垂為學說者，有所謂天視自我民視，天聽自我民聽，有所謂聞誅一夫紂，未聞弒君，有所謂民為貴，君為輕，此不可謂無民權矣。」則民權主義亦由吾國固有之思想發揮光大而成。既非杜撰，亦非外鑠。復次，先生在〈民族主義〉第六講中極言吾國欲圖自立，必須恢復民族固有之道德，[187]固有之智能與乎固有之政治哲學。[188]此亦足見儒家思想為先生政治哲學之基礎。此外如「天下為公」理想之出於〈禮運〉，民生主義之與「民本」思想有關，先生雖未明言，亦可推論而得。雖然，先生之思想，如僅集中國二千年之大成，其功雖偉，而未必能滿足建設現代國家之需要。蓋中國固有思想之中，已有者政治之原理，所缺者現代之制度，所長者人格之修養，尚無者富強之科學。先生思想所以必須有規撫歐洲學說事蹟之處者，其故或在於此。吾人謹再引先生之言以證之。先生嘗謂中國古昔雖有民權之學說，「然有思想而無其制度，故以民立國之制不可不取資歐美。」先生又謂「予遊歐美，見其經濟岌岌危殆之狀，（中略）因念吾國經濟組織，比較歐美雖異，而貧富不均之現象，必與日俱增。故不可

<hr>

　　《新世紀》，依據克魯泡特金、巴枯寧之著作，提倡社會革命。此派之運動至民國九年以後漸趨沉寂。其他流派之傳入中土者，如宣統三年，胡貽穀譯克卡卜之《社會主義史》（譯名曰《泰西民法志》），江亢虎於同年組社會主義宣傳會，刊行《明星報》。馬克斯及基爾特社會主義之傳入，似均在民國紀元以後。前者之正式介紹，當始自民國九年陳獨秀與李大釗之加入共產黨，後者之輸入在民國八、九年之間，張東蓀為其主要人物。
186 見民國十二年《自傳》。
187 忠孝仁愛信義和平。
188 格物、致知、誠意、正心、修身、齊家、治國、平天下。

不為綢繆未雨之計。由是參綜社會諸家學說，比較其得失，覺國家主義猶穩而可行。（中略）故決定以民生主義，與民族主義，民權主義，同時並行。」[189] 此先生規劃政治、經濟制度而借鑑歐美之處也。先生重視吾國之固有文化，頃已述及。然先生又深知僅僅復古，不足立國。故謂但恢復固有之道德，智識及能力，仍未能進中國於世界一等之地位。吾人如不學外國之長，則不免於「退後」，而外國之所長者，「巧奪天工」之科學。日本「專學歐美，不數十年而為世界列強之一。中國天賦，厚於日本，故其成功亦嘗較易。」[190]先生重視西洋科學之深意，於茲可見。先生之友人宮崎寅藏[191]曾以康有為與先生相較，謂「孫取泰西之學，康發漢土之微。彼養於耶穌教，此育於儒教。」[192]雖未足以賅先生思想之全體，而與先生精通西洋學術政治之事實則完全相合。蓋先生十三歲赴夏威夷入耶教學校，即擅英國語文。十六歲習醫學。旋畢業醫科，得博士文憑。此後復遊美居英，親身「考察其政治風俗，探治道之真，而倡三民主義。」先生甲午上書李鴻章亦云：「幼嘗遊學外國，於泰西之語言文字，政治禮俗，與夫天算地輿之學，格物化學之理，皆略有所窺，而尤從此心留於其富國強兵之道，化民成俗之規。至於時局變遷之故，睦鄰交誼之宜，輒能洞其竅奧。」坦白之自述中尤足見先生為曾受現代教育，富有現代學識之通人。故先生之政治思想會通中外，融舊鑄新。採中國固有之原理為基礎，以西洋現代之實學為內容。惟能融舊，故吻合於國性民情。惟能鑄新，故適應現代之需要。蓋處二十世紀之時不精通先秦以來之學術不足為中國之思想家，不精通歐美之學術不足為現代之思想家。此二條件，先生皆具，而又加之以慎思明辨，集成綜合之創造能力，中國現代政治思想至先生而始成立，固非出於偶然矣。

──原載四川省立圖書館《圖書集刊》第4期，1943年3月

---

189 引自孫先生《自傳》。
190〈民族主義〉第六講。
191 別署白浪滔天。
192 見《三十三年落花夢》，上海大達圖書供應社，頁34。此書先生曾為作序。

引用書目

甲、傳統典籍

《論語》

《孟子》

《大學》

《中庸》

《易經》

《尚書》

《詩經》

《周禮》

《儀禮》

《禮記》

《春秋三傳》

《孝經》

《爾雅》

《公羊義疏》，陳立撰

《孟子年譜》，程復心撰

《孔子年譜》，江永撰

《京氏易傳》，京房撰

《孟子四考》，周廣業撰

《論語集注》，朱熹注

《孟子集注》，朱熹注

《皇清經解》，阮元編

《續清經解》，王先謙編

《續禮記集說》，杭世駿編

《春秋公羊解詁》，何休撰

《公羊墨守》，何休撰
《左氏膏肓》，何休撰
《穀梁廢疾》，何休撰
《孔子年譜綱目》，夏洪基撰
《荀子》，荀況撰
《孟子時事略》，任兆麟撰
《孔子改制考》，康有為撰
《孟子微》，康有為撰
《大學注》，康有為撰
《中庸注》，康有為撰
《春秋筆削大義微言考》，康有為撰
《孔子家語》
《四書賸言》，毛奇齡撰
《四書改錯》，毛奇齡撰
《白虎通》，班固編
《皇極經世書》，邵雍撰
《孔子集語》，孫星衍編
《孟子編年》，狄子奇撰
《鄒子》，鄒衍撰
《孟子事實錄》，崔述撰
《春秋繁露》，董仲舒撰
《荀子注》，楊倞注
《孟子生卒年月考》，閻若璩撰
《春秋繁露義證》，蘇輿撰
《問經堂叢書》，孫馮翼撰
《史記》，司馬遷撰
《漢書》，班固撰
《後漢書》，范曄撰
《三國志》，陳壽撰
《晉書》，房玄齡撰
《宋書》，沈約撰
《南齊書》，蕭子顯撰
《梁書》，姚思廉撰
《魏書》，魏收撰

《隋書》，魏徵等撰

《唐會要》，王溥撰

《新唐書》，歐陽修等撰

《舊唐書》，劉昫等撰

《續唐書》，陳鱣撰

《南唐書》，馬令撰

《宋史》，脫脫等撰

《元史》，宋濂等撰

《新元史》，柯劭忞撰

《明史》，張廷玉等撰

《戰國策》

《偽書通考》，張心澂撰

《史記正義》，張守節撰

《廿二史劄記》，趙翼撰

《漢書考證》，齊召南撰

《古史考》，譙周撰

《疑年錄》，錢大昕撰

《四部正譌》，胡應麟撰

《國語》

《史記志疑》，梁玉繩撰

《繹史》，馬驌撰

《史記探源》，崔適撰

《文獻通考》，馬端臨撰

《清朝文獻通考》

《通志》，鄭樵撰

《通典》，杜佑撰

《續通典》

《資治通鑑》，司馬光撰

《讀通鑑論》，王夫之撰

《貞觀政要》，吳兢撰

《古今偽書考》，姚際恆撰

《七國考》，董說撰

《宋史記事本末》，馮奇撰

《宋論》，王夫之撰

《東華錄》，蔣良騏輯
《東華全錄》，王先謙輯
《太平天國實錄》，張德堅撰
《清史稿》，趙爾巽等纂
《宋元學案》，黃宗羲撰
《明儒學案》，黃宗羲撰
《新語》，陸賈撰
《新書》，賈誼撰
《墨子》，墨翟撰
《道德經》，老子撰
《莊子》，莊周撰
《管子》，管仲撰
《韓非子》，韓非撰
《商君書》，公孫鞅撰
〈書《墨子經說解》後〉，張惠言撰
《莊子疏》，成玄英撰
《讀子巵言》，江瑔撰
《周秦諸子》，江俠庵撰
《諸葛丞相集》，諸葛亮撰
《墨學源流》，方授楚撰
《傅子》，傅玄撰
《呂氏春秋》，呂不韋等撰
《呂氏春秋集釋》，許維遹編
《道藏》
《大藏經》
《高僧傳》，惠皎撰
《老子正詁》，高亨撰
《子略》，高似孫撰
《抱朴子》，葛洪撰
《法經》，李悝撰
《淮南子》，劉安等撰
《仲蒙子》
《列子》
《旡能子》

《世說新語》，劉義慶編

《墨辯注》，魯勝注

《老子覈詁》，馬叙倫撰

《列子偽書考》，馬叙倫撰

《王命論》，班彪撰

《墨子注》，畢沅注

《慎子》，慎到撰

《尸子》，尸佼撰。見汪繼培「湖海樓叢書」

《墨子閒詁》，孫詒讓撰

《諸子辨》，宋濂撰

《仁學》，譚嗣同撰

《鄧析子》，鄧析撰

《子華子》

《論衡》，王充撰

《潛夫論》，王符撰，見汪繼培「湖海樓叢書」

《鹽鐵論校刊小識》，王先謙撰

《韓非子集解》，王先慎編

《元經》，王通撰

《老子章義》，姚鼐撰

《習學記言》，葉適撰

《晏子春秋》，晏嬰撰

《諸子平議》，俞樾撰

《忠經》（學津討源本）

《元子》，元結撰（寶顏堂秘笈本）

《邵子全書》，邵雍撰（明徐必達刊本）

《伊川擊壤集》，邵雍撰（四部叢刊本）

《皇極經世》，邵雍撰（明刊本）

《張子全書》，張載撰（明徐必達刊本）

《二程遺書》

《朱子語類》

《太炎文錄》，《續編》，章太炎撰

《章太炎先生所著書》，章太炎撰（浙江省立圖書館本）

《漢魏六朝百三名家集》，張溥輯

《東塾讀書記》，陳澧撰

《龍川文集》，陳亮撰
《鄉黨圖考》，江永撰
《讀書敏求記》，錢曾撰
《大義覺迷錄》，清世宗撰
《因樹屋書影》，周亮工撰
《昌黎先生文集》，韓愈撰
《魯齋遺書》，許衡撰
《殷契通釋》，徐協貞撰
《中論》，徐幹撰
《申鑒》，荀悅撰
《荀侍中集》，荀悅撰
《世要論》，桓範撰
《新論》，桓譚撰
《黃氏日鈔》，黃震撰
《明夷待訪錄》，黃宗羲撰
《弘明集》，僧祐輯
《心齋十種》，任兆麟撰
《阮嗣宗集》，阮籍撰
《經室集》，阮元撰
《康南海先生文鈔》，康有為撰
《日知錄》，顧炎武撰
《廣弘明集》，釋道宣撰
《文選注》，李善撰
《飲冰室全集》，梁啟超撰
《竹柏山房十五種》，林春溥撰
《校禮堂集》，凌廷堪撰
《海峯文集》，劉大櫆撰
《柳河東集》，柳宗元撰
《柳柳州文集》，柳宗元撰
《戴記緒言》，陸奎勳撰
《玉函山房輯逸書》，馬國翰輯
《毛西河合集》，毛奇齡撰
《四庫全書總目提要》
《東坡續集》，蘇軾撰

《太平御覽》，李昉等輯

《述學》，汪中撰

《古微堂外集》，魏源撰

《邃雅堂集》，姚文田撰

《社會通詮》，嚴復譯

《嚴幾道文鈔》，嚴復撰

《鐵橋漫稿》，嚴可均撰

《全上古三代秦漢三國六朝文》

《瑯環記》，伊世珍撰

《風俗通義》，應劭撰

《癸巳類稿》，俞正燮撰

《太平寰宇記》，樂史撰

《劉賓客集》，劉禹錫撰

《東皋子集》，王績撰

《李習之集》，李翱撰

《全唐文》

《孟浩然集》，孟郊撰

《歷代詩話》，王世禎撰

《曝書亭集》，朱彝尊撰

《元豐類稿》，曾鞏撰

《臨川集》，王安石撰（四部叢刊本）

《陶山集》，陸佃撰

《金華唐氏遺書》，張作楠輯

《東萊博議》，呂祖謙撰

《溫公文集》，司馬光撰（四部叢刊本）

《東坡文集》，蘇軾撰

《宋文憲全集》，宋濂撰

《宋學士文集》，宋濂撰

《遜志齋集》，方孝孺撰

《呂氏鄉約》，呂大忠撰

《說郛》，陶宗儀撰

《鐵函心史》，鄭思肖撰（福建永安排印本）

《弇山堂別集》，王世貞撰（廣雅本）

《癸辛雜識》，周密撰

《野獲編》，沈德符撰

《張文忠公詩文集》，張居正撰

《海忠介公文集》，海瑞撰

《呂子遺書》，呂坤撰

《王文成公全書》，謝廷傑撰

《陽明先生集要》，施邦耀輯（四部叢刊本）

《王陽明先生全集》，俞麟編

《劉子全書》，劉宗周撰

《白沙子全集》，陳獻章撰

《顧端文遺書》，顧憲成撰

《心齋遺集》，王艮撰

《珂雪齋近集》，袁中道撰（襟霞閣本）

《李氏文集》，李贄撰

《焚書》，《續焚書》，李贄撰

《藏書》，《續藏書》，李贄撰

《初潭集》，李贄撰

《枕中十書》，李贄撰

《潛書》，唐甄撰

《見辨學遺牘》，虞淳熙撰

《舜水遺書》，朱之瑜撰

《黃梨洲遺書》，蔣騫振編

《梨洲遺書彙刊》，薛鳳昌輯

《亭林文集》，顧炎武撰

《亭林先生遺書》，潘來編

《船山遺書》（曾國藩刻本）

《鮚埼亭集》，全祖望撰

《呂晚村文集》，《續集》，呂留良撰

《春冰室野乘》，李孟符撰

《定盦文集》，龔自珍撰

《因寄軒文集》，管同撰

《望溪文集》，方苞撰

《道古堂文集》，杭世駿撰

《存吾文稿》，余廷燦撰

《汪子文錄》，汪縉撰

《卷施閣文集》，洪亮吉撰

《思益堂日札》，周壽昌撰

《戴東原文集》，戴震撰

《聖武記》，魏源撰

《中西記事》，夏燮撰

《校邠廬抗議》，馮桂芬撰

《顯志堂稿》，馮桂芬撰

《太平天國詩文鈔》，沈祖基輯

《曾文正公文集》，曾國藩撰

《李文忠朋僚函稿》

《使西紀程》，郭嵩燾撰

《西學東漸記》，容閎撰

《大同書》，康有為撰

《政治講義》，嚴復撰（上海商務本）

《嚴譯名著彙刊》，嚴復譯

《皇朝經世文新編》，李孟華輯

《戊戌政變記》，梁啟超撰

《新政真詮》，何啟、胡禮垣合撰

《張文襄公全集》，張之洞撰

《民報》

《陳天華集》（上海民智本）

《血花集》，吳樾撰（上海民智本）

《朱執信集》（上海建設雜誌社刊本）

《革命軍》，鄒容撰

《孫中山全書》（廣益本）

乙、近人著作

蕭公權輯，《中國政治思想史參考資料》（清華講義）

蕭公權著，汪榮祖編，《迹園文存》（1970）

楊幼炯，《中國政治思想史》

浦薛鳳，《西洋近代政治思潮》

柳詒徵，《中國文化史》

胡適，《中國哲學史大綱》（1919）

胡適，《胡適論學近著》（1936）

馮友蘭，《中國哲學史》（1931）

鄧之誠，《中華二千年史》

雷海宗，《中國通史選讀》

余嘉錫，《四庫提要辨證》（1932）

梁啟超，《中國學術思想變遷之大勢》

楊開道，《中國鄉約制度》

郭沫若，《中國古代社會研究》（1929）

羅振玉，《殷墟書契考釋》

徐協貞，《殷契通釋》

王國維，《古史新證》

傅斯年，〈周東封與殷遺民〉，見《胡適論學近著》

方授楚，《墨學源流》

張純一，〈墨子魯人說〉，見孫詒讓《墨子閒詁・附錄》

武內義雄，《列子冤詞》

錢穆，《先秦諸子繫年考辨》（1936）

瞿同祖，《中國封建社會》（1937）

姚舜欽，《秦漢哲學史》

蒙文通，〈儒家政治思想之發展〉，《志林》第二期

顧頡剛，〈五德終始說下的政治和歷史〉，《清華學報》（1930）

歐宗佑，〈鹽鐵均輸之由來及性質〉，《語言歷史研究所周刊》（1927）

張純明，〈鹽鐵論之政治背景〉，《南開大學經濟統計季刊》（1933）

蔡上翔，《王荊公年譜考略》

楊希閔，《王荊公年譜考略》（燕大國學研究所刊本）

熊公哲，《王安石政略》（河南省政府排印本）

何格恩，〈宋史陳亮傳考證〉，《民族》三卷十期

何格恩，《陳亮年譜》

吳晗，〈元代之社會〉，《清華大學社會科學》一卷三期

吳晗，〈元帝國之崩潰與明之建國〉，《清華學報》（1936）

余重耀，《陽明先生傳纂》

錢穆，《王守仁》

容肇祖，《李贄年譜》（商務刊本）

張維華，〈明清間中西思想之衝突與影響〉，《學思》一卷一期

張維華，〈明清間佛耶之爭辯〉，《學思》一卷二期

陳受頤，〈十六世紀反天主教之言論〉，《北京大學國學季刊》五卷二期

陳受頤，〈三百年前的建立孔教論〉，《歷史語言研究所集刊》六本二分之一

徐禮賢，《中國天主教傳史》

張星烺，《歐化東漸史》

錢穆，《中國近三百年學術史》

稻葉君山，《清朝全史》

蕭一山，《清代通史》

梁啟超，《清代學術概論》

謝國楨，《黃梨洲學譜》（商務本）

吳映奎，《顧亭林年譜》

嵇文甫，《船山哲學》（開明本）

包賚，《呂留良年譜》

陳恭祿，《中國近代史》

簡又文，《太平天國雜記》

《太平天國叢書》

程演生，《太平天國史料》，第一集

蕭一山，《太平天國叢書》，第一輯

凌善清，《太平天國野史》

張伯楨，《康南海先生傳》

王蘧常，《嚴幾道年譜》

郭斌龢，〈嚴幾道〉，《國風月刊》，八卷六期

張蔭麟，〈近代中國學術史上之梁任公先生〉，《天津大公報文學副刊》（1929年2月
　　11日）

趙豐田，〈維新人物梁啟超〉，《天津大公報文學副刊》（1929年2月11日）

張其昀，〈梁任公別錄〉，《思想與時代》第四期

劉子健，〈黨史上之梁任公〉，《中央周刊》五卷二十一期

馮自由，《革命逸史》

舒新城，《近代中國留學史》

陳少白，《興中會紀要》

馮自由，《中華民國開國前革命史》

鄒魯，《中國國民黨史稿》（商務本）

丙、外文書刊

Adams, George B., *The Origins of fhe English Constitution* (1912).

Bentham, Jeremy, *An Introduction to the Principles of Morals and Legislantion* (1780).

————, *A Fragment on Government* (1776).

Blakiston, T. W., *Five Months on the Yang-tse* (1881).

Carlyle, R. W. and A. J. Carlyle, *A History of Mediaeval Political Theory in the West*, six volumes (1903-1936).

du Plessis-Mornay (Duplessis Mornay) Philippe, *Viadiciae contra Tyrannos* (1579).

Encyclopaedia of the Social Sciences.

Hamberg, Theodore, *The Visions of Hung Siu-Tshuen and Origin of the Kwang-si Insurrection* (1854).

Hincmar, Bishop of Rheims (9th C. a. d.) *De Regis Persona.*

Hobbes, Thomas, *Leviathan* (1651).

Jenks, Edward, *A History of Politics* (1900)。

Krabbe, Hugo, *Modern Ideas of the State* (1915).

Mariana, Juan de, *De rege et regis institutione* (1559).

Mcllwain, Charles H., *The Growth of Political Thought in the West* (1932).

Mill, J. S., *On Liberty*, (1859).

————, *The Subjection of Women* (1861).

Murray, *History of Political Science.*

Paine, Thomas, *Common Sense* (1776).

————, *The Rights of Man* (1972).

Pashal M. D'Elia, *The Catholic Mission in China.*

Plato, *The Republic.*

Rousseau, Jean-Jacques, *Social Contract* (1962).

Sedulius, Scotus, *De Rectoribus Christianis* (ca. 860).

Stirner, Max (Kaspar Schmibt), *De Einzige und sein Eigenthum* (1844).

Stubbs, William, *The Constitutional History of England* (1874).

Yates, M. T., *The Tai-Ping Rebellion.*

Zürcher, Eric, *The Buddhist Conquest of China,* two volumes (1959).

中國政治思想史（上、下）

2022年10月三版　　　　　　　　　　　　　　　定價：新臺幣1500元

著　　　者　蕭　公　權
叢書主編　沙　淑　芬
校　　　對　李　國　維
內文排版　菩　薩　蠻
封面設計　廖　婉　茹

出　版　者　聯經出版事業股份有限公司　　副總編輯　陳　逸　華
地　　　址　新北市汐止區大同路一段369號1樓　總編輯　涂　豐　恩
叢書主編電話　(02)86925588轉5310　　　總經理　陳　芝　宇
台北聯經書房　台北市新生南路三段94號　　社　長　羅　國　俊
電　　　話　(02)23620308　　　　　　　發行人　林　載　爵
台中辦事處　(04)22312023
台中電子信箱　e-mail：linking2@ms42.hinet.net
郵政劃撥帳戶第0100559-3號
郵撥電話　(02)23620308
印　刷　者　文聯彩色製版印刷有限公司
總　經　銷　聯合發行股份有限公司
發　行　所　新北市新店區寶橋路235巷6弄6號2樓
電　　　話　(02)29178022

行政院新聞局出版事業登記證局版臺業字第0130號

聯經網址：www.linkingbooks.com.tw
電子信箱：linking@udngroup.com